普通高等院校航空服务类专业重点教材

U0645261

民用机场运营管理

陈文华 ◎ 编著

清华大学出版社
北京

内 容 简 介

全书分为基础篇、运行篇、管理篇，共十章，分别是机场概论、民用机场管理、民用机场布局、民用机场飞行区运行管理、民用机场地面运行管理、民用机场安全管理、民用机场经营管理、民用机场服务管理、智慧民航建设、绿色机场建设。

本书是民用航空运输经济管理类、服务类专业的基础性课程选用教材，适用于高等院校航空运输类专业本科、专科、高职、高专学生的学习；同时又是航空公司、机场从业人员必备的岗位培训教科书。

图书在版编目（CIP）数据

民用机场运营管理 / 陈文华编著.

北京 ：清华大学出版社, 2025. 8.

(普通高等院校航空服务类专业重点教材).

ISBN 978-7-302-69710-7

Ⅰ. F560.81

中国国家版本馆 CIP 数据核字第 2025M7X220 号

责任编辑：杜春杰
封面设计：刘　超
版式设计：楠竹文化
责任校对：范文芳
责任印制：曹婉颖

出版发行：清华大学出版社
　　　　网　　　址：https://www.tup.com.cn，https://www.wqxuetang.com
　　　　地　　　址：北京清华大学学研大厦 A 座　　　　邮　　编：100084
　　　　社 总 机：010-83470000　　　　邮　　购：010-62786544
　　　　投稿与读者服务：010-62776969，c-service@tup.tsinghua.edu.cn
　　　　质量反馈：010-62772015，zhiliang@tup.tsinghua.edu.cn
印 装 者：小森印刷（天津）有限公司
经　　销：全国新华书店
开　　本：185mm×260mm　　　印　　张：23.5　　　字　　数：548 千字
版　　次：2025 年 8 月第 1 版　　　印　　次：2025 年 8 月第 1 次印刷
定　　价：79.80 元

产品编号：103581-01

前　言

党的十八大以来，中央始终高度重视加强基础产业建设，加快发展综合交通运输体系，明确指出民航业是国民经济的重要基础产业，是综合交通运输体系的有机组成部分，其发达程度对内反映了一个国家（地区）的现代化水平、经济结构和开放水平等状况，对外则是衡量国家、地区经济竞争力的重要指标。不仅如此，民航在政治、社会、军事、外交、文化等领域也发挥着十分重要的战略作用。许多国家（地区）把民航业定位为战略性产业，把发展民航业上升为国家（地区）战略，使之成为在全球化过程中获取利益的有力工具。

党的二十大报告提出，深入实施区域协调发展战略、区域重大战略、主体功能区战略、新型城镇化战略，优化重大生产力布局，构建优势互补、高质量发展的区域经济布局和国土空间体系。

民用机场是民用航空器飞行不可或缺的场所，是民用航空运输网络的节点。它作为公共交通基础设施，承担着服务公众的重要职能。民用机场是民航业国家战略的基础支撑，成为国家发展的一个新动力源。民用机场是我国民航业发展的重要基础，"十三五"期间，随着民航改革步伐加快、建设投入加大，我国民用机场进入了一个高速发展的阶段。根据民航"十四五"规划，民航仍将以推进世界级机场群率先发展为支撑，积极服务和支撑京津冀、长三角、粤港澳大湾区、成渝地区双城经济圈等国家重大区域战略，并分别针对东中西部区域发展特征，推动构建西部民航发展新格局，支撑东北振兴取得新突破，开创中部民航崛起新局面。

为了适应新形势的发展，培养高素质机场管理人才，需要有一本关于机场管理方面的高等教育适用教材。笔者从事民用机场运行和管理的教学科研工作近二十年，1998年上海浦东国际机场开航之际，曾参与了"上海机场集团一市二场运行管理"的调研工作，从2005年起又担任了"上海虹桥国际机场运行管理研修班"的专职教师，对机场管理的理论有较深研究，对机场运营的实践经验丰富。随着时代的变化，机场建设日新月异，新理论、新理念、新观念、新技术不断创新和应用，在写作本书前，笔者大量地收集、分析、研究近二十年来国内外机场管理领域的先进研究成果和具体运营实践经验，力图在理论上与实践中共同反映出现代机场管理的前沿成果。本书以"系统性、先进性、科学性、实践性"为主要特点，具体体现在以下几个方面。

（1）系统完整，内容丰富。本书分为基础篇、运行篇和管理篇，共计十章。全书全面、系统地研讨和分析了现代民用机场各领域中的理论问题和实践活动，涵盖了机场运营与管理的各个方面，知识面广，内容十分丰富。基础篇包括三章内容：第一章主要介绍基本概念、民航业的地位和作用、改革和发展、主要法规和政策；第二章主要介绍民用机场管理；第三章主要介绍民用机场布局。运行篇包括三章内容：第四章主要介绍民用机场飞行区运行管理；第五章主要介绍民用机场地面运行管理；第六章主要介绍民用机场安全管理。管理篇包括四章内容：第七章主要介绍民用机场经营管理；第八章主要介绍民用机场服务管理；第九章主要介绍智慧民航建设；第十章主要介绍绿色机场建设。

（2）理论引领，理念创新。全书以习近平总书记对民航工作的系列重要讲话为引领，在机场发展中坚持贯彻创新发展、协调发展、绿色发展、开放发展、共享发展五大理念，这为本书奠定了理论基础，为此本书专门增加了智慧民航建设和绿色机场建设两章内容，成为教材中的一个亮点。在机场建设、安全管理、真情服务等章节中，作者站在新的历史起点上，力求内容服从于国家战略，对标世界前沿，注重理念创新、立意新颖、观点鲜明，以使读者有所启迪。

（3）科学运行，立规定矩。为了保障飞机安全起飞和降落，笔者从飞机地面运行指挥、飞机地面运行保障、飞机监护、跑道管理和维护、机坪管理、导航设备管理、净空管理等各个环节入手，引用了大量机场管理条例、规定、标准和要求，立规定矩，精心组织，正确指挥，沟通协调和实时控制，构成一个完整的机场运行网络体系，同时也充分体现了民航人责任攸关、使命担当的优良传统。

（4）实践应用，行之有效。本书将理论性与实践性高度结合，注重时效性，立足于中国特色机场经营管理面临的实际问题，借鉴国内外机场运营管理的成功经验和最新研究成果，深入浅出，使读者更容易掌握。为了满足教学的需要，本书采集了大量的案例，这些案例都是经过精心挑选的，极具代表性，反映了当前机场发展的实际情况和发展趋势，无论是成功经验还是失败教训，都值得读者思考和借鉴。同时，统计数据也是一种有说服力的事实依据，教材中的相关数据均来自权威机构，力求新、准、全，通过大量数据来呈现机场运营管理发展的新成果。

笔者在本书写作过程中参考了大量的专著、教材和资料，尤其研读了《中国民航报》大量的新闻报道，这些前期的探索和研究为本书的编写奠定了坚实基础。此外，对于清华大学出版社在本书编写过程中给予的耐心指导和热情的帮助，笔者深受感动，在此表示衷心的感谢。

由于笔者水平有限，书稿中难免存在一些不足，真诚希望读者不吝赐教，使其日臻完善。

作　者
2025 年 3 月

目　录

运 行 篇

基 础 篇

第一章 机场概论

通过本章的学习，您将了解以下知识点：

1. 民用机场的基本功能、主要任务和职责；
2. 民航业的地位和作用；
3. 民航运行体系及其内部各主体之间的关系；
4. 进一步改革的必要性、目标和任务；
5. 国家综合机场体系的构成和分布。

民用机场是民用航空器飞行的载体，是民用航空运输网络的节点。它作为公共交通基础设施，承担着服务公众的重要职能。当前，发展民航业已上升为国家战略，民用机场是民航业国家战略的基础支撑，成为国家发展的一个新动力源。"十四五"时期民航强国建设进入新阶段，民航面临着新的发展形势，肩负着新的历史使命。在百年未有之大变局下，民航发展外部环境的复杂性和不确定性增加；人民出行新需求要求民航全方位优化提升服务水平；民航强国建设新阶段要求民航加快向高质量发展转型。

第一节 概 述

一、民用机场的定义、基本功能、主要任务和具体职责

（一）民用机场的定义

《中华人民共和国民用航空法》（以下简称《民用航空法》）中的"民用机场"是指专

供民用航空器起飞、降落、滑行、停放以及进行其他活动使用的划定区域，包括附属的建筑物、装置和设施。

（1）航空器是指依靠空气的反作用力被支撑在大气中的机器，包括民用飞机、直升机、飞艇、热气球等。

（2）民用航空是指使用各类航空器从事除军事性质（包括国防、警察和海关）以外的所有航空活动。民用航空一般分为两大部分：商业航空（又称为航空运输）和通用航空。

（3）《民用航空法》中的"民用机场"不包括临时机场。军民合用机场由国务院、中央军事委员会另行制定管理办法。

（4）特定的区域是指飞行区，是由净空障碍物限制面所要求的尺寸和坡度等所形成的面积和空间，还包括机场的各种设施、建筑物、构筑物等，如航站楼，目视助航系统，通信导航、气象、空中管制等设施以及其他建筑物，这些设施和建筑物是机场正常营运及保证飞行安全的基础设施。

从交通运输的角度看，民用运输机场是空中运输和地面运输的衔接点，在此处客货运输方式发生转变（由陆运改为空运，或由空运改为陆运）。因此，民用运输机场又可以称为航空站，简称为"航站"。

（二）民用机场的基本功能

民用机场的最基本功能，简单地说，包括三个方面：一是供飞机起飞、降落；二是供旅客到达（进港）、出发（出港、离港）；三是供货物运入、运出。机场承担旅客和货物地面运送的全部任务，既是地面运输和航空运输的交接面，又是旅客、货物运输的集散地。机场是航空运输生产场所，是航空运输生产的一个重要环节。

（三）民用机场的主要任务和具体职责

1. 民用机场的主要任务

民用机场的主要任务是建设、管理好机场，保障机场安全、正常运行，为所有航空运输企业、通用航空企事业和其他部门的飞行活动提供服务，为旅客提供服务，为驻机场各单位提供工作和生活服务。

2. 民用机场的具体职责

为了完成上述任务，机场必须履行以下职责。

（1）民用机场应按照中国民用航空局（以下简称民航局）颁发的机场使用许可证或对民用航空器开放使用的批准文件规定的范围开放使用。凡经民航局批准的航线和公布的航班时刻，包括民航局批准指定的备降机场，机场必须予以保证。

（2）定期检查、维护飞行区的设施（包括跑道、跑道端安全区、滑行道、停机坪、客机坪和助航灯光等目视助航设施、围界设施），及时清除道面上的橡胶附着物、积水、冰雪；消除有碍安全的隐患；保护机场净空和各类标志、标志物完好，使其清晰可见；保证飞行区处于良好、正常状态。

（3）负责乘机旅客及飞机运载的行李、货物、邮件的安全检查和飞机监护，防止危及空防安全的物品进入飞机。

（4）管理机坪，包括负责飞机机位分配和停放，以及进入客机坪的车辆、设备、人员的管理，维护秩序，防止客机坪阻塞。

（5）管理航站楼，为旅客提供安全、舒适、方便的候机环境和条件。

管理、维护航站楼内的各种设施、设备，包括照明、动态显示、电视监视、通信网络、广播、空调、冷暖气、供水系统、电子钟及其控制、自动门、行李传送带、活动步道、防火装置、紧急出口等设施设备。

规划航站楼内的整体布局；确定旅客办理各种乘机手续的流程路线及各种设施设备的位置；管理各种标志。

为旅客提供饮水、公用电话、无线网络、手推车、医疗救护、在机场内遗失物品的认领、小件行李寄存保管、问询等服务。

（6）管理机场范围内机动车辆的运行，规定行车路线、速度、停车位置，制定标志；对公用停车场进行管理。

（7）负责环境保护（包括噪声、鸟害、排污等）、公共区域的清洁卫生和垃圾废物的处理以及环境美化。

（8）维护机场治安秩序，保障机场安全。

（9）机场范围内以及指定地点的消防救援；按民航局规定制定和组织实施应急救援计划，并按规定组织定期演练。定期演练要邀请当地政府有关部门、民航局、地区管理局代表观察并提出意见。

（10）提供机场运行的有效资料，按规定上报统计资料和报表。

（11）统一管理和建设机场非营利性质的供水、供电、供气、道路等公共基础设施，通过收费收回投资和维持正常运转。

（12）为驻场单位职工提供合理的有偿生活服务。

民用机场在履行以上职责时，对某些项目可以采取招标的方式，承包给某一单位经营。但在任何情况下，机场管理机构均应承担管理的责任。

航空公司可以租赁机场场所，承办本公司和代理其他航空公司有关广播、问询、动态显示、飞机到达停机位的指挥等工作。航空公司承办这些工作时，应与机场有明确协议。

二、机场的分类

根据机场的性质、规模大小、业务范围以及在民航运输系统的地位和作用，对其按不同标准和要求进行分类，以便科学管理、合理建设与设置相应配套设施和机构。机场总的分类如图 1-1 所示。

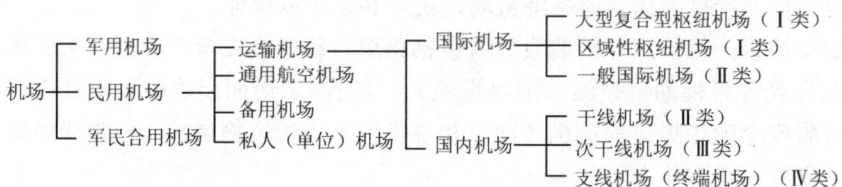

图 1-1　机场总的分类树形图

（一）机场按性质、功能分类

（1）机场根据其使用性质，可以划分为军用机场、民用机场、军民合用机场。

军用机场是用于军事目的（包括国防、武警、公安和海关），供军用飞机起飞、着陆、停放和组织、保障飞行活动的机场。

民用机场是指专供民用航空器起飞、降落、滑行、停放及其他保障民用航空活动的特定区域，包括附属的建（构）筑物和设施。

军民合用机场主要用于保证作战飞机、航线飞机的停放和正常飞行。截至2023年，我国境内共有颁证运输机场259个，其中军民合用机场40个，占比15.4%左右。过去许多民用机场是由军用机场改建而成的，例如原来的兰州中川机场、福州义序机场、济南张庄机场、杭州笕桥机场、青岛流亭机场等，现在已改为其他用途。目前的大连周水子国际机场等仍是军民合用机场。

（2）民用机场根据飞行活动性质，可划分为运输机场、通用航空机场、备用机场和私人（单位）机场。运输机场是指供公共航空运输的民用航空器使用的民用机场，既可以从事航空运输活动，也可以用于通用航空活动。通用航空机场是指除运输机场之外供民用航空器使用的民用机场，是主要为工业、林业、农业、牧业、渔业生产和国家建设服务的作业飞行，地矿测绘、城市建设、石油开发的服务飞行，以及医疗卫生、抢险救灾、海洋及环境监测、科学实验、教育训练、文化体育、行政公务、旅游观光、航拍影视、宣传广告等各领域活动的民用航空器提供起飞、降落等服务的机场。备用机场是以前使用过，现在由于各种原因没有航班，处于停用和保管状态的机场。除运输机场和通用航空机场外，有些机场属单位和部门或私人所有。

（3）民用机场根据是否对外开放，可以划分为国际机场和国内机场。国际机场是指已在国际民航组织登记并对外开放、可以接受境外航空器起降或者备降的机场。国际机场为国际和港澳台地区旅客及货物提供出入境服务，为了方便旅客和货物出入境，还设有海关、边防检查（移民检查）、卫生检疫、动植物检疫和商品检验等联检机构。2023年我国境内国际机场有60个（华北7个、华东21个、中南11个、西南8个、东北6个、西北5个、新疆2个）。

国际机场根据其在航空运输中的地位和作用，可分为大型复合型枢纽机场、区域性枢纽机场和一般国际机场。我国大型复合型枢纽机场有北京首都国际机场、北京大兴国际机场、上海浦东国际机场和广州白云国际机场，2023年我国吞吐量在2 000万人次以上的机场都属区域性枢纽机场，如成都天府、成都双流、深圳宝安、昆明长水、西安咸阳、上海虹桥、重庆江北、杭州萧山、南京禄口、郑州新郑、厦门高崎、长沙黄花、青岛胶东、武汉天河、海口美兰、乌鲁木齐地窝堡及哈尔滨太平，其他为一般国际机场。

国内机场是指国际机场以外的一切其他机场，仅为国内航班提供服务。根据规模大小可分为干线机场、次干线机场和支线机场（终端机场）。我国国内机场为了区别于港澳台机场，又称为境内国内机场。

（4）民用机场根据运输功能，可以划分为枢纽机场和终端机场。机场是航空运输的重要基础设施，机场的发展是伴随着航空运输业的发展以及企业经营方式（特别是航空公司的航线网络）的转变而不断发展的。在航空运输早期，我国中小航空运输企业和低成本航空公司普遍采用"城市对"的航线结构，机场功能仅仅满足终端旅客需求，这类无中转功能的机场称为终端机场。随着航空运输业的发展，各航空公司出于航空市场竞争的需要以及提高经济效益等因素的考虑，对其所采用的航线结构进行调整，采用所谓的"轴心辐射式"航线结构来代替传统的"城市对"航线结构，从而形成枢纽机场的概念。机场功能不仅要满足终端旅客的需求，还要满足中转旅客的需求，这类机场称为枢纽机场。枢纽机场根据业务量的不同，可以分为大、中、小型枢纽机场。美国大型枢纽机场的中转旅客百分比很大，芝加哥奥黑尔国际机场和达拉斯福特沃斯国际机场以及英国伦敦希思罗国际机场的中转旅客均超过 50%，我国将建成几个亚太地区国际枢纽机场，例如北京首都国际机场、上海浦东国际机场、广州白云国际机场三大机场，其吞吐量已达国际领先地位，但其枢纽机场的重要标志——"中转旅客百分比"目前还不能达到世界先进水平。一般来说，既是国际枢纽又是国内枢纽的机场称为门户机场。

（5）按照机场所在城市的性质、地位并考虑机场在全国航空运输网络中的作用，可以将机场划分为Ⅰ类、Ⅱ类、Ⅲ类、Ⅳ类。

①Ⅰ类机场——全国政治、经济、文化中心城市的机场，是全国航空运输网络和国际航线的枢纽，运输业务量特别大，吞吐量在 4 000 万人次以上，除了承担直达客货运输功能，还具有中转功能。我国北京首都国际机场、北京大兴国际机场，上海浦东国际机场，广州白云国际机场，成都天府国际机场，深圳宝安国际机场，昆明长水国际机场，西安咸阳国际机场，上海虹桥国际机场，重庆江北国际机场，杭州萧山国际机场皆属于此类机场。

②Ⅱ类机场——省会、自治区首府、直辖市和重要经济特区，开放城市和旅游城市，或经济发达、人口密集城市的机场，可以全方位建立跨省、跨地区的国内航线，是区域或省区内航空运输的枢纽，有的可开辟少量国际航线，吞吐量为 1 000 万～4 000 万人次，2023 年我国有 28 个。Ⅱ类机场也可称为国内地区枢纽机场或干线机场。

③Ⅲ类机场——国内经济比较发达的中小城市，或一般的对外开放和旅游城市的机场，能与有关省区中心城市建立航线，吞吐量为 200 万～1 000 万人次，2023 年我国有 36 个。Ⅲ类机场也可以称为次干线机场。

④Ⅳ类机场——支线机场，指吞吐量在 200 万人次以下的机场及直升机场。2023 年我国有 185 个，在全国 259 个运输机场中，占比高达 71.4%。

根据国际航空运输的发展趋势，结合我国实际情况，从充分发挥机场功能以及有利于今后合理布局和建设的目的出发，根据机场目标年旅客吞吐量，2018 年中国民用航空局机场司发布的《绿色机场规划导则》将民用运输机场分为超大型机场、大型机场、中型机场和小型机场。

① 超大型机场为目标年旅客吞吐量 8 000 万人次以上（含 8 000 万人次）的机场。

② 大型机场为目标年旅客吞吐量 2 000 万～8 000 万人次（含 2 000 万人次）的机场。

③ 中型机场为目标年旅客吞吐量 200 万～2 000 万人次（含 200 万人次）的机场。

④ 小型机场为目标年旅客吞吐量 200 万人次以下的机场。

（6）按旅客乘机目的划分。旅客乘机目的不同也会影响到机场的特性，而且会影响到机场的各项设施。根据大多数旅客的乘机目的，机场通常可以分为以下三类。

① 始发/终程机场。通常这类机场的始发和终程旅客占旅客总数比例较高。始发和终程的飞机或掉头回程架次占大多数。目前国内机场大多属于这类机场。

② 经停（过境）机场。这类机场往往位于航线上的经停点，没有或很少有始发航班飞机，只有比例不大的始发/终程旅客，有相当数量的过境旅客。飞机一般停驻时间较短。

③ 中转（转机）机场。在这类机场中，有相当大比例的旅客乘飞机到达后，立即转乘其他航线的航班飞机飞往目的地。

除以上六种类别划分标准外，从安全飞行角度还要考虑为预定着陆机场安排备降机场。备降机场是指在飞行计划中事先规定的，当预定着陆机场不宜着陆时，飞机可前往备降的机场。起飞机场也可以是备降机场。备降机场由民航局事先确定，如太原武宿机场、天津滨海机场和大连周水子机场为首都国际机场的备降机场。

（二）机场按技术等级标准分类

为了便于给机场配备适量的工作人员和相应的技术设备设施，为了保障飞机能安全准时起降并给优质服务提供必要条件，也为了能更好地经营管理机场，最大化地发挥其社会效益和经济效益，必须对机场进行技术等级划分。民航机场主要以飞行区等级、跑道导航设施等级、民航运输机场规划等级、救援和消防的机场级别进行分级。

1. 飞行区等级

跑道的性能及相应的设施决定了什么等级的飞机可以使用这个机场，机场按这种标准进行的分类称为飞行区等级。根据国际民航组织的规定，飞行区等级由第一要素数码（即根据飞机基准飞行场地长度而确定的代码，等级为指标Ⅰ）和第二要素字码（即根据飞机翼展和主起落架外轮间距而确定的代码，等级为指标Ⅱ）的基准代号划分，用来确定跑道长度或所需道面强度，即所能起降机型的种类和大小（见图1-2）。设置基准代号是为了提供一个简单的方法，将有关机场特性的许多规范相互联系起来，为在该机场上运行的飞机提供一系列与之相适应的机场设施，即根据机场所需用起降机型的种类来确定跑道长度或所需道面强度。

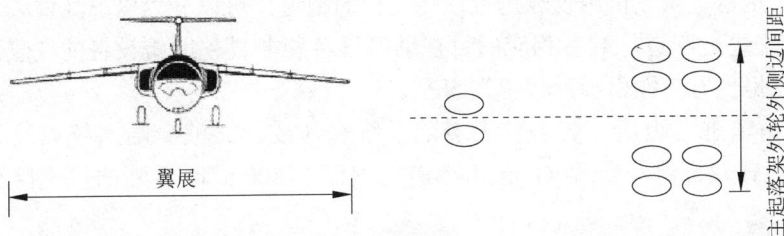

图1-2　翼展、主起落架外轮外侧边间距

表1-1中的数码（1、2、3、4）是指飞机基准飞行场地长度，它是指在标准条件下（即海拔为零，气温为15℃，无风，跑道坡度为零），以该机型规定的最大起飞全重为准的最短平衡跑道长度或最小起飞距离。飞行场地长度也表示在飞机中止起飞时所要求的跑道长度，因而也称为平衡跑道长度，飞行场地长度是针对飞机的要求来说的，与机场跑道

的实际距离没有直接的关系。表中的字码 A、B、C、D、E、F 是选择翼展或主起落架外轮外侧边间距两者中要求较高者。与飞行区等级代码匹配的飞机类型如表 1-2 所示。

表 1-1　飞行区等级代码

指标 Ⅰ		指标 Ⅱ		
数码	基准场地长度 L/m	字码	翼展 WS/m	主起落架外轮外侧边间距 T/m
1	$L<800$	A	$WS<15$	$T<4.5$
2	$800{\leqslant}L<1\,200$	B	$15{\leqslant}WS<24$	$4.5{\leqslant}T<6$
3	$1\,200{\leqslant}L<1\,800$	C	$24{\leqslant}WS<36$	$6{\leqslant}T<9$
4	$L{\geqslant}1\,800$	D	$36{\leqslant}WS<52$	$9{\leqslant}T<14$
		E	$52{\leqslant}WS<65$	$9{\leqslant}T<14$
		F	$65{\leqslant}WS<80$	$14{\leqslant}T<16$

表 1-1 中的字码是选择翼展或主起落架外轮外侧边间距要求的较高值。

表 1-2　与飞行区等级代码匹配的飞机类型表

国际民航组织机场参考编号	飞机类型
Code4F	A380
Code4E	B747、B777、B787、A330、A340、A350、C929
Code4D	B707、B727、B767、A300、A310、MD11
Code4C	A320、B737、C919
Code3C	BAe146、Y7、AN-24、ARJ21

2. 跑道导航设施等级

跑道导航设施等级按配置的导航设施能提供飞机以何种进近程序飞行而划分。它反映了飞行安全和航班正常率保障设施的完善程度。

（1）非仪表跑道。供飞机用目视进近程序飞行的跑道，代字为 V。

（2）仪表跑道。供飞机用仪表进近程序飞行的跑道，可以分为以下几种。

① 非精密进近跑道。装备相应的目视助航设备和非目视助航设备的仪表跑道，能对飞机直接进近提供方向性引导，代字为 NPA。

② Ⅰ类精密进近跑道。装备仪表着陆系统和（或）微波着陆系统以及目视助航设备，能供飞机在决断高度低至 60 m 和跑道视程低至 800 m 时着陆的仪表跑道，代字为 CAT Ⅰ。

③ Ⅱ类精密进近跑道。装备仪表着陆系统和（或）微波着陆系统以及目视助航设备，能供飞机在决断高度低至 30 m 和跑道视程低至 400 m 时着陆的仪表跑道，代字为 CAT Ⅱ。

④ Ⅲ类精密进近跑道。装备仪表着陆系统和（或）微波着陆系统以及目视助航设备的仪表跑道。该系统可引导飞机直至跑道，并沿道面着陆并滑跑。根据对目视助航设备的需要程度，它又分为 a、b、c 三类，分别以 CAT Ⅲa、CAT Ⅲb、CAT Ⅲc 为代字。

等级标准中的决断高度是指在飞机做精密进近飞行中规定的高度。在此高度，如不能看到继续进近所需的目视参考物或标志则必须开始复飞。

跑道视程是指飞机驾驶员在跑道中线上所能看见的跑道表面标志，或标出跑道外廓的灯光，或辨认出其中线的距离。

跑道配置导航设备的标准，要根据机场性质、地形和环境、当地气象、起降飞机类型及年飞行量等因素进行综合研究后确定。

3. 民航运输机场规划等级

根据民航运输机场规划等级的标准，可以从不同的侧面反映机场的状态：接收机型的大小条件、保证飞行安全和航班正常率的导航设施的完善程度以及机场规模大小。在综合上述三个标准的基础上，业内提出了一种按民航运输机场规划分级的方案。当三项等级不属于同一级别时，可根据机场的发展和当前的具体情况确定机场规划等级，如表 1-3 所示。

表 1-3　民航运输机场规划等级表

机场规划等级	飞行区等级	跑道导航设施等级	航站业务量规模等级
四级	3B、2C 及以下	V、NP	小型
三级	3C、3D	NP、CAT I	中小型
二级	4C	CAT I	中型
一级	4D、4E	CAT I、CAT II	大型
特级	4E 及以上	CAT II 及以上	特大型

4. 救援和消防的机场级别

救援和消防勤务的主要目的是救护受伤人员。为了保障救援和消防，必须有足够的手段。其中包括必要的器材（如灭火剂）、设备、车辆和设施（如应急通道）等。这些物资保障的配备以使用该机场的飞机尺寸为根据，由此划分出机场的救援和消防级别，如表 1-4 所示。

表 1-4　救援和消防的机场级别

机场级别	飞机总长度/m	机身最大宽度/m
1	0～9	2
2	9～12	2
3	12～18	3
4	18～24	4
5	24～28	4
6	28～39	5
7	39～49	5
8	49～61	7
9	61～76	7
10	76～90	8

三、民用机场的历史

（一）世界机场的发展历史

民用机场的历史沿革是一个伴随着航空科学技术的进步和航空运输业的发展，从简单到复杂，从单一功能到多种功能的发展历程。

世界机场发展的三阶段如下。

1. 飞行人员的机场

在飞机诞生（1903 年）后的前几年，航空业的焦点是致力于飞机的研究和发展。最早的飞机起降地点是草地，只要找到一块平坦的地面，经过整平、压实，或者再种上一些草皮，能承受不大的飞机重量，飞机就可以在上面起降了。一般为圆形草坪，飞机可以在任何角度，顺着有利的风向进行起降，周围会有一个风向仪、一个机库。那时的飞机一般由木头和帆布制成，经不住风吹、日晒、雨淋。

到了 1910 年前后，飞机只用于航空爱好者的试验飞行或军事目的飞行，机场只为飞机和飞行人员服务，基本上不为当地社会服务。此时的机场十分简陋，有限的几个人管理飞机的起降，用简易的帐篷存放飞机。这是机场发展的第一阶段。

2. 航空公司的机场

第一次世界大战以后，欧洲开始建立最初的民用航线。1919 年 8 月 25 日，世界上第一条由英国伦敦到法国巴黎的民用航线通航，由此揭开了航空运输的序幕。最初的航空运输几乎都是利用第一次世界大战剩余的飞机来运营的。这些飞机都得到了不同程度的改进，以适用于商业运输。所谓的改进也只是拆除枪炮和炸弹挂架，有些飞机也开始安装简单的密闭座舱。飞行人员和地面勤务人员几乎全部是从军事飞行部队招收来的，不需要经过业务训练。战时的旧飞机库和木棚充当候机室。世界范围的机场建设也随之逐步发展起来，机场大量出现。开始有条形跑道和简陋的候机室，候机室仅仅是供旅客和亲友在出发前告别和到达时迎候的遮蔽所。检票和托运行李手续十分简单，旅客步行登机，飞机靠近候机室停放。当时，货运量也很少，多为旅客班机带货，因此，客、货运站不分。

20 世纪 30 年代，进场下滑照明设备开始使用，自此飞机起降的方向和角度开始有了固定的规定，国际民间航空组织对照明的颜色和闪光时间间隔进行了标准化。到了 20 世纪 40 年代，坡度线进场系统开始使用，此系统包括两排灯光，形成一个漏斗状图案，标示飞机在机场下滑坡的位置，其他的灯光则表示不正确的进场高度和方向。

20 世纪 30 年代，麦道公司 DC-3 型飞机试飞成功，可载客 14 人，并带卧铺（前后共生产了 13 000 架），用于航空运输。随着航空技术的不断进步，飞机质量和轮胎压力不断增大，原来的机场已不能满足飞机使用要求，特别是在雨雪等不良天气条件下，通常不能使用。最初的机场跑道仅仅是些草皮，或一块平地。这时才开始出现用石料铺筑的机场道面，也有用结合料处置的道面。

随着航空运输业的发展，飞机的机型由小变大，客、货运量都有较大幅度的增加，航空客、货运业务逐步分开。为适应定期航班不断增加和两架、三架或更多架飞机同时停放的需要，不得不扩建候机楼，以代替为一架飞机使用需要而设计的候机室。为了满足航管、通信要求，跑道强度要求，一定数量旅客进出机场的要求，塔台、混凝土跑道和候机楼应运而生，现代机场的雏形开始崭露头角。此时，机场主要是为飞机服务。这段时间是机场发展的第二阶段，可称为"飞机的机场"或"航空公司的机场"。

3. 社会的机场

第二次世界大战后，国际交往开始增加，飞机的航程、载量和速度都在大幅增长，客货运输量也不断增长，客观上对机场有了更高的要求。1944 年 11 月，52 个国家的代表出席了在芝加哥的会议，讨论有关国际民用航空问题，会议上缔结了《国际民用航空公约》。1947 年国际民航组织（ICAO）正式成立，在接下来的 20 世纪 50 年代中，国际民航组织为全世界的机场制定了统一标准和推荐要求，主要有《国际民用航空公约》的附件14——机场、附件 16——环境保护等文件，使世界的机场建设和管理大体上有了统一的标准。

到了 20 世纪 50 年代末，随着喷气式民航客机的问世和投入使用，飞机开始真正成为大众的交通运输工具，这也标志着航空运输进入了一个崭新的历史阶段。机场的建设随着喷气式飞机的增加而蓬勃发展，同时也使得机场发生了质的变化——随着飞机起降速度的增加，雷达技术和仪表着陆系统为了配合空中交通管制的需要开始出现在机场里，机场的跑道、滑行道和停机坪也开始进行加固或延长，跑道延伸至 3 000 m，并利用滑模机筑出连续性的强化混凝土跑道，从而满足了飞机的起降要求；再以后，随着飞机本身质量和载重量的大幅度上升、轮胎压力的提高，飞机起降次数更加频繁，对跑道道面有了更高的标准和要求，同时机场开始建设多条跑道以满足飞机起降的要求。机场的设计日趋复杂，航站楼聚集在一处，而跑道聚集在另一处，这样的安排可方便机场设施的扩展，但也意味着乘客在登机时必须移动较长的距离。

客货数量的不断增加，客观上需要对原有的航站楼、停机坪、进出机场的道路进行改建和扩建，现代化的机场航站楼开始使用登机桥系统，乘客不必走出室外登机，以满足航空运输的需要。与此同时，航班数量的增加使噪声对居民区的干扰成了突出问题，由于喷射引擎带来了严重的噪声问题，于是对飞机的噪声限制和机场的规划建设有了更高的要求。为了机场的可持续发展，不少机场开始搬离市中心。机场的规划建设与发展需要和城市的规划建设与发展相协调，需要进行统一的、长期的考虑，机场逐步开始成为可供各类飞机起降、服务设施完善的航空运输中转站。航空运输也开始成为地方经济的一个重要的不可缺少的组成部分。此时，机场已成为整个城市的一部分，因此从这个时期起机场成了"社会的机场"。

（二）中国机场的发展历史

1. 中华人民共和国成立前四十年（1910—1949 年）

1910 年（清宣统二年）8 月，清政府开办飞机修造厂试制飞机，由军咨府在北京南苑五里店毅军练兵场内始建飞行场和简易跑道，供从法国购进的苏姆式飞机起降和维修使用。北京南苑机场成为中国第一座机场。

孙中山先生非常重视航空业，辛亥革命后组建过航空队，在讨伐袁世凯和其他军阀时，曾以飞机轰炸敌方。这些都说明当时已设置了机场。在北洋政府统治期间，各军阀为了加强实力，也都纷纷建空军，修机场。那时的机场，只是将一块圆形或近似方形的空地经过平整、压实即可，没有人工铺砌道面；为避免尘土飞扬，机场种植草皮，也可以提高机场道面的承载能力。机场没有固定的起降方向，而是根据风向临时决定起降方向，机场悬挂风斗，临时铺设"T"字布以指明飞机降落方向。机场也没有导航设施，较好的机场才有机库等建筑设施。

1920年4月24日，由英国驾驶员操纵英制汉德利·佩奇（Handley Page）飞机公司生产的飞机从南苑机场起飞，试航天津成功。同年5月8日，南苑机场正式开航。这是我国最早的民航飞行，南苑机场也就成了中国最早用于民航的机场。此后，我国还开辟了其他航线，但都时飞时停。

上海第一个民用机场，是始建于1921年（中华民国十年）3月的虹桥机场，位于上海市西郊。上海的第二个民用航空机场是龙华机场，其前身是北洋政府淞沪护军使署的练兵大操场，1929年（中华民国十八年）6月，国民政府航空署奉令向淞沪警备司令部接管，改为民用机场，中国才有了专门的民航机场。至1936年（中华民国二十五年），龙华机场经不断修建，已成为当时中国最好的一个民用机场。

1930—1937年，中美合资经营的中国航空公司（1930年成立）、中德合资经营的欧亚航空公司（1931年成立）和两广地方政府兴办的西南航空公司（1933年成立，其目的在于发展西南的空中交通）在国内所使用的民航机场已有北平（北京）、天津、上海、广州、南京、成都、昆明、迪化（乌鲁木齐）等三十几处。1936年3月，西南航空公司开辟了中国的第一条国际航线，即广州—广州湾（湛江）—河内航线。当时的广州机场即成为中国的第一个通国际航线的机场。

抗日战争时期，虹桥、龙华两机场被日军侵占。抗战胜利后，龙华机场经扩建，成为中国民用航空运输的枢纽机场，而且在当时远东地区也是屈指可数的一个国际机场。

2. 中华人民共和国成立后的七十多年（1949—2023年）

1949年以前，我国大陆用于航空运输的主要航线机场仅有36个，包括上海龙华、南京大校场、重庆珊瑚坝、重庆九龙坡等机场，大都设备简陋。除上海龙华和南京大校场机场可起降DC-4型运输机外，一般只适用于当时的DC-2、DC-3型运输机。

1949年11月9日，中国航空公司、中央航空公司的部分员工和12架飞机从香港飞回内地，这就是著名的"两航"起义。"两航"起义归来的技术业务人员为新中国民航事业的发展作出了重要贡献。

中华人民共和国成立一个月后，即1949年11月2日，中共中央决定，人民革命军事委员会下设民用航空局。鉴于机场在民航运输事业中的重要地位，民航局很快组建了空港建设委员会。第一步是改造老机场。当时的中国航空公司设在天津，所以决定先将天津张贵庄机场改造并作为中华人民共和国的民航基地，这是我国第一个较大规模的机场建设项目。全部扩建工程于1952年11月15日验收合格，并交付使用。随后，我国又改造了武昌南湖机场，修复了太原亲贤机场。1958年北京首都国际机场建成，中国民航从此有了一个较为完备的基地。

从 20 世纪 50 年代到 1978 年，由于受客观条件的影响，我国民航的发展比较缓慢，基本建设投资仅 24 亿元左右（年平均投资不足 1 亿元），扩建了上海虹桥国际机场和广州白云国际机场。1966 年，北京首都国际机场进行了初次扩建。我国先后又新建或扩建了西安、太原、哈尔滨、乌鲁木齐、兰州、成都、南宁、武汉等城市的 20 多个机场，使航班运行机场达到了 70 多个（其中军民合用机场 36 个）。在这一时期，使用的飞机机型小，因此所建设的机场规模也比较小，大多数是中小型机场。

1978 年党的十一届三中全会以来，民航机场建设出现了新气象，机场建设速度大大加快，机场建设水平大大提高。

北京首都国际机场第二次扩建于 1974 年 8 月，并于 1984 年年底正式结束。经过这次扩建，北京首都国际机场基本上达到了同时期的国际水平：新修第二条跑道，首次采用了快速出口滑行道；新旅客航站楼采用卫星式，由主楼和两个卫星厅组成，并设有活动登机桥和自动步道供旅客上下飞机使用；另建了一座宽 60 m 的预应力钢筋混凝土的滑行道立交桥连接东西跑道，提高了飞机通过能力，东西跑道均可供波音 747 等大型宽体客机起降。

进入 20 世纪 90 年代后，北京首都国际机场的旅客和货邮运输量、飞机起降架次均已大大超过了设计水平，因此还需要进一步大规模扩建航站区。这项工程于 1995 年 10 月开工，1999 年 9 月竣工。北京首都国际机场新建第二航站楼与之相配套的停车楼、供电、供热、制冷、航空货运站和站坪等工程。20 世纪末，北京首都国际机场已成为具备年旅客吞吐量 3 500 万人次、高峰小时旅客吞吐量 12 200 人次、年货邮吞吐量 78 万吨、年起降飞机 19 万架次能力的现代化国际航空港。

随着上海和周边地区经济建设的迅速发展，对地处亚、欧、美三角航线中点的上海航空港不断提出新的要求，仅靠上海虹桥国际机场已不能满足经济发展需求。为此，国家在 1997 年 10 月开工修建上海浦东国际机场。经过近两年的建设，上海浦东国际机场第一期工程于 1999 年 9 月竣工。

为了加快机场建设，国家采取各种措施，其中包括改革机场管理体制，发挥民航和地方投资的积极性，积极引进外资，加强企业自筹，多方筹集资金。到中华人民共和国成立五十周年（1999 年）时，大陆通航的运输机场已从 1978 年年底的 78 个增加到 2000 年年底的 143 个，其中可起降 B747 等大型飞机的机场（4F）已由 3 个增加为 20 个。

2000—2010 年，我国经济发展进入又好又快的发展轨道，国民经济持续高速增长，航空运输需求旺盛，同时为了适应举办北京奥运会、上海世博会和广州亚运会的需要，机场建设进入了新一轮高潮期。中央与地方政府继续加大了对机场建设的投入，并逐步拓宽了机场建设融资渠道。在该段时期内，以北京首都国际机场、上海浦东国际机场、上海虹桥国际机场、广州白云国际机场为代表，包括天津滨海国际机场、呼和浩特白塔国际机场、武汉天河国际机场等一批大、中型机场的扩建工程相继完成并投入使用。"十一五"时期，按照"东部提升、中部加强、西部加密"的方针，支线机场的建设向中、西部地区倾斜，新建了一批支线机场，对完善全国机场布局、支持中西部经济发展起到了很大的作用。"十一五"时期，全国民航基础设施建设共投资 2 500 亿元，约为前 25 年民航建设投资之和。到 2010 年年底，我国颁证运输机场达到 175 个。

除数量增长外，机场建设的投资在 2000—2010 年也有大幅攀升。据统计，早前北京首都国际机场 2 号航站楼建设的投资是 94 亿元，在当时给人的感觉是天文数字。但 2004 年迁建投入使用的广州新白云国际机场总投资达到 180 亿元。为保障 2008 年北京奥运会，新建的北京首都国际机场 3 号航站楼投资超过 300 亿元。

2011—2020 年，这十年民航保障能力不断增强。"十二五"期间，运输机场数量达到 207 个（不含 3 个通勤机场），87.2%的地级城市 100 千米范围都有运输机场，通用机场 310 个，不重复航线里程达 531.7 万千米。民航战略地位日益凸显。国务院出台《关于促进民航业发展的若干意见》，明确民航重要战略产业地位。航空运输在综合交通运输体系中的地位不断提升，2015 年民航旅客运输周转量在综合交通体系中所占比重接近 1/4。民航业与区域经济融合发展进程加快，临空经济成为推动地区转变发展方式新亮点。"十二五"末，民航国际影响力逐步扩大，我国境内机场通航全球 55 个国家和地区的 137 个城市，国际航线达到 660 条，国际客运市场份额达到 49%。

"十三五"期间，基础设施建设总投资 4 608 亿元，新建、迁建运输机场 43 个，全国颁证运输机场数量增加到 241 个，其中千万级机场 39 个，新增跑道 41 条、航站楼 588 万平方米、机位 2 300 个，新增航油储备能力 5.3 万立方米，机场新增设计容量约 4 亿人次，总容量达 14 亿人次。

2019 年秋天，耗资 800 亿、历经近十年的规划设计与建设的北京大兴国际机场在 9 月底正式通航。一座大型国际航空枢纽于京畿大地拔地而起，建筑外形流畅的曲线，如同一只手掌托起新时代的希望。占据"新世界七大奇迹"榜首的北京大兴国际机场作为一份隆重的厚礼献给共和国成立 70 周年。

经过 70 年的建设和发展，我国机场总量初具规模，机场密度逐渐加大，机场服务能力逐步提高。

机场总体布局与国情国力相适应。2023 年全国颁证运输机场数量达到 259 个，国内运输机场的密度达到每 10 万 km² 2.70 个，所有省（自治区、直辖市）的省会城市、沿海开放城市及主要旅游城市都拥有了较为现代化的民用机场，一些边疆地区、少数民族地区以及地面交通不便地区也建设了相应规模的民用机场，全国机场布局更为合理。若以地面交通 100 km 或 1.5 小时车程为机场服务半径指标，2022 年航空服务网络已覆盖全国 92%的地级行政单元，服务区域的人口数量占全国人口的 88%，国内生产总值（GDP）占全国总量的 93%。

从经济地理格局考察，民用机场呈区域化发展趋势，初步形成了以北京为主的北方（华北、东北）机场群、以上海为主的华东机场群、以广州为主的中南机场群三大区域机场群体，以成都、重庆和昆明为主的西南机场群和以西安、乌鲁木齐为主的西北机场群两大区域机场群体雏形正在形成，机场集群效应得以逐步体现。

如今的中国民航，基于机场空间布局的中枢轮辐式与城市对相结合的航线网络逐步形成，机场体系的功能层次日趋清晰，结构日趋合理，国际竞争力逐步增强。北京、上海、广州三大枢纽机场的中心地位日益突出，以昆明、成都、西安、乌鲁木齐、沈阳、武汉、重庆、大连、哈尔滨、杭州、深圳等省会或重要城市机场为骨干，以及其他城市支线机场相配合的机场基本格局已经形成，我国民用运输机场体系初步建立。

第二节　民航业的地位和作用

机场是整个民用航空运输系统的组成部分。机场的地位和作用与中国民航业的发展密切相关，民航业在国民经济发展中的地位和作用决定了我国机场业的发展目标和方向。

一、民航业的战略地位

不同交通运输方式的演变过程，与人类文明、社会进步、经济发展、科技创新有着密切的互动关系。从世界范围看，航空运输已成为继海洋运输、内河运输、铁路运输、公路运输之后，驱动经济社会发展的重要新兴力量。同样在中国，20世纪80年代，人们讲"要致富先修路"，现在是"要开放修机场，要想强上民航"。这是因为，在经济全球化背景下，航空运输适应了国际贸易距离长、范围广、时效强等要求，因而成为经济发展的驱动力，是现代化国际经济中心城市迅速崛起的重要依托。

发展民航业上升为国家战略。2012年《国务院关于促进民航业发展的若干意见》（以下简称《若干意见》）出台，开篇即明确"民航业是我国经济社会发展重要的战略产业"。这标志着发展民航业上升为国家战略，建设民航强国战略构想纳入国家战略体系。这是中央着眼于经济社会发展全局，对促进民航业发展所做出的战略部署，意味着民航业的战略地位作用更加凸显。中央始终高度重视加强基础产业建设，加快发展综合交通运输体系。民航业是国民经济的重要基础产业，是综合交通运输体系的有机组成部分，其发达程度对内反映了一个国家（地区）的现代化水平、经济结构和开放水平等状况，对外则是衡量国家、地区经济竞争力的重要指标。不仅如此，民航在政治、社会、军事、外交、文化等领域也发挥着十分重要的战略作用。许多国家（地区）把民航定位为战略性产业，把发展民航业上升为国家（地区）战略，使之成为在全球化过程中获取利益的有力工具。

党中央、国务院历来高度重视民航工作。中华人民共和国成立以来，历届中央主要领导人在不同时期就民航工作做出重要指示、批示，有力指导了民航事业的发展。2015年3月，习近平总书记在民航局呈报的《关于民航发展主要情况的报告》中对民航工作做出重要批示。习近平指出，近年来，民航业快速发展、安全发展，有效服务了经济社会发展大局，圆满完成了各项保障任务。他强调，民航业是重要的战略产业，要始终坚持安全第一，严格行业管理，强化科技支撑，着力提高运输质量和国际竞争力，更好地服务于国家发展战略，更好地满足广大人民群众的需求。这既是对近年来民航业快速发展、安全发展、有效服务经济社会发展大局的充分肯定，又是站在适应新常态、引领新常态的高度，对民航业在实施国家发展战略中的地位和作用的重要判断，更是中央领导对民航业在经济社会发展转型升级、提质增效中作出新的贡献的殷切期望。

2017年2月23日，习近平总书记在北京考察期间，专程来到正在建设中的北京新机场，亲切看望机场建设者，听取民航工作汇报，对新机场建设做出了重要指示："将新机场定位为首都的重大标志性工程、国家发展一个新的动力源。"这是我国第一次把一座机场的作用上升到国家发展动力源的高度，这样的定位前所未有。动力源就是能够推动事物发展的动力或能量，新机场建成后，其对经济社会发展的驱动作用将更加凸显。这充分体现了党和国家对民航业发展的高度重视。

任何产业都有一个生成、成长、成熟和衰退的演变过程。我国民航业从中华人民共和国成立初期到 20 世纪末，经历了漫长的行业生成和成长过程，形成了一定的发展规模，但服务社会、推动经济发展的作用相对还比较弱。民航业进入成熟期的重要标志是：在服务我国整体经济社会发展战略中，不仅能够更好地发挥主动作用，而且能够成为战略性、先导性产业。

改革开放以来，伴随着我国经济社会的发展，中国民航运输总周转量年均增长 17.3%，远远高于其他交通运输方式。我国已成为仅次于美国的全球第二大航空运输系统。航空安全处于世界先进水平。民航业行业规模不断扩大，服务能力逐步提升，安全水平显著提高。民航在经济发展、对外交往、国防建设、应急救援、保障民生等领域中的战略作用日益凸显，充分表明现代航空运输业已成为经济社会发展的重要助推器。

二、民航业的战略作用

（一）对于整个国民经济的发展具有先导性作用

民航作为一种安全、便捷、快速的现代交通运输方式，是经济增长的重要驱动力量。从功能来说，民航独具的适合长距离、跨洋运输和快速运输的竞争优势，既适合运输高附加值货物和高时效的时尚、生鲜货物，又可以满足人民群众的旅游需求，使其成为产业结构升级的重要依托和拉动内需、促进消费结构转型的重要保障；从产业链来说，民航业的发展可以有力带动航空制造业及其相关产业，成为产业结构升级换代和科技创新的重要拉动力量；同时，民航对边远贫困地区的旅游资源开发、外资引进也具有明显的促进作用，有利于缩小地区差距，实现区域协调发展。民航作为国民经济发展中的一个重要组成部分，在综合交通运输体系中，发展速度最快，作用日益突出，未来发展的潜力巨大，对于整个国民经济的发展具有先导性作用。

"要开放修机场，要想强上民航"，这句在民航业内流传很广的话，生动地道出了一座机场对一个地区经济发展的带动作用。航空运输不仅仅是一种交通运输方式，更是区域经济融入全球经济的快速通道，能够极大地改善投资环境，促进对外开放。

"落一子，活全局"，修建两三千米的跑道，就能将一个地区和世界联结在一起。正因如此，各地政府决策部门不约而同地将目光投向机场。他们知道，机场不仅是对外交流的空中桥梁，更是招商引资的亮丽名片。地方有了机场，老百姓的幸福感、满意度都会提升。城市有了机场，就可以带动区域经济社会的综合性发展。

（二）枢纽机场是国家发展一个新的动力源

我国的机场，特别是大型国际枢纽机场，早已突破单一运输功能，也不再仅仅是城市的重要基础设施，而是通过与多种产业有机集合，形成带动力和辐射力极强的临空经济区，对区域经济发展产生强大的辐射效应，这也是习近平总书记将北京新机场定位为首都的重大标志性工程、国家发展一个新的动力源的原因。

机场在发展过程中所承担的职能已经远远超越了运输功能。民航业的持续、健康发展，不仅与旅游等相关产业存在直接的互动关系，而且对改善投资环境、促进整个国民经济和社会发展，发挥着重要的保障作用，成为国家和区域经济增长的"发动机"。

机场，特别是枢纽机场的建成，将使机场所在的区域越来越有吸引力。随着机场周边土地的进一步开发和利用，机场所在城市的经济产业空间布局、人口的地理分布也会发生改变。正因为如此，地方政府也越来越重视机场周边的土地开发和利用。截至2023年7月31日，全国31个省份明确规划和开始建设的临空经济区达到89个。其中，年旅客吞吐量在500万人次以上的机场都规划了临空经济区，年旅客吞吐量在50万～500万人次的机场也有9个规划了临空经济区。其中，北京市顺义区的临空经济发展尤为突出。

在国外，一个机场带动一座城市发展的案例比比皆是。孟菲斯从美国南部小城变成大都市，阿联酋的迪拜在一片沙漠中建成世界繁华之都，荷兰的阿姆斯特丹从不起眼的海港成为航空枢纽，皆是因大力发展航空经济带来了飞跃发展。世界上许多机场，特别是大型国际枢纽机场聚集了大量高科技产业、现代制造业和现代服务业，并且拥有了经济社会发展中的人流、物流、资金流、技术流、信息流等优势资源，促使现代航空大都市不断涌现。德国之所以能成为世界出口强国，其高度发达的航空运输业功不可没。法兰克福国际机场拥有飞往世界及德国各主要城市的空中客货运航线，以及密如蛛网的地面交通网。在法兰克福国际机场周边有数百家物流运输公司，这些公司既将世界各地的产品运进德国，也将德国的产品运往世界各地。以机械设备为例，正是因为德国有一张以法兰克福国际机场为中心的触角遍及全球的空中运输网，加上高效的配送系统，才使德国制造的机械设备在世界各地都能得到及时的配件供应，从而极大地提高了德国产品在国际市场上的声誉和竞争力。

我国最典型的内陆省份河南借助民航翅膀成为与欧美国家"比肩而居的近邻"，"不靠海、不靠边"的郑州成为河南省腾飞中原、联结世界的重要枢纽。郑州航空港经济综合实验区横空出世，如同为郑州这座古老的商都安装了一台崭新的发动机，激发了它积蓄已久的活力。与此同时，由于航空业在区域经济发展中的"新动力"和"增长极"作用日渐凸显，航空港已经成为河南省发展的战略突破口和对外开放平台，"小区带动大省"的效应已逐步显现。

（三）可平衡区域发展，促进边远地区发展

民航业对于平衡区域发展，特别是促进边远地区、少数民族地区发展有很快、很大的推动作用。例如黑龙江的漠河，这是我国最北部的一个县级城市，2008年6月建成机场通航，辐射到周边70 km的范围，民航直接带动了这些地区的经济增长，使居民生活得到了改善，包括人民精神面貌的改变。2009年，漠河古莲机场全年实现旅客吞吐量7.5万人次，同比增长147%。当年，漠河县共接待游客43万人次，实现旅游收入3.57亿元，同比分别增长98.4%和143.4%。2023年1—8月，漠河市旅游人数149.5万人次，同比增长389.11%；旅游收入10.27亿元，同比增长330.67%。2023年11月冬季冰雪旅游"百日行动"以来，大兴安岭地区累计接待游客94.3万人次，实现旅游收入10.1亿元；同比分别增长265.3%和403.5%。来自天南海北的游客为大兴安岭的冰雪旅游注入了新活力，促进了当地人增收。这个中国最北端的县级城市正吸引着众多的旅游者。

据统计，按百千米服务半径或 1.5 小时车程距离计算，我国民航现有机场覆盖了中国内地 92%的地级以上城市。伴随着机场的大发展，中国百姓的生活水平正在迈上新台阶。机场的建设发展，促进了区域均衡发展，这是实现社会公平的需要，也是提高应对突发事件航空保障能力的需要，而这些方面都彰显了机场在社会发展中重要的战略地位。

作为省内综合交通运输体系中增长速度最快、发展潜力最大的交通运输方式，云南民航近年来积极构建面向东南亚、南亚国家的空中大通道，架起云南走向世界的桥梁。2023年，云南航空产业投资集团各机场共保障运输起降 50.25 万架次、旅客吞吐量 6 399.83 万人次、货邮吞吐量 40.85 万吨，同比增长 74.59%、108.71%、18.29%，截至 2023 年年底，云南机场集团共开通航线 629 条，较 2022 年增加 98 条，其中国内航线 587 条、地区航线 2 条、国际航线 40 条。昆明长水国际机场开通的南亚、东南亚航线量在国内机场名列前茅，除不丹和巴基斯坦外，昆明实现了南亚、东南亚国家的首都和重点城市全覆盖，中国面向南亚、东南亚开放的门户枢纽机场初步形成。这对于云南成为我国面向西南开放的重要桥头堡起到了十分重要的作用。

（四）机场是国家的门户和走向世界的桥梁

民用航空的作用不仅在于它创造或促进了经济活动，还在于它对整个社会发展和人们生活方式产生了积极影响。民用航空改变了人们的时空观念和生活方式。从人类发明飞机至今，一百多年过去了，飞机变大变快，使地球越变越小，变成了真正意义上的"地球村"。航空运输彻底改变了人们的时空观念和传统的经济地理概念，使得人们的视野拓宽了，工作的机会增加了，消费的选择范围扩大了。机场作为航空运输的节点，成为国家的门户、地区的窗口、走向世界的重要桥梁。

在国家软实力的全球传播中，民用航空建立了一种新的高效率的文化交流通道。各国、各地区的民航运输本身代表着一种文化，通过航空运输，增进人们对各国、各地区的文化了解，促进对不同文化的认同，实现更高的国际融合。同时，航空运输的发展水平也关系到一个国家在国际上的政治声望和软实力。2008 年，我国成功举办第 29 届夏季奥运会和残奥会，2010 年成功举办了第 41 届中国上海世界博览会，2022 年我国成功举办第 24 届冬奥会和第 13 届冬残奥会。其中，在 2008 年奥运会，中国民航在火炬传递和航空运输保障上的作用受到各方高度评价和充分肯定。中国民航让更多的中国人通过机场这个窗口走出国界看世界，让世界各国人民走进国家的门户了解中国，大大拓宽了人们的视野，建立了一种新的、高效率的文明传播通道，使得相距遥远的人群和不同的民族能够更容易地交流思想、文化、情感、艺术、宗教、风俗等，加深彼此的了解与沟通，共同推进社会文明，共享人类文明进步的成果。

民航同时也是实施全球政治外交战略的宝贵资源。近几年我国成功举办了亚太经合组织领导人非正式会议、二十国集团领导人杭州峰会、金砖国家领导人厦门会晤、亚洲相互协作与信任措施会议，民航为会议保障服务作出了重大贡献。在国家软实力的全球传播中，其发展水平关系到一个国家的政治声望和软实力。在实施全球政治外交战略过程中，民航不仅仅是一种产业，还成为外交谈判的筹码、发展双边或多边关系的纽带。各国政府有时利用采购飞机、开辟航线、开放机场等方式，加强彼此间的政治互信和经贸联系。各主要国家在与我国发展双边关系过程中，民航事务始终是一些国家非常关注并不断提及的议题。在推进区域合作方面，航空运输也是其中重要的合作内容。

（五）民航是国家国防和经济安全的保障

机场是国家（包括一个区域）应对重大自然灾害和突发事件的基础设施。民航肩负着国家国防和经济安全的保障任务，是抢险救灾和应对突发事件的生力军。随着现代社会进程节奏的加快以及全球灾害天气的增多，每天都可能会在一些地区发生一些灾害，包括要及时应对的突发事件。在应急救援方面，航空运输和通用航空通过货物运送、灾民转移，向应对自然灾害、饥饿和战争的人们提供必要的人道主义救援。近年来我国边远地区新建了许多机场，其意义远远超出了一般意义上的社会效益、公共产品的范畴。对于应对重大自然灾害，包括应对突发事件，都具有重要作用。民航在应急救援和国防安全等方面发挥着独特的作用。

2008 年 5 月 12 日，汶川发生特大地震，对人民生命财产安全造成了严重危害。在汶川抗震救灾中，民用航空发挥了重大作用。这种作用表现为：一是及时；二是有效；三是代价最小。地震后仅 7 个小时，成都双流国际机场就重新开放。在铁路和公路受阻的情况下，5 月 13 日凌晨民航局接到中央领导火速运送解放军和消防人员的命令后，立即安排 55 架飞机，在 8 个小时内把 8 000 多名消防特警从全国 29 个省会、首府运送至灾区。在地形特别复杂的灾区，直升机发挥了无可取代的作用。特别是在唐家山堰塞湖的紧急排险中，直升机在运送大型装备等物资和人员行动中起到了重大作用。

民航业具有准军事性质，是国家空中力量的重要组成部分。一旦发生紧急事件或战争，航空运输是军事后勤的重要支撑，是部队快速机动地运送和补给物资装备、运送伤病员等的重要手段。因此，在现代战争中，民用飞机、机场、设施、空地面勤务人员是军事实力的一部分，空中交通管理系统是国家防空作战体系的重要组成部分。以美国为例，联邦航空局（FAA）战时隶属于国防部。联邦航空局局长由国会而不是总统任命，任命层次的提升表明美国对民用航空的重视。此外，美国制定了一系列法律，明确规定战争期间军方经国会授权可对民航实施军事管理和征用。在第一次海湾战争中，美国政府征用的民用飞机向海湾地区运送了大量人员和物资，分别占总数的 2/3 和 1/4。美国发达的通用航空也为可能的战争储备了大量准军事飞行人员。我国民航在应对 2008 年拉萨 "3·14" 打砸抢烧事件以及 2009 年乌鲁木齐 "7·5" 严重暴力犯罪事件中发挥了重要作用。整个应对过程既检验了民航的应急和国防动员能力，也说明了民航的战略地位和作用。长期以来，在保障经济安全和空中通道通畅、维护国家形象、完成党和国家特殊任务等方面，我国民航都作出了重要的贡献。

第三节　民航运行体系

一、民航的行业系统性

经过 21 世纪初的以政企分开、政事分离和企业联合重组为主要内容的新一轮管理体制改革，我国民航业各个主体的隶属关系发生了深刻变化。虽然隶属关系变了，但是确保安全的共同责任没有变，为人民服务的共同宗旨没有变，促进国家和区域经济社会发展的共同使命没有变。同在一片蓝天下，同是一家民航人，行业安全、服务链条的不可分割性，决定了民航的行业系统性不仅依然存在，而且随着行业的发展壮大不断增强。在民航业运转的链条上，分工不分家，竞争又合作，协作是共赢的前提。从某种意义上说，这也是民航业发展的一条规律。民航的行业系统性不断增强，既体现为全行业各个主体在民航产业链上的相互依存关系，又要求各个主体在行业安全、服务链条上环环相扣，齐心协力，心往一处想，劲儿往一处使。

民航是一个服务行业，各个主体虽然隶属关系不同，但是服务的最终对象和终极目标是一致的。要为客户提供最好的服务，为国家和区域经济社会发展提供强大的动力，各个主体就必须树立"把困难留给自己，把方便让给别人"的服务意识。一方面，行业中的每一个主体都需要练好内功，使自身成为民航服务链条上一个牢不可破的环节；另一方面，上一个环节必须为下一个环节做好服务，任意两个环节的衔接一定要顺畅、紧密。近年来，个别机场发生旅客因航班延误冲上滑行道事件有力地证明：任何一个环节的不作为，或者工作的不到位，都会影响整个服务链条的顺畅运转。所有主体，无论隶属何方，在旅客面前都是民航行业的重要组成部分。要做好服务工作，各个主体必须相互支持、相互补台。

在民航安全链条上，虽然各个主体所处的位置不同，规模大小也各异，但是责任不分大小，目标只有一个——安全。全行业所有的主体都是安全链条上不可或缺的重要一环，都肩负着确保安全链条顺畅运转的重任。这就需要行业各主体形成合力，相互支持，相互促进，向着同一个方向、同一个目标前进。促进民航业发展已经上升为国家战略，行业内的所有主体都要明确自身的定位和肩负的使命。全行业所有主体唯有在民航业国家战略共识统领下树立大局意识，精诚合作，统筹规划，科学发展，携手共进，才能实现共同发展。

二、机场运行系统图

机场是航空运输系统的组成部分，它是一个运输生产的场所，它实现了运输方式转换，即空中运输与地面运输的转换。机场航空运输系统主要由三大主体组成：一是航空公司（提供劳动工具——飞机，是实现用户位移的主体）；二是机场当局（提供劳动场所——航站设备设施）；三是用户（消费者）。

机场系统如果想保持正常运营，机场系统的管理人员就必须研究三者之间的相互关系和相互作用，并且使其保持平衡。为了使系统运转顺利，每一个主体都必须与另外两个主体取得一定形式的平衡。如果做不到这一点，整个系统运营就达不到最好状态，就会出现矛盾和问题，导致机场设施的运行规模下降，服务品质下降，安全水平难以得到保障，航空公司航线取消，大量用户流失，更多旅客选择其他交通方式，机场本身亏损经营，等等。

机场运行系统简图如图 1-3 所示，其从管理层面表示了机场、航空公司和用户之间的基本相互作用。该图显示了运营规模、旅客需求、机场容量和飞行能力各因素的基础特性，以及它们之间的相互关系和运营模式。该图可以将机场运营的各主要因素概念化，实际上，大型机场是非常复杂的组织结构。机场运行系统还可以包括政府部门主体（国家政策方针直接影响到机场运营）、社会公众主体。

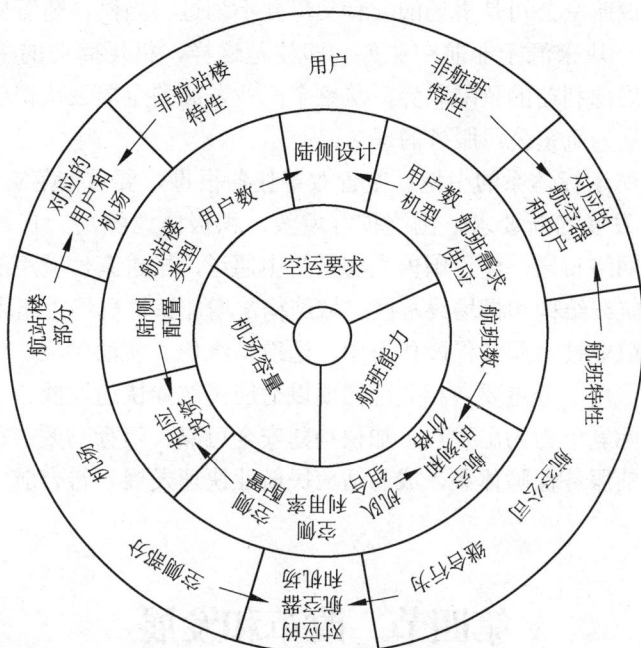

图 1-3　机场运行系统简图

（1）民用机场统一协调管理运输机场的生产运营，维护运输机场的正常秩序，为航空运输企业及其他驻场单位、社会公众提供公平、公正的服务。机场管理机构是运输机场的管理者，既负责对本运输机场的安全运营实施统一协调管理，也承担着对本运输机场生产运营的统一协调管理。

民用机场是社会公共基础设施，保障安全是其根本要求，提供服务也是其重要任务，而其服务对象既包括航空运输企业及其他驻场单位，也包括社会公众。机场要根据协议对航空运输企业及其他驻场单位提供相应的场地，并及时有效地协调处理各运输企业及其他驻场单位生产运营中发生的问题；而对于社会公众，则应当为其创造舒适的候机环境、方便快捷的乘机体验。另外，机场所提供的服务必须保证公正、公平，不得给航空运输企业等任何驻场单位以歧视待遇，更不能侵犯旅客平等享受机场服务的权利。航空运输企业及其他驻场单位也是服务的提供者，也应当在机场管理机构的组织协调下配备必要的服务设施，提高机场整体服务水平。

各机场要认真贯彻落实《民用机场管理条例》，紧紧围绕公共基础设施定位，强化机场特别是大中型机场的公共基础设施服务功能，积极探索机场公益性设施和经营性设施分类管理的新模式，进一步推动机场由经营型向管理型转变，促进机场建设发展，提高运营管理水平。

（2）从整个产业链条来看，航空公司无疑是这个链条上的重要一环，也是整个产业效益的关键一环，其运营模式、结构状况决定着整个行业发展的走向，也是行业结构是否合理的重要影响因素。民航是向社会提供服务的行业，民航的效益来源决定于社会接受这一服务群体的规模。从这个意义上说，航空公司运输的旅客越多，民航行业效益的基础就越牢靠。就此而言，说航空公司是机场的衣食父母并不为过。当然，随着机场多元化经营的发展，收益的很大一块来源于非航空业务。即便是这样，机场商业的主体也是旅客。因此，机场应该摆脱局部利益的狭隘眼界，从整个产业发展的全局去认识航空公司的地位和作用，从根本上确立为航空公司服务的理念。

（3）空管是民航运行体系的中枢。空管改革任务很重，要贯彻落实好《若干意见》，主动适应民航快速发展的新要求，围绕扩容增效，积极协调解决、有效开发民航空域资源，调整完善航路网络布局，建设国内大容量空中通道，推进繁忙航路的平行航路划设，优化繁忙地区航路航线结构和机场终端区空域结构，增加繁忙机场进离场航线。

（4）在我国民航业技术服务保障体系中，适航与维修、航油供应、信息服务和航材保障等系统的地位和作用十分重要。相关部门要以适应民航业快速发展、有力支撑民航业可持续发展、增强国际竞争力为出发点，加快构建安全可靠、运行高效、技术先进、服务成本低和创新能力强的服务保障体系，成为适应民航业快速发展、符合航空用户需求的市场主体。

第四节　改革和发展

一、现状与差距

"十三五"以来，民航业在党中央、国务院的正确领导下，坚持新时期民航总体工作思路，积极应对国内外环境复杂变化和各种风险挑战，创造飞行安全新纪录，实现规模质量双提升，深化改革卓有成效，服务人民美好生活需要和支撑国家战略的能力显著增强，较好地满足了经济社会发展需要，基本实现了由运输大国向运输强国的历史性跨越。

（一）"十三五"期间的中国民航成绩单

表 1-5　"十三五"时期民航发展指标完成情况

类别	发展指标	2015 年	2019 年	2020 年	2015—2019 年均增长/%
行业规模	运输总周转量/亿吨公里	852	1 293	799	11
	旅客运输量/亿人	4.4	6.6	4.2	10.7
	货邮运输量/万吨	629	753	677	4.6
	通用航空飞行量/万小时	77.8	106.5	98.4	8.2
	旅客周转量在综合交通中的比重/%	24.2	33.1	33	—

类别	发展指标	2015 年	2019 年	2020 年	2015—2019 年均增长/%
发展质量	运输飞行百万小时重大及以上事故率/%	[0.00]	0	0	—
	航班正常率/%	67	81.7	88.5	—
	平均延误时间/分钟	23	14	9	—
	中国承运人占国际市场份额/%	49	53.3	—	—
保障能力	保障起降架次/万	857	1 166	905	8.0
	民用运输机场/个	207	238	241	—
	运输机场直线 100 km 覆盖地级市/%	87.2	91.7	92	—
绿色发展	吨公里燃油消耗/千克	[0.293]	[0.289]	[0.295]	
	吨公里二氧化碳排放/千克	[0.926]	[0.910]	[0.928]	

注：带[ ]的数据为五年年均/累计数。

主要表现在以下几个方面：

航空安全创造最好纪录。持续安全飞行 5 270 万小时，安全运送旅客 27.3 亿人次，运输航空百万小时重大事故率和亿客公里死亡人数均为 0，未发生重大航空地面事故，确保了空防安全，创造了新中国民航成立以来最长的安全飞行周期，安全水平国际领先。

服务品质大幅提升。以航班正常为核心的运输服务品质实现根本性扭转，航班正常率连续三年超过 80%，服务质量专项行动持续深入开展，航空出行的安全性、舒适性、便捷性不断提高。

保障能力显著增强。国家综合机场体系更加完善，颁证运输机场 241 个，增加跑道41 条，地级市覆盖率达到 91.7%，以机场为核心的综合交通枢纽加快形成。在册通用机场339 个。空管运行保障能力稳步提升，保障航班起降能力达到 1 160 万架次以上。民航机队 6 795 架，有力支撑了行业较快发展。

质量效率持续提高。航班客座率、载运率和飞机日利用率保持较高水平。中西部机场旅客吞吐量占比提升至 44.4%，区域发展更加协调。通用航空发展环境加快完善，飞行总量（含无人机）超过 280 万小时。我国航空运输企业、枢纽机场的运营规模和服务能力位居世界前列。"蓝天保卫战"成效明显，绿色民航加快推进。

战略地位更加凸显。民航旅客周转量在综合交通占比提升至 33%。国际航线 895 条，通航国家 62 个，有效服务国家外交外贸和人员往来。国产 ARJ21 顺利投运，C919 成功首飞。形成与临空经济示范区和自贸试验区良性互动的发展局面。在抗击新冠疫情中展现民航责任担当。行业扶贫、定点扶贫和对口支援成效显著。

（二）"十四五"时期民航面临形势

百年未有之大变局下，民航发展外部环境的复杂性和不确定性不断增加。大国博弈加剧，经济全球化遭遇逆流，世界进入动荡变革期，国际贸易和投资大幅萎缩，全球经济、科技、文化、安全、政治格局等深刻调整，碳达峰、碳中和战略加快实施，新冠疫情影响广泛深远，国际民航竞争格局加快演化，我国民航发展外部环境面临深刻复杂变化。

构建新发展格局要求民航更好地发挥战略支撑作用。扩大内需战略与深化供给侧结构性改革有机结合，强大国内市场和贸易强国建设协同推进，生产、分配、流通、消费各环节贯通升级，以国内大循环为主体、国内国际双循环相互促进的新发展格局加快构建，要求民航充分发挥国内国际畅通互联的比较优势，加快发展临空经济和枢纽经济，确保供应链和产业链安全可控。

人民出行新需求要求民航全方位优化提升服务水平。我国已转向高质量发展阶段，经济长期向好，中等收入群体规模和比例提升，航空市场潜力巨大，民航发展仍处于成长期。人民对航空服务的便捷性、公平性和多样化、品质化有更高期待，要求民航进一步提高保障能力、扩大覆盖范围、提升服务质量。

民航强国建设新阶段要求民航加快向高质量发展转型。我国民航正处于全面建设多领域民航强国的起步阶段，要求民航把握住新一轮科技革命和产业变革的战略契机，强化科技自立自强和创新引领，深化体制机制改革，积极应对资源环境约束，加快推进民航质量变革、效率变革和动力变革。

综合分析，"十四五"时期民航发展不平衡不充分与人民群众日益增长的美好航空需求之间的主要矛盾没有变，仍处于重要的战略机遇期，但机遇和挑战都有新的发展变化，具有基础设施集中建设、创新驱动模式加快形成、行业改革全面深化和重大风险主动应对等阶段性特点。全行业要保持战略定力和发展信心，增强机遇意识和风险意识，树立底线思维，不断提升自身综合实力，努力在危机中育新机、于变局中开新局，奋力开启民航强国建设新征程。

（三）与世界航空的差距

一个世纪以前，商业航空跨越大洋横空出世，航空改变世界，从此人类社会进入现代航空时代。航空运输是现代交通运输的主要形式，具有快速、机动、国际性的特点，是现代旅客运输，尤其是远程、国际旅客运输的重要方式，对国际贸易中的高价值货物运输至关重要，航空运输推动全球化贸易和旅游发展的作用功不可没。航空运输业服务于全世界每一个国家，在全球经济产出方面发挥着不可忽视的重要作用。根据国际民用航空组织（ICAO）数据，疫情前2019年全球有44.86亿人乘坐飞机旅行，同比增长3.6%，5 760万吨货物通过飞机运输，全球商业航空公司超过1 000家，提供航空服务的飞机超过3.10万架，定期航班民用机场超过4 000家，超过5万条民用航线连接全球大大小小的城市。

对标民航强国战略目标、国际民航先进水平，我国民航的整体水平还有较大差距，主要表现在我国的航空公司总体规模较小、枢纽机场中转率偏低、资源保障能力较弱、运行效率较低、适航审定能力不足等方面。疫情后2023年航空运输仍未恢复至2019年的水平。

1. 与美国总体指标相比

在全球范围内，无论是客运，还是货运，都可以看出中国和美国比较相像，二者不仅拥有较大的国内市场，还拥有庞大的国际市场。

中国和美国的航空运输业疫情前后现状比较：疫情前 2019 年我国民航运输总周转量是美国的 2/3 左右；2019 年运输旅客周转量，美国约是中国的 1.451 倍，其中国际旅客周转量大约是中国的 1.530 倍；中国的运输飞机数量是美国的 1/2，运输机场数量约为美国的 1/10，从业人员仅为美国的 1/4；美国航空旅客运输量 10.532 0 亿人次，中国旅客运输量 6.599 3 亿人次，年人均乘机次数仅约为美国的 1/7；中国拥有 4.32 倍于美国的人口和大约 1/6 的人均 GDP，未来中国国内市场的增长空间很大。2019 年中美航空运输指标比较如表 1-6 所示。

表 1-6 2019 年中美航空运输指标疫情前后比较

指标	疫情前 2019 年		
	美国	中国	美国：中国
人口/亿人	3.267 6	14.100 8	0.231：1
人均 GDP/美元	65 280	10 276	6.353：1
运输飞机数量/架	7 628（DOT）	3 818	1.998：1
公共运输机场/个	5 080（DOT）	238+246	10.50：1
航空运输周转量/亿吨公里	1 982.35（ICAO）	1 293.25	1.533：1
航空货邮周转量/亿吨公里	424.98（ICAO）	263.20	1.615：1
航空运输旅客周转量/亿人公里	16 988.05（ICAO）	11 705.30	1.451：1
国际旅客周转量/亿人公里	4 873.62（ICAO）	3 185.08	1.530：1
航空旅客运输量/亿人次	10.532 0（DOT）	6.599 3	1.596：1
国际旅客人数/万人次	11 555（DOT）	7425	1.556：1
平均乘机数/次	3.223	0.468	6.887：1

注：表中美国民航数据来源于《DOT 美国交通运输部》和 *ICAO Annual. Report. 2019_Air Transport Statistics*。中国民航数据均来源于《2019/2022 年民航行业发展统计公报》

按 2019 年世界排名 TOP10 航空公司旅客运输量统计，全球前十大航空公司中美国占 4 家（美航 AA、达美 DL、西南 WN、联合 UA），中国只占 3 家（南航 CZ、东航 MU、国航 CA）。如表 1-7 所示。

表 1-7 2019 年世界排名 TOP10 航空公司运输指标

国家	航空公司	旅客运输周转量		旅客运输量	
		世界排名	百万人公里	世界排名	百万人次
美国	美国达美航空公司	1	350 145	2	162.6
美国	美国联合航空公司	2	342 935	5	116.3
美国	美国航空公司	3	342 510	3	155.8
阿联酋	阿联酋航空公司	4	299 496	20	56.2
中国	中国南方航空公司	5	213 573	6	107.3
美国	美国西南航空公司	6	211 379	1	162.7

续表

国家	航空公司	旅客运输周转量		旅客运输量	
		世界排名	百万人公里	世界排名	百万人次
中国	中国东方航空公司	7	186 644	7	104.8
爱尔兰	瑞安航空公司	8	185 405	4	146.3
卡塔尔	卡塔尔航空公司	9	172 591		32.4
中国	中国国际航空公司	10	169 030	10	73.5

2. 国际化程度差距

我国不仅在规模和实力上与世界民航强国有差距，更重要的是，在国际民航规则标准的主导权和话语权上，特别是引领国际民航业发展的创新能力上，与国际民航先进水平有很大差距。

从参与国际市场竞争的实力看，我国民航因实力不强、竞争乏力，尚未摆脱被动局面。在经济全球化背景下，当国家之间的经济实力、资源禀赋等相差悬殊时，各国所得到的利益实际上是不均等的。这几年来，世界民航强国借助"天空开放"政策不断扩张国际航空运输市场，获得了巨大的利益。相比而言，我国航空运输业处于竞争劣势地位。在国际航空客运、货运两个市场，国外航空公司开辟航线、增加航班、投入运力的增长速度明显快于我国航空公司。在国际航空客运市场，由于我国航空公司总体规模偏小，加上国际航权资源分散，导致国际航线少而分散、全球覆盖能力较弱、与国内航线衔接性较差，直接影响了国际竞争力。即使在中美、中欧等主要国际航线市场上，由于我国的航空公司投入运力不足，市场份额较少，导致其盈利能力差。航空公司国际竞争力的强弱直接影响我国枢纽机场走向国际化的步伐快慢。

（1）2019 年全球 TOP25 机场旅客吞吐量排名。我们从国际民用航空组织（ICAO）公布的 2019 年世界主要机场前 25 名业务量排名来分析。如表 1-8 所示，全球前 25 名机场是根据机场全部旅客（国内、国际）吞吐量所做的排名，前 25 名全都是世界级枢纽机场，第 23 名美国旧金山国际机场吞吐量也在 5 700 万以上。排名前 10 名中美国占了 4 席，亚特兰大国际机场排名第一，吞吐量超过 1 亿人次，洛杉矶国际机场排名第三，奥黑尔国际机场排名第六，达拉斯—沃斯堡国际机场排名第十；中国占了 2 席，北京首都国际机场排名第二，吞吐量也超过 1 亿，上海浦东国际机场排名第八，无论从机场数量和吞吐量上与美国还存在很大差距，但近几年来中国航空发展的势头强劲。

表 1-8　2019 年世界主要机场前 25 名国际竞争力

排名	城市	机场	国内国际旅客吞吐量/千人			国内国际航班起降架次/千架次		
			2019 年	2018 年	增长/%	2019 年	2018 年	增长/%
1	佐治亚州，亚特兰大	哈茨菲尔德—杰克逊国际机场	110 531	107 394	2.9	904	895.7	1.0
2	北京	北京首都国际机场	100 011	100 983	−1.0	594	614.0	−3.2

排名	城市	机场	国内国际旅客吞吐量/千人			国内国际航班起降架次/千架次		
			2019 年	2018 年	增长/%	2019 年	2018 年	增长/%
3	加州，洛杉矶	洛杉矶国际机场	88 068	87 534	0.6	691	707.8	-2.3
4	迪拜	迪拜国际机场	86 397	89 149	-3.1	373	408.3	-8.6
5	东京	羽田机场（东京国际机场）	85 505	87 503	-2.3	458	453.5	1.1
6	伊利诺伊州，芝加哥	奥黑尔国际机场	84 649	83 339	1.6	920	903.7	1.8
7	伦敦	希斯罗机场	80 888	80 126	1.0	478	477.8	0.0
8	上海	上海浦东国际机场	76 153	74 006	2.9	512	504.8	1.4
9	巴黎	查尔斯·戴高乐机场	76 150	72 230	5.4	483	488.1	-1.1
10	德州，达拉斯/沃斯堡	达拉斯—沃斯堡国际机场	75 067	69 113	8.6	720	667.2	7.9
11	广州	广州白云国际机场	73 395	69 769	5.2	491	477.4	2.9
12	阿姆斯特丹	阿姆斯特丹史基浦机场	71 707	71 053	0.9	516	517.7	-0.4
13	香港	香港国际机场	71 415	74 517	-4.2	430	439.2	-2.0
14	仁川	仁川国际机场	71 204	68 351	4.2	407	390.2	4.2
15	法兰克福	法兰克福国际机场	70 556	69 510	1.5	514	512.2	0.4
16	科罗拉多州，丹佛	丹佛国际机场	69 016	64 495	7.0	632	595.5	6.1
17	新德里	英迪拉·甘地国际机场	68 491	69 901	-2.0	466	480.7	-3.0
18	新加坡	樟宜机场	68 283	65 628	4.0	386	390.8	-1.3
19	曼谷	曼谷素旺那布米国际机场	65 422	63 379	3.2	381	370.3	2.9
20	纽约州，纽约市	约翰·肯尼迪国际机场	62 551	61 588	1.6	456	455.5	0.1
21	吉隆坡	吉隆坡国际机场	62 336	60 013	3.9	408	398.8	2.4
22	马德里	巴拉哈斯国际机场	61 707	57 863	6.6	426	409.8	4.0
23	加州，旧金山	旧金山国际机场	57 419	57 708	-0.5	458	470.2	-2.5
24	成都	成都双流机场	55 859	52 951	5.5	367	352.1	4.2
25	雅加达	雅加达苏加诺—哈达国际机场	54 497	66 908	-18.6	391	463.1	-15.6
	合计		1 847 278	1 825 012	1.2	12 863	12 844	0.1

（2）2019 年全球机场国际旅客吞吐量 TOP 25 排名。表 1-9 是按机场国际旅客吞吐量

排名，反映机场在国际航空运输中的枢纽地位。我国已经是一个民航大国，但还不是民航强国，国际竞争力仍然不强。从表 1-10 分析，我国境内民用航空（颁证）机场中三大国际枢纽门户机场（北京首都国际机场、上海浦东国际机场和广州白云国际机场），仅有上海浦东国际机场进入前 25 名，国际旅客吞吐量为 32 337 千人，排名第二十二位，而世界第二大机场北京首都国际机场国际旅客吞吐量为 2 390.95 万人次，仅占全部吞吐量的 23.9%，没有进入前 25 名。

表 1-9　2019 年全球机场国际旅客吞吐量 TOP 25 排名表

排名	城市	机场	国际旅客吞吐量/千人			国际航班起降架次/千架次		
			2019 年	2018 年	增长/%	2019 年	2018 年	增长/%
1	迪拜	迪拜国际机场	86 329	88 885	−2.9	408	409	−0.3
2	伦敦	希斯罗机场	76 044	75 307	1.0	438	436	0.6
3	阿姆斯特丹	阿姆斯特丹史基浦机场	71 680	70 956	1.0	497	499	−0.4
4	香港	香港国际机场	71 288	74 360	−4.1	412	419	−1.7
5	仁川	仁川国际机场	70 578	67 676	4.3	399	382	4.5
6	巴黎	查尔斯·戴高乐机场	69 823	66 383	5.2	426	430	−0.9
7	新加坡	新加坡樟宜机场	67 601	64 890	4.2	382	386	−1.0
8	法兰克福	法兰克福国际机场	63 068	61 775	2.1	439	436	0.7
9	曼谷	曼谷素旺那布米国际机场	52 934	50 869	4.1	295	282	4.6
10	马德里	巴拉哈斯国际机场	44 918	41 857	7.3	276	263	4.9
11	吉隆坡	吉隆坡国际机场	44 855	43 507	3.1	276	275	0.5
12	伦敦	盖特威克机场	43 124	42 348	1.8	255	240	6.5
13	伊斯坦布尔	伊斯坦布尔阿塔图尔克国际机场	51 311	49 160	4.4	338	321	5.3
14	多哈	哈马德国际机场	38 787	34 495	12.4	231	219	5.5
15	巴塞罗那	普拉特国际机场	38 631	36 668	5.4	240	232	3.4
16	慕尼黑	慕尼黑机场	38 309	36 546	4.8	307	308	−0.1
17	东京	成田机场	36 645	35 296	3.8	207	200	3.5
18	纽约州，纽约市	约翰·肯尼迪国际机场	34 317	33 519	2.4	179	179	0.2
19	都柏林	都柏林机场	32 573	31 146	4.6	229	223	2.9
20	安大略省，多伦多	多伦多皮尔逊国际机场	32 389	31 601	2.5	245	252	−2.8

排名	城市	机场	国际旅客吞吐量/千人			国际航班起降架次/千架次		
			2019 年	2018 年	增长/%	2019 年	2018 年	增长/%
21	罗马	菲乌米奇诺机场	32 344	31 430	2.9	211	207	1.6
22	上海	上海浦东国际机场	32 337	30 864	4.8	202	200	1.0
23	维也纳	维也纳国际机场	30 960	26 362	17.4	255	229	11.4
24	苏黎世	苏黎世机场	30 794	30 357	1.4	235	236	−0.2
25	哥本哈根	哥本哈根国际机场	28 209	28 226	−0.1	227	229	−0.8
	合计		1 219 845	1 184 485	3.0	7 610	7 490	1.6

注：按 2019 年旅客吞吐量排名（包括国内、国际）前 25 名，不一定进入 2019 年国际旅客吞吐量（国际竞争力）前 25 名的排名，如排名第一的亚特兰大机场和第二的北京首都机场。

（3）国际枢纽机场其他重要指标排名。我国国际枢纽机场的重要指标［如连接度、中转率、最短中转衔接时间（MCT）、准点率等］与全球排名前列的枢纽机场还有较大的差距。无论是北京还是上海的航空枢纽，未来的目标都是成为全球重要的航空枢纽。然而，现实却比较严峻：一方面是国内一线枢纽机场旅客吞吐量快速增长，且在全球机场中排名都比较靠前；另一方面是国际旅客比例和中转旅客比例极低，与伦敦希思罗国际机场、阿姆斯特丹史基浦机场、法兰克福国际机场这样的极高的国际旅客占比和极高的中转率相比，相形见绌。

机场的连接度指数反映机场作为交通枢纽的对外开放程度和水平。同样，机场的连接度也是机场业务发展的基础要素。根据 OAG 大数据 2023 年全球国际枢纽连接指数排名报告，排名第一的是伦敦希思罗国际机场（LHR-1），第二名是纽约肯尼迪国际机场（JFK-2）。前 50 名机场中有 10 个在美国，其中 7 个进入了前 25 名，包括排名第十四位的全球最繁忙机场亚特兰大（ATL-14）和排名第十的芝加哥奥黑尔机场（ORD-10），较 2019 年的第三位有所下降。

欧洲主要机场枢纽：阿姆斯特丹（AMS-3）、法兰克福（FRA-6）和巴黎（CDG-9）与伦敦希思罗机场（LHR-1）一起跻身全球十大枢纽机场之列。伊斯坦布尔（IST-7）也以第七名进入前 10 名，这比 2019 年第十七位的排名高得多。这主要是因为伊斯坦布尔占主导地位的航空公司土耳其航空（Turkish Airlines）经历了一段时间的机队扩张，该航空公司一直在 2019 年增加中亚和美国这两个目的地，并且某些地点的频率不断增加。

考虑到亚太地区仍处于全面复苏的道路上，七个亚洲机场枢纽跻身全球前 50 名具有重要意义。这些枢纽中连接最紧密的是吉隆坡（KUL-4），是世界排名第四、亚太地区排名第一的国际枢纽，紧随其后的是排名第五的东京羽田机场（HND-5），特别亮眼的是越南两大机场胡志明（SGN-40）、河内（HAN-46），均跻进了前 50 名。中国境内的两大机场上海浦东国际机场（PVG-32）和广州白云国际机场（CAN-44），因疫情原因国际航班减少，排名与 2019 年相比有所下降，而且北京首都国际机场（PEK）被移出了前 50 名。如表 1-10 所示。

表 1-10　2023/2019 年全球国际枢纽连接指数 TOP 50 排名表

2023年排名	国家/地区	机场	与2019年排名变化	主导航空公司	2023年航班占有率	2019年排名	2019年连接指数
1	英国	伦敦希思罗机场/LHR	0	British Airways 英国航空公司	50%	1	317
2	美国	纽约肯尼迪国际机场/JFK	+16	Delta Air Lines 达美航空公司	34%	18	186
3	荷兰	阿姆斯特丹史基浦机场/AMS	+1	KLM-Royal Dutch Airlines 荷兰皇家航空公司	53%	4	270
4	马来西亚	吉隆坡国际机场//KUL	+8	Air Asia 亚洲航空公司	34%	12	229
5	日本	东京羽田国际机场/HND	+17	All Nippon Airways 全日本航空公司	36%	22	178
6	德国	法兰克福国际机场/FRA	−4	Deutsche Lufthansa AG 德国汉莎航空公司	61%	2	309
7	土耳其	伊斯坦布尔国际机场/IST	+10	Turkish Airlines 土耳其航空公司	79%	17	187
8	韩国	仁川国际机场/ICN	+3	Korean Air 大韩航空公司	22%	11	233
9	法国	巴黎戴高乐机场/CDG	−2	Air France 法国航空公司	55%	7	250
10	美国	芝加哥奥黑尔国际机场/ORD	−7	United Airlines 美国联合航空公司	48%	3	290
11	泰国	曼谷素万那普国际机场/BKK	3	Thai Airways International 泰国国际航空公司	14%	14	214
12	加拿大	多伦多皮尔逊国际机场/YYZ	−6	Air Canada 加拿大航空公司	54%	6	251
13	新加坡	新加坡樟宜机场/SIN	−4	Singapore Airlines 新加坡航空公司	31%	9	240
14	美国	亚特兰大国际机场/ATL	−6	Delta Air Lines 达美航空公司	75%	8	247
15	菲律宾	马尼拉国际机场/MNL	+14	Philippine Airlines 菲律宾航空公司	32%	29	153
16	阿联酋	迪拜国际机场/DXB	+8	Emirates 阿联酋航空公司	39%	24	168
17	美国	纽瓦克国际机场/EWR	+6	United Airlines 美国联合航空公司	70%	23	169
18	墨西哥	墨西哥城机场/MEX	−3	Aeromexico 墨西哥航空公司	58%	15	191
19	印度尼西亚	雅加达国际机场/CGK	−3	Batik Air 狮子航空公司	21%	16	191

2023年排名	国家/地区	机场	与2019年排名变化	主导航空公司	2023年航班占有率	2019年排名	2019年连接指数
20	美国	洛杉矶国际机场/LAX	−7	Delta Air Lines 达美航空公司	20%	13	219
21	美国	达拉斯—沃斯堡/DFW	−2	American Airlines 美国航空公司	84%	19	185
22	美国	迈阿密国际机场/MIA	−2	American Airlines 美国航空公司	65%	20	184
23	德国	慕尼黑国际机场/MUC	−18	Deutsche Lufthansa AG 德国汉莎航空公司	60%	5	259
24	澳大利亚	悉尼国际机场/SYD	+2	Qantas Airways 澳大利亚航空公司	40%	26	158
25	印度	新德里/DEL	+10	Indi Go 靛蓝航空公司	39%	35	137
26	美国	休斯敦国际机场/IAH	−5	United Airlines 美国联合航空公司	75%	21	179
27	西班牙	马德里巴拉哈斯机场/MAD	+1	Iberia 伊比利亚航空公司	49%	28	154
28	美国	西雅图国际机场/SEA	9	Alaska Airlines 阿拉斯加航空公司	54%	37	133
29	哥伦比亚	圣菲波哥大国际机场/BOG	3	Avianca 哥伦比亚航空公司	53%	32	142
30	美国	旧金山国际机场/SFO	1	United Airlines 美国联合航空公司	47%	31	146
31	日本	福冈机场/FUK	+21	Japan Airlines 日本航空公司	19%	52	
32	中国	上海浦东国际机场/PVG	−7	China Eastern Airlines 中国东方航空公司	31%	25	163
33	卡塔尔	多哈国际机场/DOH	+24	Qatar Airways 卡塔尔航空公司	80%	57	
34	印度	孟买国际机场/BOM	+16	Indi Go 靛蓝航空公司	42%	50	97
35	土耳其	萨比哈·格克琴国际机场/SAW	+20	Pegasus Airlines 飞马航空公司	60%	55	
36	希腊	雅典国际机场/ATH	+20	Aegean Airlines 爱琴航空公司	34%	56	
37	中国	香港国际机场/HKG	−27	Cathay Pacific Airways 国泰航空公司	37%	10	234
38	加拿大	温哥华国际机场/YVR	−11	Air Canada 加拿大航空公司	41%	27	155
39	南非	约翰内斯堡机场/JNB	−1	Airlink 南非空联航空	37%	38	128

续表

2023年排名	国家/地区	机场	与2019年排名变化	主导航空公司	2023年航班占有率	2019年排名	2019年连接指数
40	越南	胡志明市新山国际机场/SGN	+3	Avianca 越南航空公司	40%	43	108
41	西班牙	巴塞罗那国际机场/BCN	+4	Vueling Airlines 伏林航空公司	43%	45	102
42	意大利	罗马菲乌米奇诺机场/FCO	−8	ITA Airways ITA 航空公司	31%	34	139
43	中国台湾	台北桃园国际机场/TEP	+11	EVA Airways 长荣航空公司	24%	54	
44	中国	广州白云国际机场/CAN	−11	China Southern Airlines 中国南方航空公司	50%	33	142
45	美国	波士顿国际机场/BOS	−1	Delta Air Lines 达美航空公司	26%	44	107
46	越南	河内内排国际机场/HAN	+15	Vietnam Airlines 越南航空公司	37%	61	
47	澳大利亚	墨尔本国际机场/MEL	+13	Qantas Airways 澳大利亚航空公司	34%	60	
48	沙特	利雅得国际机场/RUH	+25	Saudi Arabian Airlines 沙特阿拉伯航空公司	41%	73	
49	巴西	圣保罗国际机场/GRU	−3	LATAM Airlines Group 拉丁美洲航空集团	48%	46	101
50	加拿大	蒙特利尔国际机场/YUL	−9	Air Canada 加拿大航空公司	57%	41	112
移出前50	俄罗斯	莫斯科/SVO		Aerofiot Russian Airlines 俄罗斯航空公司	80%	30	150
移出前50	中国	北京首都国际机场/PEK		Air China 中国国际航空公司	40%	36	137
移出前50	日本	东京成田国际机场/NRT		AII Nippon Airways 全日航	17%	39	128
移出前50	瑞士	苏黎世/ZRH		SWISS 瑞士航空公司	54%	40	114
移出前50	奥地利	维也纳/VIE		Austrian Airlines AG 奥地利航空公司	50%	42	109
移出前50	新西兰	奥克兰国际机场/AKL		Air New Zealand 新西兰航空公司	65%	47	99
移出前50	挪威	奥斯陆国际机场/OSL		SAS Scandinavian Airlines 北欧航空公司	37%	48	98
移出前50	泰国	曼谷廊曼国际机场/DMK		Thai Air Asia 泰国亚洲航空公司	45%	49	98

3. 机场总量规模

据 ICAO 的统计，20 世纪 90 年代初，世界有各类机场共 39 500 多个，主要分布在美洲和欧洲。美国是世界上拥有机场数量最多的国家，根据美国交通部 2022 年交通统计年报统计，2021 年美国共有机场超过 20 061 个，占世界机场总量的 1/2 强，其中 5 211 个机场对公众开放。在世界上 400 个最繁忙的机场中，美国拥有的机场数量超过 2/3。

欧盟是构建欧洲经济社会的重要政治经济联合体，是继美国之后的第二航空集团运输群体形式，在世界航空运输中占有重要的运输地位。目前，欧盟共有机场 2 889 个，其中拥有跑道的机场近 1 600 个。在欧洲，民用机场拥有量前三位为德国、法国和英国，分别拥有机场 593 个、464 个和 460 个。从机场分布密度来分析，欧盟机场平均分布密度为 8.40 个/万平方千米，英国为 18.63 个/万平方千米、德国为 15.76 个/万平方千米，法国为 8.65 个/万平方千米，其中英国和德国远高于欧洲平均水平。

其他地区，如巴西拥有机场 4 093 个，居世界第二位；墨西哥拥有机场 1 714 个，居世界第三位；加拿大拥有机场 1 467 个，居世界第四位；俄罗斯拥有机场 1 218 个，居世界第 5 位；阿根廷拥有机场 916 个，居世界第六位。

我国 2023 年有运输机场 259 个，运输机场平均分布密度为 0.269 8 个/万平方千米，加上通用机场 449 个，总共 758 个机场，平均分布密度也仅为 0.789 6 个/万平方千米，远远低于北美地区、欧洲地区，甚至低于南美地区和东南亚地区。受制于空域协调难度加大、机场选址困难等不利因素，整个民航机场规模的增长潜力难以得到释放。

4. 资源保障能力

我国民航可用空域资源严重不足。空域资源同陆地、海洋资源一样，具有极大的经济价值，必须高度重视，充分而合理地利用。在航空发达国家，民用航空均使用了国家空域的大部分资源，如美国供民航使用的空域达 82.5%。据 2015 年国家空域技术重点实验室的计算，目前民航主用的航路航线和机场空域面积占国家空域面积的 25%左右。在北京、上海、广州等地，民航可用空域的飞行量已经饱和，造成航班大量延误，同时带来严重的安全隐患。由于空管原因，国内很多航线不得不绕飞，如果把航路取直，每年仅耗油一项即可省 100 亿元。随着航空运输和通用航空需求的不断增长，民航对空域资源的需求将越来越大，军、民航空域活动相互干扰的矛盾将日益突出。我国空中交通管制系统中的雷达系统、仪表着陆系统、导航台站等空管设施，只能达到美国 1/6～1/4 的水平，还没有真正意义上的全国流量管理能力、气象服务水平和成熟的卫星导航系统。

二、机遇与挑战

（一）历经风雨洗礼，阔步伟大征程

2023 年是全面贯彻落实党的二十大精神开局之年，也是历经三年疫情冲击后民航固本培元、恢复发展的关键一年。面对复杂的环境和严峻的挑战，全行业以习近平新时代中国特色社会主义思想为指导，认真贯彻落实党的二十大精神，按照"三新一高"部署要求，坚持稳中求进，统筹安全运行、恢复发展和疫情防控，踔厉奋发、勇毅前行，安全形势总体平稳，运输生产有序恢复，运行品质稳步提升，规划建设质效并举，改革攻坚取得突破，科教创新蓄势储能，国际开放合作深入拓展，重大运输保障万无一失，全面从严治党纵深发展，民航高质量发展迈出坚实步伐（具体指标见表1-11）。

表 1-11 2023/2022 年机场主要生产统计指标

指标	2023年	2022年	比上年增长
通航城市和机场/个	259	254	5 个
全年旅客吞吐量/亿人次	12.60	5.20	142.2%
其中：东部/亿人次	6.38	2.48	156.8%
中部/亿人次	1.43	0.62	128.8%
西部/亿人次	3.99	1.74	129.6%
东北/亿人次	0.81	0.36	125.6%
货邮吞吐量/万吨	1 683.31	1 453.05	15.8%
其中：东部/万吨	1 206.79	1 069.70	12.8%
中部/万吨	151.54	126.01	20.3%
西部/万吨	226.75	215.10	24.0%
东北/万吨	58.22	42.24	37.8%
完成飞机起降/万架次	1 170.82	715.19	63.7%
其中：运输架次	980.99	519.18	89.0%

2023 年，在飞行量逐步恢复至 2019 年水平的情况下，运输航空责任原因征候和严重征候万时率分别较 2019 年下降 71.2%和 69%；在通用航空飞行量较 2019 年增长 27.5%的情况下，通航事故万架次率下降 42.1%；空防安全连续 21 年保持零责任事故。全行业共完成运输总周转量 1 188.3 亿吨公里、旅客运输量 6.2 亿人次、货邮运输量 735.4 万吨，同比分别增长 98.3%、146.1%、21%，分别恢复至 2019 年的 91.9%、93.9%、97.6%。飞机日利用率 8.1 小时，同比提高 3.8 小时；正班客座率 77.9%、载运率 67.7%，同比提高 11.3 个百分点、2.7 个百分点；全行业大幅减亏 1 872 亿元。千万级机场航班平均靠桥率提升 3.41 个百分点；全年航班正常率达 87.8%，较 2019 年提高 6.15 个百分点。全年完成固定资产投资 1 150 亿元，连续 4 年超千亿元；运输机场总量达到 259 个，总容量达 15.6 亿人次。《无人驾驶航空器飞行管理暂行条例》颁布实施，《北京公约》《北京议定书》批准生效。C919 正式投入商业运行，北斗系统正式加入国际民航组织标准。

（二）审时度势，把握发展趋势

当前和今后一个时期是以中国式现代化全面推进强国建设、民族复兴伟业的关键时期，全行业要把思想和行动统一到党的二十大精神上来，准确把握我国民航发展形势，进一步增强责任感、使命感，以民航高质量发展为中国式现代化贡献力量。

要准确把握民航 2024 年发展趋势，进一步增强推进民航高质量发展的信心。随着支持高质量发展的要素条件不断增多，我国民航将进入持续快速健康发展的新周期，运输生产回归自然增长，全面跨入提质增效阶段，逐步迈入产业融合时代，行业战略作用跃上新平台。

要准确把握当前我国民航发展的主要矛盾，进一步明确民航高质量发展的主攻方向。当前和今后一个时期，我国民航发展的主要矛盾仍然是人民群众多样化航空需求和民航发展不平衡不充分的矛盾，具体表现在安全水平不断提高的要求与安全保障能力不足的矛盾，持续快速发展的趋势与资源供给紧缺的矛盾，高质量发展的目标与发展短板弱项的矛盾，各类风险挑战叠加与行业韧性不强的矛盾。

要准确把握新时代新征程民航高质量发展目标和任务，奋力谱写交通强国建设民航新篇章。民航业作为国家重要的战略产业，是交通强国建设的重要组成，是推进中国式现代化的重要支撑，要构筑更高水平的安全保障体系，建设经济可靠的基础设施体系，打造优质高效的航空服务体系，建立可持续的绿色发展体系，构建自主可控的创新支撑体系，构建系统完备的民航治理体系。

（三）推动高质量发展，重任千钧再出发

征程万里风正劲，重任千钧再出发。面对复杂的环境和严峻的挑战，全民航要以习近平新时代中国特色社会主义思想为指导，认真贯彻落实党的二十大精神，按照"三新一高"部署要求，坚持稳中求进，民航高质量发展迈出坚实步伐。

夯实民航高质量发展的根基。疫情以来，全行业深入贯彻落实习近平总书记关于民航安全工作的重要指示批示精神，坚定不移贯彻落实总体国家安全观，牢固树立安全发展理念，不断强化"时时放心不下"的责任感，确保"两个绝对安全"的思想自觉、政治自觉、行动自觉显著增强。民航全力确保每个航班的安全起降，以高水平安全保障民航高质量发展。

增强民航高质量发展的底气。2023 年，民航科学把控恢复节奏，分阶段有序促进国内航空市场恢复。经过七个阶段稳健恢复，国内航线客运规模已超过疫情前水平，比2019 年增长 1.5%，在各类交通运输方式中恢复速度最快。在推动生产运行规模稳健恢复的同时，民航大力提升运行品质，推进"干支通，全网联"航空运输网络体系建设，提升网络衔接能力和中转便利化服务水平；推进"减少航班取消和延误""为首乘旅客提供便利"等工作，开展千万级机场航班靠桥率专项整治；新兴业务和低空经济蓬勃发展。民航秉持"人民航空为人民"的理念，为航空旅客出行提供高质量服务保障，以运行品质的提升推动民航业高质量发展。

坚定民航高质量发展的信心。这一年，民航规划建设质效并举，全年完成固定资产投资 1150 亿元，连续 4 年超千亿元；改革攻坚取得突破，制定印发民航全面深化改革实施办法，民航改革的重点领域、改革目标和主要任务进一步明确；科教创新蓄势储能，组织编制《民航中长期科学和技术发展规划纲要（2021—2035 年）》，C919 正式投入商业运行，国产大飞机"研发、制造、取证、投运"全面贯通；国际开放合作深入拓展，推进"一带一路"空中联通，积极参与国际治理。民航业发展目标明确、路径清晰，发展基础更加扎实，保障能力、科技竞争力、国际影响力持续增强，以综合实力的提升推动民航高质量发展。

坚持和加强党的全面领导。民航深入学习领会习近平总书记关于党的建设的重要思想，坚持把党的政治建设摆在首位，持续加强领导班子和干部队伍建设，深入开展党风廉政建设和反腐败斗争，不断深化思想政治工作和文化建设，加强新时代民航安全文化建设，广泛集聚行业力量，不断提高定点帮扶工作质量。民航系统不断深化全面从严治党，为推动民航高质量发展提供了坚强的政治保证。

三、进一步深化改革

2023 年，我国迎来了改革开放四十五周年。民航过去四十五年的历程是不断解放思想、不断改革开放、不断坚持"安全第一"的四十五年，是服务经济社会、取得快速发展的四十五年。多年来，民航系统认真抓好党中央改革决策部署和重大改革举措落地落实，用好全面深化民航改革"关键一招"，聚焦党中央、国务院深化改革决策部署，聚焦民航主责主业，聚焦行业管理机制改革创新，铆足深化改革的精气神，务实创新、奋发有为，挺进改革"深水区"。

改革一子落，发展满盘活。在全行业的共同努力下，以改革创新为引擎催生行业高质量发展内生动力，民航恢复发展、安全发展取得新成效，为加快谱写交通强国民航新篇章增添浓墨重彩的一笔。

（一）进一步深化改革的迫切性

纵观中国民航多年的发展历程，民航的历次改革都极大地解放和发展了生产力，为民航的成长壮大提供了持续动力。

2023 年是改革开放四十五周年，也是"十四五"关键之年。然而，延宕 3 年的新冠疫情对民航发展造成前所未有的冲击，我国民航日航班量最低时一度不足 3 000 班，不到疫情前的 1/5，民航安全发展环境难、约束大、目标高，推动行业恢复发展任务艰巨繁重。

抓改革就是强动力，时代的难题，要从科学改革中破局。要深入贯彻习近平总书记关于全面深化改革的重要论述，切实落实党的二十大关于全面深化改革的重大部署，着力解决制约行业发展的体制机制障碍，推动改革更好解决实际问题、更好应对风险挑战、更好服务经济社会发展。民航要始终保持将改革进行到底的政治定力，以推动行业恢复发展为首要任务，以新发展理念为引领，围绕解决制约民航安全管理效能的关键因素、正确处理政府与市场关系、民航生产运行体系中的突出问题、行业重大需求和发展瓶颈、高质量发展对民航行政管理体系的内在要求，以上率下，扎实推进安全监管、资源要素配置、行业运行、自主创新、治理能力等关键领域关键环节改革，破束缚发展之羁，谋民航奋进之局。

为认真贯彻落实中央整改要求，全面落实民航局推动民航高质量发展五项重点任务工作部署，2022 年 10 月，民航局印发《全面深化民航改革行动计划》，阐明未来 3～5 年全面深化民航改革的指导思想、基本原则、总体目标、重点任务及实施路径。

（二）《全面深化民航改革行动计划》的指导思想

当前和今后一个时期全面深化民航改革的指导思想是坚持以习近平新时代中国特色社

会主义思想为指导，深入学习贯彻习近平总书记关于全面深化改革的重要论述和关于民航工作的重要指示批示精神，深入贯彻落实中央深化改革总体部署，立足新发展阶段，全面准确完整贯彻新发展理念，服务构建新发展格局，聚焦重点工作领域，全面深化民航改革，着力解决制约民航业发展的深层次问题。为进一步提升民航业的重要战略性产业作用、实现行业治理体系和治理能力现代化、推动民航高质量发展提供强大动力。4 项基本原则是坚持党的领导和基层实践相结合，坚持目标导向和问题导向相结合，坚持改革创新与法治思维相结合，坚持系统推进和重点突破相结合。

（三）全面深化民航改革的总体目标

当前和今后一个时期全面深化民航改革的总体目标是通过全面深化民航改革，争取用 3～5 年的时间，在民航安全发展、高质量发展的重要领域和关键环节取得突破性改革成果，形成责任体系更加完备、风险防范更加有效、数据驱动更加精准、监管模式更加科学、系统管理理念更加突出的安全管理体系；形成资源配置更加高效、市场活力更加充沛、产业结构更加协调的宏观调控体系；形成权责边界更加清晰、协同保障更加有力、运行效率更加高效的运行管理体系；形成职能职责更加聚焦、运转协调更加顺畅、服务保障更加规范的行政管理体系；形成更加具有适应性、引领性和前瞻性的行业治理体系和治理能力，推动民航业服务国家发展战略、满足广大人民群众航空出行需求的产业承载能力大幅提升。

（四）《全面深化民航改革行动计划》的主要任务

《全面深化民航改革行动计划》明确了三大类、20 项重点改革任务。其中，聚焦党中央、国务院深化改革部署中涉及民航的任务共 8 项，包括民航"放管服"改革、国家空管体制改革、大部制改革、民航公安管理体制调整、民航局属国有企业改革、航空运输业与航空制造业融合发展、航空碳减排市场机制建立等方面；聚焦民航主责主业的任务共 8 项，包括安全监管模式创新、资源配置优化、智慧民航建设、机场建设管理机制完善、机场运营管理模式转型、外航安全监管体系建设、中小机场空管服务模式创新、民航服务领域数字化转型等方面；聚焦行业管理机制创新的任务共 4 项，包括民航运行协同机制完善、通航监管模式改革、西藏区局改革、局属事业单位改革等方面。

四、"十四五"目标和机场布局中长期规划

（一）民航"十四五"规划的主要目标

立足"十四五"时期民航发展的历史方位，民航局党组确定了"十四五"时期"一二三三四"民航总体工作思路，即践行一个理念、推动两翼齐飞、坚守三条底线、构建完善三个体系、开拓四个新局面。按照总体工作思路要求，民航"十四五"规划（以下简称《规划》）进一步明确了民航"十四五"时期的六大发展目标。

第一个目标是航空安全水平再上新台阶。《规划》提出要树立民航总体国家安全观，持续提升民航安全总体水平。随着运输航空连续安全飞行跨越一亿小时大关，民航安全水

平持续保持全球领先地位。我国民航安全理论科学将更加完善，风险管控将更加精准可靠，安全文化将更加与时俱进，技术支撑将更加先进有力，民航安全发展将更加自信从容。

二是综合保障能力实现新提升。针对民航当前保障能力不足的问题，《规划》提出以突破资源容量瓶颈为重点，加快构建现代化的国家综合机场体系和空中交通管理体系。到"十四五"末，运输机场 270 个，市地级行政中心 60 分钟到运输机场覆盖率 80%，千万级以上机场近机位靠桥率达到 80%，枢纽机场轨道接入率达到 80%，空管年保障航班起降1 700 万架次。

三是航空服务能力达到新水平。提升航空服务能力是民航发展的根本要求和基本使命。《规划》提出以服务国家战略和满足人民需要为目标，构建运输航空和通用航空一体两翼、覆盖广泛、多元高效的航空服务体系。到"十四五"末，通航国家数量 70 个。服务体系更加健全，人民享受航空服务的安全感、幸福感和获得感进一步提升，货运网络更加完善，通用航空服务丰富多元，无人机业务创新发展。

四是创新驱动发展取得新突破。聚焦民航科技创新短板，《规划》提出聚焦行业重大需求、发展瓶颈和科技前沿，建成支撑民航高质量发展的科技引领体系，加强关键技术攻关和自主创新产品应用，加快构建高水平民航科技创新体系；出行一张脸、物流一张单、通关一次检、运行一张网、监管一平台等智慧民航新形态加快形成。

五是绿色民航建设呈现新局面。绿色是高质量发展的底色和基本形态。"十四五"时期，民航绿色发展处于爬坡过坎的关键阶段，《规划》提出要不断完善民航绿色治理体系，完善绿色民航政策、标准和评价体系，大力推进资源节约集约利用，环境污染综合治理能力不断提高，民航发展与生态环境更加和谐，碳排放量显著降低。

六是行业治理取得新成效。治理体系和治理能力现代化是支撑新时期民航强国建设的制度保障。《规划》提出到"十四五"末，民航法治体系和行政管理体系更加完善，重点领域改革取得实效，行政效率和公信力显著提升，民航信用体系基本健全，防范化解重大风险体制机制更加有效，参与国际合作能力显著增强。

"十四五"时期民航发展的主要预期指标如表 1-12 所示。

表 1-12 "十四五"时期民航发展预期指标

编号	指标		2020 年	2025 年	年均增长率/%
一、保障能力					
1	民用机场数量/个		580	770	—
	其中：	民用运输机场/个	241	270	—
		运输机场跑道数量/条	265	305	—
2	保障起降架次/万架次		905	1 700	12.9（6.5）
3	地市级行政中心 60 分钟到运输机场覆盖率/%		74.8	>80	—
二、行业规模					
4	运输总周转量/亿吨公里		799	1 750	17.0（5.2）
5	旅客运输量/亿人次		4.2	9.3	17.2（5.9）
6	货邮运输量/万吨		677	950	7.0（3.9）

续表

编号	指标	2020 年	2025 年	年均增长率/%
7	中国航空企业占中国国际货运市场份额/%	33.8	≥40	—
8	通用航空飞行量/万小时	281	450	9.5
	其中：云系统无人机飞行量/万小时	183	250	10
三、安全水平				
9	运输飞行百万小时重大及以上事故率（次/百万小时）	0	<[0.11]	—
10	运输航空亿客公里死亡人数（人/亿客公里）	0	<[0.0051]	—
四、便捷高效				
11	航班正常率/%	88.5	>80	—
12	千万级以上机场近机位靠桥率/%	75	80	—
13	枢纽机场轨道交通接入率/%	68	80	—
14	运输飞机平均日利用率/小时	6.5	9.4	—
15	通航国家数量/个	62	>70	—
	其中：通航共建"一带一路"国家数量	42	>50	—
五、创新智慧				
16	货运单证电子化率/%	—	80	—
17	千万级机场旅客全流程无纸化能力/%	—	100	—
18	行李全流程跟踪服务水平/%	—	90	—
19	空管系统新增主要装备国产化率/%	60	[80]	—
20	主要企业科技研发投入占比/%	0.6	1	—
六、绿色发展				
21	运输航空吨公里二氧化碳排放/千克	[0.928]	[0.886]	—
22	机场单位旅客能耗/千克标准煤	[0.948]	[0.853]	—

注：1. 带[]的数据为累计数。2. 带（）的数据为以 2019 年为基年的 6 年年均增长率。

（二）构建国家综合机场体系

国家综合机场体系是支撑民航强国的重要基础。继续加快机场基础设施建设，加大建设投入力度，扩大优质增量供给，突破枢纽容量瓶颈，推动国家综合机场体系向更高质量迈进。

加快枢纽机场建设。加快北京、上海、广州、成都、深圳、昆明、西安、重庆、乌鲁木齐、哈尔滨等国际航空枢纽建设，建成成都天府机场，规划建设珠三角枢纽（广州新区）机场，推进天津、沈阳、济南、兰州、南宁、贵阳、拉萨等区域枢纽机场扩能改造，实施厦门、呼和浩特、大连、南通等机场迁建。建成投用湖北鄂州专业性货运枢纽机场，优化完善北京、上海、广州、深圳和郑州等综合性枢纽机场货运设施。研究提出由综合性枢纽机场和专业性货运枢纽机场共同组成的航空货运枢纽规划布局。

完善非枢纽机场布局。新建一批非枢纽机场，重点布局加密中西部地区和边境地区机场。加强新建机场前期论证，做好项目储备。坚持经济适用原则，实施一批非枢纽机场改扩建工程。加强支线机场通用航空保障能力，为国产支线飞机起降等配置相应设施，项目中要加强贯彻国防要求。审慎决策机场迁建，研究开展南阳、景德镇、黄山机场迁建项目前期工作。鼓励毗邻地区合资合作建设规划内机场设施，实现资源共享、互利共赢。

推进存量设施提质增效。加强多机场、多跑道、多航站楼运行模式研究，注重空地资源匹配，探索运行新标准、新模式，充分挖掘设施潜力。支持有条件的机场优化改造跑滑系统，提升飞行区运行效率。适应旅客出行方式和需求变化，针对捷运系统、安检系统、行李系统等效率短板和流程堵点，推进既有机场航站楼空间重构和流程再造。

优化提升航油保障能力。结合机场建设同步推进航油设施建设。规划建设粤港澳大湾区、西南等航油储运基地，提升支线机场航油保障能力，健全航油调度应急保障机制，确保航油供应安全。鼓励航油供应设施建设投资主体多元化。

表 1-13 "十四五"时期运输机场建设项目表

性质		机场名称
续建 （34 个）	新建 （16 个）	成都天府、鄂州，邢台、绥芬河、丽水、芜宣、瑞金、菏泽、荆州、郴州、湘西、韶关、阆中、威宁、昭苏、塔什库尔干
	迁建 （6 个）	呼和浩特、青岛、湛江、连云港、达州、济宁
	改扩建 （12 个）	杭州、福州、烟台、广州、深圳、珠海、贵阳、丽江、西安、兰州、西宁、乌鲁木齐
新开工 （39 个）	新建 （23 个）	朔州、嘉兴、亳州、蚌埠、枣庄、安阳、商丘、乐山、黔北（德江）、盘州、红河、隆子、定日、普兰、府谷、定边、宝鸡、共和、准东（奇台）、和静（巴音布鲁克）、巴里坤、阿拉尔、阿拉善左旗
	迁建 （4 个）	厦门、延吉、昭通、天水
	改扩建 （12 个）	天津、太原、哈尔滨、沈阳、上海浦东、南昌、济南、长沙、南宁、重庆、昆明、拉萨
前期工作 （67 个）	新建 （43 个）	珠三角枢纽（广州新区），正蓝旗、林西、东乌旗、四平、鹤岗、绥化、宿州、聊城、周口、鲁山、娄底、防城港、遂宁、会东、天柱、怒江、宣威、元阳、丘北、玉溪、楚雄、勐腊、平凉、武威、临夏、和布克赛尔、乌苏、轮台、且末（兵团）、皮山、华山。衡水、晋城、金寨、淄博、滨州、潢川、荆门、贵港、内江、广安、商洛
	迁建 （15 个）	大连、牡丹江、南通、衢州、义乌、龙岩、武夷山、威海、潍坊、恩施、永州、梅县、三亚、攀枝花、普洱
	改扩建 （9 个）	石家庄、长春、南京、宁波、温州、合肥、郑州、武汉、银川

思 考 题

1. 在"民用机场"定义中，航空器包括哪几类？举例说明。

2. 通过民用机场具体职责来阐明民用机场的主要任务。

3. 简述国际机场与一般国内机场的区别。

4. 航空公司建立"轴心辐射式"航线结构，为什么不会放弃"城市对"航线结构？

5. 飞行区等级指标中基准场地长度是不是跑道实际长度？如何理解？

6. 谈谈航空科学技术的发展对民航业发展的影响。

7. 为什么要把发展民航业上升为国家战略？

8. 为什么说枢纽机场是国家发展一个新的动力源？

9. 举例说明机场是国家的门户和走向世界的桥梁。

10. 阐述民航的行业系统性的重要意义。

11. 为什么说中国是一个民航大国而不是民航强国？

12. 审时度势，如何正确把握发展趋势？

13. 如何贯彻党中央"三新一高"部署，推动民航高质量发展？

14. 《全面深化民航改革行动计划》的指导思想和总体目标各是什么？

15. 简述民航"十四五"规划的六大主要目标。

第二章　民用机场管理

通过本章的学习，您将了解以下知识点：

1. 我国民用机场的性质如何平衡公益性和收益性之间的关系；
2. 机场管理机构的职责和使命；
3. 如何建立国家公共航空运输体系；
4. 建设四型机场背景和意义；
5. 四型机场建设的战略蓝图。

我国民航改革后，机场管理体制呈现多样性发展，机场管理机构始终坚持民用机场属于兼具公益性和营利性的公共基础设施的定位，管理方式从经营型向管理型转变，推动民用机场快速健康地发展。构建国家公共航空运输机场体系，明确提出了"构建世界级机场群、国际航空枢纽、区域航空枢纽联动发展的航空枢纽格局"。建设四型机场是新时代民航机场高质量发展的必然要求，是民航强国建设的重要组成部分，对未来机场建设发展意义重大。

第一节　机场管理体制

一、民用机场的性质

机场管理体制是指民用机场在机制设置、领导隶属关系和管理权限划分等方面的体系、制度、方法、形式等的总称。

机场管理体制从属于机场的性质，机场性质决定机场管理体制的形式。机场性质如何定位是机场管理机构、航空运输企业、驻场单位等各方利益主体非常关心的问题。民用机场性质决定了民用机场与政府、公众以及航空运输企业等驻场单位的关系，也决定了民用机场在实施机场管理体制中所采取的模式。

机场作为民航运输市场体系的一个重要组成部分，是衔接民航运输市场供给和需求间的纽带。2004 年以前，机场由政府投资、管理，与航空公司相比在市场经济活动中处于相对被动的地位。2002 年启动机场属地化改革，2004 年基本完成，此后机场由地方政府管理，由于机场的性质定位不甚清晰，使得机场在建设投资、经营管理、政府监管等方面出现偏差。随着航空运输市场的不断成熟和发展，对机场的运营也提出了更高的要求。明确机场的定位是机场经营运作的前提和基础，同时对提高机场的经营效益、加强民航业的政府监管也具有十分重要的现实意义。

国外民用机场在社会、政治、经济活动中的性质定位基本可以分为两类：公益性定位与收益性定位。

（一）机场的公益性定位

民用机场公益性定位是国家与行业为了经济发展的需要，从改善交通与经济发展环境的角度出发，突出机场作为一项国家基础设施的社会功能，并将机场作为公益设施进行管理。

公益性定位出现于航空运输业发展的早期，现在许多国家的中小型机场仍采用这种定位。公益性机场的运营更多是为满足国家或行业整体的目标。

特点：这类民用机场投资由政府负责，产权归政府所有，由政府直接管理或组织机场管理部门对机场进行管理。机场不以营利为目的，仅仅为航空公司和公众提供公正良好的竞争环境和服务，机场亏损由政府进行补贴。

美国的机场除少数几个机场由州政府拥有外，基本上由县政府拥有，县政府设立准政府机构"管理局"负责运营。机场建设资金主要由地方财政负责，也可向美国联邦航空局（FAA）申请航空信托基金的 AIP（机场改进计划）项目获得一定比例的赠款。由于机场建设投资量大，资金使用时间比较集中，所以一般靠地方政府发行债券来筹集资金，以后再由财政统一安排偿还。机场运营的资金来源主要是起降费、机场内的商业招租费，也可以向旅客和承运人收取一些地方规定的税费，运营亏空由政府补助。

在 1985 年民航体制改革之前，中国民航实行的是中央集权制，政企合一，从民航总局、地区管理局到省局既是政府管理者，又是企业经营者。1985 年，民航总局在成都管理局开展局部改革的试点；1987 年正式启动全国性民航体制改革，推动航空公司与管理局分离，并允许地方政府投资兴建机场。但由于地区管理局、省局还是政企合一，在 2004 年机场属地化之前，机场主要还是国家所有，没有独立经营权，权责不分，仍属于公益性设施。

（二）机场的收益性定位

由于机场建设投资成本过高，尤其是随着航空运输的发展，机场的规模也在不断扩大，机场的建设完全由政府来完成，已越来越不适应时代变化的需要。特别是传统的完全通过行政手段管理的机场，其经营管理受到制约，限制了商业功能的开发与运营。正是基于此，一些国家纷纷开始了机场运营管理模式的变革，机场性质逐步从公益性转变为收益性。

特点：机场运营管理模式从公益性向收益性转变，引进多元化资产结构，对机场进行大规模投资，按商业化的形式来组织和经营，逐步扩大机场自身的经营自主权和财务自主权。改变了机场许多固有的运营政策，目标是让机场更有活力，运营更加有效，并且实施以消费者为导向的经营服务策略。

到目前为止，在大多数国家，机场完全私有化在数量上和规模上还受到限制，通常限于通用机场和一些小型运输机场。但也有例外，1987年英国改革原有机场管理体制，原属英国政府全资所有的 BAA（英国机场集团）以 5 亿股在伦敦证券交易所上市，实现私有化。新成立的私有化公司开始对机场进行大规模投资，改变了机场许多运营政策，目前其已经退市。

公益性与收益性是机场的固有特性，不同的机场由于所处的地理位置不同、在航空运输网络中所占的地位不同以及中央与地方政府给予的政策不同，其公益性与收益性何者居主导地位存在差异。那些以国防、开发边远地区经济需求为出发点，以及服务社会公众、体现社会公平而建设运营的小型机场，其较低的吞吐量、较少的航空业务收入很难弥补机场运营成本，这类机场更多地呈现公益性的特征，也即通过牺牲自身商业利益为实现国家政治经济目标提供无偿贡献。那些具有一定吞吐量的机场，一方面由于规模经济的存在，可以取得较多的航空业务利润；另一方面，通过商业性开发，可以取得更为可观的非航空性业务收入，这类机场更多地呈现出收益性的特征。

二、我国机场的性质定位

《民用机场管理条例》明确指出："民用机场是公共基础设施。各级人民政府应当采取必要的措施，鼓励、支持民用机场发展，提高民用机场的管理水平。"机场作为公共基础设施，具有公益性和收益性的双重特征。所以，我国把民用机场定性为兼具公益性和营利性的公共基础设施。

（一）民用机场是公共基础设施

民用机场是公共基础设施，这一定位的依据主要体现在以下几方面。

（1）从机场特征来看，机场是以地区经济社会发展、实现国家或行业整体目标及服务社会公众为出发点的，其重要的特点是提供公共产品，不是简单地以营利为目的。

（2）机场的管理具有明显的公共管理性质。机场的公共管理强调政府、企业、公民社会的互动以及在处理机场问题中的责任共负，以社会公共的福祉和公共利益为目标。

（3）民用机场是为国家和地方的经济和社会发展服务的，是城市综合交通体系的重要组成部分，与城市交通、市政公用设施以及公路、铁路等基础设施一样，其公共基础设施的性质是显而易见的。

（4）民用机场作为公共交通基础设施，是供民用航空器起飞、降落、滑行、停放的场所，为旅客、航空运输企业和货主提供安全优质的服务，它是航空网络的联结点，是公共航空运输不可或缺的环节，承担着服务公众的职能。因此，民用机场具有公共性是毫无疑问的。

明确机场是公共基础设施的意义非常重大，必将对我国机场业的发展产生巨大的推动作用。机场的公共性定位进一步明确了政府投资建设机场的责任与义务，有利于机场获得国家和地方政府在政策、资金等方面的扶持，争取更好的发展环境。机场的公共性定位将进一步强化政府的监督管理责任，促使机场健康发展。机场的公共性定位突出了机场管理机构的社会性服务职能，这为解决机场管理机构的性质问题提供了法律依据，有助于机场树立正确的发展观，正确处理安全、服务和效益的关系，在保证安全的前提下，不断提高管理水平和服务质量，兼顾经济效益，同时也必将带来机场业务经营方式的重大变革。对机场管理机构的职责定位，解决了困扰机场管理机构多年的应不应该行使机场区域管理职能和如何行使这一职能的问题。

（二）民用机场兼具公益性和收益性

公益性更主要的是从提供机场设施服务、满足公众需求角度来考虑的，而收益性主要是机场为获得营业利润安排的一种制度，二者既不是同一范畴内的一对矛盾，也不存在直接的对立关系，公益性不一定排斥收益性，收益性并不一定妨碍民用机场的公益性，公益性和收益性是可以并行不悖的。机场在运行过程中，对于公益性和收益性应当统筹兼顾，不可偏颇。但有一点需要明确，当机场过分追求盈利时就有可能损害到航空运输企业、旅客的权益，无限度地追求盈利则会动摇机场的公益特性，因此，民用机场作为公共基础设施必须把公益性放在首位，收益性必须是服务于公益性的，不能与公益性相冲突。

民用机场同时还具有收益性的特点。民用机场具有高投入、高风险、高密度、高技术的特点，与其他企业相比，机场建设具有投资大、回收周期长的特点。而政府投入有限，已经难以满足机场运营和发展的需要。目前，我国民用机场的投资正从政府单一投资向多元化投资过渡。国家鼓励国内外各种投资主体投资民用机场，而且在实践中已有部分机场实现了投资主体多元化。这些投资主体投资机场的目的必然是谋求最大的投资回报，这使得民用机场不得不考虑收益性。从另一个角度看，民用机场也需要收益以满足自身发展的需求。为了自身的发展，民用机场也必须考虑通过机场的运营，不断积累资金，改善机场设施，改、扩、新建机场，提高机场服务水平。机场服务质量的提高反过来也有助于吸引更多的投资，减轻政府的负担，促进机场良性发展。因此，民用机场具有一定的收益性也是符合中国国情的。

三、我国机场管理体制的多样性

由于中国幅员辽阔，各地经济发展水平千差万别。不可避免地，我国民用机场的发展也呈现出多样性的特点。一方面，大型枢纽机场营利能力强，不希望政府过多干预其经营行为，更不希望限制其营利能力；另一方面，小型民用机场包括通用机场营利能力差，基本处于亏损状态，一直靠国家和地方政府的资金支持才得以维持，它们则希望更多地强调民用机场的公益性，希望得到政府的更多支持。

基于民用机场多样性的特点，《民用机场管理条例》只对机场本身进行了定性，没有对负责运营管理机场的机场管理机构进行定性，也很难做出统一规定。机场实行属地化管理之后，大部分机场转变为企业，有的机场已经成为上市公司或中外合资公司，也有一小部分机场被地方政府定性为事业单位，采用事业单位的管理模式。鉴于我国地区差异大、机场运营管理模式多样这一特点，很难采取"一刀切"的方式对机场管理机构予以定性。采取什么样的模式，需要根据各机场的实际情况，并按照公共基础设施这一定位，具体研究探索适合各个机场发展需要的运营管理模式。

改革开放以来，随着我国民航管理体制改革的不断深化，机场作为航空运输业的主体之一，自主性逐步扩大，各机场在管理体制、运营机制、投融资模式、现代企业制度等方面进行了积极的探索。特别是2002年机场实行属地化管理以后，机场体制管理模式出现了多种类型。

从体制管理架构看，目前机场体制管理模式可以初步归纳为六种类型：第一种是跨省机场集团模式。目前，首都机场集团收购、托管、参股的机场，管理着北京、天津、河北、江西、吉林、内蒙古、黑龙江7个省（区、市）54个干支机场；西部机场集团共管辖陕、宁、青3省（区）18个机场，形成以西安机场为核心，银川、西宁机场为两翼，12个支线和3个通用机场为支撑的机场集群。第二种是省（市、区）机场集团模式。不包括跨省机场集团和航空公司管理的省（市、区）机场集团，目前有12个省（自治区）机场集团，统一管理本省（自治区）内所有机场或部分机场。例如，云南机场集团管理15个民航机场、3个通用机场。云南省机场密度达到每10万km^2 3个，成为全国拥有机场数量较多、等级较高、航空资源富集、机场管理一体化的省份；又如，新疆机场集团管辖乌鲁木齐、喀什、伊宁、库尔勒、阿勒泰、阿克苏、和田、塔城、库车、且末、克拉玛依、那拉提、喀纳斯、哈密、吐鲁番、博乐等24个在用机场，新疆已经发展成为全国民用机场数量最多的省份。第三种是省会机场公司模式。例如，广东机场集团实行"省属省管"体制，是一个新的管理体制的确立，下属六个机场——白云、揭阳潮汕、湛江、梅州、惠州、韶关，不包括广东省内深圳机场、珠海机场大型机场。第四种是城市机场公司模式。目前，共有31家机场由所在地市政府管理，如上海机场集团、深圳市机场（集团）有限公司、青岛机场集团等。第五种是航空公司管理模式。目前，有11家机场分别由4家航空公司直接或间接管理。海航集团管理三亚凤凰机场、安庆天柱山机场、唐山三女河机场、潍坊南苑机场、营口兰旗机场、满洲里西郊机场、松原查干湖机场、三沙永兴机场8个机场，深圳航空公司管理常州机场，南方航空公司管理南阳机场，厦门航空公司管理武夷山机场。第六种是委托管理模式。目前，有2个省（自治区）机场集团委托首都机场集团管理，如黑龙江和内蒙古机场集团委托首都机场管理，2家小机场分别委托给两个自治区机场集团管理，1家机场委托合资机场管理公司管理，如珠海机场。

从股权角度看，机场又有两种模式，目前有3家中外合资机场，如杭州萧山机场、厦门机场、珠海机场。5家机场上市公司，如白云机场、深圳机场、首都机场、上海机场、厦门空港。

四、机场管理机构

（一）机场管理机构的性质

改革开放以来，随着我国民航管理体制改革的不断深化，自从机场管理属地化以后，机场作为航空运输业的主体之一，自主性逐步扩大，我国机场在管理体制、机场的运营管理模式方面出现了多种类型。无论是哪种形式，大部分地方政府把机场管理机构定位为企业，按照企业的性质实施管理——以企业为主体形式，从事运输生产、流通或服务活动。这种定位有利于调动机场自主经营的积极性。

机场管理机构是依法组建或者委托的直接负责运输机场安全和运营管理的具有法人资格的机构，是运输机场经营和管理的直接责任主体，它的管理职权限定在机场内部，主要负责运输机场的安全和运营管理，统一协调机场内各驻场单位，共同保障机场运营安全。

机场管理机构就其性质而言，是具体负责机场运行管理的独立法人实体，具有独立的法律地位。它根据法律法规授权具有一定管理职责，但是，它毕竟不是民航管理部门派驻机场的行政机构，不能代替民航管理部门行使对驻场企业的管理职权，本身也属于民航管理部门和地方政府管理的对象。它在享有法律法规赋予的管理权限的同时，也承担着相应的安全和运营管理责任，机场管理机构就是机场安全运行的直接责任主体。机场管理机构违反法律法规未履行管理职责时，必须承担相应的法律责任。总之，机场管理机构既要向机场所有者负责，保证机场协调有序安全运行，又要向民航管理部门和地方人民政府相关部门负责，履行安全生产管理职责，承担安全责任。

在这里，需要将运输机场所有者与机场管理机构区分开，运输机场所有者是对运输机场资产享有所有者权益的主体，而机场管理机构是运输机场所有者依法组建或委托成立的独立负责运输机场安全和运营管理的法人组织。也就是说，运输机场的安全和运营管理的责任主体是机场管理机构。一般情况下，运输机场使用许可证上载明的许可证持有人就是该运输机场的机场管理机构。

（二）统筹处理好民航主管部门、地方政府和机场管理机构的关系

提高机场安全服务运行水平，要统筹处理好民航主管部门、地方政府和机场管理机构的关系。

机场作为公共基础设施的性质，决定了政府要对机场的活动进行较多的管理。国务院民用航空主管部门依法对全国民用机场实施行业监督管理，各地区民用航空管理机构下设的安全监督管理局依法对辖区内民用机场实施行业监督管理，相关地方人民政府依法对民用机场实施监督管理。

民用机场作为民用航空活动的重要一环，也是民用航空管理部门的重要监管对象。随着民航体制改革的完成，民用航空管理部门对于民用机场的监管职责也发生了变化。改革之前，我国民用航空管理体制政企合一，绝大部分民用机场的人、财、物均为民用航空管理部门直接管理，既要负责促进民用机场的经营发展，又要负责对民用机场实施行业监管。这种政企不分的管理模式在一定程度上造成了民用机场的运行机制僵化、不符合社会

主义市场经济要求，限制了民用机场的发展。民用机场下放地方后，仍要接受民航管理部门的行业管理，遵守国家统一制定的相关机场建设和运行管理的法律、法规和规章以及技术标准，服从国家的产业政策和发展规划。民用航空管理部门根据《民用航空法》和《民用机场管理条例》等相关法律法规的规定履行行业监管职责，主要侧重于民用机场建设、机场运行、净空和电磁环境保护、航油供应管理等方面。

民航体制改革之后，民用机场绝大部分已下放地方政府，地方政府对民用机场的监管职责也越来越重要。一方面，地方政府要履行资产所有者的管理职责，对民用机场的资产经营和人员实施管理，也就是通常所说的"人、财、物"的管理；另一方面，根据《民用机场管理条例》中其他条文的要求，地方政府也承担着保障民用机场建设和运行管理的职责，这主要包括民用机场建设管理、机场周边地区的规划控制、机场配套基础设施的配备、机场应急救援以及机场净空和电磁环境保护等内容。

民用机场并非一个完全孤立的区域，它与机场外有着千丝万缕的联系，它也要受到国家的其他法律法规的约束，地方人民政府根据这些法律法规履行对民用机场的监管职责，如必须履行《中华人民共和国安全生产法》《中华人民共和国食品卫生法》《中华人民共和国突发事件应对法》等法律法规中所规定的相应管理职责。

民航的快速发展，其最大受益者就是地方。改革开放以来，我国民航业快速发展，不仅明显改善了各地的交通出行环境，更在促进区域协调发展、优化地区经济结构、带动产业升级、改善投资环境、发展现代服务业等方面发挥着重要的助推作用。民航不仅仅是一种交通运输方式，更是区域经济进入全球经济的快速通道。在我国一些发达地区，以机场为核心的临空经济甚至作为一种全新的经济增长模式，有效推动了当地经济发展和城市转型。基于此，为了让民航业得到又好又快发展，各地方政府责无旁贷，应该在《若干意见》精神的指引下，发挥好在民航业发展（特别是机场建设）中的主体作用。

综上所述，统筹处理好民航主管部门、地方政府和机场管理机构的关系，要按照《民用机场管理条例》的规定和要求，既要切实清楚各自的定位、发挥好各自的作用、履行好各自的职责、承担好各自的义务、落实好各自的责任，相互之间也要加强信息沟通、密切配合协作、形成工作合力，共同提高机场安全服务运行水平，推动机场又好又快发展。

五、机场管理机构的职责

（一）机场管理机构的双重使命

机场作为公共基础设施，具有公益性和收益性的双重特征。机场管理机构兼有履行社会公益性职责和依法经营机场业务的企业性职责的双重历史使命。一方面，保障国家、人民的财产安全与旅客人身安全，提高为机场客户服务的质量是机场管理机构的法定职责；另一方面，机场管理机构也负有回收机场建设投资和运营成本的职责。一般来讲，机场管理机构的这两项职责相互促进，并不矛盾。但有时机场管理机构履行某些职责，如进行安全投入必然要加大企业成本，遇有特殊情况，如自然灾害时，其行使社会职责必然要妨碍企业收益，两者无法兼顾。在这种情况下，保障社会利益是机场管理机构的首要职责，机场管理机构的经营目标必须服从和服务于其安全与服务管理行为。即使在常态的运营环境下，机场管理机构经营机场业务也不能完全以营利为主要目的。

当然，目前我国大部分机场管理机构是企业法人，从公司法律的层面看，不追求经济收益是不可能的，机场管理机构（或委托其他专业服务提供商）不仅可以在机场区域内有经营活动，而且要根据机场用户的需求大力拓展这类竞争性服务产品的供给。但与竞争性行业不同的是，政府设立企业性机场管理机构的目的是通过企业化运作来提高机场的服务质量与效率，而企业只能在此基础上获取收益。机场管理机构的经营活动可以产生经营性收入，但这些收入必须首先弥补公益性亏损并继续投入开拓服务领域与范围，最大限度地满足社会公众的需要。

（二）机场管理机构的管理职责

机场管理机构是具有法人资格的机构，它是机场生产和运营的主体。《民用机场管理条例》规定，运输机场的安全和运营管理由机场管理机构负责，明确了其对于机场安全生产负有直接的主体性责任；同时，授权机场管理机构对机场内的安全运营和生产运营实施统一的协调管理，协调运输机场内各驻场单位，共同维护机场运营秩序、保障机场安全运行。具体而言，其职责主要体现在以下几个方面。

（1）建立、完善运输机场安全生产制度。安全生产制度是运输机场运营的规范基础，主要包括安全生产例会制度、运行安全状况评估制度、人员培训考核制度、机场使用手册管理制度等。

（2）督促检查安全生产工作，及时消除安全事故隐患。机场管理机构应当依法贯彻执行安全生产制度，定期巡查运输机场安全生产活动，做好机场内生产设施设备的维护更新工作，确保其正常使用，及时发现并处理安全事故隐患，避免安全事故的发生，保障运输机场的运行安全。

（3）组织实施运输机场应急预案，及时有效地处理运输机场突发事件。为了最大限度地降低突发事件对运输机场的影响，机场管理机构应当制定机场应急预案，定期组织机场应急救援演练，加强人员应急救援培训，在突发事件发生时按照应急预案及时、有效地开展应急救援工作，减少人员和财产的损失。

（4）统一协调管理运输机场的生产运营。根据条例规定，机场管理机构应当履行生产运营管理职责，维护机场内的正常秩序，为航空运输企业及其他驻场单位、旅客和货主提供公平、公正的服务。

第二节　构建国家公共航空运输机场体系

在国家公共航空运输机场体系中，整个航空运输是一个网络，无论机场规模大小，都是航线网络中的重要节点，大、中、小机场是相互依存的关系。合理的分工定位是打造世界级机场群的前提。世界上成熟的机场群一般是由大型国际航空枢纽、中型区域枢纽、小型运输机场等组成的布局完善、分工合理、定位清晰的机场体系。各机场差异化定位、适度错位经营，是机场群协同发展的关键。民航要与地方政府加强沟通，积极协调各方的利益关系，引导各大机场群形成功能分工合理、市场定位清晰的发展格局，促进枢纽、干线和支线机场有机衔接，客货运输全面协调发展，从而提升机场群整体功能和效率，更好地满足城市群发展对航空运输的巨大需求。

一、大型复合枢纽机场的战略地位

枢纽是美国 20 世纪 70 年代航空管制放松后出现并发展起来的一种航线运行模式。航空公司通过采用中轴辐射航线运行模式，进一步集中客源、优化结构、互补资源，从而促成了航空公司业务量的快速增长以及运输市场蓬勃发展的良好局面。在航空公司发展的同时，根据航空公司枢纽战略布局而选择的枢纽机场也应运而生。同时，由于处于枢纽所在的关键位置，机场也获得了吸引更多航空公司飞行中转的机会，在增加机场客货流量的同时，机场的主营航空业务和非航空性营业收入也呈现出了快速增长的趋势。枢纽建设的先驱达美航空公司，20 世纪 80 年代曾借助枢纽运行模式，不仅为达美航空公司的运输量增加作出了巨大的贡献，使该公司被评为"世界最受尊敬的航空公司"，还使其核心枢纽"亚特兰大国际机场"一举成为世界年旅客吞吐量第一的机场。同时，亚特兰大这座仅在全美人口排名第 36、经济并不特别发达的城市，也因世界最大航空枢纽的建立而呈现出了跨越式的发展。

在发展枢纽机场的过程中，美国的航空公司作出了很大的贡献，很多航空公司在枢纽机场设立了基地公司，建立起更能充分体现航空产品服务品质的航空枢纽，通过枢纽机场与周边非枢纽机场的相互联结，形成中枢辐射式的航线结构。由于中枢航线结构在客流量较小的城市之间不直接通航，而是通过在枢纽机场衔接航班、中转旅客的方式，实现相互间的空中联结，同时也大大提高了航空公司飞机和机组的利用率。美国的枢纽模式到 2000 年才达到成熟阶段。有的机场过去曾是枢纽机场，但后来由于各种原因，无法发挥由经济规模和有效运用资产带来的效益而逐步被淘汰。枢纽机场的分布目前已趋于合理，因此，市场规律最终将为枢纽和非枢纽的布局找到适度的平衡。

在美国机场的发展中，另外一种模式也不容忽视，那就是点对点模式，这种模式随着低成本航空的发展对世界航空业的影响越来越大，且日渐重要。应该说，枢纽模式和点对点模式这两种模式在航空业的发展中都占有各自的地位。

纵观当今世界航空网络，美国、欧洲、亚洲三角轴心地带覆盖了全球 80% 以上的运量。美国、欧洲航空市场发展已相对成熟，主要市场已被各大航空公司按照自己的中枢辐射航线结构所瓜分，逐步达到一种均衡的网络模型。有资料显示，全球排名前 20 位的航空公司（除了低成本航空公司）均采用中枢辐射结构安排航线网络，全球排名前 25 位的机场无一不是枢纽机场。这种全球一体化的航线网络结构的一个重要特点是随着航线密度和中枢港口的高度集中，可极大增强其稳定性。要知道，一旦该结构趋于稳定，打破这种结构的成本将是巨大的。"中枢—辐射"结构的形成，使得处于中枢地位的枢纽机场，因其航线覆盖面广、延伸能力强、辐射范围大、运输及时而吸引到更多的客货流量，反过来又促使航班密度增加和航线覆盖面的扩大，产生"马太效应"。随之，枢纽机场的规模也就越来越大。而处于轮辐（spoke）结构的中小型机场，因其辐射范围有限，航线航班少，就很难获得较快的发展。

处于另一轴心的亚太地区航空市场正处在一个高速成长时期，正逐步融入国际航空大网络中。在美国、欧洲航线网络结构趋于稳定之后，正处在中枢辐射航线网络构建之中的亚太地区成为全球唯一可供航空公司抢占的大市场。中国机场必须在这种网络形成之前加入并成为其主要节点，才能适应并促进中国经济的高速发展，否则今后我国航空业的发展将令人担忧。

北京首都国际机场、上海浦东国际机场、广州白云国际机场三大枢纽机场如何最大可能地将那些最有价值的客流、物流带到中国，这关系到中国经济的发展，更关系到中国高科技、高增值产业发展的命脉，三大枢纽机场代表国家参加亚太枢纽机场地位竞争是国家战略利益的需要。

随着航空运输市场的区域化，各地区航空枢纽的作用日益明显，并有可能成为主导未来航空运输市场发展的主要因素之一。我国周边一些国家的机场都在拼命争夺东亚、东南亚及南亚地区的航空枢纽地位。中国地处亚太较高纬度地区，北京、上海在北美、欧洲航线上处于优势地位，而日本东京、大阪和韩国首尔也处于同等优势的地理位置。此外，中国香港、新加坡、曼谷和吉隆坡也已将自己定位于亚太枢纽机场并都在为转运客货源而竞争。这些机场全部拥有两条跑道和 5 000 万人以上的吞吐能力等硬件方面的优势。在过去的几年中，迪拜国际机场已经成为欧洲和大洋洲的重要中转点，疫情前 2019 年国际旅客吞吐量达 8 632.9 万，超过我国三大枢纽机场国际旅客的总和。这些机场实际上已经对中国内地最有竞争力的北京、上海、广州形成合围态势，一旦几年后跨越中国区域，真正成为亚太主要枢纽机场，我国的三大枢纽机场就只能沦为二线门户机场，处于被动地位。2019 年世界主要机场前 25 名国际竞争力统计数据见第一章表 1-8。

二、我国枢纽机场的建设

（一）我国枢纽机场的布局

航空枢纽是全球主干航线网络中的重要节点和全球航空运输的制高点，是一个国家（地区）参与国际竞争、融入世界经济循环的高效途径和理想平台。展望 2035 年，民航将实现从单一航空运输强国向多领域民航强国跨越的战略目标。中国要实现从民航大国向民航强国历史性跨越的战略性目标，其主要目标之一就是建成 3 个以上的国际航空枢纽。坚持共享发展理念，按照全面建成小康社会的总体要求，主动适应"一带一路"倡议、京津冀协同发展战略、长江经济带发展战略、粤港澳大湾区战略、成渝地区双城经济圈战略，继续增加机场数量，扩大覆盖范围，建立以枢纽结构为主、枢纽结构与城市对结构并存互补的航线网络结构，构建国际枢纽、区域枢纽功能定位完善和大中小型枢纽、非枢纽运输机场、通用机场层次结构明晰的现代机场体系。

（1）打造国际枢纽。着力提升北京、上海、广州机场国际枢纽竞争力，推动与周边机场优势互补、协同发展，建设与京津冀、长三角、珠三角、成渝地区四大城市群相适应的世界级机场群，明确区域内各机场分工定位，与其他交通运输方式深度融合、互联互通。逐步提升成都、昆明、深圳、重庆、西安、乌鲁木齐、哈尔滨等城市的机场的国际枢纽功能。

（2）巩固和培育区域枢纽。积极推动天津、石家庄、太原、呼和浩特、大连、沈阳、长春、杭州、厦门、南京、青岛、福州、济南、南昌、温州、宁波、合肥、南宁、桂林、海口、三亚、郑州、武汉、长沙、贵阳、拉萨、兰州、西宁、银川等城市的机场形成各具特色的区域枢纽。

（二）着力提升北京、上海、广州机场国际枢纽竞争力

一个地区、一个国家民航发展的国际化水平和能力，是这个地区和国家开放发展水平和阶段的一个重要标志。中国民航坚持开放发展理念，加快"走出去""飞出去""引进来"的步伐，构建开放发展新格局，必将为我国以开放发展实现合作共赢作出应有的贡献。打造具有国际竞争力的航空公司和大型航空枢纽是民航强国的主要标志；同时，航空枢纽作为区域经济发展的"发动机"，对产业升级具有关键推动作用。

从中华人民共和国成立初期到 20 世纪末，我国民航经历了漫长的行业生成期和成长期。在此期间，运力和基础设施建设基本形成了规模，但服务社会、推动经济发展的功能和作用相对还比较弱。民航业成熟期的主要标志，是其在国家政治社会经济文化中充分承担动力性的作用。尤其是中国经济已逐步融入世界经济一体化进程之中，确保人流和物流在世界范围内快速流动，中国需要在重要政治经济中心城市搭建能与国际经济中心城市和主要经济体平等对话的航空运输网络平台，这事关大国经济地位、国家经济安全。世界经济发展的实践表明，像伦敦、纽约、法兰克福、香港、新加坡等世界重要国际城市，都拥有大型国际航空枢纽港。长期以来，由于我国经济社会发展水平、航空运输总量规模等客观因素的制约，决定了我们的国际航空枢纽建设相对滞后于经济发达国家。这几年来，周边国家（地区）的主要枢纽机场已抢占了我国本土中转和国际中转 30% 的客货资源。中国经济的快速发展必将由"经济大国"向"经济强国"跨越，必然需要建设自己的大型国际航空枢纽港。

从东亚地区目前的枢纽竞争局势来看，寰宇一家成员包括日航、国泰，拥有东京成田国际机场、东京羽田国际机场、香港国际机场三大枢纽机场；天合联盟成员包括大韩、南航（前成员）、东航，拥有首尔仁川国际机场、广州白云国际机场、上海浦东国际机场三大枢纽；而星空联盟成员包括全日空、韩亚、新航、国航，坐拥东京成田国际机场、东京羽田国际机场、首尔仁川国际机场、新加坡樟宜国际机场、北京首都国际机场五大枢纽。总体而言，东亚地区目前的枢纽机场竞争格局较为激烈，东京成田国际机场、东京羽田国际机场及首尔仁川国际机场目前掌握着亚洲—北美的优势地位；香港、新加坡及广州等城市的国际机场将竞争东南亚枢纽地位；而北京、上海、广州作为国内三大枢纽机场所在城市，必须做出清晰的战略定位与战术布局，才能在未来愈发激烈的区域内核心枢纽机场的竞争中占据优势。

随着中国经济的不断增长，我国三大国际枢纽机场必须与其他世界级枢纽机场展开竞争，虽然目前尚无明显优势，尤其是在机场的设计能力、空域条件，以及发展国际中转业务的政策等方面，却有角逐东亚地区核心国际型枢纽机场的潜力。为了将中国三大枢纽机场真正打造成世界性的区域枢纽中心，持续发展的关键是枢纽机场本身的持续竞争力的提

升，并不断整合、建立、配置内部与外部资源，最重要的是不断提高整体战略规划能力并与基地航空公司（联盟）通力合作。

由于枢纽机场的区域位置、政治地位、经济发展规模不同，我国三大复合型国际枢纽机场需要明确战略定位，灵活拓展发展空间，利用自身特点发展建设枢纽机场。因此对于国内三大枢纽机场而言，在不断变化的经常竞争环境中形成自身动态的发展能力，持续创新、适时调整战略部署、增强旅客与航空公司价值是持续提升自身竞争优势的有效路径。随着国际航空公司不断兼并重组与联盟发展，以及国内经济的快速发展与全球经济一体化的深化，国内三大枢纽机场必须依托强大的国内市场，在拥有竞争优势的同时联合基地枢纽型航空公司（联盟）抢占先机，努力成为未来全球航空市场的重要国际型枢纽。

（三）实现世界级城市群和大型航空枢纽联动发展

民航"十四五"发展规划明确提出了"构建世界级机场群、国际航空枢纽、区域航空枢纽联动发展的航空枢纽格局"。打造航空机场群的目标，具体为"建设京津冀、长三角、珠三角、成渝地区等四个世界级机场群"。拥有具备较高国际竞争力的大型航空枢纽是国家综合国际竞争力的重要标志，提出了"加快建设北京、上海、广州、成都、深圳、昆明、西安、重庆、乌鲁木齐、哈尔滨等城市的国际航空枢纽"。国家"一带一路"倡议的实施，要求我国建设与国家对外开放体系相适应的国际航空枢纽格局，这十大城市国际航空枢纽将是我国未来参与"一带一路"倡议的重要突破口。

京津冀、长三角、珠三角、成渝地区城市群是世界级城市群，是我国经济发展高地和对外开放的核心门户，也是我国"一带一路"倡议的战略支撑。要依托城市群发展，加快北京、上海、广州等大型国际航空枢纽建设，进一步完善航线网络，发展中远程国际航线，打造复合型国际航空枢纽。北京大兴国际机场已投入运行，加紧完善北京"一市两场"的国际航空枢纽功能；加快上海第三机场、广州正果国际机场等机场建设，推进城市群内综合交通枢纽建设，完善机场布局和机场体系建设，满足不断增长的客货运需求。在巩固本地集散枢纽基本功能的基础上，强化我国航空门户的核心功能，加大航权开放力度，定向增加沿线国家首都和经济核心城市通航点和航班频次，培育国际中转枢纽的潜在功能，丰富其他国际航线网络。对内推进区域机场的协同发展，通过区域内机场的股权和业务合作，整合多机场体系资源，优化机场群航线网络结构，明确支线机场的功能定位，承接核心机场的溢出效应，发展低成本货运等差异化特色业务，强化对腹地市场的辐射能力。

1. 京津冀民航协同发展和首都机场集团

2014年2月26日，中共中央总书记、国家主席、中央军委主席习近平在北京主持召开座谈会，专题听取京津冀协同发展工作汇报。习近平指出，北京、天津、河北人口加起来有1亿多，土地面积有21.6万平方千米，京津冀地缘相接、人缘相亲，地域一体、文化一脉，历史渊源深厚、交往半径相宜，完全能够相互融合、协同发展。推进京津冀协同发展，要立足各自比较优势、立足现代产业分工要求、立足区域优势互补原则、立足合作共赢理念，以京津冀城市群建设为载体、以优化区域分工和产业布局为重点、以资源要素空间统筹规划利用为主线、以构建长效体制机制为抓手，从广度和深度上加快发展。推进京津双城联动发展，要加快破解双城联动发展存在的体制机制障碍，按照优势互补、互利共赢、区域一体原则，以区域基础设施一体化和大气污染联防联控作为优先领域，以产业结构优化升级和实现创新驱动发展作为合作重点，把合作发展的功夫主要下在联动上，努力实现优势互补、良性互动、共赢发展。

京津冀民航协同发展既是落实国家发展战略的重要举措，也是优化民航发展结构、提升民航发展质量和效率的需要。推进京津冀协同发展，对疏解北京非首都核心功能，带动国家经济结构调整的意义重大。要运用改革创新思维，通过打造世界级综合性、复合型枢纽机场群，推动京津冀地区形成统一的航空市场，支撑京津冀城市群发展。京津冀民航协同发展分两个阶段：2019 年前为调整结构阶段，现已进入 2020—2030 年为全面升级阶段。

根据《北京首都航空枢纽建设实施纲要》制定的战略目标，努力把首都航空港建成国际国内客货运输的大型复合航空枢纽。

2019 年世界上旅客吞吐量排名前 25 位的机场无一例外都是航空枢纽港，枢纽机场的重要性也越来越明显。成熟的枢纽机场有四大要素：一是足够的旅客和货物吞吐量；二是十分优越的地理位置；三是四通八达的航线网络和结构合理的航班波；四是充足高效的机场保障设施和方便快捷的中转服务条件。北京首都国际机场几乎具备了建设世界级航空枢纽的一切有利因素。北京是中国的政治、经济和文化中心，北京首都国际机场是对外交流的国际门户，是我国航空运输的集散中心，具有巨大的客货市场发展潜力。

2008 年，北京首都机场 T3 航站楼拔地而起，成为当时世界上面积最大的单体航站楼。自此，首都机场成为亚洲地区第一家拥有三座航站楼、三条跑道、双塔台同时运营的超大型国际机场。作为欧洲、亚洲及北美洲的核心节点，北京首都国际机场凭借得天独厚的地理位置、方便快捷的中转流程、紧密高效的协同合作，成为连接亚、欧、美三大航空市场最为便捷的航空枢纽。截至 2018 年年底，在首都机场运营商业航班的航空公司达到 105 家，其中国内（含港澳台地区）航空公司 36 家，国外航空公司 69 家；通航 65 个国家及地区的 296 个航点，国际航点 136 个。同时，作为中国重要的空中门户和对外交流窗口，首都机场对区域经济的影响力与日俱增。2018 年、2019 年，北京首都国际机场年旅客吞吐量连续 2 年突破 1 亿人次，连续 10 年位列全球第二名。

2019 年 9 月 25 日，北京大兴国际机场正式投入运营，北京由此步入"一市两场"的新时代。以完善基于功能定位的航线网、机场网为突破口，将京津冀民航协同发展推向深入。首先，合理定位各机场分工是京津冀协同发展的关键。各区域、各机场要根据市场需求和自身条件，明确自身的功能定位，实现与区域内其他机场适度错位经营，同时引导航空公司围绕功能定位，构建相应的航线网络。其次，疏解北京首都国际机场非国际功能是当前阶段工作的重点。在京津冀民航协调一体化中，一方面，要严控北京首都国际机场非国际航空枢纽功能增量航班；另一方面，逐步将北京首都国际机场航班中部分支线航班疏解到周边的天津、石家庄等机场。最后，改善空域资源条件是促进京津冀民航协同发展的保证。要充分考虑京津冀地区各机场规模与空域资源的密切关系，合理规划布局，为京津冀民航协同发展进一步拓展空域资源。

截至 2023 年 1 月，北京大兴国际机场航站楼面积 70 万平方米，建设 4 条跑道，设

104 部登机廊桥；民航站坪设 343 个机位，其中近机位 79 个；可满足年旅客吞吐量 7 200 万人次、货邮吞吐量 200 万吨、飞机起降 62 万架次的使用需求。总体运营保障能力有质的飞跃。

2. 长江三角洲一体化发展和上海机场集团

2018 年 11 月 5 日，习近平总书记在首届中国国际进口博览会上宣布，支持长江三角洲区域一体化发展并上升为国家战略，着力落实新发展理念，构建现代化经济体系，推进更高起点的深化改革和更高层次的对外开放，同"一带一路"建设、京津冀协同发展、长江经济带发展、粤港澳大湾区建设相互配合，完善中国改革开放空间布局。

长江三角洲包括上海市、江苏省、浙江省、安徽省，全域面积 35.8 万平方千米（简称长三角），该地区是我国经济发展最活跃、开放程度最高、创新能力最强的区域之一，在国家现代化建设全局和全方位开放格局中具有举足轻重的战略地位。推动长三角一体化发展，增强长三角地区创新能力和竞争能力，提高经济集聚度、区域连接性和政策协同效率，对引领全国高质量发展、建设现代化经济体系意义重大。

建设长三角世界级机场群是民航服务国家战略的责任使命；建设长三角世界级机场群也是民航服务区域经济的客观需要，有利于推动长三角地区进一步深化国际分工和国际贸易，有利于长三角地区现代服务业发展，促进区域经济转型升级，有利于带动优势资源向航空相关产业聚集，做大做强临空经济；建设长三角世界级机场群是打造民航强国的重要任务，是构建全国基于功能定位的机场网和航线网的重要支撑，能更好地满足长三角城市群发展对航空运输的巨大需求。

疫情前的 2019 年，长三角机场群 23 个机场累计旅客吞吐量达 2.655 7 亿人次、货邮吞吐量 569.3 万吨，规模上分别占全国的 19.65% 和 33.29%。无论从业务规模看，还是从布局结构看，长三角地区民航都具备建设世界级机场群的有利条件。长三角地区省市地方政府高度重视民航业发展，在政策、法规、财税等方面对当地民航业发展给予了大力支持，为长三角世界级机场群建设创造了良好的外部环境。

上海是我国经济、金融、贸易和航运中心，是世界上规模和面积较大的都会区之一。建设国际航空大都市既是上海贯彻落实"一带一路"倡议和长江经济带建设国家战略的重要行动，也是建设"四个中心"和现代化国际大都市、迈向全球城市的关键举措。民航局表示，将大力支持上海建设国际航空大都市。

根据国家民航局和上海市政府联合下发的《上海航空枢纽战略规划》、民航局《中国民用航空发展第十三个五年规划》，上海航空枢纽建设的功能定位为客运和货运并举、国际和国内并重、本地市场与中转市场共发展的世界级复合型国际航空枢纽。以上海浦东国际机场为主建设国际复合型门户枢纽，重点提升上海浦东国际机场枢纽核心竞争力，加快构建枢纽航线网络和航班波；上海虹桥国际机场在枢纽结构中发挥辅助作用，以国内点对点运营为主，通航少量的国际包机和地区航班，同时承担城市和地区通用航空（如公务机等）运营机场的功能。上海两大机场互为支撑，促进了世界级航空枢纽机场客货运的快速增长。

在过去 25 年的高速发展中，上海机场成长为拥有 2 座机场、4 个航站楼、2 个卫星厅

（S1、S2）、5 个货运区、6 条跑道、3 个货邮国际（地区）转运中心，与全球近 300 个城市通航的世界级枢纽机场，更实现了旅客吞吐量从千万级到亿级的里程碑式的跨越。与航空客运业务相呼应，上海机场集团的货运业务有望连续 9 年位居全球机场第三。疫情前的 2019 年，上海浦东国际机场和上海虹桥国际机场三大运输生产指标持续稳步增长。全年，两场共保障飞机起降 78.48 万架次，完成旅客吞吐量 12 179.13 万人次，完成货邮吞吐量 405.78 万吨。

上海机场不断提速，始终以超前规划引领发展为思路。2022 年上海浦东国际机场四期扩建工程正式开工，上海浦东国际机场四期扩建工程智能货站项目开工。到 2025 年，两个机场将形成客货运吞吐量超 1.3 亿人次和超 410 万吨的保障能力。未来，上海机场将着力于强功能、补短板、提品质，提升安全服务品质和航班运行效率，在民航客货运基础产业做强的同时，积极探索航空产业链的延伸升级，服务于上海，服务于长三角，服务于国家发展。踏上亿级台阶的上海机场将开启上海航空枢纽建设新篇章，致力于实现上海航空枢纽的高质量发展，服务上海建设卓越全球城市的战略蓝图。

3. 粤港澳大湾区战略和珠三角枢纽机场

推进粤港澳大湾区建设，是以习近平同志为核心的党中央作出的重大决策，是习近平总书记亲自谋划、亲自部署、亲自推动的国家战略，也是推动"一国两制"事业发展的新实践。2019 年 2 月 18 日，中共中央、国务院印发《粤港澳大湾区发展规划纲要》。按照规划纲要，粤港澳大湾区不仅要建成充满活力的世界级城市群、国际科技创新中心、"一带一路"建设的重要支撑、内地与港澳深度合作示范区，还要打造成宜居宜业宜游的优质生活圈，成为高质量发展的典范。以香港、澳门、广州、深圳四大中心城市作为区域发展的核心引擎。

粤港澳大湾区包括香港特别行政区，澳门特别行政区和广东省广州市、深圳市、珠海市、佛山市、惠州市、东莞市、中山市、江门市、肇庆市（以下称珠三角九市），总面积 5.6 万平方千米，2023 年大湾区经济总量约 10 万亿元。截至 2020 年 12 月，粤港澳大湾区常住人口达 8 617.19 万人，是我国开放程度最高、经济活力最强的区域之一，在国家发展大局中具有重要战略地位。

建设粤港澳大湾区，既是新时代推动形成全面开放新格局的新尝试，也是推动"一国两制"事业发展的新实践。为全面贯彻党的二十大精神，全面准确贯彻"一国两制"方针，充分发挥粤港澳综合优势，深化内地与港澳合作，进一步提升粤港澳大湾区在国家经济发展和对外开放中的支撑引领作用，支持香港、澳门融入国家发展大局，增进香港、澳门同胞福祉，保持香港、澳门长期繁荣稳定，让港澳同胞同祖国人民共担民族复兴的历史责任、共享祖国繁荣富强的伟大荣光。

改革开放以来，特别是香港、澳门回归祖国后，粤港澳合作不断深化实化，粤港澳大湾区经济实力、区域竞争力显著增强，已具备建成国际一流湾区和世界级城市群的基础条件，区位优势明显。粤港澳大湾区地处我国沿海开放前沿，以泛珠三角区域为广阔发展腹地，在"一带一路"建设中具有重要地位。交通条件便利，拥有香港国际航运中心和吞吐量位居世界前列的广州、深圳等重要港口，以及香港、广州、深圳等具有国际影响力的航空枢纽，便捷高效的现代综合交通运输体系正在加速形成。

得益于粤港澳大湾区经济快速发展，疫情前的 2019 年，广州、深圳、珠海、香港、澳门五大机场年旅客吞吐量超过 2.196 亿人次，年货运吞吐量超过 845.8 万吨。但根据国际航空运输协会（IATA）估计，随着商贸和整体经济的不断发展，粤港澳大湾区航空市场的客运量到 2030 年每年复合增长率为 5.9%，区内机场纵使有扩建计划，仍不能满足航空服务需求。未来，粤港澳大湾区航空市场潜力巨大，五大机场的客货运输增长量跟不上市场需求。这也就是珠三角机场这么密集，但这些年来各机场都能快速发展的原因。

1）广州白云国际机场

根据《中共广州市委关于制定广州市国民经济和社会发展第十四个五年规划和二〇三五年远景目标的建议》重点明确要打造全球领先的国际航空枢纽，全面增强白云空港综合保障能力。建成白云国际机场三期扩建及其配套工程，谋划推动珠三角枢纽（广州新区）机场建设，构建以白云国际机场为核心的粤港澳大湾区世界级机场群。推动优化珠三角航路结构和广州终端空域结构，争取更多空域资源和航权、时刻政策支持。吸引国内外航空公司在广州发展、加密航线网络，提升"广州之路"辐射深度和广度，形成东南亚 4 小时、全球 12 小时航空交通圈。全方位推进"智慧机场"建设，升级航空服务效能。提升中转服务能力，发展通程联运，优化空空、地空中转网络品质。规划建设南沙、从化、黄埔通用机场，提升通用航空服务能力。近期目标年为 2030 年按照年旅客吞吐量 1.2 亿人次、货邮吞吐量 380 万吨、飞机起降 77.5 万架次的使用需求进行规划建设，新建 2 条跑道、T3 航站楼、2 个西卫星厅（西一跑道和西二跑道间）；远期目标年为 2045 年按照年旅客吞吐量 1.4 亿人次、货邮吞吐量 600 万吨、飞机起降 87 万架次的使用需求进行规划，新建 1 个东卫星厅（T3 航站楼北侧）。

近年来，广州白云国际机场国际业务发展强劲，世界级航空枢纽建设进程加快。目前，广州白云国际机场航线网络可通达 148 个国内城市，国际方面则形成了覆盖亚洲、大洋洲、欧洲、北美洲及非洲等全球各地的航线网络，可通达 95 个国际城市。其中，南航通过对第六航权的充分运用，初步形成了"欧洲经广州转澳新"及"南亚经广州转北美、大洋洲"的"X"形国际中转网络布局。

当然，广州白云国际机场对国际航线的雄心不止于此，将其建设为联通全球、体验愉悦的世界级航空枢纽，优化空中网络，优化航线结构、机型结构，加强与航空联盟合作，积极争取配套政策，将是未来的发展方向。

2）深圳宝安国际机场

深圳宝安国际机场处于粤港澳大湾区"黄金内湾"和广深港经济带核心位置，机场范围已纳入前海合作区。区域内共规划 10 条轨道，有 5 条高快速路环绕，拥有国家一类客运口岸机场码头，是集航空、海运、高速、高铁、城轨、地铁"六位一体"的高效便捷的综合交通枢纽。2020—2023 年，客、货业务连续四年排名全国第三。国际客运通航城市突破 60 个，构建起通达全球五大洲的"空中通道"，跻身全球最繁忙机场行列。

深圳机场总占地面积 28.3 平方千米，拥有一流的硬件设施。T3 航站楼于 2013 年投入使用，建筑面积 45.1 万平方米；卫星厅位于 T3 航站楼的北侧，于 2021 年 12 月启用，通过捷运系统连接目前的 T3 航站楼和规划中的 T2 航站楼，总建筑面积约为 24 万平方米，为旅客带来"科技+人文"的全新候机体验。深圳机场飞行区等级4F，拥有两条远距离平行跑道，可满足世界所有民航机型起降。当前，正加快推进三跑道、T1航站楼等项目建设，形成"3+3+1"基础设施格局，即三个航站楼、三条跑道和一个卫星厅。

深圳机场始终践行以"人民为中心"的发展理念，持续提升服务品质。深圳机场获得广东省政府质量奖和深圳市市长质量奖，成为机场行业唯一获评全国市场质量信用AAA级服务示范企业，同时连续两年获得SKYTRAX"五星机场"认证及2023年度"世界最佳进步机场"，两次荣获国际机场协会4000万级以上"最佳机场奖"，连续7年获评CAPSE最佳机场，蝉联"世界十大美丽机场"桂冠。

未来，机场集团将紧紧锚定高质量发展首要任务，大力推动高品质创新型国际航空枢纽、先行示范的空港型国家物流枢纽、"六位一体"高效便捷的国际性综合交通枢纽建设，全方位提升国际枢纽能级，深化"客、货、城、人、智"五大战略实施，奋力推进国际航空枢纽高质量发展实现新跨越。

4.成渝地区双城经济圈和成渝世界级机场群

习近平总书记亲自谋划、亲自部署、亲自推动成渝地区双城经济圈建设。

2020年1月，习近平总书记主持召开中央财经委员会第六次会议时强调："要推动成渝地区双城经济圈建设，在西部形成高质量发展的重要增长极。"

2023年7月，习近平总书记在四川考察时强调："要坚持'川渝一盘棋'，加强成渝区域协同发展，构筑向西开放战略高地和参与国际竞争新基地，尽快成为带动西部高质量发展的重要增长极和新的动力源。"

2022年3月15日，民航局发布了《关于加快成渝世界级机场群建设的指导意见》，这是为贯彻落实党中央、国务院建设成渝地区双城经济圈的重大战略部署。成渝世界级机场群指的就是以成都双流、重庆江北等枢纽机场为核心，以天府、绵阳、宜宾、泸州、万州、达州、南充、黔江等机场为骨干和重要补充的国家综合机场体系。成渝世界级机场群的建设，目的在于加快打造西部对外开放的空中大通道，为成渝地区形成有实力、有特色的双城经济圈，打造带动全国高质量发展的重要增长极和新的动力源提供有力支撑。

成渝双城国际枢纽功能迈上新台阶。成都、重庆国际航空枢纽基本建成，合力构建畅通国内、通达全球主要城市的航线网络，枢纽中转能力大幅提升，西向、南向国际航线形成较强竞争优势，覆盖都市圈的空地一体化便捷服务加快形成，对加快成渝机场群高质量发展的辐射带动作用更加强劲。

到2035年，全面建成双核引领、便捷通达、安全可靠、智慧先进、绿色集约、协同高效的成渝世界级机场群，共商共建共享的协同机制更加完善，区域一体化航空市场更加成熟，建成具有全球影响力的民航科技创新中心、国际一流的教育培训高地和现代产业集群，成为引领带动多领域民航强国建设的先行示范区，有力促进成渝地区构建高水平开放型经济体系和打造高品质生活服务圈，为成渝地区建成具有国际影响力的活跃增长极和强劲动力源发挥战略支撑作用。

1）成都航空枢纽

成都地处"一带一路"与长江经济带的交汇点上，是连接欧洲和东南亚的最佳枢纽航点，具有独特的区位优势。成都天府机场和双流机场作为"双引擎"，也正在加速推动成都成为国内国际双循环门户枢纽。无论从客运到货运，还是从国内到国外，机场不仅带动成都发展，还惠及西部省市，加快推动成渝地区双城经济圈高质量建设。

成都航空枢纽由成都天府国际机场和成都双流国际机场组成。突出"四向拓展、全域开放"，以建强泛欧泛亚空港陆港"双枢纽"为依托，以构建空中丝绸之路为重点，加快形成"欧盟—成渝—日韩""成渝—东盟"开放通道体系和"四向多廊"全球物流网络，构筑面向"一带一路"供应链核心节点和资源配置中心，做强门户的运筹、控制功能和枢纽的集疏、辐射功能，塑造开放型经济发展新优势。

构建通达全球、中转高效、功能完善的国际航线网络。加快推进"48+14+30"国际航空客货运战略大通道布局，形成通达 48 个全球重要航空枢纽城市及经济中心城市的国际精品商务航线，连接 14 个全球重要物流节点城市的国际全货机航线，辐射 30 个重要世界旅游目的地及入境游来源地的国际优质文旅航线，提高到全球商务城市、新兴市场和旅游目的地的航班密度，到 2025 年，国际（地区）航线达 140 条以上，实现至全球门户机场"天天有航班"。

随着天府机场的投运，成都的民航发展走上了快车道。数据显示，2023 年全年，成都国际航空枢纽（成都天府国际机场和成都双流国际机场）完成运输起降 53.83 万架次、旅客吞吐量 7 492.42 万人次、货邮吞吐量 72.24 万吨。成都正式成为继上海、北京、广州之后，我国内地第四个年旅客吞吐量突破 7 000 万人次的城市。

2）重庆江北国际机场

2019 年 4 月，习近平总书记视察重庆时为重庆发展导航定向，要求重庆更加注重从全局谋划一域、以一域服务全局，努力发挥"三个作用"，即努力在推进新时代西部大开发中发挥支撑作用、在推进共建"一带一路"中发挥带动作用、在推进长江经济带绿色发展中发挥示范作用，赋予重庆新的重大使命。要把总书记的殷殷嘱托全面落实在重庆民航的发展上，在重庆高质量发展中要发挥重要作用，要求推动重庆民航与经济社会发展互融互动。

重庆江北国际机场要打造国际航空门户枢纽，在布局国际航线网络上，将加速对接"一带一路"国家和地区，为重庆建设内陆开放高地、努力发挥"三个作用"和新时代民航强国建设提供坚强支撑。2023 年夏秋航季，重庆江北国际机场通航亚洲、欧洲和大洋洲的 100 余座城市，客运直飞纽约、伦敦、巴黎、罗马、迪拜、东京、首尔、新加坡、曼谷等城市，货运直飞阿姆斯特丹、法兰克福、亚的斯亚贝巴、芝加哥等城市，构筑了与世界六大洲的紧密航线往来。近 70% 的航线航班围绕"一带一路"沿线国家地区执行，在"一带一路"经济、贸易、企业交流往来、产业发展、旅游等方面发挥了民航特有的支撑作用。

加快完善民用机场体系，建成江北国际机场 T3B 航站楼及第四跑道，开工建设重庆新机场，研究新增支线机场布局，积极推进通用机场建设，形成以民用枢纽机场为主骨架、支线机场为节点、各类通用机场为补充的机场网络。优化国际客货运航线，提升机场辐射周边和链接国际的能力。到 2025 年，机场旅客吞吐能力达到 8 000 万人次，货邮吞吐能力达到 120 万吨。

（四）逐步提升"一带一路"的国际航空门户枢纽功能

2021年3月，十三届全国人大四次会议审议通过的《中华人民共和国国民经济和社会发展第十四个五年规划和2035年远景目标纲要》明确提出建设"空中丝绸之路"。推进"空中丝绸之路"建设作为共建"一带一路"的重要内容，是民航参与共建"一带一路"的核心任务。进入新发展阶段，高水平建设"空中丝绸之路"成为加快构建新发展格局、推进高质量共建"一带一路"的重要抓手，将不断增强我国民航运输的国际通达性、服务高效性、网络可靠性和产业协同性。

1. 昆明国际航空枢纽

在国际政治多极化和经济全球化的推动下，我国与南亚、东南亚地区国家不断加强经贸合作，推进泛亚铁路、泛亚公路、能源通道等基础设施合作建设，与周边国家和睦相处，共筑本地区稳定和谐的国家关系结构。2020年1月，习近平总书记在云南考察时指出，云南承担着维护区域、国家乃至国际生态安全的重大职责和服务国家"走出去"战略的重要使命。

西南板块是我国民航发展的第四高地，区位优势和战略地位突出，其中昆明枢纽机场是我国"一带一路"倡议辐射东南亚、南亚的国际航空门户和排头兵。"十四五"期间，要提升昆明面向国际、国内两个扇面的综合运输组织能力，建设成为通达全球、服务全国、辐射区域的国际性综合交通枢纽，强化高效通达的航空网。昆明将加快完成昆明长水国际机场改扩建工程；积极拓展航空航线网络，增开和加密至南亚、东南亚地区的航线航班，拓展昆明至西亚和东北亚地区的航线，加强与欧美澳非等全球主要经济体的联通，加密至上海、杭州、南京、武汉等城市至南亚、东南亚出行密集城市航线；积极发展航空货运，打造国际航空物流中心。

截至2023年5月，昆明长水国际机场T1航站楼面积56.88万平方米，S1卫星厅面积12.77万平方米；机坪设221个机位，其中108个客机位；西跑道长4 000米、宽45米，东跑道长4 500米、宽60米；可满足年旅客吞吐量6 500万人次、货邮吞吐量130万吨、飞机起降36.96万架次的使用需求。

2. 西安—乌鲁木齐国际航空枢纽

以西安、乌鲁木齐为核心的西北航空板块是我国西北战略屏障和向西开放的门户，是"丝绸之路经济带"建设的起点和核心区。西北地区地处亚欧大陆腹地，具有得天独厚的区位优势，建设西安、乌鲁木齐国际航空枢纽有利于引领西部地区进一步扩大开放，将加强我国与中亚、西亚及欧洲的联系。西安咸阳国际机场、乌鲁木齐地窝堡国际机场应充分发挥其区位优势，打造通达中亚、西亚和欧洲地区的航空网络，开辟由内地经停西安、乌鲁木齐至中东、欧洲的远程国际航线，逐步培育连接东北亚、东南亚和中亚、西亚、欧洲的枢纽中转能力，形成连接欧亚，面向中西亚的国际航空枢纽；扩大对外开放力度，推进与丝路沿线国家航空运输市场的自由化和便利化，支持扩大乌鲁木齐和西安两地的机场与沿线国家的航权安排，重点推动与中亚、西亚的航权开放，争取第五航权开放；保障能力不足和航班时刻资源紧张是西北两大核心机场面临的两大关键问题，应加快机场基础设施改扩建进程，提高宽体飞机投放比例，强化国际航线通道建设，提升机场的综合保障能力；支持基地航空公司建设，或强化与南航、海航合作，或组建本地航空公司，加大对远程国际航线的补贴力度，全面提升在丝绸之路经济带的国际航空枢纽地位。

1）西安咸阳国际机场

作为西安对外开放的重要窗口，西咸新区空港新城锚定高质量建设"空中丝绸之路新起点"的战略目标，依托枢纽机场和航空口岸优势，通过强化枢纽建设、提升开放能级、优化营商环境等举措，推动航空港口、临空产业、现代城市、高端人才深度融合、一体发展，探索出一条以临空经济为特色、全面深度融入共建"一带一路"、以高水平对外开放引领城市高质量发展的新路。

为积极落实中国—中亚峰会共识及中国支持高质量共建"一带一路"的八项行动，加快建设空中丝绸之路，补齐开放不足突出短板，打开发展新天地，西安正式发布《空中丝绸之路新起点建设方案（2023—2035）》（以下简称《方案》）。《方案》主要明确了建设"空中丝绸之路新起点"的发展基础、总体要求、重点任务和保障措施，概括起来即"一三六"总体建设思路。"一"即"一个总目标"，锚定高质量建设空中丝绸之路（西安）新起点；"三"即"三个能力"，着力提升枢纽服务、产业协同、开放发展三个能力；"六"即"六大任务"，包括完善基础设施保障打造向西开放新门户、提升客运发展效能建设丝路贯通新枢纽、优化货运服务供给拓展航空物流新通道、推动产贸融合发展构建外向经济新走廊、促进科技人文交流搭建深化合作新窗口、加强资源要素支撑培育创新发展新平台。

《方案》指出，到2027年，空港新城将初步形成功能完备、通畅便捷、带动力强、互惠包容的发展格局，基础设施保障、客运枢纽效能、货运服务供给、产贸融合发展、科技人文交流、集散功能环境等不断提升，空中丝绸之路（西安）新起点发展基础不断夯实，初步形成联系共建"一带一路"国家和地区的重要通道。到2035年，空中丝绸之路（西安）新起点全面建成，成为向西开放的国际航空运输通道。总体实现功能完备、通畅便捷、带动力强、互惠包容的建设目标，综合保障能力大幅提升，枢纽功能和服务效率国内领先，航空产业与区域经济高效联动，对外交流合作领域不断延伸，战略支撑作用显著增强。

截至2023年6月，西安咸阳国际机场3座航站楼面积近40万平方米、民航站坪设165个机位，两条跑道可满足年旅客吞吐量3 100万人次、货邮吞吐量40万吨、飞机起降25万架次的使用需求。

2）乌鲁木齐天山国际机场

丝绸之路首先是作为亚欧大陆古代陆路连接东亚、南亚、西亚、欧洲和东非各古代文明的路线与道路，而古代新疆地处亚欧大陆中心，恰恰是沟通或完成亚欧大陆东西方文化与政治、经济交流的唯一性桥梁。也就是说，上述区域古代文化陆路沟通渠道必经新疆，而且是唯一通道。新疆是"丝绸之路经济带"建设的核心区，是我国对外口岸最多的省级行政区。众多的开放口岸为"丝绸之路经济带"建设以及与周边国家贸易往来打开了开放之门。在"一带一路"建设的六大经济走廊中，新亚欧大陆桥、中国—中亚—西亚、中巴三大经济走廊直接经过新疆，凸显了新疆的核心区地位和战略通道作用，具有独特的区位优势和较高的经济集中度。

乌鲁木齐天山国际机场是中国十大国际航空枢纽机场、八大区域枢纽机场之一，具有辐射中亚、西亚，连接欧亚大陆的独特区位优势。乌鲁木齐天山国际机场位于亚欧航路中心，距中亚、南亚地区的阿拉木图、伊斯兰堡、比什凯克、德里等主要城市的空中航程大部分都在 2 000 千米以内，空中飞行时间不到 2 小时，建设区域国际航空枢纽将能够充分发挥乌鲁木齐市在地理区位方面的比较优势，用好国内国际两个市场两种资源，搭建"东联西出、西引东来"的空中桥梁纽带。

新疆机场集团全力推动乌鲁木齐天山国际机场客运、货运双枢纽建设，将其打造成面向中西亚的最便捷的航空枢纽。进一步完善"三网（疆内、国内、国际）三环（北疆环、南疆环、天山环）"航线网络结构，加快构建"干支通、支支通、全网联"的航空运输服务模式，为乌鲁木齐国际航空枢纽建设提供有力支撑。

作为新疆的航空枢纽，乌鲁木齐天山国际机场直接连接疆外机场航线 137 条，连接疆内支线航线 23 条，疆内支线机场通过乌鲁木齐连接疆外机场 24 条，疆内支线机场连接疆外机场航线 130 条，机场航线网络不断优化。

截至 2023 年 6 月，乌鲁木齐天山国际机场 3 座航站楼面积 18 万平方米，民航站坪设 122 个机位，一条长 3 600 米、宽 45 米的跑道，可满足年旅客吞吐量 1 635 万人次、货邮吞吐量 27.5 万吨、飞机起降 15.5 万架次的使用需求。

3. 哈尔滨太平国际机场

哈尔滨太平国际机场位于东北亚的中心地带，有着与俄罗斯、日本、韩国、蒙古等国开展合作的天然区位优势，是我国向北开放的重要门户，是国家"一带一路"的主要组成部分，是建设"中蒙俄经济走廊"的重要窗口。应基于哈尔滨太平国际机场天然的区位优势和发展基础，强化面向日韩、俄罗斯的航线网络，提升哈尔滨太平国际机场面向东北亚和俄罗斯的门户枢纽功能。积极开拓面向东北亚的国际航线，挖掘本地旅游资源，培育旅游快线；引入低成本航空公司，鼓励低成本航空公司参与国际竞争，开通周边国家航线；加快国际中转、国际采购、国际配送和转口贸易等国际航空物流发展，建设内地通往俄罗斯远东地区的门户机场和物流集散地。

民航局高度重视哈尔滨国际航空枢纽建设发展，支持哈尔滨发挥区位优势和市场潜力优势，整合现有资源，搭建开放平台，打造东北亚核心航空枢纽和面向北美的航空物流中心，更好地服务共建"一带一路"。

新修编的哈尔滨机场总体规划按照近期 2030 年，年旅客吞吐量 6 500 万人次、货邮吞吐量 80 万吨、飞机起降 48.3 万架次进行规划，新增东二跑道、西一跑道、T3 航站楼和综合交通换乘中心，引入轻轨交通设施等；远期 2050 年，年旅客吞吐量 1 亿人次、货邮吞吐量 200 万吨、飞机起降 71.8 万架次，新增西二跑道和 T4 航站楼，对 T3 航站楼扩建指廊，新建南航站区综合交通换乘中心，引入高铁及第二路轻轨交通设施。

第三节　我国中小机场建设和发展

百年沧桑，岁月峥嵘。在中国共产党的坚强领导下，我国民航面貌发生深刻变化，机场发展日新月异，现代化国家机场体系基本构建成形。特别是中小机场近年来在区域经济发展、助力全面建成小康社会等方面发挥重要作用。当前，答好立足新发展阶段、贯彻新发展理念、构建新发展格局的时代命题，我们要全面把握"十四五"时期我国实施区域发展战略、城镇化战略和乡村振兴战略等形势任务，更好地发挥中小机场在推动区域经济向高质量发展加快转变中的支撑作用，实现中小机场与区域经济良性互动发展。

一、充分认识中小机场对区域经济发展的重要作用

在中国共产党的坚强领导下，我国民航从小到大、由弱到强，特别是改革开放以来发生了翻天覆地的变化。机场特别是中小机场，成为当地城市的亮丽名片，在助力全面建成小康社会、推动区域经济腾飞等方面发挥了重要作用。

（一）中小机场极大完善了我国现代化机场网络体系

中小机场是我国现代化机场网络体系的重要组成部分，呈现出数量越来越多、运量越来越大、分布越来越广的发展特点。"十三五"期间，我国新建、迁建运输机场43个，大部分是中小机场。2020年，全国241个颁证运输机场中，中小机场占到78%。同年，我国中小机场共完成旅客吞吐量9 415.8万人次，占全国运输机场总量的11%，较"十三五"初期提高了3个百分点。目前，我国各个区域都有中小机场广泛分布，而且一个地级行政区有两个以上支线机场的情况也不少见，比如四川省甘孜藏族自治州就有稻城、康定、格萨尔3个机场。得益于中小机场的快速发展，我国初步构建形成了覆盖广泛、分布合理、功能完善、集约环保的现代化机场网络体系。

（二）中小机场有力支撑了我国现代综合交通运输体系

民航是国家立体综合交通的重要组成部分，中小机场在其中发挥了重要作用。

一是提高了民航的贡献度。2020年，民航旅客周转量在综合交通运输中的比重达到了33.1%，其中中小机场发挥了重要的增量作用。

二是提高了民航的融合度。我国已基本形成以"十纵十横"综合运输大通道为主骨架、内畅外通的综合立体交通网络。中小机场就像遍布全国的毛细血管，与立体综合交通的大动脉紧密相连，有效畅通了各地区对外交通联系。

三是提高了民航的便捷度。中小机场具有投资少、见效快、分布广、带动力强等显著优势，在改善偏远地区居民交通服务水平以及执行应急救援、抢险救灾任务，特别是疫情防控等方面，具有不可替代的作用。

（三）中小机场助力推进了全面建成小康社会

"十三五"以来，我国新建或改扩建73个小型枢纽或非枢纽机场，其中50个位于西部、边境或贫困地区。这些中小机场在助力全面建成小康社会中凸显了重要功能。

一是改善了出行条件。目前，我国已有72个建在贫困地区的运输机场，民航运输对贫困地区人口覆盖率达到82.6%。贫困地区机场至少有1个航班连通枢纽机场，最多通过2个航班转接即可连通国际机场，根本性地改变了贫困地区的交通出行条件。比如，阿里

机场通航后，原先拉萨至阿里地区的行程就从两天缩短为不到两小时。

二是完善了投资环境。比如，仅用 338 天时间建成的于田机场通航后，使地处塔克拉玛干沙漠南缘的于田县融入了全国航空生态圈，当地招商引资的质量明显提升。

三是促进了旅游发展。许多拥有丰富旅游资源的偏远地区因受制于地面交通条件发展缓慢，民航成为发展旅游业的重要途径。比如，自遵义新舟机场 2012 年通航以来，遵义市拥有了茅台、新舟两座机场，地方生产总值、旅游人数、旅游总收入等主要指标分别实现了年均增长 13.3%、16.2%、15%。

总之，我国中小机场的健康发展有效改善了我国长期存在的东西发展不平衡、南北发展不平衡、城乡发展不平衡等突出问题，为区域经济社会发展作出了重要贡献。

二、全面把握"十四五"时期中小机场发展形势任务

"十四五"期间，随着我国实施区域发展战略、城镇化战略和乡村振兴战略，区域经济向高质量发展加快转变。中小机场要抓住多领域民航强国建设与民航高质量发展的机遇期，积极谋划建设，实现更好发展。

（一）中小机场要抓住建设机遇期，在多领域民航强国建设中彰显担当

"十四五"时期是我国开启多领域民航强国建设的起步期，也将迎来机场建设的高峰期，抓好中小机场建设，对推进多领域民航强国建设意义重大。"十四五"是我国民航强国八个基本特征的力量汇聚期，无论是推进航空服务大众化、拓展现代综合交通运输服务空间，还是培育多元化的航空市场主体、构建机场网络体系，都离不开中小机场。目前全国 330 余个地级以上市州盟中，还有 100 多个没有机场。根据 2035 年远景目标，我国运输机场数量将达到 400 个左右，地面 100 千米覆盖所有县级行政单元，这意味着未来 15 年平均每年增加 10 个机场，其中大部分都将分布在中西部和边远地区的中小机场。我们要抓住未来 15 年中小机场建设机遇期，加快在中西部地区机场布局，进一步建设完善机场网络体系，夯实民航强国基础。

同时，我们还要看到，现代化机场体系是多层次的体现，不可能所有机场都是门对门、点对点式的目的地机场，中小机场要在其中找准功能定位。一方面，要根据机场区位、设施、服务、航权等因素确定差异化经营战略，主动为大型枢纽机场分流旅客，探索错位开通航线，共同设计异地签转、跨航空公司中转等服务产品，有条件发展点对点特色航线，不断增强自身特点，提高辐射能力和通达性；另一方面，要发挥中小机场特点、优势，主动完善通航服务设施，因地制宜开展应急救援、医疗救护、飞行培训等业务，承担近距离、个性化的航空运输服务，在更大范围汇集客源，形成运输航空、通用航空协同发展格局。比如，日照机场坚持"特色化、差异化"发展，走出了一条支线机场与通用航空融合发展之路。这充分说明，支线机场发展通用航空不仅可行，而且大有可为。

（二）中小机场要抓住转型关键期，在服务民航高质量发展中彰显作为

"十四五"是民航高质量发展期，也是我国机场转型发展的关键阶段，中小机场要在

"四个工程"、四型机场和智慧民航建设中有所作为。

一是在打造"四个工程"中谋实事。要围绕打造"精品、样板、平安、廉洁"工程，应用现代工程管理"七化"手段，加强工程建设标准引领，组织开展中小机场建设标准专题研究，科学制定设施设备配备标准；组织修订运输机场场址、总体规划审查办法及运输机场总体规划规范，进一步提升中小机场选址和总体规划的质量，强化中小机场建设和质量管理，打造品质工程。

二是在建设四型机场中做实功。四型机场是未来我国机场高质量发展的方向，但目前来看，中小机场的参与度和参与热情还不够高。从四型机场示范项目申报情况看，在2019年全行业76个申报项目中，中小机场仅有18个，不足1/4；2020年，全行业219个申报项目中，中小机场仅有15个，比例进一步大幅下滑。中小机场要主动对标四型机场建设要求，共同参与四型机场建设，不能做机场高质量发展中的"掉队者"。要增强主动意识和创新精神，坚持实事求是，根据机场建设的功能定位、规模结构、服务需求以及自身要素禀赋、比较优势等，坚持量体裁衣，谋求重点突破。比如，上饶机场利用自然优势，将绿色低碳、节能环保、环境友好等绿色理念贯彻落实到机场全生命周期，成为国内首家获得优秀高能效设计认证的机场，为全行业提供了绿色机场建设的有益借鉴。

三是在建设智慧民航中求实效。智慧民航建设是"十四五"时期行业高质量发展的主攻方向，这也是对中小机场建设提升的时代要求。要以提升安全运行和服务保障能力为目标，搭建中小机场智慧运行数字化环境，统一构建中小机场数据交换共享标准，充分发挥运行大数据资源和应用服务的集约优势，探索构建全行业数据资源融合应用生态体系。要积极推行智慧便民服务，抓好RFID行李全流程跟踪、中转便利化、差异化安检、便利老年人出行等工作。总之，要从过去重点解决走不了、走不顺，转到现在重点解决走得好、走得稳。

（三）中小机场要抓住发展战略期，在服务区域经济发展中拓展空间

"十四五"时期，我国中小机场要抓住我国区域经济发展的"三大战略"，积极谋划发展空间。

一是在推动城市群战略中谋发展。京津冀、长三角、粤港澳和成渝双城四大城市群和机场群共同构成国土空间的菱形结构，成为区域经济发展的重要引擎。同时，随着国家西部大开发、长江经济带、主体功能区规划等深入实施，我国19个城市群快速发展，特别是西部地区承接东部产业转移和结构升级的速度加快。机场群是现代化城市群的重要标志，中小机场既是世界级机场群的有机组成部分，也承担着连接我国欠发达地区和发达地区的桥梁纽带作用，要在完善城市群内航空网络布局、推动城市群外要素合理流动、优化城市群间资源配置等方面发挥作用，拓展发展空间。

二是在完善新型城镇化战略中谋发展。新型城镇化是大中小城市、小城镇、新型农村社区协调发展、互促共进的城镇化，更加注重发展结构和发展质量。2024年年末，我国城镇人口占比已达67%，各类城市正由各自独立发展阶段迈向都市圈和城市群发展阶段。在这个过程中，中小机场作为城市重要名片，是新型城镇化的重要载体，也是规划布局的重点。要积极了解当地公路、铁路以及港口建设的规划布局情况，发挥城镇化比较优势和

机场资源禀赋，通过空铁联运、空陆联运以及空海联运等方式，变竞争为协同发展的关系，以谋求更大发展。另外，城镇化地区净空环境相对较好，要优先支持有条件的中小机场开展无人机物流配送应用试点，扩大试点范围，促进城镇化发展。

三是在推动乡村振兴战略中谋发展。我们要落实《中华人民共和国乡村振兴促进法》和《关于促进民航业与红色旅游深度融合创新发展的指导意见》，加快中小机场建设，进一步改善乡村地区对外交通条件、促进乡村生态资源开发，特别要为乡村人口流动提供基本航空服务。同时，乡村的乡愁、民居、民俗蕴含着丰富的旅游文化价值，我们要围绕"互联网+旅游"，遴选推出 100 条有代表性的红色旅游航线。中小机场要整合资源，依托运输航空、通用航空，开发乡村旅游线路，推出更多一站式旅游产品，更好地服务乡村振兴战略。

三、中小机场发展中的问题

（一）客源不足

制约中小机场快速发展的主要因素往往是客源不足。

一是本地市场需求不足。中小机场所在城市多为三四线城市，且多分布在中西部"老少边山穷"地区，人口规模较小，人均可支配收入较低，本地航空市场需求严重不足。中小机场所在城市的大学、科研院所、大企业较少，商务出行需求比例较低。本地旅客多具有旅游、探亲访友的目的，对高频乘坐航班出行的刚性需求不足。

二是对外地客货源吸引能力不足。中小机场所在城市旅游资源丰富，但市内住宿、餐饮、地面交通等承载能力有限，无法满足旅游旺季的需求。旅游产品单一，游客驻留时间较短，往往会和周边城市作为一条线路来安排，但从周边城市出入基本上不会选择航班出行，对机场的贡献不足。

三是地面交通分流严重。截至 2022 年年底，我国高铁营业里程 4.2 万千米，到 2025年将达到 5 万千米。研究表明，800 千米以下的市场，高铁占绝对优势，800 千米～1 200千米高铁优势明显。而 800 千米至 1 500 千米的市场正是中小机场的主要市场，高铁直接与中小机场进行正面竞争。除此之外，高速公路建设项目持续推进，私家车在三四线城市的快速普及对中小机场造成了极大的分流。

2022 年年初，民航局发布了《"十四五"民用航空发展规划》和《智慧民航建设路线图》，提出要创新"干支通，全网联"服务模式，助力实施"出行一张脸"等目标。事实上，智慧民航建设是贯彻以人民为中心的发展思想，加快推进民航供给侧结构性改革，拓展行业发展空间、更好地服务国家战略、实现高质量发展的重要路径。

创新"干支通，全网联"服务模式，有利于改善旅客航空出行体验、提升满意度和获得感；有利于发挥支线对干线的供血效应，提高航企客座利用率、提升航企经济效益；有利于发挥枢纽机场的辐射效应，增强枢纽地位、提升旅客流量，从而形成旅客、机场、航企乃至整个行业多方共赢的局面。

如果建立了"干支通，全网联"航线结构，客货通过区域性枢纽机场中转，就能扩大对中小机场的航线辐射范围，为中小机场增加航线数量，反过来这些中小机场又成为区域枢纽机场的支撑。目前，我国许多省（区）具备构建区域枢纽的客观条件。云南机场集团统一管理全省 15 个机场，初步形成了支线与干线航班紧密衔接、区域枢纽与中小机场分工合作的良性互动发展格局，真正迈入了经营集约化、管理专业化、发展产业化的良性轨道。新疆、黑龙江机场集团也已经取得成功经验。浙江省正在抓紧谋划省内支线航空网络，重点开通杭州萧山国际机场与省内各机场之间的航线，使杭州萧山国际机场成为省内枢纽。

2021 年，中共中央、国务院印发了《国家综合立体交通网规划纲要》，提出要建设北京、天津、上海、南京、杭州、广州、深圳、成都、重庆、沈阳、大连、哈尔滨、青岛、厦门、郑州、武汉、海口、昆明、西安、乌鲁木齐等 20 个左右国际性综合交通枢纽城市以及 80 个左右全国性综合交通枢纽城市。要成为枢纽机场，诚然需要一定的旅客吞吐量做支撑，但高比例的中转业务和高效的航班衔接能力才是枢纽机场最重要的特征。毕竟，要打造一个中转机场，单纯依靠客货吞吐量增长并不行，还需要进一步提高中转保障能力，需要更多支线机场成为枢纽机场支撑点。

当前，传统的发展方式已难以适应新形势下的发展要求，运输规模持续增长与资源保障能力不足的矛盾仍将是行业面临的主要发展矛盾，因此要破解行业发展难题就必须实现民航智慧化转型，依托新技术新模式新业态，促进民航与其他交通方式、其他行业领域实现融合发展，构筑发展竞争新优势。这意味着民航的服务范围将进一步扩大，依托"干支通，全网联"服务模式，与旅游、电信等上下游产业协同联动，推出"民航+旅游""民航+5G"等服务产品，实现服务模式多元化，展现民航的综合服务能力，通过促进行业创新协同，打造智慧民航出行服务体系，为旅客提供全流程、多元化、个性化和高品质的航空服务，加快构建民航新发展格局，助力实现"人享其行"。

（二）支线机场效益低

所谓支线机场的效益问题，是指机场自己在运营过程当中所产生的盈利和亏损的效益之比，其中没有计算机场的综合效益。撇开疫情期间机场全面亏损外，据历史资料统计，每年我国有超百个机场亏损，这些亏损的机场绝大部分是支线机场，平均每个机场亏损1 500 万～1 600 万元。很多机场航班起降架次太少，因此无法实现盈利。按照民航界惯例，年旅客吞吐量 50 万人次以下的机场几乎无盈利可能，年吞吐量只有几万人次乃至几千人次的支线机场无法解决"温饱"问题。目前，中国绝大部分支线机场初期运营主要靠地方政府补贴，由于支线机场一般年旅客吞吐量较低，空运量较小，因此无法形成规模效应，往往成本过高，一个支线机场，如果每天起降 4 架飞机，成本就是 24 万元。

一个小的支线机场的管理人员是五六十人，一年的运营费用不超过 2 000 万元，就可以保证机场的运转了。现在出现一种情况，一些小机场尽管是亏损的，但是这个小机场的所在地市积极给机场进行补贴，包括航空公司飞到这个地区的补贴，还是希望机场运转起来，希望多往这个地方飞行。因为机场的投资效益比是 1∶8，实际上它是低投入、高产出的行业，带动的是整个区域经济社会的发展。因此，当地政府宁愿给点小补贴，也要让它发挥大作用。这些机场多是地市级城市机场，其服务覆盖了全国 70% 以上的县域，对地区经济贡献以万亿元计。因此，我们在看待机场亏损时，不能只盯住数字表面，还应看到数字背后更多的事实，尤其是给当地经济社会发展带来的巨大驱动作用。

从民航全局角度来看支线机场的亏损，是用局部利益的损失换取全局更大的效益。飞机是点到点之间的飞行，支线机场通常是往干线机场飞。我们可以想象，如果没有支线机场，干线机场就一定没有那么大的运量，也就没有集聚效应。正因为有了支线机场，干线机场的规模效益提高了，盈利水平提高了，航空网络规模的经济效益提高了，所以单一支线机场虽然亏损，但是从全网络来看不一定亏损，把全国 238 个机场（2019 年）全部加起来看，是不亏损的。疫情前 2019 年，全行业累计实现营业收入 10 624.9 亿元，同比增长 5.0%；利润总额 541.3 亿元，同比增加 57.6 亿元。其中，航空公司实现营业收入 6 487.2 亿元，同比增长 6.5%；利润总额 261.1 亿元，同比增加 57.3 亿元。机场实现营业收入 1 207.0 亿元，同比增长 8.1%；利润总额 161.1 亿元，同比减少 5.5 亿元。实际上机场多了才容易活，就像栽树一样，栽一棵树就死了，栽一片树就成了森林，会越长越高。支线机场也不永远是亏损的，事实表明，现在有一些支线机场已经开始盈利。所以，从效益上来看，支线机场的综合效益是好的，而且从目前我国的整个经济和社会发展需求对民航的要求来看，我们必须加快支线机场建设。

（三）中小机场安全保障能力

以党的二十大精神为指引，统筹好中小机场安全与发展两大主题，是当前一大现实课题。

截至 2023 年年底，在全国 259 个运输机场中，有 185 个属于年旅客吞吐量在 200 万人次以下的中小机场，占比高达 71.4%。中小机场是我国机场行业发展当仁不让的主力军。从近 5 年统计数据看，中小机场运行安全形势有如下特点：一是不安全事件数量相对较少；二是事件万架次率相对更低；三是不安全事件占比逐步攀升；四是高风险事件概率较大，如中小机场的跑道侵入事件万架次率是千万级机场的 2 倍，是全国平均水平的 1.2 倍。可见，中小机场运行安全保障的关键问题就是防跑道侵入。

当前中小机场运行安全形势总体平稳可控，但稳中有忧，内部不稳定因素依然较多。

一是外部运行环境复杂。中小机场军民合用、高原/高高原及特殊"三型叠加"特点突出。军民合用的军民航同场运行冲突、高原/高高原机场较为严苛的保障条件，以及特殊机场边缘天气和地形、程序、管制能力与非精密进近交织叠加，都给中小机场运行风险管控带来很大难度，容易成为不安全事件的突破口。

二是人员资质问题突出。中小机场大多地处偏远或经济欠发达地区，招人难、留人更难。特别是中小机场管制人员目前依然未纳入空管系统的工资体系，工资水平完全由市场调节，相关人员稳定性严重不足。

三是管理体系仍不健全。大多数中小机场尚未建立对风险和隐患的正确认知，风险识别和绩效管理流于形式。

四是应急处置能力薄弱。中小机场"麻雀虽小，五脏俱全"，各类保障人员及设施设备配备一应俱全，直接推高了日常运营成本。同时，在全国 85 个临近林区、水（海）域、山区（高高原）、沙漠等特殊地形的机场中，有 77 个中小机场，占比超过 90%。一旦这些机场发生突发事件，其应急处置能力的短板将暴露得更加明显。

五是安全监管压力较大。相比大中型机场，中小机场多处于民航安全监管的"神经末梢"，安全监管压力相对更大。

六是四型机场建设滞后。中小机场的四型机场建设尚处于探索阶段，全行业围绕中小机场如何根据自身功能定位开展研究比较少，没有蹚出一条合适的发展路径。

四、抓住机遇，精确供给，保障安全

（一）抓住机遇，融入城市群和机场群联动发展

习近平主席在"一带一路"国际合作高峰论坛开幕式上的演讲，开启了"一带一路"建设的新篇章，为实现联动式发展注入了新能量，也为我国民航业同国内国际各方面加强合作、更深更广地融入经济社会发展指明了方向。我们要科学把握经济全球化时代区域经济发展的新态势和航空运输业发展的新趋势，着力实现世界级城市群和机场群联动发展。

城市群不仅仅是在空间分布上相对集中的一群城市，更是以分工、协作、共享为特征的城市发展命运共同体；机场群也不仅仅是区域内多个机场的简单集合，更是以协同运行和差异化发展为主要特征的多机场体系。中小机场大有可为，城市群的各种功能、活动离不开中小机场的支撑，城市群的发展又会不断拓展航空需求，促进中小机场的发展。新的时代条件下，中小机场要深化对城市群和机场群联动发展的认识，更好地参与"一带一路"建设，参与经济全球化进程。

城市群和机场群联动发展是全球经济发展的重要趋势。根据联合国预测，未来世界各地的超级大都市都将逐渐发展成更大的超级城市群，到2050年全球城市人口占总人口的比例将超过75%，最大的40个城市群将参与全球66%的经济活动和85%的技术革新。机场群是与城市群相伴相生的。不同功能、不同规模的机场分布于城市群的各个区域并形成机场群，与城市群相互作用、联动发展，支撑着城市群发展，成为城市群对外交流合作的重要通道。依托方便快捷的航空运输，中小机场城市可以更全面、更深入地融入全球产业分工中，在全球范围内组合成密切联系的城市网络，使得城市群和中小机场联动发展的辐射范围更加广泛，空间更加广阔。中小机场要想抓住当前发展机遇，必须融入城市群和机场群的联动发展。

与周边机场协同发展，在运力引进、航班安排等方面与周边的大型机场、中小机场高度协同。通过高密度、低票价航班联通周边的大型机场、区域枢纽、国际枢纽形成支线快线，为其输送客源。应摒弃以邻为壑的保守思想，与周边中小机场进行深度合作交流，在流程优化、新技术应用以及运力引进、航班编排甚至共有腹地营销等方面加强合作，减少或避免同质化竞争，共同提升行业利益，确保共同做大做强。

（二）创新精准供给模式

民用机场是公共性基础设施，各级人民政府应当采取必要的措施，鼓励、支持民用机场发展，提高民用机场的管理水平。公共性基础设施定位兼具公益性和收益性。对中小机场来说，公益性职能则更加突出。当前，我国中央财政、民航发展基金在中小机场建设、运营等方面安排了专项资金予以补贴，弥补了部分中小机场建设运营缺口。除此之外，还

对航空公司支线航班进行专项补贴，用于弥补其亏损。为此，建议地方政府强化中小机场的公益性职能，在机场基本建设、周边基础设施配套、周边建筑物控制等方面予以大力支持；地方政府应承担起机场运营过程中公安、医疗救护、消防等人员、设施设备的配备职责，减轻机场运营负担；地方政府应在运力引进过程中倾向支线运力，科学合理安排航线以及航线补贴资金。

当前，各级政府对中小机场的扶持主要体现在资金补贴方面，仅限于"哪墙漏，补哪墙""年年补，年年漏"的输血模式。中小机场真正的需求没有得到满足，自身的造血功能没有构建起来，难以形成良性发展格局。建议各级政府要深入中小机场，制定精准扶持政策，如基础设施不足问题严重，可派驻有经验的团队进行指导，确保少走弯路，既减少行政审批成本，又确保运营与规划相结合；如运力引进困难，可与辖区内大型机场进行捆绑销售，增强中小机场的议价能力，降低运力引进成本；如除冰雪车、跑道摩擦系数测试车等特种车辆设备不足，可购买相应服务来节约运行成本；如关键岗位人员不足，可与辖区内大型机场建立关键岗位人员职业通道规划机制，强化职业资格认证，通过共培、共享、轮值等方式解决人员不足问题。

（三）中小机场牢牢守住安全底线

党的二十大报告指出，必须坚定不移贯彻总体国家安全观，把维护国家安全贯穿党和国家工作各方面全过程，确保国家安全和社会稳定。因此，我们要夯实国家安全和社会稳定基层基础，建设更高水平的平安中国，以新安全格局保障新发展格局。我们应进一步明确中小机场运行安全发展工作思路，坚决守住中小机场运行安全底线。

一是强化工作责任落实，有效破解中小机场运行环境复杂问题。中小机场的安全管理是一项系统工程，需要强化企业、行业和地方三方安全职责，形成工作合力，有效防控相关运行安全风险。

二是强化集团统一管理，合理解决中小机场人员资质能力问题。目前，全国中小机场中有 178 个分别归属于 28 个机场集团。切实发挥集团公司的统一管理作用，是提升中小机场运行安全水平的有效途径。

三是强化主要领导认识，全面推动中小机场安全管理体系建设。机场安全管理体系建设得好不好、到不到位，能不能充分发挥作用，与机场主要领导的理解、认知以及推进相关工作的态度、力度密切相关。

针对当前中小机场应急处置存在的主要短板问题，民航局坚持以问题为导向，加大相关课题研究力度，力争早出成果、出好成果。面对当前中小机场安全监管面临的显著问题，民航局将进一步突出强化监管效能提升，加快推动《运输机场差异化精准监管实施办法》编制工作，一体研究中小机场分级、分类差异化精准监管工作模式。同时，对航班量大、增长速度快，需要大幅提升保障能力的机场，加大检查力度和频次，持续开展跨地区交叉检查。

中小机场运行安全是各方高度关注的焦点问题，必须牢牢守住工作底线。全行业上下要深入学习贯彻党的二十大精神，积极采取行动，不断夯实中小机场运行安全基础，为行业发展贡献力量。

第四节　建设四型机场

2019年9月25日,习近平总书记出席北京大兴国际机场投运仪式,对民航工作做出重要指示,要求建设以"平安、绿色、智慧、人文"为核心的四型机场,为中国机场未来发展指明了方向。

为了全面贯彻落实习近平总书记关于四型机场建设的指示要求,推进新时代民用机场高质量发展和民航强国建设,2020年12月,民航局出台了《中国民航四型机场建设行动纲要》(以下简称《纲要》)。四型机场建设不仅是落实总书记指示和坚决做到"两个维护"的重要体现,是新时代民航机场高质量发展的必然要求,是民航强国建设的重要组成部分,也是推进行业治理体系和治理能力现代化的重要抓手,对未来机场建设发展意义重大。

一、四型机场的内涵

四型机场是以"平安、绿色、智慧、人文"为核心,依靠科技进步、改革创新和协同共享,通过全过程、全要素、全方位优化,实现安全运行保障有力、生产管理精细智能、旅客出行便捷高效、环境生态绿色和谐,充分体现新时代高质量发展要求的机场。

具体而言,平安机场是安全生产基础牢固、安全保障体系完备、安全运行平稳可控的机场;绿色机场是在全生命周期内实现资源集约节约、低碳运行、环境友好的机场;智慧机场是生产要素全面物联,数据共享、协同高效、智能运行的机场;人文机场是秉持以人为本,富有文化底蕴,体现时代精神和当代民航精神,弘扬社会主义核心价值观的机场。

"平安、绿色、智慧、人文"是四型机场建设的四个基本特征,四者之间有着清晰的内在框架,绝不是简单的罗列关系。

从内在逻辑关系来看,平安是基本要求,绿色是基本特征,智慧是基本品质,人文是基本功能,四个要素相互联系,相辅相成,不可分割。

从实现路径来看,平安、绿色、人文更多体现的是四型机场建设的结果和状态,都需要利用智慧化的措施、手段来实现。

从机场发展的客观实际来看,单纯依靠基础设施建设等要素投入难以妥善解决当前面临的诸多问题和挑战,应以智慧机场建设为引领,全面推进机场向高质量发展转型,由巩固硬实力逐步转向提升软实力,最终实现四型机场建设目标。

通过多年的发展实践,我国四型机场建设已经走在了世界前列,取得了一定的先发优势。本书将用四个章节(第六、八、九、十章)部分篇幅围绕四型机场建设的相关理论创新与实践经验,介绍民航领域在四型机场方面的研究成果。

二、《中国民航四型机场建设行动纲要》出台的背景和意义

(一)机场建设规模与运输业务量快速增长

新中国成立以来,尤其是改革开放以来,我国民用机场运输业务量持续快速增长,机

场数量持续增加、密度持续加大、规模持续扩大，运行保障能力实现质的飞跃。2019年，全行业完成运输总周转量 1292.7 亿吨公里、旅客运输量 6.6 亿人次，旅客吞吐量 1 000 万人次以上的运输机场达 39 个。国际机场协会（ACI）预测，到 2040 年，中国民航的旅客运输量在国际航空运输市场中的比重将达到 18.8%，并超越美国；在中国、印度的发展推进下，未来亚太地区对国际航空运输市场增长的贡献率将超过 40%。

依靠大量投入的基础设施建设，民航业在产业发展速度与规模上取得了一定成绩，但是许多深层次的矛盾并没有很好地解决甚至逐步显现，制约了行业的发展。

这些矛盾充分表明，传统的单一依靠加强基础设施建设，依靠挤压早已饱和的运行资源的发展模式已难以适应行业发展的需要，亟须转变发展方式，从过去注重数量、总量、增量的量优式发展，转向注重质量、效率、效益的质优式发展。

（二）发展中面临的挑战

当前，民航机场业正进入规划建设高峰期、运行安全高压期、转型发展关键期和国际引领机遇期"四期叠加"的关键时期，行业发展中长期存在的一些问题，如安全管理、保障能力、运行效率、服务品质和管理水平等方面，与世界民航强国相比，仍有一定差距，资源环境约束增大、发展不平衡不充分等问题愈加凸显。并且，随着人民群众对航空出行期待的提高，这些问题已经成为影响旅客出行体验、制约行业发展的突出矛盾。

这些矛盾充分表明，传统的单一依靠加强基础设施建设，依靠挤压早已饱和的运行资源的发展模式已难以适应行业发展的需要，亟待转变发展方式，从过去注重数量、总量、增量的量优式发展，转向注重质量、效率、效益的质优式发展，这主要体现在五个方面。

1. 产业发展速度、规模与民航发展需求增量的矛盾

在我国吞吐量排名前 50 位的机场，有 30 个已经处于饱和甚至超饱和状态。通过对世界最繁忙的前 30 位机场进行单跑道起降架次和吞吐量承载率进行重新排序，我国有关机场的单跑道承载率已达到极限；如果按照这种排序，我国的深圳宝安、昆明长水、西安咸阳、上海虹桥、厦门高崎等机场均可排入世界前 15 位，这与美国等国家的机场情况有显著差别。我国主要机场长期处于饱和甚至超饱和运行状态，不仅无法支撑中国民航未来的发展需要，甚至难以保障当前条件下机场的长期运行安全和运行效率。

2. 产业发展速度、规模与机场运行安全的矛盾

机场运行安全形势总体保持了平稳可控的态势，但是安全主要矛盾尚未根本缓解。从 2010 年至今，全行业共发生不安全事件 100 463 起，事故征候 3 183 起，其中机场范围内发生的不安全事件占比 53.1%，事故征候占比 85.4%。2017 年的机场不安全事件数和事故征候数，以及一般事件万时率和事故征候万时率等指标更是达到历年峰值。大型机场的机坪刮碰、外来物损伤航空器、轮胎扎伤、鸟击和净空破坏事件仍然没有得到有效遏制；中小机场在跑道安全等重大安全风险方面的不安全事件和事故征候发生率显著高于全国机场平均水平，行业安全基础亟待进一步夯实。

3. 产业发展速度、规模与城市建设的矛盾

由于机场的产业辐射和带动作用，各地空港经济区建设发展日益繁荣。但随着城市的建设发展，城市正在逐步包围机场，频繁造成机场运行发展与城市规划建设的冲突。其中，有些机场的总体规划制定不科学，有些地方政府对规划落实不严肃，导致机场噪声影响问题、机场净空破坏问题、城市违规建设侵占机场中长期规划用地等问题陆续发生。

4. 产业发展速度、规模与旅客出行需求的矛盾

在机场服务方面，旅客反映的值机排队、安检拥堵、行李传送慢等问题长期未能得到根本解决。在出行效率方面，受机场保障资源和运行效率的制约，旅客高效乘机出行的需求无法满足。在航站楼结构设计方面，过于追求外观造型，忽视了旅客乘机、中转的便捷度。在机场空间布局方面，未能重视给旅客营造温馨舒适、艺术雅致的环境空间。

5. 产业发展速度、规模与环境生态保护的矛盾

由于机场存在大量地面服务设施设备，特别是一些大型特种设备，能源消耗较大；同时，航站楼内旅客流与货物流集中，行业又普遍采用玻璃幕墙设计，造成航站楼用电量较大。机场地面运行效率不高，带来大量的航空器地面碳排放，与民航绿色发展的要求还存在一定差距。随着我国经济社会发展进入新时代，人民群众对机场的运营和服务有了更高要求。

上述矛盾充分表明，传统的单一依靠加强基础设施建设，依靠挤压早已饱和的运行资源的发展模式已难以适应行业发展的需要。

这就需要我们转变发展方式，从过去注重数量、总量、增量的量优式发展，转向注重质量、效率、效益的质优式发展，正确处理好安全与发展、安全与效益、安全与正常、安全与服务的关系。

三、四型机场建设的战略蓝图

四型机场建设是民航强国建设的重要组成部分。我们根据新时代民航强国的战略部署，围绕新时代民航强国建设的阶段性特征，配合新时代民航强国的战略进程，找准主攻方向和重点任务，明确了"一筹划、两步走"两阶段的建设目标。

"一筹划"，即2020年为四型机场建设的顶层设计阶段。主要任务是制定出台《纲要》等重要指导性文件，明确四型机场建设的目标、任务和路径，构建四型机场建设的四梁八柱。

"两步走"，即2021—2030年，为四型机场建设的全面推进阶段。在这一阶段，"平安、绿色、智慧、人文"发展理念全面融入现行规章标准体系；保障能力、管理水平、运行效率、绿色发展能力等大幅提升，支线机场、通用机场发展不足等短板得到弥补，机场体系更加均衡协调；示范项目的带动引领作用充分发挥，多个世界领先的标杆机场建成。

2031—2035年，为四型机场建设的深化提升阶段。到那时，将建成规模适度、保障有力、结构合理、定位明晰的现代化国家机场体系；机场规章标准体系健全完善，有充分的国际话语权；干支结合、运输通用融合、有人无人融合、军民融合、一市多场等发展模式"百花齐放"；安全高效、绿色环保、智慧便捷、和谐美好的四型机场全面建成。

思 考 题

1. 简述机场管理体制的定义。

2. 我国机场定性为公共基础设施的依据是什么？

3. 公共基础设施如何体现公益性和收益性？

4. 我国机场管理体制呈现多样性发展，主要有哪几种形式？

5. 简述机场管理机构的性质。

6. 如何正确处理好航空公司、地方政府和机场三者的关系？

7. 在机场发展中，地方政府如何发挥作用？

8. 机场管理机构的使命和职责是什么？

9. 简述国家公共航空运输机场体系的构成。

10. 简要说明我国打造三大复合枢纽机场的战略重要性和任务紧迫性。

11. 简述枢纽机场的特点。

12. 简述我国枢纽机场的布局。

13. 简述中小机场对区域经济发展的重要作用。

14. 如何解决中小机场建设和发展中的问题？

15. 简述四型机场的内涵。

16. 中国民航发展中的机遇和挑战有哪些？

17. 简述四型机场建设的战略蓝图。

第三章 民用机场布局

通过本章的学习，您将了解以下知识点：

1. 机场系统基本布局；
2. 飞行区跑道的布局和基本物理参数；
3. 仪表着陆系统的工作原理；
4. 航站楼布局和空侧布局种类；
5. 综合交通运输体系的规划；
6. 建设临空经济区的基本原则和任务。

机场的功能是通过科学合理的布局，将各类生产要素有机整合，发挥最大经济效能。跑道是机场的核心，是机场安全生产的关键，它决定了机场的生产规模和发展方向。航站楼是机场的"心灵"，既是劳动的生产场所，又体现出"天、地、人"最完美的融合。地面综合交通支撑着机场的再次崛起，和"临空经济区"新天地一起成为一部推动区域经济发展的发动机。

第一节 基 本 布 局

机场的主要功能，简单地说，就是起降飞机，接送客货。具体而言，一是供飞机起飞、着陆、停放；二是供旅客到达（进港）、出发（出港、离港）；三是供货物运入、运出。从交通运输的角度看，民用运输机场是空中运输和地面运输方式的转变点，客货运输方式由陆运改为空运，或由空运改为陆运。

围绕这些功能，形成了一个非常复杂的系统。机场系统图如图 3-1 所示，从图 3-1 右边可以看出，机场可以分为飞行区、航站区、地面交通三大块，就是机场三项主要功能的体现。为了实现这些功能，单靠这三大块是不够的，还要有一系列的配套设施。在机场区域里，就有许多不隶属于机场，但同飞机和飞行密切相关的设施，包括空中交通管理系统的塔台和相关的设施、航空公司的客货运输服务以及维修设施、油料供应设施，以及海关、进出境管理、检疫等部门的设施。

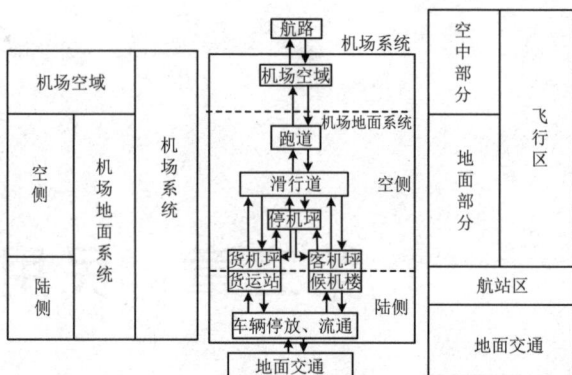

图 3-1　机场系统图

从图 3-1 左边可以看出，民用机场作为商业运输的基地可以把整个机场系统分成两大块：一块是机场空域，供进出机场的飞机起飞和降落，由于它同航路系统相通，因此由民航局空中交通管理局管理；另一大块是机场地面系统，由地面飞机活动区、航站区（候机楼、货运站）和进出机场的地面交通三部分组成，地面系统由机场管理部门管理。

机场地面系统又可以细分为空侧和陆侧两大块。空侧是供飞机在地面上活动的部分，主要包括供飞机起飞、着陆的跑道，飞机停放的机坪，以及连接跑道和机坪之间的滑行道。陆侧是为旅客和货物进出机场地面作业的部分，主要包括为旅客和货物办理手续和上下飞机的航站楼、各种附属设施以及机场地面交通设施（机场地面道路、停车场等）。旅客、货物则通过城市地面交通系统（高速公路、轨道交通、高速铁路）进出机场，如图 3-2 所示。

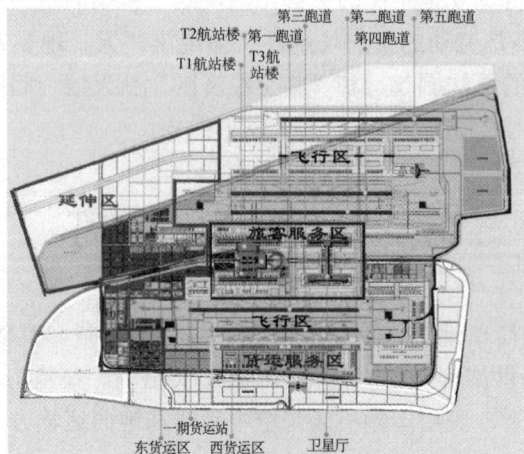

图 3-2　上海浦东国际机场总体规划（2004 年版）

第二节　飞　行　区

一、概念

飞行区是指供飞机起飞、着陆、滑行和停放使用的场地，包括跑道、升降带、跑道端安全区、滑行道、机坪以及机场周边对障碍物有限制要求的区域。

飞行活动区是指飞行区内供航空器起飞、着陆和滑行使用的部分，包括转运区和停机坪。

飞行转运区是指机场内用于飞机起飞、着陆和滑行的部分，但不包括机坪。

停机坪是指在陆地机场上划定的一块供飞机上下旅客、装卸货物和邮件、加油、停放和维修用的场地。

飞行区设施包含跑道、升降带、滑行带、机场净空、滑行道、机坪、目视助航设施（标志、标记牌、灯光等）。

飞行区分空中部分和地面部分。空中部分指机场净空区域，包括飞机进场和离场的航路，起飞下降的升降带、滑行带、净空道；地面部分包括跑道、停止道、跑道端安全区、滑行道、停机坪和登机门，以及一些为飞机维修和空中交通管制服务的设施和场地，如机库、塔台、目视助航设施（标志、标记牌、灯光）等。

飞行活动区是受机场当局控制的区域，包括飞行区、停机坪及相邻地区和建筑物（或其中的一部分），所有人员（旅客、工作人员）、货物、行李、车辆进入该区域都要受到严格管控。

二、跑道

跑道是指陆地机场内供飞机起飞和着陆使用的特定长方形场地。

跑道是机场的主体工程。我们通常所说的跑道，即结构道面，它应具有承受飞机安全起飞助跑、着陆滑跑及运转的功能，因此要经过专门的设计和建造。

跑道分为非仪表跑道和仪表跑道。非仪表跑道（VFR）是供飞机用目视进近程序飞行的跑道，属低等级机场的跑道。仪表跑道（IFR）是供飞机用仪表进近程序飞行的跑道。

（一）跑道的布局

跑道的布局方式，即跑道数目和方位，以及跑道和航站区的相对位置，又称为机场构型。

根据机场净空条件、风力负荷、飞机运行的类别和起降架次、与城市和相邻机场之间的关系、现场的地形和地貌、工程地质和水文地质情况、噪声影响、空域条件、管制运行方式等各项因素综合分析，来确定跑道数目和方位。简单来讲，跑道系统的数目取决于交通量的大小，跑道的方向由风向决定。因交通量和风向不同，跑道系统可有多种布局方式。

1. 单条跑道

目前在我国除少数机场外，多数机场都是单条跑道，如图 3-3 所示。单条跑道是最简单、最基本的一种。相对于其他形式来说，单条跑道具有使用方便、占地面积小和易于维护等优点。缺点是当机场交通量达到或超过跑道最大容量时，会发生交通堵塞现象，造成航班延误，降低航班正常率。

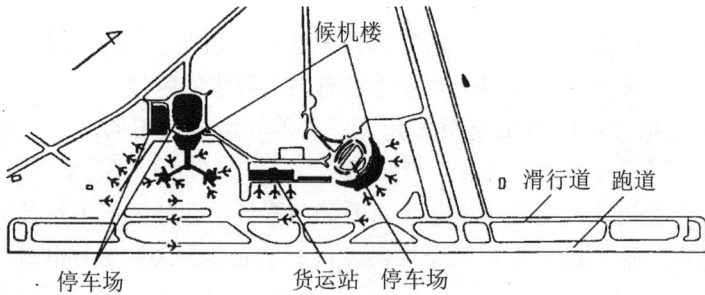

图 3-3　单条跑道

2. 两条平行跑道

平行跑道是指两条跑道的中心线平行或近似平行，如图 3-4 所示。平行跑道的出现是为了缓解单条跑道的容量饱和问题。

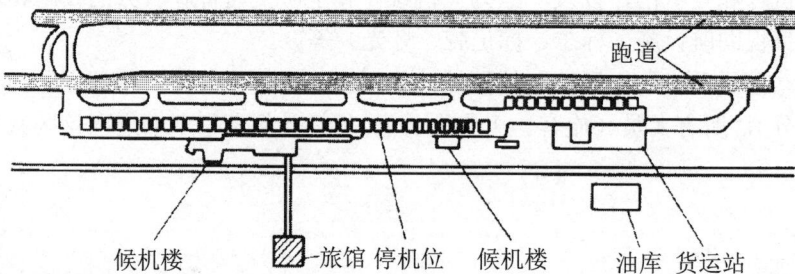

图 3-4　平行跑道

两条平行跑道的容量取决于跑道之间的间距。平行跑道之间的最小间距应根据跑道类型（仪表或非仪表跑道）、运行方式以及当地地形等各种因素综合确定，如表 3-1 所示。

表 3-1　平行跑道中线最小间距

平行跑道中线最小间距/m	两条跑道同时按仪表飞机规则飞行，可执行
1 035	独立平行进近（降落）
915	非独立平行进近（降落）
760	独立平行起飞
760	分开的平行运行（起飞和降落）

较好的运行方式是将离航站楼的最远的跑道（外侧）指定给着陆飞机使用，而将离航站楼最近的跑道（内侧）指定给起飞跑道使用。

3. 交叉跑道

当相对强烈的风从一个以上的方向吹来时，如果只有一条跑道，就会造成过大的侧风，需要采用交叉跑道结构。交叉跑道是指机场内两条或更多条的跑道以不同方向互相交叉。对于两条交叉跑道，当风强时，只能用其中的一条；当风相对较弱时，两条跑道可以单独使用。两条交叉跑道的容量在很大程度上取决于相交点位置和跑道的运行方式，如图 3-5 所示。

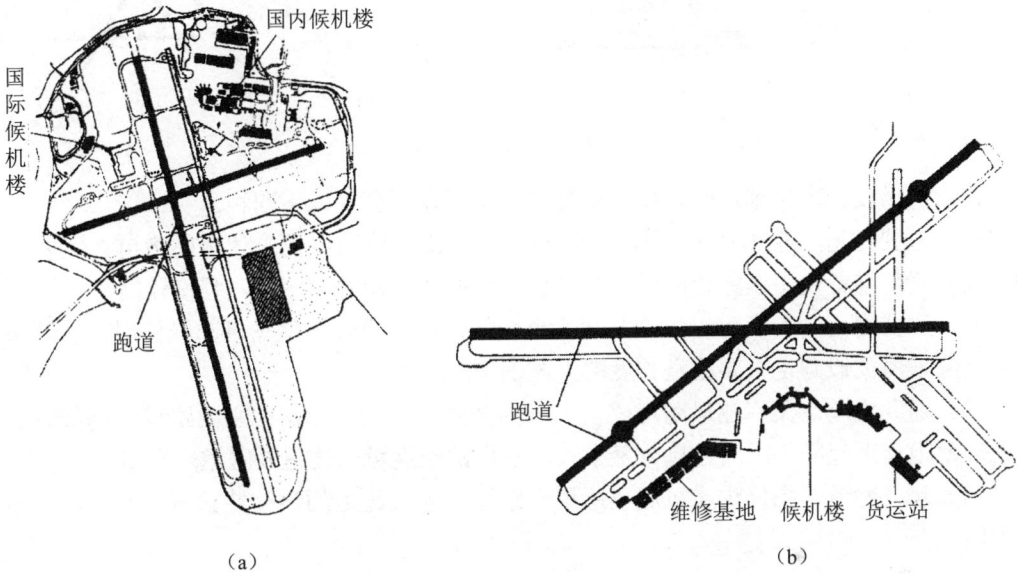

（a）　　　　　　　　　　（b）

图 3-5　交叉跑道

4. 开口 V 形跑道

两条跑道方向散开而不相交的称为开口 V 形跑道。与交叉跑道一样，当风从一个方向强烈吹来时，开口 V 形跑道只能用其中一条。当风力轻微时，两条跑道可以同时使用，如图 3-6 所示。

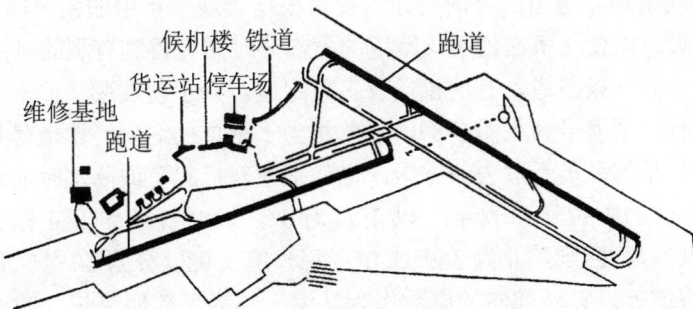

图 3-6　开口 V 形跑道

5. 多条跑道

随着当地经济的发展，机场两条跑道已不能满足航空运输量的需求，于是机场新建多条跑道，各负其责。离候机楼近的跑道用于起飞，远离候机楼的跑道用于降落。有的跑道专用于货机起降，短的跑道用于小飞机起降，等级高的跑道用于大型飞机起降。在风向多变地区，还可以利用不同方向的跑道，应对多种气候变化，如图 3-7 所示。

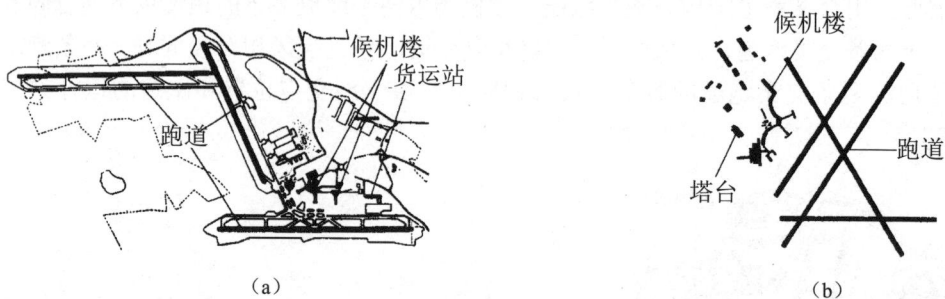

图 3-7　多条跑道

繁忙机场设有多条跑道时，按其所起作用，可以划分为以下四种。

（1）主要跑道（主跑道），是在条件许可时，比其他跑道优先使用的跑道。主要跑道的长度应满足准备使用该跑道的最大型飞机起降要求，即长度较长，强度较高。

（2）次要跑道的长度可以短些，强度也较低，可以供较小型飞机起降使用。次要跑道的长度应采用类似确定主要跑道长度的方法确定。

（3）辅助跑道，又称侧风跑道，当飞机因强侧风影响，无法在主要跑道上起降时，可以在辅助跑道上起降。因其逆风分量很大，它们的长度可以比主要跑道短得多。

（4）起飞跑道，指仅供飞机起飞所用的跑道。起飞跑道的净空要求可以低些，因不用作着陆。

（二）跑道的方位

飞机的起降与风向有直接的关系。在逆风中起降可以增加空速，使升力增加，飞机就能在较短的距离内完成起降动作。早期的飞机抵抗侧风的能力不够，为了保证飞机能在各种不同的风向下起降，大的机场往往修建两条方向交叉的跑道。现在飞机的增升能力及抗侧风的能力都大大加强了，所以新建的大机场通常只修建同一方向的平行跑道。这样的安排可以节约大量的用地。跑道的方向设计主要是根据当地一年中的主风向（70%的风向）来确定的，这种设计能使飞机在使用该跑道的大部分时间内得到有利的风向。

每个机场至少有一条跑道，有的机场有多条跑道。为了使驾驶员能准确地辨认跑道，每一条跑道都要有一个编号（见图 3-8），它就相当于跑道的名字。跑道号是按跑道的方向编的。所谓方向，是驾驶员看过去的方向，也就是他驾机起飞或降落时前进的方向。为精确起见，采用 360°的方位予以表示。以正北为 0°，顺时针旋转到正东为 90°、正南为 180°、正西为 270°，再回到正北为 360°或 0°；每一度又可以分为 60 分；每一分又可以分为 60 秒。每条跑道就以它所朝向的度数作为其编号。为了简明易记，跑道编号只用方向度数的百位数和十位数，个位数按四舍五入进入到十位数。例如一条指向为西北 284°的跑道，它的编号就是 28；如果是 285°，编号就是 29。同一条跑道，因为有两个朝向，所以就有两个编号。例如，一条正北正南的跑道，从它的北端向南看，它的编号是 18；从南端向北看，它的编号就是 36。跑道号都是两位数，如果第一位没有数就用 0 来表示。例如，西安咸阳国际机场跑道的方向是东北—西南方向，指向东北的方向为 50°，跑道号就是 05，相反方向是 230°，跑道号是 23。跑道号用明亮的白漆以宽 3 m、长 9 m 的数字漆在跑道的端头，十分醒目。驾驶员在空中可以清楚地看到跑道号，也就等于知道了飞机降落在这条跑道时的方向。如果某机场有同方向的几条平行跑道，就再分别冠以 L（左）、C（中）、R（右）等英文字母，以示区别，如图 3-9 所示。如天津滨海国际机场有两条平行的南北向的跑道，西边的一条跑道号是 16L/34R，东边一条是 16R/34L。塔台上的管制员只要告诉驾驶员跑道号，驾驶员就应该能确认所使用的跑道和起降方向。此事关系重大，有关人员绝对不能马虎弄错。2000 年有一架新加坡航空公司的飞机，夜间在台北机场起飞，因为驾驶员弄错了跑道的 R 和 L，结果该飞机驶入一条正在施工的跑道上，起飞时与一台挖掘机相撞，造成了 100 多人死亡的惨剧。

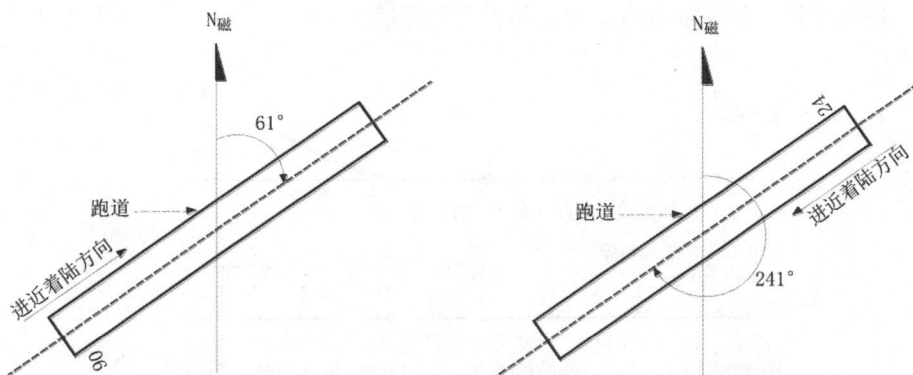

图 3-8　跑道号码的确定

注：跑道号码的确定方法：以航向角（即着陆方向）确定。左图航向角为 61°，取其 1/10 后再四舍五入，即为"06"；右图的航向角为 241°，取其 1/10 后再四舍五入，即为"24"。

图 3-9　16L/34R 跑道号示意图

国际民航组织附件 14 中规定：四条平行跑道冠以 L、R、L、R 英文字母；五条平行跑道冠以 L、R、L、C、R 或 L、C、R、L、R 英文字母；六条平行跑道冠以 L、C、R、L、C、R 英文字母。

（三）跑道的长度

跑道的长度要根据飞机的起飞、着陆性能确定。跑道长度是机场的关键参数，是机场规模的重要标志，它直接与飞机起降安全有关。影响跑道长度的因素有很多，大致可以分为以下五个方面。

（1）预定使用该跑道的飞机起降性能，特别是要求跑道最长的那种机型的构型和性能特点：能满足其正常起飞；满足一发失效时继续起飞；满足一发失效时放弃起飞；满足正常着陆，如图 3-10 所示。

（2）飞机起降时的质量。

（3）机场所在地的环境，如机场的标高和地形。

（4）气象条件，特别是地面风力、风向和气温等。

（5）跑道条件，如纵坡坡度、湿度和表面状况等。

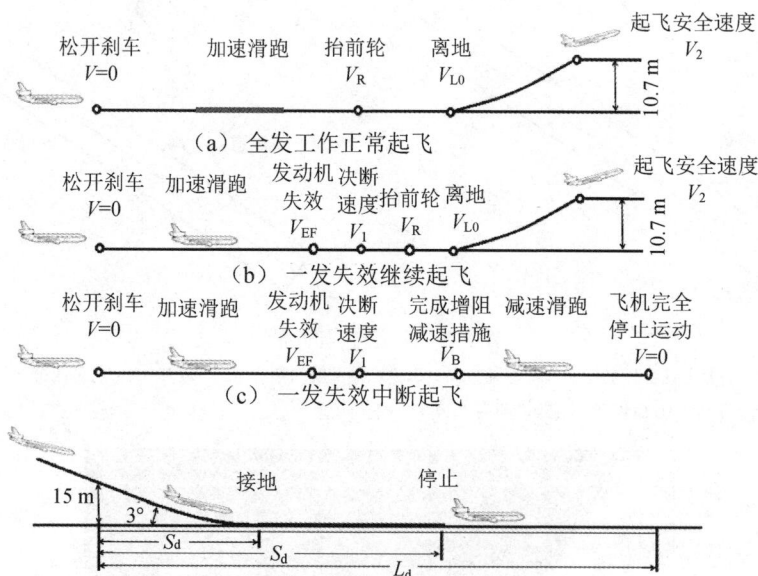

图 3-10　飞机起飞降落示意图

要保证飞机的正常起飞、着陆以及中断起飞、发动机故障等特殊情况下的安全，起降干线飞机的机场跑道长度是 3 000～3 500 m。在高原地区海拔越高，空气密度越低，在同样的滑跑速度下，飞机的空气动力下降，同时发动机的功率也下降，也要求更长的跑道，所以这些地方的机场跑道需要长达 4 000 m 以上才行。西藏昌都邦达机场标高 4 334 m，属于世界海拔最高的机场。玻利维亚拉巴斯市肯尼迪国际机场标高 4 072 m，是世界海拔第二高机场。昌都邦达机场跑道长 4 200 m，宽 45 m，跑道长度短于美国加州爱德华空军机场（该机场跑道长 11 266 m）和南非阿平顿的波尔·雷尔维尔民用机场（跑道长 4 900 m）。还要说明一点，就是昌都邦达机场有一条与跑道平行的滑行道，长 5 500 m，宽 16 m。

在热带地区，因为气温高，发动机的功率下降，飞机的升力下降，跑道也要修得长些。跑道越长，机场占地越大，对四周环境的影响也越大。国际民航界对此已达成共识，今后发展更大的民航飞机时要从技术上改进，使新型飞机要求的起降距离不能比现有的大型机场的跑道更长。所以，有的地区盲目修建超长跑道的机场是没有道理的。在低海拔地区，机场跑道只要有 3 600 m 就足够达到飞机起降使用的标准了。

（四）跑道宽度

飞机在跑道上滑跑、起飞、着陆，不可能总是沿跑道中心线，会有些偏差，因此为保证起降安全，跑道必须有足够宽度。设计跑道宽度时，应至少考虑跑道表面污染物（雪、雨水等）、侧风、飞机在接地带附近偏离中线的程度、橡胶积累、飞机进近方式和速度、能见度及人为等因素。

跑道宽度与以下因素有关。

（1）主起落架外轮外侧的间距。间距越大跑道越宽，如图 3-11 所示。

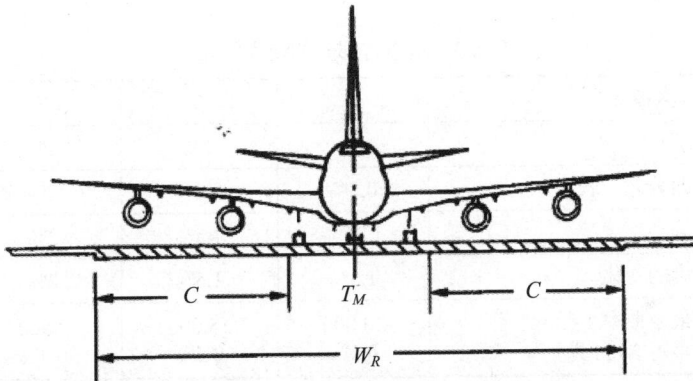

图 3-11　跑道宽度几何关系

（2）飞机起降的操纵性能。在飞机起飞、着陆、滑跑过程中，操纵性能差的飞机遇到侧风时不容易保持准确的滑跑方向，跑道则要加宽。

（3）气象条件，特别是侧风和能见度。侧风大和能见度低时，难以保持准确的滑跑方向，跑道宽度也应加大。

（4）驾驶员操纵水平。驾驶员操纵技术水平越差，则要求跑道越宽。

（5）导航和目视助航设备完善程度。

（6）飞机可能要在跑道上掉头。

飞机尺寸越大，要求的跑道越宽，如表 3-2 所示。飞机的翼展和主起落架的轮距越大，转弯半径也越大，也要求较宽的跑道，一般不超过 60 m。上海浦东国际机场第二条跑道达到 4F 级，能起降 A380 飞机，它的尺寸为 3 800 m×60 m。

表 3-2　各等级跑道的宽度标准　（单位：m）

飞行区指标 I	飞行区指标 II					
	A	B	C	D	E	F
1*	18	18	23	—	—	—

83

续表

飞行区 指标Ⅰ	飞行区指标Ⅱ					
	A	B	C	D	E	F
2*	23	23	30	—	—	—
3	30	30	30	45	—	—
4	—	—	45	45	45	60

*注：飞行区指标Ⅰ为1或2的精密进近跑道的宽度应不小于30 m。

（五）跑道坡度

为了保障起飞、着陆和滑跑的安全，使驾驶员有足够视距，沿跑道纵向的坡度及纵向坡度的变化（纵向变坡）应减少到最小为好，最好是零。在工程上，由于地势和经济上的原因，很难做到；纵坡和纵向变坡不易避免，但必须加以限制。表3-3列出了所要求的纵坡及纵向变坡。

表3-3　跑道各部分的最大纵坡

飞行区指标Ⅰ	4	3	2	1
跑道有效坡度*	1%	1%	2%	2%
跑道两端各四分之一长度	0.8%	0.8%	2%	2%
跑道其他部分	1.25%	1.5%	2%	2%
相邻两个坡度的变化	1.5%	1.5%	2%	2%
变坡曲线的最小曲率半径/m 其曲面变率，每30 m为	30 000 0.1%	15 000 0.2%	7 500 0.4%	7 500 0.4%

注：表中"跑道有效坡度"是指沿跑道中心线上最高点和最低点标高之差除以跑道全长所得的坡度。跑道的实际纵坡不应大于表中的相应数值。

跑道的坡度。一般来说，跑道是没有纵向坡度的，但在有些情况下，等级基准代码为3或4的机场可以有1%以下的坡度，如图3-12所示。在图中实线表示的坡度时，飞行员会觉得跑道近；反之，在图中虚线表示的坡度时，飞行员会感觉跑道远。控制跑道坡度，可以避免给飞行员造成错觉。

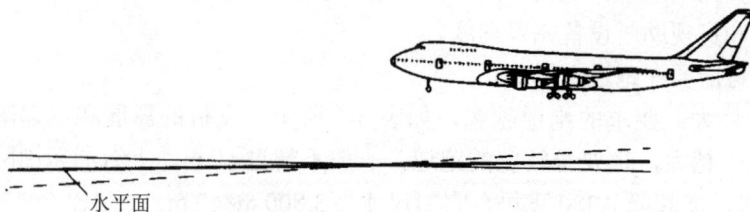

水平面

图3-12　跑道坡度对飞行员的影响

（六）机场道面

1. 机场道面的定义和结构

飞机场道面是指在天然土基和基层顶面用筑路材料铺筑的一层或多层的人工结构物，

是供飞机起飞、着陆、滑行及维修、停放的坪道，如跑道、滑行道、客机坪、维修坪、货机坪、停机坪等。跑道道面在强度、刚度、粗糙度、平整度、耐久性及纵横坡度等方面须满足飞机运行的要求。

结构道面分为水泥混凝土、沥青混凝土、碎石、草皮和土质等若干种。水泥混凝土道面称为刚性道面，而其他道面则称为柔性道面。水泥混凝土道面和沥青混凝土道面又划归为高级道面。我国的运输机场几乎都是高级道面。

2. 跑道的摩擦系数

跑道道面粗糙度是指道面要有符合规定的摩擦力，防止飞机滑跑、制动时打滑。在雨雪天气，要用专门的设备测量跑道的摩擦情况，并及时告诉飞行员。为此，在混凝土道面上开出 5 mm 左右的槽，并且定期（6～8 年）打磨，以保持飞机在跑道积水时不会打滑。另一种方法是在道面上铺一层多孔摩擦系数高的沥青，以增加摩擦力。为了保证跑道上不积雨，要在跑道两侧做出一定的坡度和一套排水系统。

3. 跑道的强度

飞机跑道除要承受飞机的重量之外，还要承受飞机降落时的冲击力，所以跑道必须具有一定的强度。跑道道面分为刚性（R）和非刚性（F）道面。刚性道面由混凝土筑成，能把飞机的载荷承担在较大面积上，承载能力强。非刚性道面有草坪、碎石、沥青等各类道面，这类道面只能抗压而不能抗弯，因而承载能力小。

早期的飞机全量仅几百千克，只要把土地压实以后就可以当作跑道。随着飞机全量和速度的增加，对跑道的要求也越来越高，相继出现了沙石道面、沥青道面、混凝土道面等各种跑道。现在，大中型机场的跑道基本上都是采用钢筋混凝土结构建造的。所起降的飞机全量越大，钢筋混凝土的厚度也越厚。中型机场跑道厚度在 20 cm 以上；可以起降波音747 飞机的大型机场，其跑道厚度在 35 cm 以上。

跑道的强度，要能承受飞机着陆接地时的冲击和滑跑时的载荷。一架飞机能不能使用这条跑道，不但取决于飞机的重量和飞机的下沉速度，而且和飞机轮胎对地面的压强有关。从对跑道的强度要求来说，而不单是飞机的总重量。压强是指物体在单位面积上所受的力。对飞机而言，如果它的轮胎接地面积大或机轮数目多，飞机对地面的压强就小，也就可以在强度比较低的跑道上起降；而机轮在飞行时要收在飞机里，体积太大又不好藏，需要综合考虑。此外，起降速度小的飞机对地面的冲击和摩擦都较小，因此对跑道强度的要求也较低。影响飞机使用跑道的其他因素还有飞机轮胎内压、飞机装载量等。

为了使问题变得简单一些，国际民航组织综合考虑了各种因素后，对跑道和飞机分别制定了一套它们相互适应能力的计算公式，由这些公式可计算出相互适应的具体数值。用于跑道的叫跑道道面等级序号（pavement classification number，PCN），用来表示道面不受限制运行的承载强度。用于飞机的被称为飞机等级序号（aircraft classification number，ACN），表示飞机对规定标准土基等级道面的相对影响的数字。飞机制造厂在将飞机交付使用时必须给出该飞机满载时的最大 ACN 数。

如果飞机的 ACN 数小于或等于跑道的 PCN 数，飞机就可以无限制地使用这条跑道，当 ACN 值大于 PCN 值 5%～10%时，使用这条跑道，将会缩短跑道使用寿命。但作为权宜的、偶然的、少量的超载，一般是可以的。如果 ACN 比 PCN 大得太多，那么飞机在起降时不仅会压坏跑道，甚至会危及飞机的安全。

建议采用以下准则：

（1）对非刚性道面，ACN 不宜超过 PCN 的 10%。

（2）对刚性道面，ACN 不宜超过 PCN 的 5%，并且是偶然运行。

有了这种评估方法，飞机在使用跑道时就有了灵活性。例如，飞机如果必须在 PCN 数低的跑道上起降时，它可以通过减载使 ACN 下降，达到安全飞行的目的。波音 747 飞机最大的起飞重量将近 400 吨，它的起落架装有 16 个大型机轮，ACN 只有 55；而仅为波音 747 飞机总重量 7/10 的 MD-11 客机，其 ACN 数却高达 68，这就意味着能供 MD-11 飞机起降的机场比波音 747 飞机还少。

三、跑道的附属区域

（一）跑道道肩

跑道两边设有道肩，跑道道肩是指紧接跑道边缘作为跑道道面和邻接表面之间过渡用的地区，如图 3-13 所示。在飞机因侧风偏离跑道中心线时，不致引起损害。此外，大型飞机很多采用翼吊布局的发动机，外侧的发动机在飞机运动时有可能伸出跑道，这时发动机的喷气会吹起地面的泥土或砂石，使发动机受损，有了道肩会减少这类事故。有的机场在道肩之外还要放置水泥制的防灼块，防止发动机的喷气流冲击土壤。

道肩与跑道相接处的表面应与跑道表面齐平，跑道道肩应自跑道的两边对称向外延伸，以使跑道及其道肩的总宽度不小于 60 m。基准代号为 D 或 E 的跑道，在宽度小于 60 m 时应设跑道道肩。白云机场为了满足 A380 飞机起飞和降落，总宽度达 75 m。道肩的路面要有足够强度，以备在出现事故时，使飞机不致遭受结构性损坏，还能支撑可能在道肩上行驶的车辆。

（二）停止道

停止道是指在可供起飞滑跑距离末端以外地面上划定的一块长方形地区。设置停止道的目的是减少跑道全强度道面长度，弥补飞机出现故障放弃起飞时全强度道面长度的不足，使其保障飞机在放弃起飞时能在它上面停住，如图 3-13 所示。

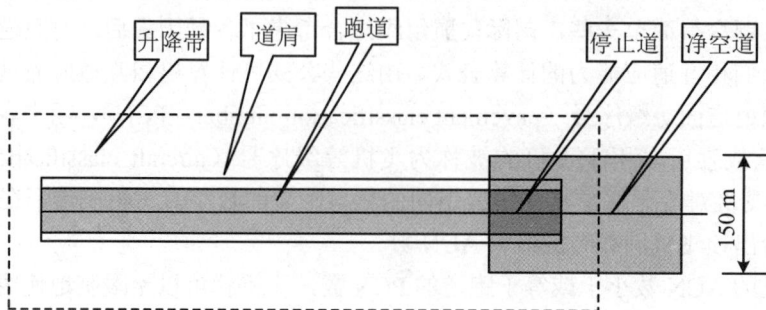

图 3-13　跑道的附属区域

停止道的宽度应与同它相连接的跑道的宽度相同。停止道的强度应能承受准备使用该停止道的飞机，提供安全的机轮支撑，不致引起飞机的结构损坏。停止道的长度根据关键机型经设计计算确定，坡度与跑道相同，并且摩阻性良好。

（三）净空道

净空道是指选定或准备的使飞机可在其上空进行一部分起始爬升并达到一个规定高度的地面或水面上划定的一块长方形地区。它确保全强度跑道长度较短情况下飞机能安全完成初始爬升（达到 10.7 m）。

净空道的起始点应在可用起飞滑跑距离的末端。净空道的长度应不超过可用起飞滑跑距离的一半。净空道应自跑道中线延长线向两侧横向延伸至少 75 m。位于净空道上可能对空中的飞机造成危险的物体应被认为是障碍物，并应将其移去，如图 3-14 所示。

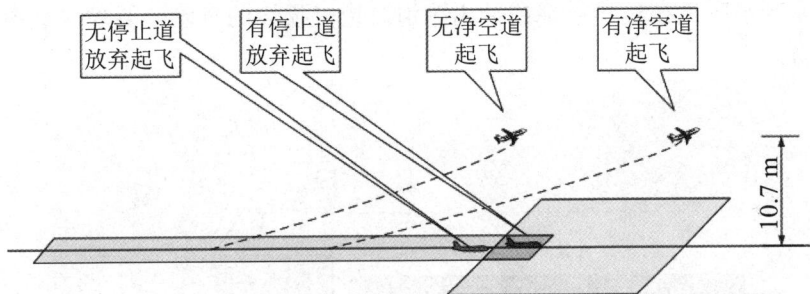

图 3-14　净空道

各机场根据飞行区的特点设置净空道、停止道，设置有以下几种情况：① 无净空道，无停止道；② 只有净空道；③ 只有停止道（两端均设）；④ 有净空道，有停止道。

（四）升降带

升降带是指一块划定的包括跑道和停止道（如果设有的话）的场地，是跑道周边一定范围的事故缓冲区。其主要功能有两个：一是减少飞机冲出跑道时遭受损坏的危险；二是保障飞机在起飞或着陆过程中在其上空安全飞过。

升降带（见图 3-15）应在跑道入口前，自跑道或停止道端向外延伸至少下述距离：基准代码为 2、3、4 的跑道为 60 m；基准代码为 1 的仪表跑道为 60 m，基准代码为 1 的非仪表跑道为 30 m。只要实际可行，必须在升降带的全长，从跑道中线及其延长线每侧横向延伸至少为下述距离：基准代码为 3 或 4 的跑道为 150 m；基准代码为 1 或 2 的跑道为 75 m。跑道及其连接的停止道必须包含在升降带内。

位于升降带上可能对飞机构成危险的物体，应被认为是障碍物，并应尽可能地将其移去。除了为航行目的所需并满足有关易折要求的目视助航设备外，在升降带上的基准代码为 3 或 4 的 I、II 或III类精密进近跑道中线两侧各 60 m 以内，或基准代码为 1 或 2 的 I 类精密进近跑道中线两侧各 45 m 以内，不得允许有固定的物体。在跑道用于起飞或着陆的时间内，不允许在升降带的这一部分上有运动的物体。

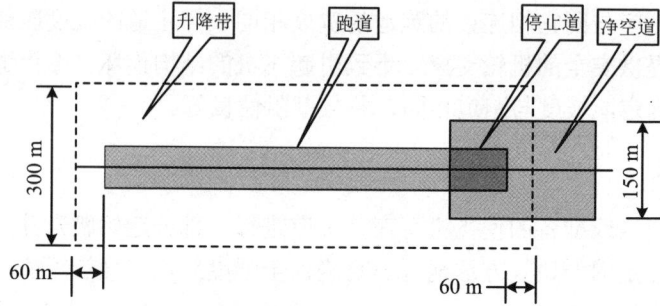

图 3-15 升降带

（五）跑道端安全区

跑道端安全区（见图 3-16）是指一块对称于跑道中线延长线与升降带端相接的地区，其作用主要是减小飞机在过早接地或冲出跑道时遭受损坏的危险。要求区域内平整、坚实，无障碍物。

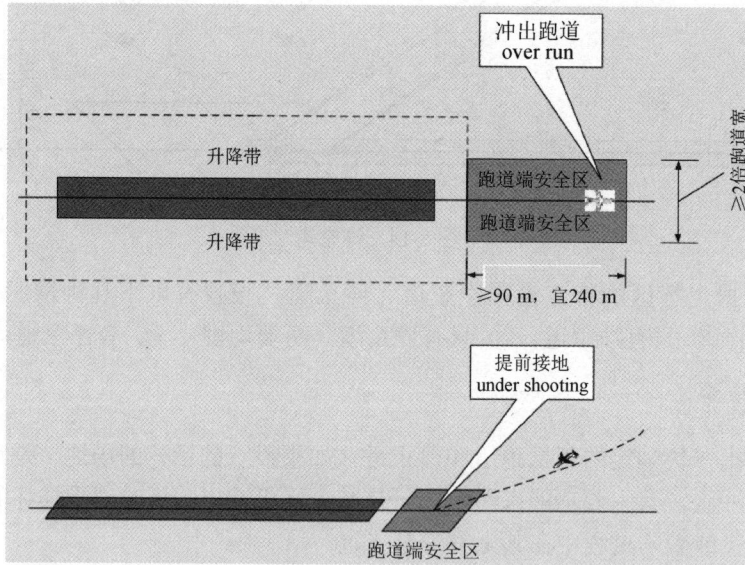

图 3-16 跑道端安全区

飞行区指标Ⅰ为 3 或 4 的跑道，或飞行区指标Ⅰ为 1 或 2 的仪表跑道，跑道端安全区应自升降带端向外延伸至少 90 m。飞行区指标Ⅰ为 3 或 4 的跑道，跑道端安全区宜自升降带端向外延伸至少 240 m；飞行区指标Ⅰ为 1 或 2 的仪表跑道，跑道端安全区宜自升降带端向外延伸至少 120 m；飞行区指标Ⅰ为 1 或 2 的非仪表跑道，跑道端安全区宜自升降带端向外延伸至少 30 m。跑道端安全区的宽度应不小于与其相邻的跑道宽度的 2 倍，条件允许时宜不小于与其相邻的升降带平整范围的宽度。

四、滑行道

滑行道是指在陆地机场设置供飞机滑行并将机场的一部分与其他部分之间连接的规定

通道。滑行道包括以下几种。

（1）机位滑行通道：机坪上仅供进入机位用的滑行道。

（2）机坪滑行道：位于机坪的滑行道，供飞机穿越机坪使用。

（3）快速出口滑行道：以锐角与跑道连接，供着陆飞机较快脱离跑道使用的滑行道。

滑行道的主要功能是提供从跑道到航站区和维修机库区的通道。滑行道应当安排确保刚着陆的飞机不与滑行起飞的飞机相干扰。在繁忙的机场上，预计在两个方向同时有滑行交通的地方，应提供平行的单向滑行道。滑行路线应选择使从航站区到跑道起飞端具有实际可行的、最短的距离。滑行道系统包括入口与出口滑行道，平行与双平行滑行道，旁通、相交或联络滑行道，以及机坪滑行道与滑行通道。在任何情况下，滑行道的路线都应避免同使用中的跑道相交叉。

滑行道宽度应符合下列要求：

（1）滑行道道面宽度应使滑行飞机的驾驶舱位于滑行道中线标志上时，飞机的主起落架外侧主轮与滑行道道面边缘之间的净距不小于表 3-4A 的规定。

（2）滑行道直线部分的道面宽度宜不小于表 3-4B 的规定。

表 3-4A　飞机主起落架外侧主轮与滑行道道面边缘之间的最小距离

主起落架外轮外边距/m	净距/m
<4.5	1.50
4.5～6.0（不含）	2.25
6.0～9.0（不含）	3.00（直线段） 3.00（弯道段，飞机纵向轮距小于 18 m 时） 4.00（弯道段，飞机纵向轮距大于或等于 18 m 时）
9.0～15.0（不含）	4.00

表 3-4B　滑行道直线部分道面最小宽度

主起落架外轮外边距/m	滑行道道面的最小宽度/m
<4.5	7.5
4.5～6.0（不含）	10.5
6.0～9.0（不含）	15.0
9.0～15.0（不含）	23.0

滑行道的强度要和配套使用的跑道强度相等或更高，因为在滑行道上飞机运行密度通常要高于跑道，飞机的总重量和低速运动时的压强也会比跑道所承受的略高。

另外，应沿跑道的若干处设置滑行道，使着陆飞机尽可能快地脱离跑道，把跑道腾出来供其他飞机使用。这些滑行道一般称为"出口滑行道"或"转出滑行道"。

快速出口滑行道由转出曲线、直线段及跑道与滑行道相接处的加宽部分组成，如图 3-17 所示。快速出口滑行道的转出点，是根据飞机的接地速度、开始转出速度以及跑道入口至接地点的距离、接地点至转出点的距离等确定的。基准代码为 3 或 4 时，为使飞机能以 93 km/h 的开始转出速度在潮湿滑行道上转出，其转出曲线的半径不小于 550 m；基准代码为 1 或 2 时，为使飞机能以 65 km/h 的开始转出速度在潮湿滑行道上转出，转出曲线半径不小于 275 m。快速出口滑行道应在转出曲线后有一直线段，其长度应使飞机在到达与其相交的滑行道之前能完全停住。快速出口滑行道与跑道的夹角为 25°~45°，但以 30° 为好。

滑行道道面宽度应使滑行飞机的驾驶舱位于滑行道中线标志上时，飞机的主起落架外侧主轮与滑行道道面边缘之间的净距不小于表 3-4 中的规定值。

滑行道和跑道端的接口附近有等待区，地面上有标志线标出，这个区域是为了飞机在进入跑道前等待许可指令。等待区与跑道端线保持一定的距离，以防止等待飞机和任何物体或人进入跑道，成为运行的障碍物或产生无线电干扰，如图 3-18 所示。

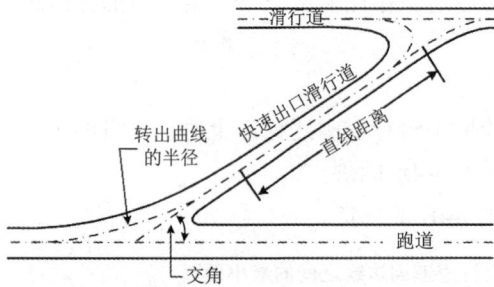

图 3-17　快速滑行道

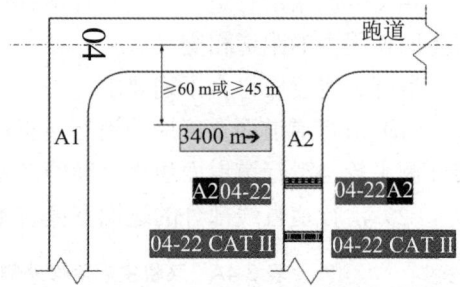

图 3-18　滑行等待位置图

五、机坪

机坪是指机场内供飞机上下旅客、装卸货物或邮件、加油、停放或维修使用的特定场地。机坪分为登机机坪和停放机坪，飞机在登机机坪进行装卸货物、加油，在停放机坪过夜、维修和长时间停放。

机坪上用以停放飞机的特定场地称为飞机机位。机坪上的飞机机位应与使用它的飞机、任何邻近的建筑物、另一机位上的飞机和其他物体之间保持一定的净距，飞行等级为 D、E、F 的机场最小净距为 7.5 m。

为了保证飞机在进出机位过程中对停放的地面设施、车辆和行人有符合规定的安全净距，需要设置机坪安全线，包括机位安全线、翼尖净距线、廊桥活动区标志线、服务车道边界线、行人步道线、设备和车辆停放区边界线以及各类栓井标志等。机位安全线、廊桥活动区标志线和各类栓井标志应为红色，翼尖净距线等其他机坪安全线（包括标注的文字符号）均应为白色，如图 3-19 所示。

在可能出现结冰情况的机场，应设置飞机除冰防冰设施。除冰防冰设施应设置在飞机机位上，或设置在沿滑行道通向供起飞用的跑道的特定位置处。

除冰防冰设施位置应保证除冰处理的保持时间，应能保证除冰防冰后的飞机在起飞前不致重新结冰。

远距除冰防冰设施应不突出障碍物限制面，不干扰无线电助航设备，并且塔台管制员能看到处理过的飞机。

远距除冰防冰设施应设置在可快捷进出的位置，或者是旁通道构形处，不需要特意拐入或拐出除冰防冰坪，如图 3-20 所示。应考虑滑行飞机的喷气气流对正在进行除冰防冰处理的其他飞机或其后滑行飞机的影响，以防止降低处理效果。

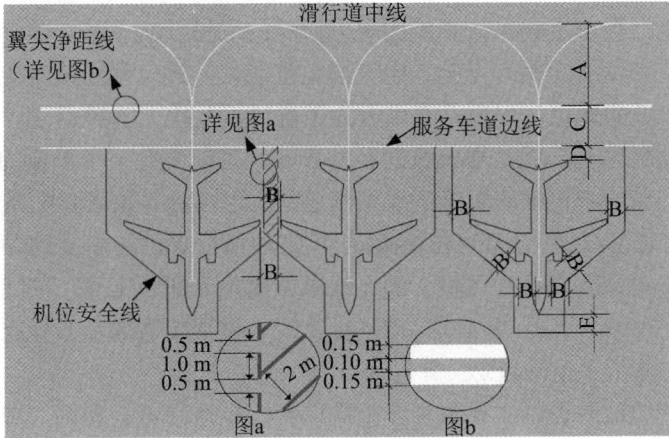

图 3-19　机坪安全线

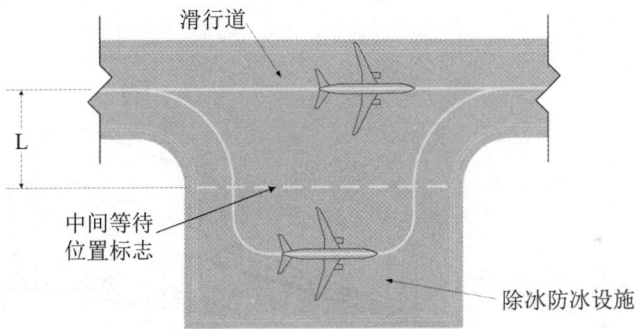

图 3-20　除冰防冰设施的最小间距

六、航站导航设施

自从飞机问世以来，很长一段时间内，飞机的进近和着陆都是依靠驾驶员的目视操作完成的。随着飞机速度的提高、体积的增大，驾驶员目视操作着陆越来越难。尤其对于现代的大型民航客机而言，要实现飞机安全、准确地进近和着陆，必须依靠一套非常精确的着陆引导系统的帮助。这套系统包括飞机上安装的信号接收设备和机场安装的引导信号发射装置。正是这些引导系统的存在，才使得现代民航客机在极低的能见度下实现安全降落成为可能。当然，也正是这些引导信号为飞机自动飞行系统提供了正确的进近和着陆的飞行轨迹，引导飞机安全地降落在跑道上，实现飞机着陆自动控制。

民机的进近着陆阶段是事故多发阶段，也是最复杂的飞行阶段。由于这一阶段飞行高度低，所以，对飞机安全的要求也最高，尤其在终端进近时，飞机的所有状态都必须高精度保持，直到准确地在一个规定的点上接地。对民机着陆，目前世界上主要有仪表着陆系统（ILS）、微波着陆系统、全球定位系统（GPS）三种方式。

仪表着陆系统目前发展比较成熟，但存在只能提供单一而又固定的下滑道、波束覆盖区小、多径干扰严重等缺点；微波着陆系统的主要优点是导引精度高、比例覆盖区大，能提供各种进场航线和全天候导引功能，但造价高，对地面和机载设备要求高，换装代价较大，发展受到限制；全球定位系统是美国军方研制的卫星导航系统，是继惯性导航之后，导航技术的又一重大发展，具有全球、全天候定位能力，具有军用信号定位精度高、应用范围广和相对造价低的优点，但也存在受人为干扰时误差较大的缺点。

仪表着陆，顾名思义，就是靠仪表的帮助着陆。着陆中的一个重要的问题，是让飞机对准跑道，而且沿着一条正确的轨迹下滑到跑道头附近，这是仪表着陆系统的主要功能。

ILS 是国际民航组织（ICAO）在 1948 年指定的最后进近与着陆的非目视标准设备，是通过地面的无线电导航设备和飞机上的无线电领航仪表配合工作，使飞机在着陆过程中建立一条正确的下滑线，飞行员（或自动飞行系统）根据仪表的信号修正航向、高度和下滑速率，以保持正确的下滑轨迹。

仪表着陆系统的地面设备主要包括一个航向台、一个下滑台和两（或三）个指点标，如图 3-21 所示。

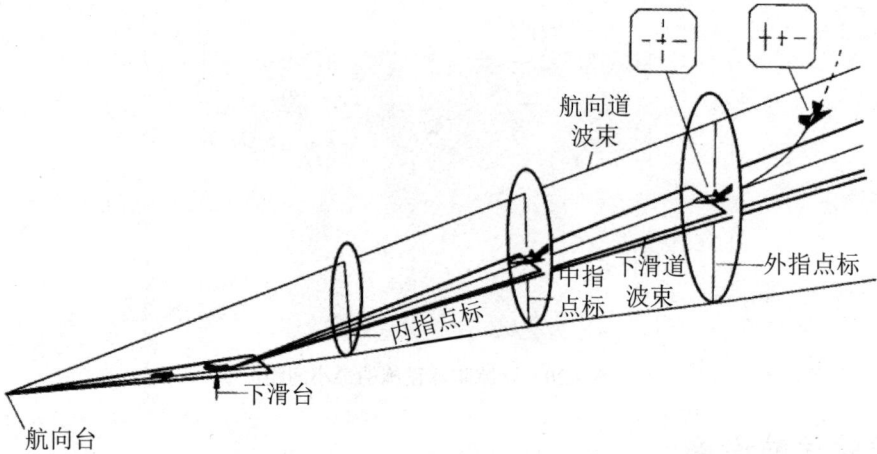

图 3-21　仪表着陆系统

航向台位于跑道头附近，它在水平方向同时发射两个波束，称为垂直波束。这两个波束相交形成一个垂直平面 AB，如图 3-22 所示。飞机沿着 AB 平面飞，就可以保持正确的航向，对准跑道。

下滑台设在跑道另一头的一侧，它在与地面垂直的平面上同时发射两个波束，称为水平波束，两个波束相交，形成一个与地面成一定倾角（约 30°）的平面 CD，如图 3-23 所示。飞机沿着 CD 平面飞，就可以保持正确的下滑航迹，对准跑道头。

AB、CD 两个平面相交，就变成十字线，对准十字线沿着一条正确的轨迹下滑到跑道头附近。

飞机通过机载设备接收信息，如导航接收机接收航向台的信息，下滑信标接收机接收下滑台的信息，就可以知道自己是不是在下滑道上；如果不在，飞行员就可以及时纠正偏差，操纵飞机沿下滑道飞行。

为了进一步帮助飞行员掌握自己的位置，通常还设有两个指点标，如图 3-21 所示。

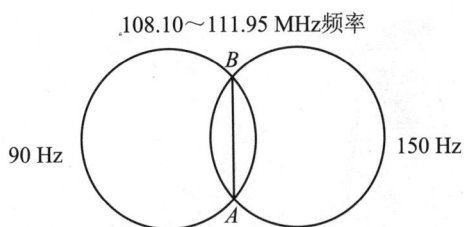

图 3-22　航向台发射的垂直波束

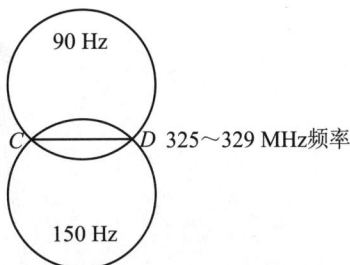

图 3-23　下滑台发射的水平波束

指点标向上发射很窄的波束。飞机如果通过机载指点信标接收机收到了指点标的信息，就表示它正通过指点标的上空。通常设两个指点标，外指点标距跑道头大约 6 400 m，中指点标距跑道头大约 1 000 m，有时，再加一个内指点标，距跑道头大约 300 m。过内指点标时，飞机必须看到地面，否则，就得复飞。

上面讲的这一套系统只管一个方向的着陆。如果希望从跑道两头着陆都得到仪表着陆系统的帮助，就得装备两套设备，每个方向各一套。

供飞机用仪表进近程序飞行着陆的各类型跑道有以下几类。

（1）Ⅰ类精密进近跑道：配备有仪表着陆系统和/或微波着陆系统以及目视助航设备的仪表跑道，供决断高不低于 60 m，能见度不小于 800 m 或跑道视程不小于 550 m 的飞机运行。

（2）Ⅱ类精密进近跑道：配备有仪表着陆系统和/或微波着陆系统以及目视助航设备的仪表跑道，供决断高低于 60 m 但不低于 30 m，跑道视程不小于 350 m 的飞机运行。

（3）Ⅲ类精密进近跑道：配备有仪表着陆系统和/或微波着陆系统引导至跑道并沿其表面着陆滑行的仪表跑道，其中：

① Ⅲa——供决断高低于 30 m 或无决断高，跑道视程不小于 200 m 的飞机运行。

② Ⅲb——供决断高低于 15 m 或无决断高，跑道视程小于 200 m 但不小于 50 m 的飞机运行。

③ Ⅲc——供无决断高和无跑道视程限制的飞机运行。

从经济角度考虑，Ⅰ类仪表着陆系统目前被广泛使用，Ⅱ类仪表着陆系统只在大城市的繁忙机场使用，Ⅲ类仪表着陆系统只在世界上少数机场使用（如我国的北京首都国际机场、上海浦东国际机场），而且装有Ⅲ类仪表着陆系统接收仪表的飞机数量也不多。

使用Ⅱ类以上仪表着陆系统对能见度有一定限制，因而在装有 ILS 的机场都要装置跑道目视视程（RVR）测试仪表。它由一个透射发光器和一个透射光检测器组成，发光器和检测器都沿跑道安装，一般位于跑道的中点附近，相距 150 m。发光器发出高强度的光，检测器是一个由光电管构成的电流检测仪，通过测电流的大小测出这束光的强度，当天气变化或有烟雾出现时，光的强度就会降低，检测器把测出的光强转化成能见距离（以米或英尺为单位），并把这个数据自动传送至塔台，塔台管制员以此来决定飞机能否在此机场降落。在有长跑道的繁忙机场，有时沿跑道安装 2～3 个能见距离测试仪，以测试准确的目视视程，如图 3-24 所示。

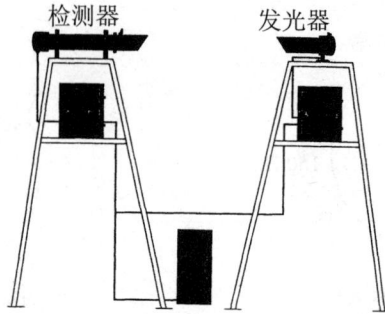

检测器　　　　发光器

图 3-24　跑道目视视程（RVR）测试仪表

七、航空地面灯光系统

（一）跑道灯光

夜间飞行的飞机在机场进近降落，不论是在仪表飞行规则下还是在目视飞行规则下，都需要地面灯光助航。

在跑道上布置的灯光有跑道侧灯、跑道中线灯、跑道端灯、跑道接地带灯及滑行道灯。跑道侧灯沿跑道两侧成排安装，为白色灯光，通常装在有一定高度的金属柱上，以防被杂草掩盖。灯上盖有透镜使灯光沿跑道平面照射，当离跑道端 600 m 的距离时，透镜的颜色变为一面为红色另一面为白色，红色灯光提醒驾驶员已经接近跑道端。跑道端灯的情况与跑道侧灯相同，但是使用一面红一面绿的透镜，红色朝向跑道，绿色向外，驾驶员着陆时看到近处的跑道端是绿色灯光，远处的跑道端是红色灯光。

跑道中心灯沿跑道中心安置，间隔为 22 m 一个，跑道中间部分为白色，在距跑道端 300 m 之内，灯光为红色，提醒驾驶员跑道即将终结。中心灯使用强光灯泡，并嵌入跑道表面，上面覆盖耐冲击的透明罩，能抵抗机轮的压力。

跑道接地带灯从跑道端开始在跑道上延伸 750 m，白色灯光，嵌入地面，使驾驶员注意这是接地着陆的关键地区，飞机应该在此区域内接地着陆。

为帮助驾驶员找到跑道出口，在滑行道的出口，有滑行道灯，使用绿色灯光，间隔为 15 m，滑行道的中心灯为绿色，边灯为蓝色。

跑道外的进近灯光根据仪表着陆的等级或非仪表着陆有着不同的布局，非仪表着陆的中线短排灯安装在跑道中线的延长线上，长度至少为 420 m，间距为 30 m，为白色灯光。

精密仪表着陆的进近灯光布局以图 3-25 Ⅱ、Ⅲ类精密仪表跑道灯光布局为例：有中线短排灯、侧边短排灯、横排灯、顺序闪光灯。中线短排灯从跑道中心线的延长线上 900 m（或 720 m）处开始，为 5 个灯一排的白色强光灯，每隔 30 m 一排，一直装到跑道端，横排灯的中点和跑道中心延长线重合，中间附加一个顺序闪光灯，它从远端顺序闪光，直指跑道端，每秒两次。驾驶员在空中可以看到一个运动的光点从远处指向跑道端。在距跑道端 300 m 处，在中线灯两侧再加装两排白色横排灯，为驾驶员提供目视测量机翼是否水平的依据，两侧是红色侧边短排灯，提醒驾驶员这个区域不能着陆。

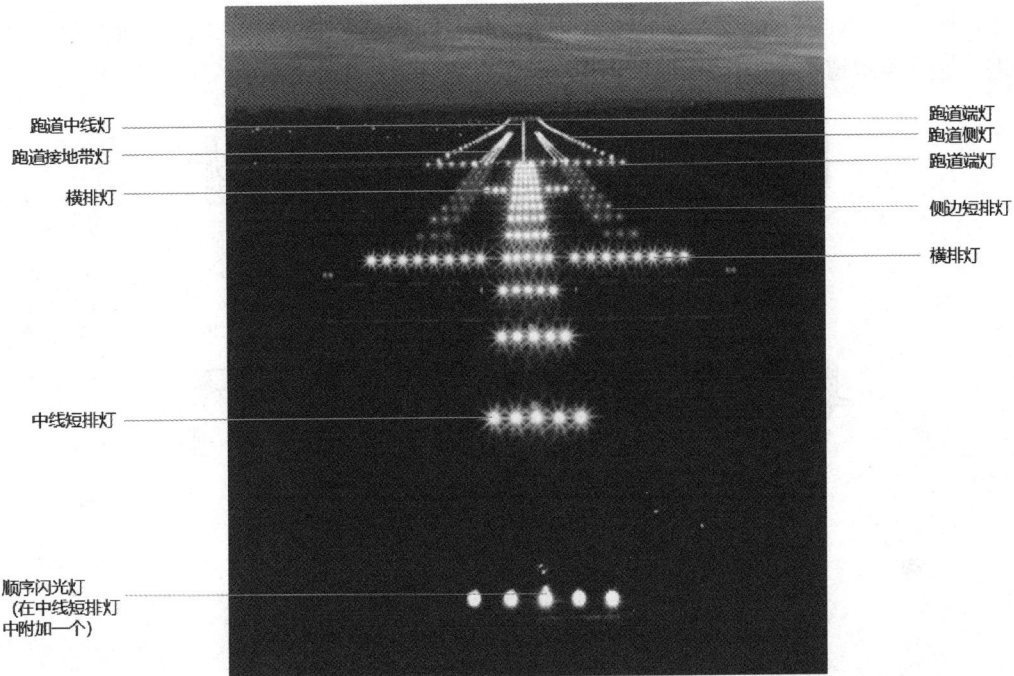

跑道中线灯
跑道接地带灯
横排灯

跑道端灯
跑道侧灯
跑道端灯

侧边短排灯

横排灯

中线短排灯

顺序闪光灯
(在中线短排灯
中附加一个)

图 3-25　Ⅱ、Ⅲ类精密仪表跑道灯光布局

（二）目视坡度进近指示器（VASI）

目视坡度进近指示器如图 3-26 所示。VASI 装在跑道外着陆区附近，由两排灯组组成。两排灯组相距一段距离，每排灯前装有上红下白的滤光片，经基座前方挡板的狭缝发出两束光，它置于跑道端沿着着陆坡度发射，下面一束是红光，上面一束是白光。如果飞机的下降坡度正确，那么驾驶员看到的是上红下白的灯光；如果驾驶员看到的全是白光，表明飞机飞得太高，要向下调整；如果驾驶员看到的灯全部是红光，表明飞机飞得太低。VASI 的作用距离为 7 408 m（4 海里），高度为 30 m，对于一些特大型飞机（如波音 747），需要设置多组 VASI（一般为 2～3 组）以保证飞机在着陆时一直能看到灯光。

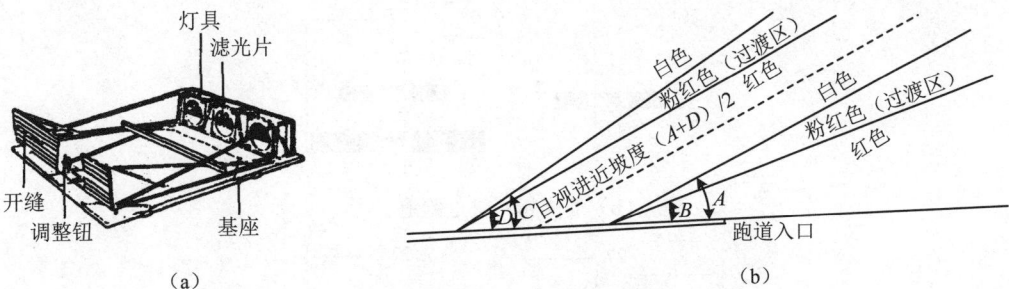

灯具
滤光片

开缝
调整钮
基座

（a）

白色
粉红色（过渡区）
目视进近坡度 $(A+D)/2$　红色
白色
粉红色（过渡区）
红色

D C 目视进近坡度
B A
跑道入口

（b）

图 3-26　目视坡度进近指示器

八、机场跑道系统的分类和标志

跑道按使用目视飞行规则和仪表飞行规则分为目视（非仪表）跑道和仪表跑道。仪表

跑道按所装备的仪表着陆系统的精度，分为非精密进近跑道和Ⅰ类、Ⅱ类、Ⅲ类仪表进近跑道，这三类跑道也称为精密进近跑道，如图 3-27 和图 3-28 所示。

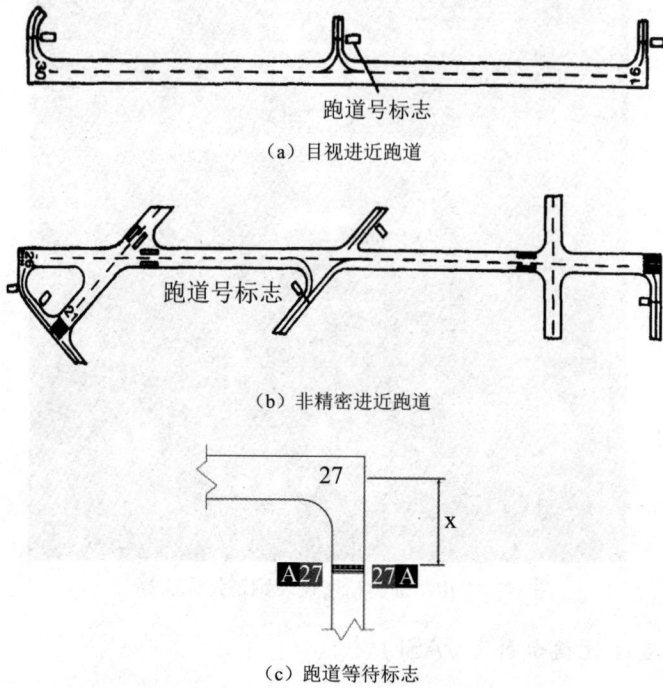

（a）目视进近跑道

（b）非精密进近跑道

（c）跑道等待标志

图 3-27　非仪表、非精密起飞跑道的标志

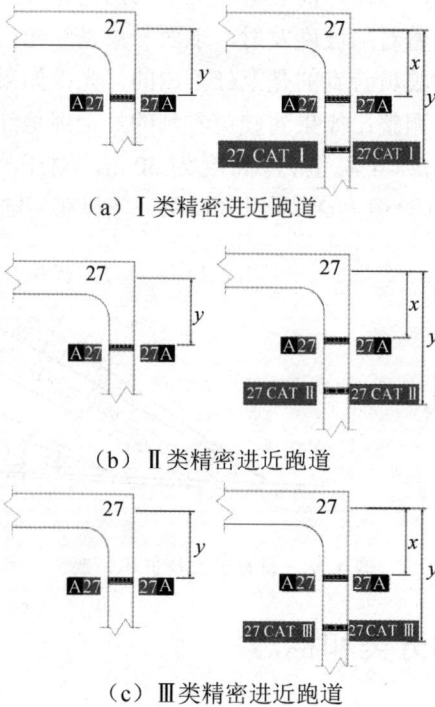

（a）Ⅰ类精密进近跑道

（b）Ⅱ类精密进近跑道

（c）Ⅲ类精密进近跑道

图 3-28　精密起飞跑道的等待标志

　　跑道的类别不同，它的道面标志也不同，目视跑道有下列基本标志：①中心线；②跑道号；③等待位置标志。

　　非精密进近跑道要加上跑道端标志和定距标志；对于精密进近跑道还要增加着陆区标志和跑道边线标志。各类跑道的标志线如图3-29所示，跑道端标志表示跑道可用部分的开始，通常是由铺设道面的起点作为跑道端，但在有安全道或起降不能全部使用跑道时，跑道端就会移入跑道一定距离。

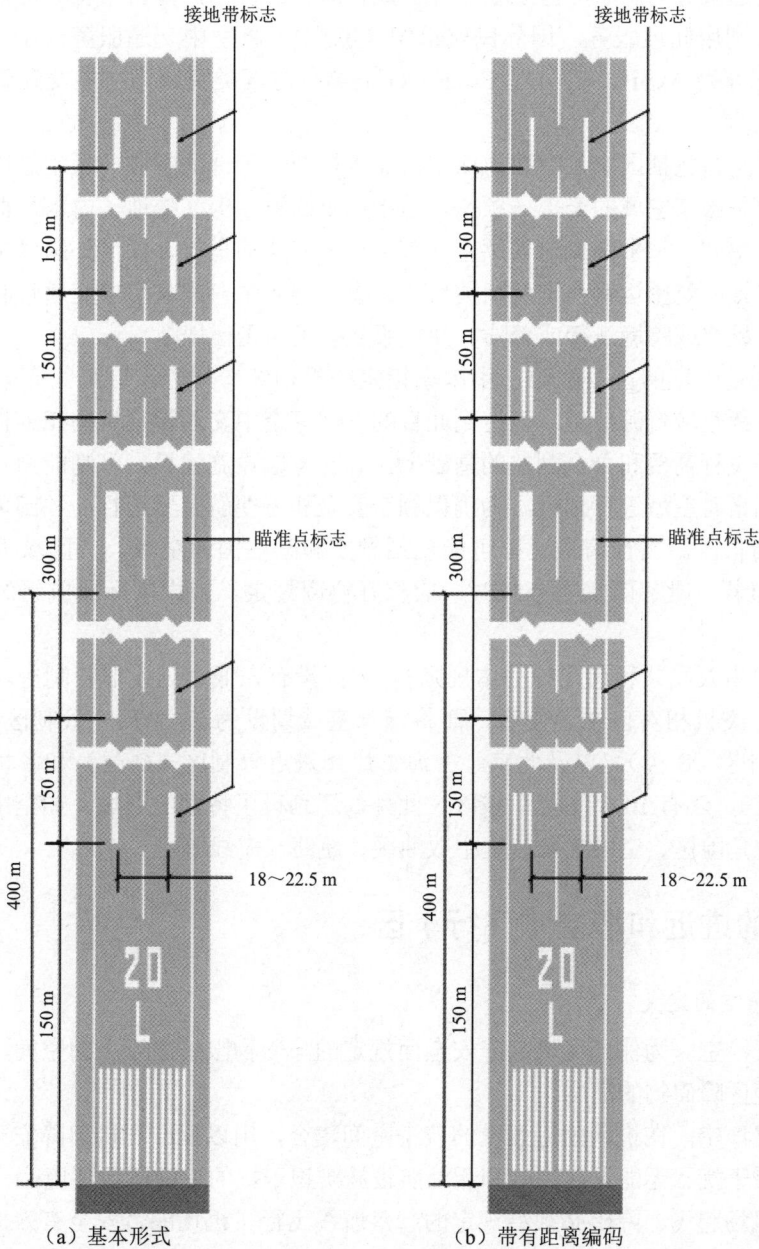

图 3-29　各种跑道标志

注：按 2 400 m 或以上长度的跑道示例

九、空域

空域是指供航空器飞行的包围地球的空气空间。根据国际法的规定，空域可划分为国际空域和国家空域。国际空域是指国家领土以外的专属经济区、公海和不属于任何国家主权管辖的土地（如南极洲大陆）上的空气空间。依据《国际民用航空公约》附件 11 "空中交通服务"的规定，对国际空域提供空中交通服务须依据地区航行协议予以确定，经确定提供空中交通服务的国家应建立负责提供此种服务的机构，并公布有关资料以使各国民用飞机飞行时利用此项服务。国际民航组织（ICAO）将空中交通服务（ATS）空域按飞行种类不同划分为 A、B、C、D、E、F、G 七类，前五类空域为空中交通管制（ATC）空域。

国家空域是指包括国家领空在内而由国家机构统一管理的空域。领空是国家空域的主体，但不一定是国家空域的全部。领空，是指一个国家领土（陆地、内水、群岛水域）和领海上的空气空间。一个国家对其领空拥有唯一和完全的主权，任何外国民用航空器只能依据国家间签订的航空运输协定及相关协议或事先得到主权国家空中交通管制部门的许可后，方可进入领空或跨境飞行或着陆，并须服从有关的飞行规则。

国家空域是国家的重要资源，由国家指定的机构统一规划，合理、有效地管理和利用，以充分发挥空域资源效益。为达到此目的，国家空中交通管理机构在维护国家安全、兼顾军民航的飞行需要和公众利益的基础上，综合考虑设施建设、管制能力、机场布局和环境保护等因素对空域进行划设。为确保领空安全和方便航空器运行，各国可在领空或之外划设飞行情报区。飞行情报区有可能包括领空和某些国际空域，其区域大小由各国视情况划定，但若与毗邻国家有分歧时，应相互协商划定，或由国际民航组织协调一致后划定。

依据《中华人民共和国飞行基本规则》，中国没有在低空划设非管制空域，供通用航空（含私用）飞机相对自由地使用，而将国家空域划设为 26 个高空管制区（A 类）、37 个中低空管制区（B 类），以及北京、上海、广州进近管制区（C 类）和各机场设立的管制塔台（D 类），还有 10 个飞行情报区。此外，还划设了特别的空域，如空中禁区、空中限制区、空中危险区、空中走廊、空中放油区、航路、航线等。

十、机场的进近和净空（飞行）区

1. 机场净空的定义

（1）狭义净空。为保证飞机起降安全而规定的障碍物限制面以上的空间，用以限制机场及其周围地区障碍物的高度。

（2）广义净空。在机场附近划设的若干空间集合，用以保证飞机起降安全所需要的无障碍、无电磁干扰、无能见度影响和无助航设施辨识干扰的近空适航环境。

飞机在机场起飞、降落必须沿规定的起落航线飞行。机场能否安全有效地运行，与场址内外的天然地形和人工构筑物密切相关。这些天然地形和人工构筑物可能会影响起飞和着陆的距离，飞机起飞、降落也有可能在一定的气象条件下受到限制。因此，必须对机场附近沿起落航线的一定范围内（即机场跑道两端和两侧为飞机起飞爬升、降落下滑和目视盘旋需要所规定的空域）划定一个区域，这个区域的地面和空域要按照一定标准来控制，并把有关的地形情况标注在航图上，这个区域称为进近区或净空区，如图 3-30 所示。它是机场的重要组成部分。在这个空域内，不应有高障碍物。机场净空区内障碍物的有无与存在状况对机场使用的影响程度，绝不亚于跑道和升降带。

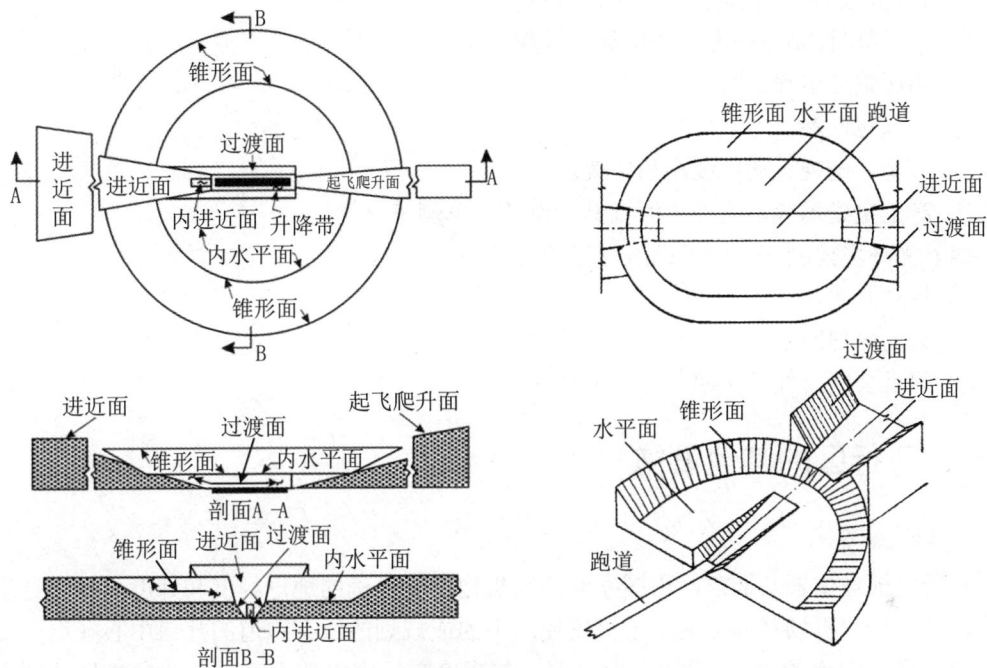

图 3-30　进近区及净空区

净空区由机场的地面（基本面）和在跑道周围 60 m 的地面上空由障碍物限制面构成。障碍物限制面有水平面、进近面、锥形面和过渡面。

（1）水平面。机场标高 45 m 以上的一个平面空域。

（2）进近面。由跑道端基本面沿跑道延长线向外向上延长的平面。

（3）锥形面。在水平面边缘按 1∶20 斜度向上延伸的平面。

（4）过渡面。在基本面和进近面外侧以 1∶7 的斜度向上向外延伸的平面。

由这些平面构成的空间，是飞机起降时使用的空间，由机场当局负责控制管理，保证地面的建筑（楼房、天线等）不能伸入这个区域，空中的其他飞行物（飞鸟、风筝等）也不得妨碍飞机的正常运行。

2. 机场净空的管理对象

（1）实体障碍物控制——防止航空器与之相撞。

① 固定障碍物控制：建筑物、构筑物；地形、地物；固定设备、设施；危险设施（如航煤罐、煤气罐、危险品库等）。

② 移动障碍物控制：车辆；移动机械、设备。

③ 漂浮物、升空物和吹来物控制：气球、风筝；飞艇、滑翔机、无人机；爆竹；草

团、枝叶、塑料袋、泡沫塑料；等等。

④ 鸟击控制（防范）。

（2）烟雾、粉尘控制——防止机场附近空域能见度下降。

① 焚烧烟雾（秸秆、落叶、垃圾、废料、石灰等）。

② 锅炉、高炉、工业炉等的烟囱排烟。

③ 礼炮、烟花、焰火、信号弹、对空炮射。

（3）场环境控制——保证通信导航设施正常工作。

① 高压输变电线。

② 电气化铁路。

③ 广播、电视、通信线路和塔架。

④ 产生电磁场或电磁干扰的机具、设备、车辆等。

（4）光环境控制——保证助航灯光的有效性。

① 景观照明。

② 机场内部照明。

③ 附近公路、社区照明。

十一、飞行区的其他设施

1. 测量基准点

机场的地理位置基准点，由国家的测绘机构定出准确的地理经度和纬度，作为这个机场的地理坐标。机场基准点应位于机场使用中的或规划的所有跑道的几何中心（这一点通常选在机场主跑道的中点），通常情况下，首次确定后应保持不变。应测定机场基准点的地理坐标，以度、分、秒为单位，并向航空情报服务机构通报。

2. 机场标高校核位置

机场的标高是指它的海拔，飞机在起飞前都要进行高度表设定，因此，一个机场要设置一个专门位置，为飞机在起飞前校核高度。这个位置在停机坪的一个指定位置，在停机坪高度变化不大时，整个机坪都是校核位置。

3. 航行管制服务的设施

在飞行区有航管中心和塔台，有气象服务中心。塔台或称控制塔，是一种设置于机场中的航空运输管制设施，用来监看以及控制飞机起降的地方。

通常塔台的高度必须超越机场内其他建筑，以便航空管制员能看清楚机场四周的动态，但临时性的塔台装备可以通过拖车或远端无线电来操控。完整的塔台建筑，最高的顶楼通常是四面皆为透明的窗户，能保持360°的视野。中等流量的机场塔台可能仅由一名航管人员负责，而且塔台不一定会每天24小时开放。流量较大的机场，通常会有能容纳许多航管人员和其他工作人员的空间，塔台也会保持一年365天、每天24小时开放。

机场航管中心建立航管雷达设备，有机场监视雷达（airport surveillance radar，ASR），它的作用距离为185.2 km（100海里），主要供塔台管制员或进近管制员使用。航路监视雷达（air route surveillance radar，ARSR）设置在航管控制中心或相应的航路点上；它的探测范围在 463 km（250 海里）以上，高度可达 13 000 m；它的功率比机场监视雷达大，在航路上的各部雷达把整个航路覆盖，这样管制员就可以对航路飞行的飞机实施雷达间隔。机场地面探测设备（ASD）的功率小，作用距离一般为 1 600 m，主要用于特别繁忙机场的地面监控，它可以监控在机场地面上运动的飞机和各种车辆，塔台管制员用来控制地面车辆和起降飞机的地面运行，保证安全；机场地面探测设备主要的作用是在能见度低时提供飞机和车辆的位置信息，由于它的价格较高，机场通常没有这种设备。

为满足探测云、垂直能见度、跑道视程、气象光学视程、地面风、气压、气温、湿度、最高气温、最低气温、降水量和积雪深度等气象要素的需要，机场航管中心必须建立气象台，每条跑道应配置自动气象观测设备，包括温度、湿度、气压传感器、降水传感器、风向风速仪、云高仪、前向散射仪或大气透射仪、背景光亮度仪、数据处理系统、监控及显示系统。

在配置基本气象探测设备的基础上，机场气象台应当综合地形地貌、气候特点、重要天气预报预警的需要、飞行量以及运行的可行性等因素，选择配置或组合配置机场天气雷达、测风雷达、低空风切变探测系统等探测气象要素的设备。

4. 消防应急设施

每个机场都有消防和急救中心，一旦飞机出事，往往伴随着起火和伤亡，因而这个中心听从塔台的指挥，一旦有事就迅速出动。机场的消防工作通常由机场行政当局统一组织和指挥。消防人员应该经过专门训练，具备熟练地操纵灭火设施的技能和救护知识，并熟悉常用飞机的结构特点。消防人员数量应根据机场类别和消防设备的配备情况而定。当机场内有飞机活动时，消防人员和消防车必须在规定地点值班，随时处于戒备状态，在接到报警信号 3 分钟内要赶到出事现场，投入灭火工作。飞行指挥部门应与消防机构保持直接的通信联系。此外，消防机构还应具有必要的可迅速清理事故现场的手段，如起吊、运输工具，托架、移动破损机体的气囊等设施。各机场除配备好自己的消防力量外，还应与城市和附近居民的消防组织建立协作关系，必要时互相支援。

消防工作的成效与道路条件密切相关，在规划修建机场时必须妥善安排消防站的位置和应急通道的设置。

消防部门是在机场突发事件中最主要的紧急救援力量，机场应保证一旦出现航空器紧急情况时能立即组织消防力量赶赴现场，扑救火灾或采取防毒措施，抢救人员和财产。

根据统计，70%的航空事故发生在飞机起飞和降落时，这种事故发生的地点都在空港附近，伴随着失火和人员伤亡，因而空港要有一支训练有素、装备精良的救援队伍随时待命。

救援的反应时间对于救援的效果有着决定性的影响，机场消防设施和人员的位置应该设置在飞行区内，而且应该精心安排，以便在发生事故时，救援的车队能在 3 分钟之内到达跑道的最远端。救援车队主要是消防车队，因此我国也把救援称为消防勤务，救援队伍也称为消防队。

对于大型空港的消防队，国际民航组织制定了推荐标准，如果达不到这个标准，就不能取得营运许可。空港消防队的装备比一般中小城市消防队先进，而且反应迅速，它使用的车辆有快速救援救火车、轻型救火车、重型泡沫灭火车和快速干预车。

（1）快速救援救火车。它的时速很高，发生事故时能第一个到达现场，它装有1 000 L浓缩泡沫灭火溶液和急救药物等，它的任务是把指挥人员和第一批急救救火人员带到现场，控制火势，保持撤离道路畅通，对需要紧急转移和处理的伤员进行处理和安排，然后等待救火主力队伍到达。

（2）轻型救火车。它装有数百千克二氧化碳和灭火干粉，对于扑灭发动机和电器着火最为有效。

（3）重型泡沫灭火车。它能装载大量的泡沫灭火剂，车上转塔的泡沫喷射器可以向任何方向喷射泡沫。灭火粉对飞机机轮、轮胎起火有效。惰性气体对发动机起火更为有效，都需要有所准备。

（4）快速干预车。它装有水、泡沫灭火剂、药品、救援设备以及供雾天或夜间照明的装备，可以在很短的时间内到达跑道。

5. 航行维护区

机场均设有航行维护区，即维护专用停机坪，大机场一般与客货停机坪相分离。航行维护为航空运输的重要组成部分，对保障飞行安全、保障航班正点率以及降低航空运输企业的经营成本都起到了十分重要的作用，任何一次航空器的飞行都是以必要的维护工作来保证的。机库是航空公司飞机大维修、养护、更换零部件、日常养护等一切维修服务的车间。

6. 油料中心

机场设立油料中心，多数属于中国航空油料总公司分支机构，专门从事航空油料供应保障业务，为航空公司提供油料供应。它由油库、输油管道、码头、铁路组成。

给飞机加油，储油与供油设施是机场不可缺少的组成部分。小型飞机场的储油设施为油库或桶装库；大型飞机场的储油设施除了使用油库，还需储备油库；有时，飞机场储油设施还包括中转油库。加油设施主要是指机坪加油管网和飞机加油车。飞机的燃油有航空汽油和航空煤油。最常用的航空汽油的加油方式是使用油库内设高架罐给加油车加油。油料在加油车内沉降、放污油后再给飞机加油。涡轮喷气和涡轮螺旋桨发动机的飞机使用航空煤油，这类飞机或重量大，或飞行距离长，飞机的耗油量大。在加油的飞机架次增多、加油量极大增加的情况下，要求采用简单的管线加油系统和自动化的管线加油系统直接给飞机加油。

第三节 航 站 区

航站区是机场的客货运输服务区，是为旅客、货物、邮件空运服务的。航站区主要由三部分组成：一是客运航站楼（以下简称"航站楼"）、货运站；二是地面交通设施；三是旅客、货物与飞机的联结区域——停机坪。地面交通设施与停机坪在其他章节分别论述。

一、航站楼

航站楼是航站区的标志性主体建筑物，是机场地面通路与飞机之间的主要联结体，是地面运输和航空运输的交接面，是为航空运输企业及其过港和中转旅客提供地面运输服务的生产场所。

具体来说，航站楼位于车道边和机坪之间，其承担旅客和行李地面运送的全部任务，为始发、中转或到达旅客办理各种手续，并把旅客及行李运送到飞机上或从飞机上接下来送出机场。它包括为旅客服务的设施，联结飞机运行的服务设施，联结地面交通的设施，以及各类服务性、商业性设施及营运、管理机构。

（一）航站楼的特征

航空港是一个地区的门户，是一座向蓝天开启的门户；航站楼是航站区最主要、最醒目的建筑物。特别是国际机场，航站楼在一定意义上就是一个国家的大门，代表着国家的形象。航站楼也反映城市或地区形象，反映所在地的地域特征、文化背景和城市特色。因此，在建筑上它要求具有一定的审美价值、地域或民族特色，并进行豪华装饰，这与航空旅行这种迄今为止最高级的旅行方式相适应。

上海浦东国际机场两座航站楼的外观、内饰设计理念、寓意和风格各异。如果说第一航站楼体现的是一种阳刚之美，那么第二航站楼体现的就是一种和谐之美；如果说第一航站楼寓意海鸥振翅欲飞，那么第二航站楼则昭示海鸥已在展翅翱翔。两座航站楼动静结合、刚柔并济、遥相呼应、融为一体，成为上海空中门户的形象地标。在空间色调上，第二航站楼以浅黄色为主色调，感觉温馨宜人。两座航站楼以蓝、黄格调相映，与旅客之间形成"天、地、人"的完美融合。

美国的丹佛国际机场采用众多的白色纤维篷模仿白雪覆盖的科罗拉多州落基山脉起伏的山峰，标识出该机场所在地的地域特征。我国甘肃省的敦煌机场航站楼模仿莫高窟的造型；南京禄口国际机场的航站楼的波浪形屋顶反映其地处长江之滨，寓意长江后浪推前浪的发展之势。机场的航站楼是空中旅行者的第一个落脚点，是第一个给人以自豪、成功、信心的地方，独具文化色彩。它是一个流动、运输的场所，是与技术、经济不断进步息息相关的场所，是强调人与环境高度和谐统一的场所。所以，世界上发达国家更重视航站楼内的功能、环境效应、艺术氛围以及人与自然的和谐统一。不管航站楼采用何种设计风格，归根结底，它是服务于航空客运的功能性交通建筑物。因此，其规划、设计、布局应本着方便旅客、利于运营和管理的原则来展开。

受益于全球经济持续好转，航空旅客运输量继续保持较快增长，疫情前 2019 年定期航班承运的旅客总数上升到了 45 亿人次，比 2018 年高出 3.6%。客运量持续增长在为机场带来更多收入的同时，也带来了新的问题。2019 年，曼谷、香港、北京等城市的大型国际机场均是满负荷运转，经常乘坐飞机的人们对运输高峰时的国际机场会留下不好的印象：难以控制的拥堵、无尽头的办理手续的队伍、大声的喧哗、混杂而狭窄的商店和服务处等。如果机场尚未做好准备应对持续增长的运输量，随之而来的可能是乘客出入境排长龙等待、机场拥挤不堪等问题。

21 世纪的现代化航站楼应具备以下特征。

首先是高效便捷的乘机流程，一位旅行者到机场的目的是快速登上飞机离开本地飞向目的地，或到达本地后能迅速地提出行李赶赴市内。一般大型国际机场年吞吐量在 2 000 万人次以上，高峰小时的客流量为 1 万人次左右，要让成千上万的旅客即刻分流，非常方便而快捷地登上飞机，就要有足够大的空间和足够多的服务设施（柜台、登机口等），按每位国际旅客 35 m²、国内旅客 25 m² 计算，单体航站楼约需要 30 万 m² 建筑面积。自助值机、自动办理行李托运、先进安全检查仪器广泛应用，在庞大的建筑物里每一位旅客都能迅速地办理登机手续，沿着自动步梯或楼梯，按着醒目的指示标志快速到达登机处。

其次是更好的服务体验，旅客旅行的首要原则是轻松和有趣味，现代化航站楼的设计强调以人为本，强调人与环境高度和谐统一，环境的自然感、设施的拟人性、服务的人性化和友好性，将机场打造成城市生活综合体。世界上许多航空港优美的人与自然的环境让每一位旅客都有一种友好的、富有人情味的体验，在其中充分享受游览、购物、娱乐、休闲的乐趣。上海浦东国际机场景观水池的处理和马来西亚吉隆坡国际机场的中庭设计也无不体现出人、建筑、环境三者之间的和谐关系。

最后是先进的配套设施，候机楼内各种设施设备配套齐全，自动化、现代化程度高，充分运用现代科学技术为旅客服务，设有空调、地毯、无线网络、不规则的行李托运盘、自动电梯步梯、残疾人专用车、自动饮水器、儿童游艺室，还有随处可见的航班动态显示器等。

（二）航站楼的布局和特点

最早期的候机室非常简单。例如，英国首都伦敦的希思罗机场，在 1940 年时，只不过是一个帐篷。现在的航站楼，对于繁忙的机场，动辄就是几十万平方米的庞大建筑。有的机场不只有一个航站楼，例如，国内航线和国际航线各有自己的航站楼。或者，一个或几个航空公司拥有自己的航站楼。

航站楼的样式多种多样，很难说哪一种就绝对好，因为它也是依赖于发展的历史过程、机场可用的土地资源以及飞行活动的情况等。但是，对于航站楼来说，不管用什么式样，核心问题是使旅客感到方便、舒适，同时便于在机场旅客吞吐量增加时继续扩展。

1. 航站楼的水平布局

航站楼的水平布局是否合理，对航站楼运营有至关重要的影响。确定航站楼水平布局时，要考虑许多因素，主要有旅客流量、飞机起降架次、航班类型、机场地面交通。为合理选择平面布局方案，应处理好以下三个问题。

（1）集中与分散。所谓集中，是指一个机场的全部旅客和行李都集中在一个航站楼内处理。目前，我国大多数机场采用集中航站楼。但是，随着客流量的迅猛增长，集中航站楼的规模愈来愈大。例如，芝加哥奥黑尔国际机场航站楼的两个相距最远的门的距离竟达 1.5 km。同时，航站楼陆侧的停车设施规模也往往比较庞大。这样，旅客在航站楼内外的步行距离很长，有时甚至到了无法容忍的程度。

为使旅客舒适地进行航空旅行，参照国际航空运输协会（IATA）的建议，目前普遍认为应将旅客在航站楼内的步行距离控制在 300 m 左右。这样，当客流量非常大时，如仍沿袭集中航站楼的概念就很难达到要求。于是便出现了分散航站楼或单元航站楼的水平布局概念。具体思路是：在一个机场，设若干个（两个或两个以上）单元航站楼，每个航站楼的服务旅客类型相对单一化。例如，分设国内旅客航站楼、国际旅客航站楼，不同的航空公司使用不同的航站楼，等等。美国达拉斯—沃斯堡国际机场就是一个比较典型的具有分散航站楼的机场，该机场共有 5 个单元航站楼，如图 3-31 所示。

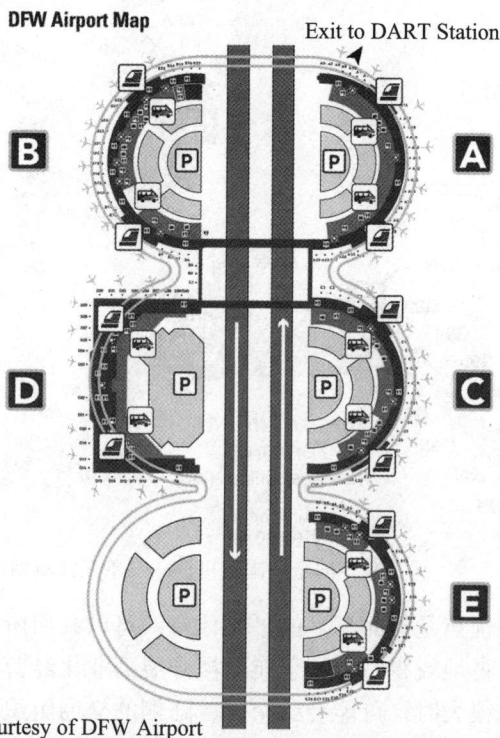

图 3-31　分散性航站楼（美国达拉斯—沃斯堡国际机场）

　　形成单元航站楼格局可能有两个缘由。有的机场一开始就是设计成单元式的，如上文提到的达拉斯—沃斯堡国际机场，还有法国戴高乐国际机场、加拿大多伦多国际机场等。有的是随着客运量的增加，扩建原有的航站楼不可能或不合适，又新建了航站楼，如英国希思罗机场、法国奥利机场、西班牙马德里国际机场等。我国北京首都国际机场于 1999 年新建成第二航站楼并投入运营，2008 年又建成第三航站楼，成为我国第一个拥有多个分散式航站楼的机场。

　　单元航站楼的优点是加速了整个机场的旅客通过能力，每个航站楼及停车场等设施都能保持合理规模，旅客在航站楼内外的步行距离也能保持合理的长度。但是，单元航站楼的突出弊端是，每个单元航站楼都要配置几乎相同的设施，规模经济效益差。如果单元航站楼之间相距较远，会给中转旅客和对机场不熟悉的旅客带来极大不便。为此，有时必须考虑能够沟通各个单元航站楼的捷运交通系统，这无疑又增加了额外投资，并使航站区交通变得愈发复杂。采用单元航站楼时，航站区一般占地较大，不利于节约土地。因此，在决定采用单元航站楼概念时务求慎重。只有大型枢纽机场在客运量确实太大（一般认为年客运量大于 2 000 万人次）时才有必要考虑单元航站楼的水平布局设计概念。旧金山国际机场多个单元式航站楼如图 3-32 所示。

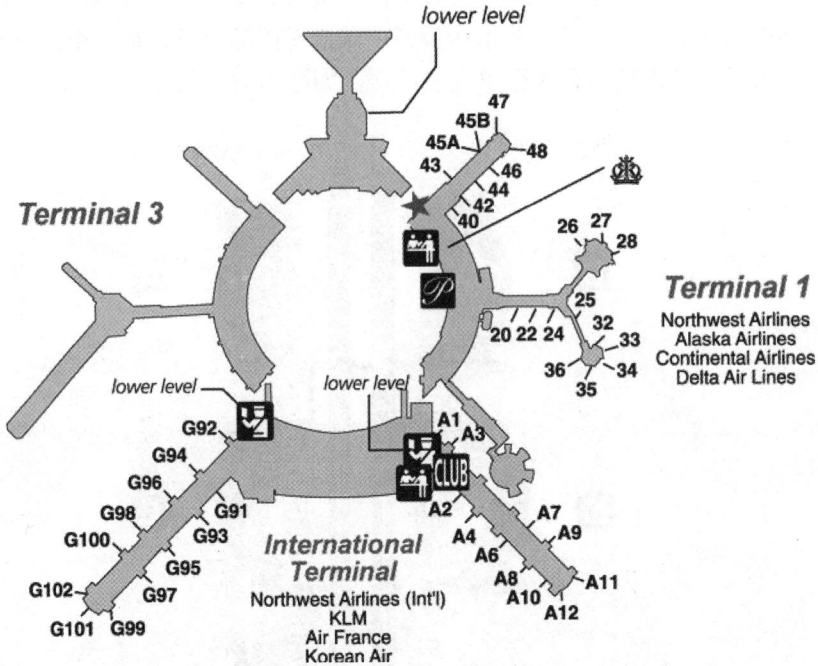

图 3-32　旧金山国际机场——单元式航站楼

集中式航站楼的优点是显而易见的，具体有：可以共用所有设施，投资和维护、运营费用低；便于管理；占地较少；有利于航站楼开展商业化经营活动；等等。但当旅客流量很大，航站楼规模也很大时，可能会给空侧、陆侧的交通组织和旅客、行李在航站楼内的处理带来难度，进而影响旅客的通过能力和舒适程度。因此，集中式航站楼的关键是保持合理规模。

（2）航站楼空侧对停靠飞机的适宜性。航站楼空侧要接纳飞机。一般情况下，停靠飞机以上下旅客、装卸行李所需占用的航站楼空侧边长度，要比按旅客、行李等的空间要求所确定的建筑物空侧边长度大，特别是飞机门位数较多时更是如此。为适应空侧机门位的排布要求，一般航站楼空侧边在水平面要做一定的延展和变形，以方便飞机的停靠和地面活动，如蒙特利尔米拉贝尔国际机场如图 3-33 所示。

（3）航站楼陆侧对地面交通的适宜性。由于航站区地面交通的多样性（汽车、地铁、轻轨等），在考虑航站楼水平布局时，必须使方案便于航站楼陆侧与地面交通进行良好的衔接。当进出航站区的旅客以汽车作为主要交通工具时，航站楼设置合理的车道（长度、宽度）对陆侧交通非常重要。

2. 航站楼的空侧布局种类

为妥善处理航站楼与空侧的关系，人们曾提出过许多种航站楼空侧布局方案。这些方案可归纳为以下四种基本形式。

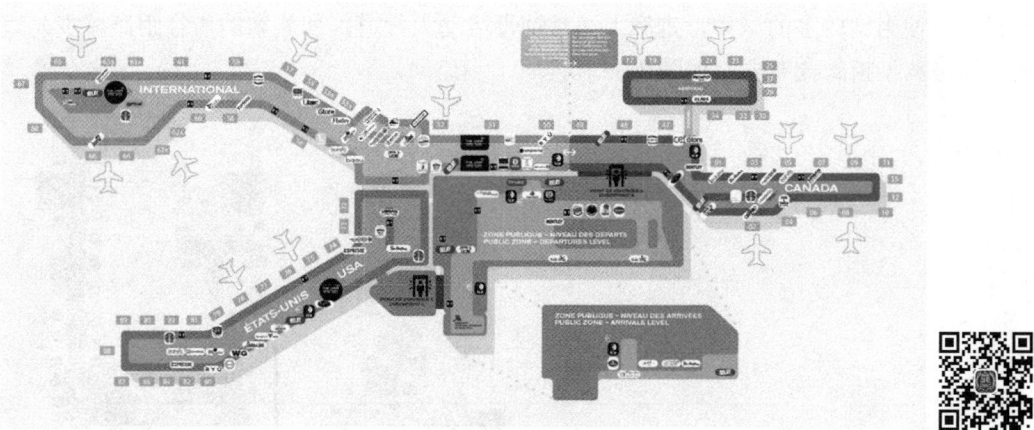

图 3-33　集中式航站楼（蒙特利尔米拉贝尔国际机场）

（1）直线式。这种形式是最简单的，即飞机停靠在航站楼墙外，沿航站楼一线排开，旅客出了登机门通过登机桥直接上机。它的好处是简单、方便，但只能处理少量飞机，一旦交通流量很大，有些飞机就无法停靠到位，容易造成延误，如图 3-34 所示。这类航站楼进深较浅，一般为 20～40 m。在机门位较少时，旅客从楼前车道边步入大厅办理各种手续后步行较短距离即可到达指定门位。客流量增大时，航站楼可向两侧扩展，这样可同时增加航站楼的空侧长度（以安排机门位）和陆侧长度（延长车道边）。但扩建后如机门位较多，必然使旅客的步行距离增加许多。在这种情况下，可以考虑将航站楼分为两个大的功能区，如国际区、国内区。

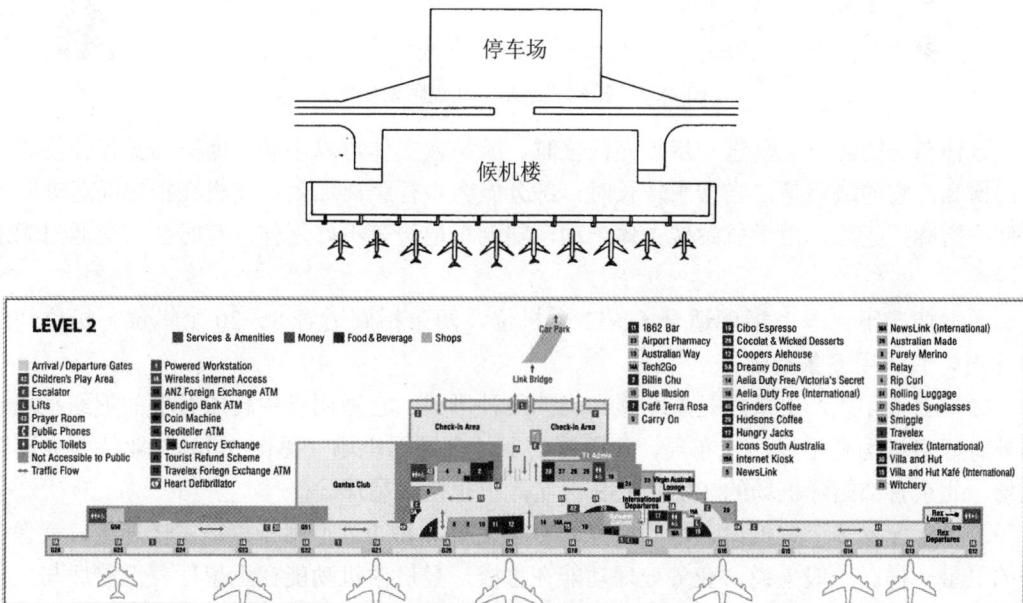

图 3-34　直线式航站楼（阿德莱德机场）

目前，我国大多数机场客运量较少，因此普遍采用这种水平布局。

（2）指廊式。由航站楼伸出走廊，飞机停靠在走廊两旁，这样可停放多架飞机，是目前机场中使用比较多的一种，走廊上通常铺设活动人行道，使旅客的步行距离减少，迈阿密机场是典型指廊式布局，如图 3-35 所示。

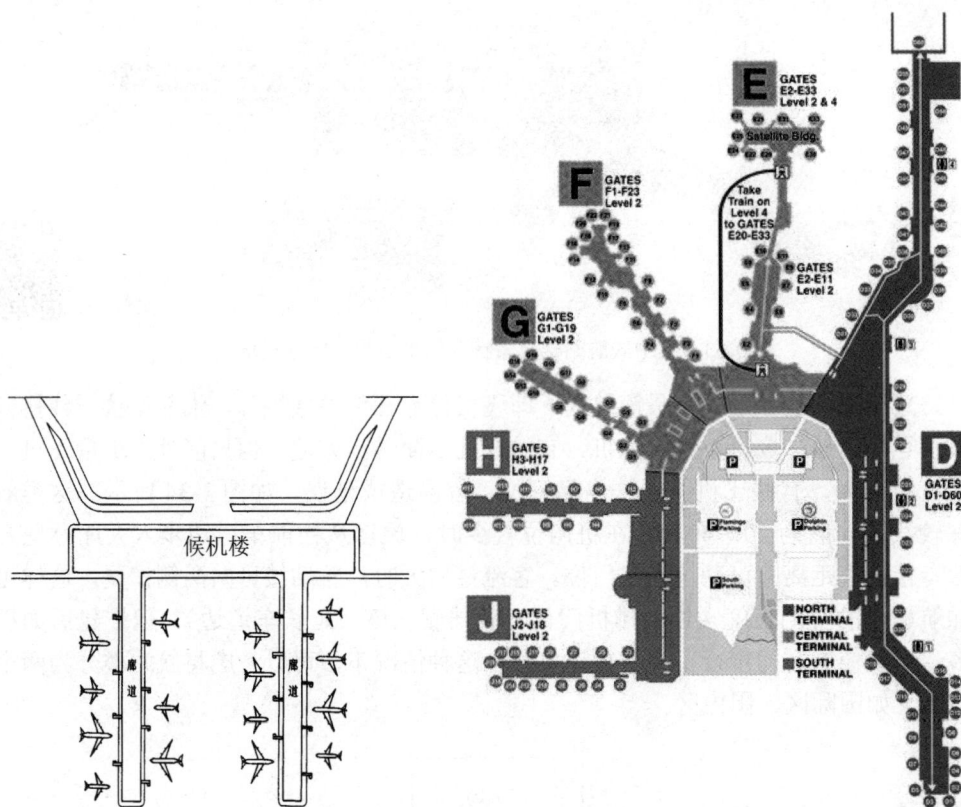

图 3-35　指廊式航站楼（迈阿密机场）

这种布局的优点是，进一步扩充门位时，航站楼主体可以不动，而只需扩建作为连接体的指廊。它的缺点是，当指廊较长时，部分旅客步行距离加大；飞机在指廊间运动时不方便；指廊扩建后，由于航站楼主体未动，陆侧车道边等不好延伸，有时会给交通组织造成困难。

通常情况下，一个指廊适合 6～12 个机位，两条指廊适合 8～20 个机位。机位超过 30 个时，宜采用多条指廊。

（3）卫星厅式。卫星厅是航站楼布局的一种形式，它适用于中转旅客多的枢纽机场。国外有好多机场是卫星厅式布局，如美国的奥兰多国际机场（见图 3-36）、亚特兰大国际机场，北京首都国际机场的 T3D、T3E 区实际上也是卫星厅。

卫星厅配置多个登机口，可同时停靠多架飞机，并通过走廊与机场主楼连接，就像主楼的卫星一样。一般来说，业务处理功能在主楼，登机候机功能在卫星厅。卫星厅与主楼之间有捷运系统相连，所以投资和维护费用很多。

卫星式布局的优点是，可通过卫星建筑的增加来延展航站楼空侧；一个卫星建筑上的多个门位与航站楼主体的距离几乎相同，便于在连接廊道中安装自动步道接送旅客，从而并未因卫星建筑距办票大厅较远而增加旅客步行距离。

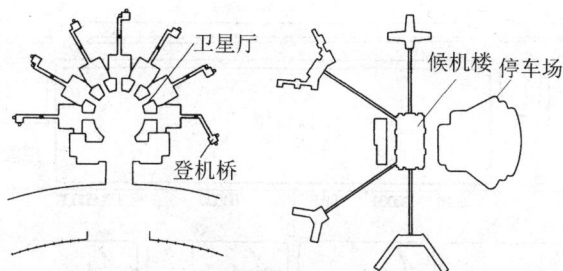

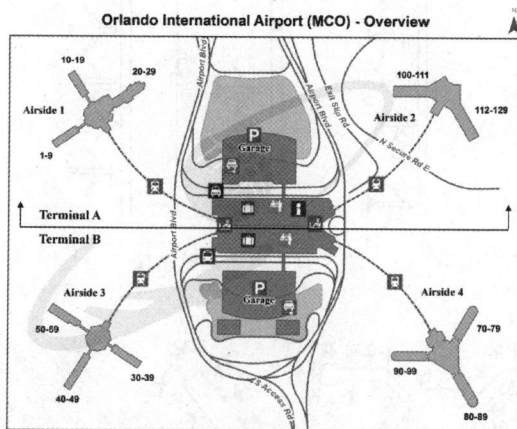

图 3-36　卫星厅式航站楼（奥兰多国际机场）

　　最早的卫星建筑都设计成圆形，旨在使卫星建筑周围停放较多数量的飞机。但后来发现，圆形卫星建筑具有一定的局限性。首先是不好扩建。其次，在对圆形建筑旁两架相邻飞机进行地面服务时，往往非常拥挤。现在新卫星改成矩形建筑。如上海浦东国际机场在建的卫星厅，这一建筑由两座相连的卫星厅 S1 和 S2 组成，整体形成"工"字形，设有 83 座各类登机桥固定端，提供 89～125 个大小不等的近机位。显然，与圆形建筑相比，矩形建筑旁的飞机地面服务更好安排，更有秩序。

　　（4）车辆运送式。车辆运送式也叫作远距离登机坪，飞机停放在离航站楼较远的地方，登机旅客由特制的摆渡车送到飞机旁，如图 3-37 所示。这种方式的好处是大大减少了建筑费用，可降低基建和设备（登机桥等）投资，并有着不受限制的扩展余地，因而可提高航站楼利用率。但它的问题是机坪上运行的车辆增加，机场上的服务工作人员增加，旅客登机的时间增加，而且增加了上、下车及下雨和刮风等外界天气对旅客的影响。为了解决后面两个问题，美国有些机场使用了移动登机桥，在汽车底盘上装上大型的可升降的车厢，旅客登车后，运至飞机旁边，车厢可升至机门相同高度，旅客直接进入飞机。

　　航站楼的形式并不是单一固定的，实际上，许多机场并非单一地采用上述基本布局或方案，而是多种基本形式的组合。例如，上海浦东国际机场是分散式多个单元组合的，既有直线式的，又卫星厅式的，但当客流量增大时，超过的部分就采用远距离的登机坪来解决。关于航站楼水平布局设计概念的演变和组合，如图 3-38 所示。显然，水平布局方案有多种选择，设计者必须全面、综合地考虑各个因素，方能做出技术合理的方案。

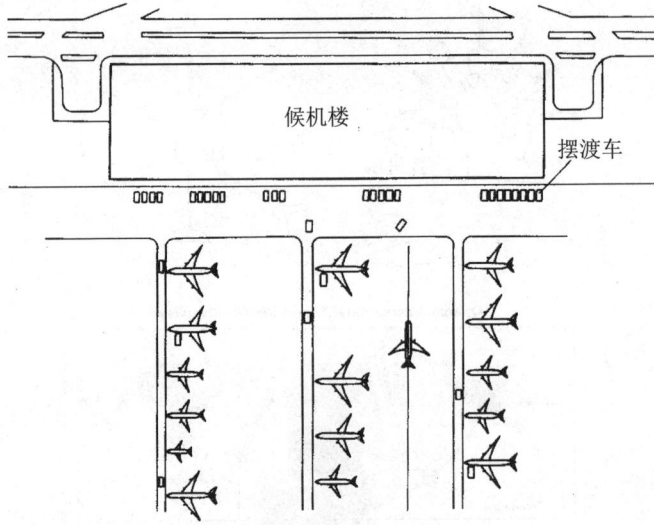

图 3-37 运送式航站楼

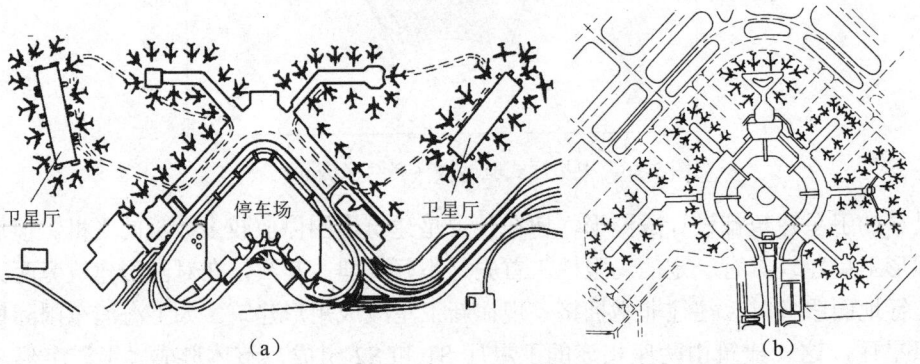

（a）

（b）

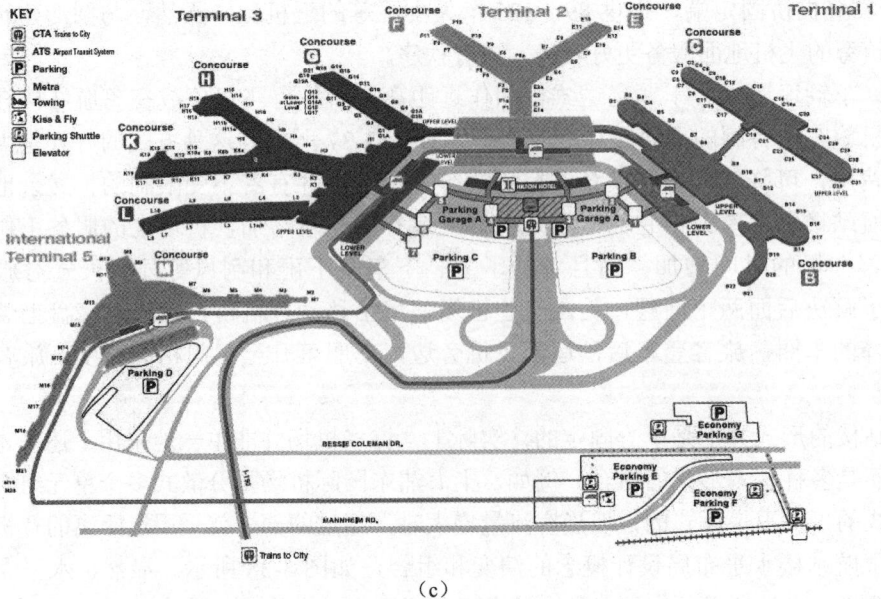

（c）

图 3-38 综合式航站楼（芝加哥奥黑尔机场）

二、货运站

机场货运站的布局与当前各种货运运输模式有关，大、中、小各类机场的货运站建设必须结合当地航空货运的特点，不求模式统一。

当前，世界主要机场的航空货运模式有三种：第一种是两个机场之间的直达航空货运运输模式；第二种是机场之间的点式货运中转模式；第三种是货运枢纽网络中转运输模式。

1. 两个机场之间的航空货运直达运输模式

第一种是以基地航空公司为代表的两点式运输模式。例如，东航（上海浦东国际机场为基地）、汉莎航空（法兰克福国际机场为基地）利用其公司通航点多的优势，开展以基地机场为中心，通航点机场为终端，开展两点运输模式。货代公司将货物委托航空公司运输，航空公司作为货运承运人负责两个机场之间的货物运输，待货物到达机场后，由货代公司负责将货物运输到客户处。这种运输方式主要以客机腹舱带货的方式进行，货量大的航线也采用全货机运输。

两点式运输模式的特点是：第一，利用客机航班密度大的特点，货运及时。第二，可以充分利用客机腹舱带货，增加客运的边际利润。货量大的航线，则布局全货机航班运输。第三，这种模式下航空公司一般不直接提供全程物流服务，地面运输由第三方负责，不利于提高货运服务品质、效率。

目前，我国绝大多数机场的货物运输属于航空货运直达运输模式。这类机场布局的典型是法兰克福国际机场的货物集散站（见图3-39）。货运站可以分为以下几个区域：货物运输专用道路、顾客服务处、停车场、收货区、安全检查区、各类仓储库区（贵重货物、危险品仓储、特殊货物、冷藏货物、鲜活货物仓储、集装箱、集装板、散货）、配载装卸区、中转货运区、进港货物区、发货区、管理区（行政、海关、动植物检疫）、装卸设备维护停放区。

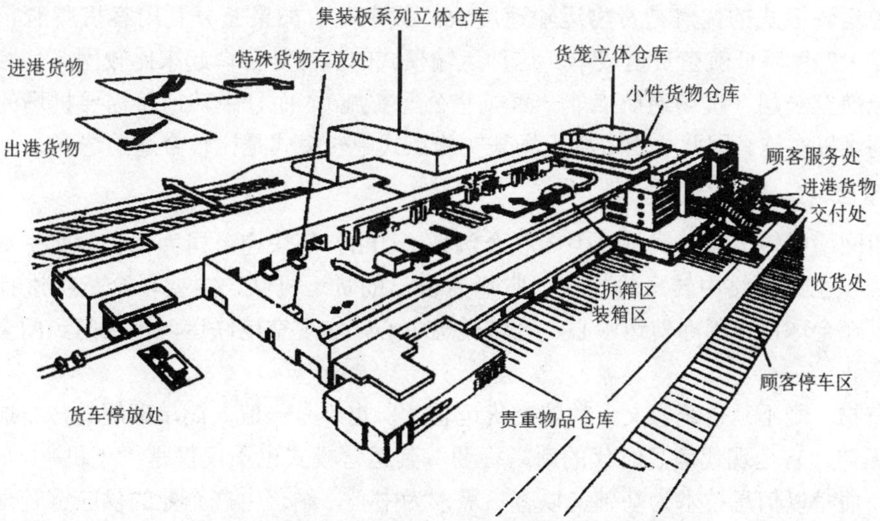

图 3-39　法兰克福国际机场汉莎航空公司货物集散站

货运站建筑设计，必须充分而全面地考虑建筑物的使用功能。综合办公楼应考虑到各方面的业务需要和顾客的方便，与顾客有关的服务区，办理手续柜台应尽可能集中。货仓规模应与货流量和货流特性相适应，使之能发挥预期的调配空、陆侧货流量的作用。货仓应适合所存货物种类，便于仓储设备的安装、运行和维修，便于货物的运输、码放、保护和监管。除了配有一般的建筑设备，货舱还要做好防火、保安等方面的设计。对特别繁忙机场的大型货仓，应注意使货仓的位置、进出口、仓储设备与货物运输工具、车辆等能进行良好衔接配合，以确保出现高峰货流时货仓的吞吐能力。对特种货物，应考虑设计相应的建筑设施（如危险品库、冷库等），如图 3-40 所示。

图 3-40　机场仓储设备

2. 机场之间的航空货运点式中转模式

点式中转模式则是快递公司利用大型机场通航点多的优势，通常有一个中心机场，以通航点机场为终端，以客机腹舱带货的方式开展的一种航空货运中转模式。每个通航点终端机场作为航空货物集散点，开展集货和散货服务。航空货物通常不直接空运到目的地机场，而是先空运到中心机场，然后在中心机场与其他集散点搜集的货物经过集拼作业，再空运到目的地机场。

这种运输模式的优点是货物运输速度快、效率高，如果充分利用客机腹舱带货的优势，可以大幅度降低航空货运成本。这种运输模式的缺点是协调起来比较困难，腹舱带货涉及多家航空公司（机场通航点非一家航空公司实施），而且中转衔接需要机场的大力支持，否则难以实施。因此，由中心机场来实施点式中转模式是比较合适的选择。

3. 枢纽网络中转运输模式

枢纽网络中转运输模式是以美国联合包裹（UPS）等快递公司为代表的航空货运枢纽两个端点以上的网络中转运输模式。它们有自己的货运机队，主要以全货机进行货物运输。通过在全球设置国际转运中心、区域转运中心，实现空地联运，提供门到门全程物流运输服务。

航空物流既不是传统意义上的航空货运企业，也不是一般人简单理解的传统航空货运服务的延伸，它是现代信息时代的新兴行业，其运营模式也不仅仅是"飞机+卡车"的简单加法，而是以信息技术为基础，以客户需求为中心，结合生产企业的供应链管理，配合生产厂商设计出的以"一站式""门到门"服务为特征的一体化物流解决方案，为客户企业提供原料和产品的供应、生产、运输、仓储、销售等服务，并结合成有机整体的优质高效的个性化综合物流服务。著名的航空物流企业有美国联合包裹（UPS）、美国联邦快递（FedEx）（见图 3-41）、德国敦豪（DHL）、荷兰天地物流（TNT）、中国顺丰（SF）等。

图 3-41　美国孟菲斯机场 FedEx 转运中心

航空货运枢纽网络运输模式的优点有：通航点之间运输线路不是唯一的，存在两个以上的运输线路，可以统筹运输线路和匹配运力；运输效率高。缺点是部分货物的运输时间较长（中转），货运成本费用也高。

大型枢纽机场必须改变传统的航空货运模式，加快基本建设，按现代物流要求货运站建造一体化货物处理中心，引进大型航空物流企业，成为本地区的国内或国际货运枢纽。

航空货运枢纽网络运输模式依靠人力是无法进行运营管理的，UPS、FedEx、DHL、SF 等公司无一例外都建立了自己的计算机网络和电子通信系统，UPS 甚至用技术手段，结合派送货物的数量来规划每个司机的送货线路。先进的网络及通信系统是这些（快递）物流公司的核心竞争力。

一体化货物处理中心就是运用互联网技术、自动分拣技术等先进的科技手段和设备对航空货物进港、出港、库存、分拣、包装、配送、查验、报关、报检及其信息进行有效的计划、执行和控制的物流活动。典型的一体化处理中心主要包括：自动化立体仓储系统，自动输送系统（包括移动机器人系统 AGVS），自动识别系统和自动分拣系统，自动化标签系统，电子通关系统，以及自动称重、自动体积测量、自动打板等作业系统的其他自动报关、报检辅助系统，航空货运处理信息系统，等等。如图 3-42 所示。

图 3-42　UPS 科隆波恩机场转运中心自动分拣设备

2022 年中国快递龙头企业顺丰（SF）在中国中部的鄂州花湖机场建成一个超级转运中心，打造一个能够比肩孟菲斯的货运专业枢纽，支撑起顺丰承运高端快递业务的基础，如图 3-43 所示。自 1993 年成立以来，顺丰构建了强大的物流"底盘"。截至 2022 年 6 月，顺丰总资产超过了 800 亿元，拥有 71 架货机、38 家分公司、200 多个中转场、7 800 多个基层营业网点和 17 万名员工，2021 年的营业收入达到 2 072 亿元。

图 3-43　湖北鄂州花湖机场

顺丰正在织密以鄂州为枢纽的国际货运航线网络，2023 年已陆续开通从鄂州飞往比利时列日、印度金奈和德里、美国洛杉矶等地的新航线，初步形成由鄂州向欧洲、北美洲、南亚辐射的航线网络布局。鄂州机场的顺丰转运中心已在 2023 年 9 月 9 日完成转场，40 余条国内货运航线转至鄂州，从而真正形成辐射全国的货运网络。

三、政府驻场机构

国际机场是国家重要的出入境口岸，在出入境管理方面必须符合我国有关法律、法规的规定。联检单位就是按照国家法律、法规的规定设置的相应机构（海关、边防、检验检疫），也是国际机场运营的必要条件。机场管理机构要为联检单位在航站楼内提供以下机构必要的工作场所和必需的服务设施。

（一）海关

海关是国家对出入境的物品和运输工具进行检查并征收关税的监督管理机构。其主要职能是依法对进出境的运输工具、货物、行李物品、邮递物品和其他物品进行监督管理，征收关税和其他费用，查缉走私，编制海关统计并办理其他海关业务。

（二）边防

公安部在对外开放口岸设置边防检查站，依法对出入境人员、交通运输工具及其携带、载运的行李物品、货物等实施检查监督，是维护国家主权、保卫国家安全、方便合法入出境的必要手段，是国家整个保卫工作的重要组成部分。其主要职能是：依法对出入境人员的护照、证件进行查验；对出入境的交通工具进行检查；查缉和制止非法人员出入境活动，防止非法偷渡以及对边防查控等实行管理。

（三）检验检疫

2018 年 3 月，根据第十三届全国人民代表大会第一次会议批准的国务院机构改革方案，将国家质量监督检验检疫总局的职责整合，将国家质量监督检验检疫总局的出入境检验检疫管理职责和队伍划入海关总署。

检验检疫是根据国家有关法律规定，使用科学技术手段和管理手段，对出入境的人员、交通工具、集装箱、行李、货物、邮件等实施检疫查验、传染病监测、卫生监督和必要的卫生处理。动植物检疫是对进出境的动植物、动植物的产品及其法律规定的应检货物、物品、运输工具实施检疫，防止各种动物危险性传染病、寄生虫病，植物危险性病、虫、杂草传入国境，保护我国农、林、牧、渔业生产安全和人民身体健康，维护我国国际信誉，促进外贸发展的一种强制性措施。

（四）维护社会治安部门（公安）

机场公安部门的职责是维护空港地区（包括航站楼在内）的社会治安。机场属地化管理后，机场公安机构也随机场移交给地方政府，机场接受当地市公安局的领导。机场地区治安情况如何，直接影响着机场的运营、安全和服务质量。

四、其他服务机构

航站楼是人流和物流的汇集中心与集散地，是多种交通枢纽的结合点，这为航站楼创造了许多商机。因此，航站楼内往往集中了许多服务性机构，如商场、免税店、书店、计时旅馆、餐馆、旅游企业、娱乐中心、地面交通、银行、邮电等单位，这些服务性机构为旅客和用户提供了许多便利，成为航站楼的一个组成部分。

第四节　地面综合交通区

一、打造现代化机场综合立体交通枢纽

党的二十大报告提出了全面建成社会主义现代化强国的战略安排，并强调要加快建设交通强国、质量强国。国家"十四五"规划和 2035 年远景目标纲要指出，要建设现代化综合交通运输体系，推进各种运输方式一体化融合发展，提高网络效应和运营效率。打造以机场为核心的现代化综合立体交通枢纽，需要坚持一体化高质量发展，进一步加强综合立体交通。

（一）树立现代综合交通运输体系理念

发挥好机场的应有作用，要树立现代综合交通运输体系理念。当代世界交通运输业的发展出现了两大重要发展趋势：一方面，随着世界新技术的发展，交通运输业广泛采用新

技术，提高了运输工具和设备现代化以及运输管理信息化水平；另一方面，由于运输方式的多样化、运输过程的统一化，各种运输方式朝着分工协作、协调配合、互为补充的综合运输体系方向发展。从总体看，我国交通运输发展的长期战略目标是：以市场为导向，以可持续发展为前提，建立客运快速化、货运物流化的智能型现代综合交通运输体系。

"十三五"以来，随着民航先导性、战略性和引领性地位的不断提升，机场在综合交通枢纽中的核心地位不断凸显，行业内外对机场轨道集疏运系统的认识也不断加深，高铁、城际、城市轨道等交通方式的规划选线开始围绕机场规划，并服务大型枢纽机场的新建和改扩建工程。2019年建成开航的大兴机场成为最具代表性的工程，高速铁路、城际铁路和城市轨道同时接入，形成了"城市轨道服务城市旅客，城际铁路服务区域旅客，高速铁路服务跨区旅客"的三个服务圈层，多样的轨道类型满足了不同人群的出行需求，覆盖了更加广阔的市场腹地。航站楼与轨道车站一体共构，各功能模块高度集成，将换乘距离进一步缩短，极大提高了旅客出行的便捷程度。目前机场快线的旅客分担率已接近40%，未来随着连接雄安新区、北京商务中心区CBD、城市副中心和首都机场的其他轨道逐步开通，机场的轨道分担率将达到50%以上，有望超过东京羽田机场，成为全球轨道分担率最高的大型枢纽机场。

近十年来，我国高速公路快速发展，八纵八横高速铁路建设、民用航空发展每年以10%以上的速度增长，从总体发展趋势讲，各种运输方式各有优势，相互竞争只会使各自找准目标市场，进一步清晰未来发展定位。民航以其高效便捷、机动灵活、国际性强等特点，受到广大旅客欢迎。在中国民航快速发展过程中，为方便旅客出行、畅通货物运输，民用机场逐步汇聚城市道路、高速公路、城市轨道、铁路等多种交通方式，形成了44个以机场为核心的综合交通枢纽，是我国现代综合运输体系建设的重要组成部分。我国民航主动融入现代综合运输体系，这对促进我国现代综合运输体系发展具有重大意义，对民航自身发展也具有积极而深远的影响。

（二）加强统筹规划

2021年中共中央、国务院印发的《国家综合立体交通网规划纲要》指出，到21世纪中叶，全面建成现代化高质量国家综合立体交通网，拥有世界一流的交通基础设施体系，交通运输供需有效平衡、服务优质均等、安全有力保障。新技术广泛应用，实现数字化、网络化、智能化、绿色化。出行安全便捷舒适，物流高效、经济、可靠，实现"人享其行、物畅其流"，全面建成交通强国，为全面建成社会主义现代化强国当好先行。

我国机场发展已经进入规划建设高峰期、运行安全高压期、转型发展关键期和国际引领机遇期，"十四五"时期民航要新增运输机场30个以上，旅客吞吐量前50名的机场超过40个要实施改扩建，全部是"多航站楼+多跑道"的大型综合立体交通枢纽工程。考虑到我国枢纽机场多为点对点客流，旅客中转比例偏低，大量旅客的空陆侧转换将产生持续的高强度的地面交通压力。轨道系统运量大、速度快、准点率高，且能提供安全、舒适、绿色的服务，可以支撑不同层次人群的出行需求，因此成为机场集疏运体系中的主导方式。轨道引入机场，也带来了建设主体多、综合集成度高、界面交叉复杂等挑战。

加强统筹规划，推动基础设施一体化。规划衔接方面，建议全国民用机场布局规划与国家中长期铁路规划深度融合，枢纽机场选址应当积极对接国家中长期铁路规划、城际铁路网规划和城市综合交通体系规划，并积极争取在机场设站。枢纽机场所在城市发展条件满足国务院办公厅城市轨道交通规划建设管理意见的，机场应抓住有利时机，主动接入轨道交通；对于既有机场和暂时不满足条件的城市，机场应当充分利用改扩建时机，做好总体规划空间预留。项目建设方面，应当发挥机场的主体作用，合理确定建设时序，集约布局各类设施，突出一体化衔接。

机场综合交通规划应与周边交通规划相衔接。随着全球化进程的加速，航空港高效的时间利用率及其高度叠加的服务功能日益显著。从越来越多的枢纽机场规划实例来看，合理、便捷、高效的交通规划是实现这些功能的重要保障。客货的高效运转，除了依赖机场场区内的地面交通，还要与机场最大辐射半径内的周边综合交通体系连成一片，通过高速公路、轨道交通、机场联络轨道线、城际轨道、高速铁路等方式对接。目前，空地结合、港城联动、综合交通运输理念作为机场规划内涵外延的体现，还需要多方进行密切沟通和协商，打破行业和地区壁垒。

要确保机场与其他交通运输方式的有效衔接，离不开民航和相关部门以及各地方政府的沟通协作。作为机场的行业监管部门，民航局将主动指导并协助地方政府制定本地区的民航发展规划，确保民航规划与地方的经济社会发展规划、城乡建设规划、土地利用规划等相衔接；引导地方政府将机场纳入地区综合交通体系建设，重视区域现代综合运输体系的整体规划，在新建和改扩建机场时，预留与其他交通方式衔接的空间；着眼于综合交通运输体系的建立，建设以大型机场为核心的综合交通枢纽，完善机场与高速公路、城市轨道、城际铁路的衔接，提高机场通达能力、便捷换乘能力和辐射能力，方便旅客和货物在机场的快捷集散。

二、大型机场应规划建设一体化综合交通枢纽

建设大型国际航空枢纽，是一项复杂的系统工程。其中，构建四通八达的航空网络，是航空公司优化航线结构的产物，而构建便捷的空地换乘方式，需要建立以机场为核心的现代综合交通运输体系。因此，世界上重要的国际城市，既是大型国际航空枢纽，也是地面综合交通运输枢纽。

上海虹桥综合交通枢纽是立体综合交通枢纽的典型代表。根据国家战略部署，上海将逐步建成社会主义现代化国际大都市，国际经济、金融、贸易、航运中心。上海市依托虹桥机场打造国内乃至世界上最大的综合交通枢纽，自2010年3月16日正式投入运营以来，已经产生了巨大的社会、经济效益。

2023年春天，上海虹桥国际机场迎来了一个回顾与再出发的节点——《虹桥国际开放枢纽建设总体方案》发布两周年，"畅通内外循环，'大交通'功能进一步夯实"。近年来虹桥机场的商务快线、精品机场特色日益鲜明，快线、准快线航班比例已经超过八成。而集机场与火车站、城市轨道交通、高速公路客运等多种交通方式于一体的亚洲最大的上海虹桥综合交通枢纽，更是已经成为民航"牵手"铁路和城市轨道交通、打造"轨道上的机场"、开展空地多式联运的成功范例。目前，在京沪高铁、沪杭高铁、沪宁城际、沪苏

湖高铁和上海地铁 2 号、10 号、17 号线已经通达的基础上，虹桥机场与城市轨道交通的新一轮联合发展正在紧锣密鼓地推进。

据规划，由扩建中的浦东国际机场与上海东站共同组成的"东方枢纽"，首先进入枢纽、对接民航实现空铁联运的，是正在建设的沪通铁路二期。作为国家中长期铁路网规划"八纵八横"高铁网沿海通道的重要组成部分，沪通铁路二期主要承担上海、苏南与苏北地区城际旅客出行保障任务，建成通车后将填补上海东部地区干线铁路的空白。一个颇具规模的多式联运枢纽范本、一个更宏大的"轨道上的机场"未来将出现在东海之滨。

近年来，各地区加快推进机场配套交通运输体系建设。云南省的昆明长水国际机场以航空枢纽为核心，就是按照现代综合交通运输理念整体规划建设的。深圳宝安国际机场、成都天府国际机场也同步规划建设机场综合交通体系。河南省政府大力推进"以航空为核心，建立多式联运的航空运输枢纽"计划，三条城际铁路引入机场。河北省结合石家庄正定国际机场改（扩）建、京石高速铁路建设，规划建设机场综合交通枢纽，对驶入机场方向的直通车单向免收高速公路通行费。陕西省正在建设西安咸阳国际机场地面综合交通枢纽工程项目，同时建设西安至机场的城际铁路快线。湖南省加紧推进以长沙黄花国际机场为核心的综合交通体系规划建设项目。当前各级政府高度重视区域现代综合运输体系的整体规划，一些新建以及改（扩）建机场在规划上要预留与快速交通方式衔接的空间，逐步改善现有机场的地面交通条件，要将高速公路、城市公交、城铁等接入机场，这对促进我国现代综合运输体系发展具有重大意义，对放大民航作用具有积极而深远的影响。

三、空地联运

打造综合交通枢纽，不仅把各种交通方式引入机场，更重要的是加强机场与其他交通运输方式的相互衔接，空地联运就是一个突破口。近年来，各航空公司和机场日益重视打造航空枢纽，不断增强各大枢纽城市对周边城市的辐射带动能力。随着乘坐飞机出行的旅客数量不断增加，航空运输衔接短途地面运输的联运市场需求也不断增加。

目前，"航空+铁路""铁路+公路""航空+水运"等跨运输方式的旅客联程运输服务在我国已经普遍存在。但由于不同运输方式在客票格式、运价制定标准、客票结算、客票清算、行李运输、服务保障等方面存在显著差异，目前仅能以两家采用不同运输方式运营的企业签订双边联运协议的办法，开展有着极强限制性的旅客联程运输，在跨两种运输方式以上的旅客联程运输方面，我国还停留在旅客自行安排行程、分别购票和被动接驳的"隔离式"联程运输阶段。由此带来的因前段运输不稳定而出现的后段运输变动的难题，极大地影响了旅客的出行体验，这也是我国倡导实现大交通一体化发展亟待解决的问题。

践行以人为本，推动运输服务一体化。针对我国机场枢纽目前存在的安检不互认、换乘流程较复杂、站点商业开发不足等问题，可借鉴欧洲机场、香港机场等轨道集疏运系统的运营经验，建议推动我国空铁安检标准的进一步衔接，加强机场轨道沿线站点的换乘信息引导，尽量避免重复安检。旅客换乘方面，可借鉴欧洲、日本等机场好的经验，提升衔接效率和旅客体验。轨道交通线宜根据客流特点和线路定位等因素，提供多种服务类型，对快慢车实施不同的停站方案和运营时间，提高运营效率并节约运营成本；还可借鉴国外混合型线路做法，在一条线路上共轨运营商旅专线和通勤列车。在城市端主要轨道车站，可以设置城市航站楼并与轨道站台一体化布置，提供值机、候机、行李托运甚至海关等服务。建议航空公司与铁路公司进一步有效整合运能，充分发挥民航、铁路的比较优势和集成发展优势，联合打造空铁联运服务产品，互设服务柜台、增设引导标识，实现一站购票，形成地空立体交通网络，构建具有中国特色的"航空+高铁"的大容量、高效率、现代化的快速交通运输服务体系，实现相互激活、相互支撑的良性格局，为全球航空运输发展提供新方案和新实践。建议不断优化航空运输与地面运输的跨界衔接，依托行李全流程跟踪系统，推广"徒手出行，轻装回家"等行李免提、门到门服务产品。

坚持智慧发展，推动信息平台一体化。随着智能化逐渐融入人们的生活，航空旅客在购票渠道和支付方式智能化、安检智能化、行李全程跟踪、航班或轨道时刻信息互通等方面对集疏运提出新要求。智慧民航建设是"十四五"时期民航发展的主线和高质量发展的主要方向，通过智慧机场建设，充分运用大数据和云平台等信息技术，不断提升交通基础设施数字化、网联化，加强客流实时动态感知、预测预警、自动决策等能力，打破民航与其他交通方式的信息和服务边界。建议加强顶层设计，整合数据资源，拓展应用场景，建立"用数据说话、用数据管理、用数据决策、用数据创新"的枢纽协同平台，促进航班波构建、轨道列车时刻、旅客市场习惯等多类数据共享，使城市地面交通资源的运力匹配、交通组织、流线设计与航班运行状态相匹配。针对机场运行易受恶劣天气影响的特点，强化预报预警，加强会商应对，及时精准匹配交通资源。建议充分发挥航空运输先进分销结算体系优势，率先实现航空与城市轨道、高铁等方式"一票到底"和"行李直挂"，满足日益丰富多元的航空市场需求。我们正在会同山东机场集团依托济南机场二期扩建项目，进行综合交通枢纽相关运行资源保障的研究，以期提高协同管理的针对性、实用性和可操作性。

对旅客而言，空铁联运不仅是运输"联运"，也是"服务"联运，带来了出行体验的进一步提升。目前，多家航空公司与国铁合作推出的空铁联运产品能够提供机票以及"飞机+高铁"联运票，联运票可让旅客享受"一次购票、一次支付，飞机、高铁出行无缝衔接"。

空铁联运不仅能够更好地满足人民美好出行需要，也将实现交通网与物联网的有机融合，有力推动区域人流、物流、信息流等形成经济发展的潮流，加快与促进区域形成统一市场甚至全国统一市场。空铁联运尤其对加快构建"双循环"新发展格局起到巨大推动作用，对国家未来经济发展具有非常重要的战略意义。

第五节　临空经济区

临空经济区是依托航空枢纽和现代综合交通运输体系，提供高时效、高质量、高附加值的产品和服务，集聚发展航空运输业、高端制造业和现代服务业而形成的特殊经济区域，是民航业与区域经济相互融合、相互促进、相互提升的重要载体。在新经济时期，许多国家和地区出于转变经济发展方式的需要，纷纷把临空经济作为经济发展的新引擎，大力进行临空经济区建设，以期通过加速临空经济发展实现发展方式的转变。

近年来，在全球经济一体化快速推进的过程中，临空经济已经成为提高区域经济竞争力、促进跨越式发展的重要驱动力，发展前景十分广阔。建立临空经济区，发展临空经济，已经成为各地的共识，各地纷纷学习效仿规划创建临空经济区。

据统计，美国现有 490 座国际民航机场，以机场为依托形成的临空经济区所产生的GDP 已占全国 GDP 的 8%。目前我国临空经济区发展已取得了一些积极成效。截至 2023年，我国 31 个省份明确规划和开始建设的临空经济区有 89 个。全国已批复建设国家级临空经济示范区 17 个，在运营的临空经济区数量达到 85 个，临空经济区的发展规模和发展质量不断增强，逐渐成为推动区域经济社会发展的重要增长极。

一、临空经济区的规划

临空经济区域规划合理，不仅有利于自身管理运营，提高生产效率，还有利于发挥机场对相关产业链的聚集效应，带来保税区、物流区、高附加值产品加工区与航空产业相关制造业等的聚集，并通过汇集经济社会中的各种资源和信息，对区域经济社会发展产生强大的催化效应和辐射作用。

临空经济区必须以航空枢纽机场为依托。只有具有一定规模的航空运输才能够带动临空经济的形成和发展，因为临空经济成功发展受两个基本要素的影响：一是硬件条件，机场自身完备的设施和机场周边边界的地面交通，以及良好的商务设施情况；二是软件条件，即机场的发展战略及自身定位，机场所在区域经济发展的均衡和产业结构的合理布局、配套的文化科研机构、绿色的自然环境以及政府的政策支持缺一不可。然而，也有部分机场的"鸡肋效应"突出。一些机场规模小，客货运输能力有限，服务半径小，亏损严重，运输机场的功能和效益难以匹配，更难以起到区域经济发展的"引擎"作用。

为推动临空经济示范区健康有序发展，2015 年 7 月国家发展改革委与民航局联合出台了《关于临空经济示范区建设发展的指导意见》（以下简称《指导意见》），明确了临空经济示范区建设发展的总体要求、设立条件、申报程序、建设任务、职责分工、监督考核。

（一）总体要求

根据《指导意见》，临空经济示范区建设发展将按照党中央、国务院决策部署，重点依托大型航空枢纽，遵循航空经济发展规律，引导和推进高端制造业、现代服务业集聚发展，构建以航空运输为基础、航空关联产业为支撑的产业体系，推动低污染、低环境风险产业与城市融合协调发展，把临空经济示范区建设成为现代产业基地、区域物流中心、科技创新引擎和开放合作平台，为促进区域经济社会发展和经济发展方式转变提供有力支撑。

（二）设立条件

《指导意见》明确了申报设立临空经济示范区（包括航空港经济综合试验区、航空经济示范区等）应具备的四个条件：一是应符合区域发展总体战略、新型城镇化战略和优化经济发展空间格局的总体要求，符合全国主体功能区规划和相关土地利用总体规划、城乡规划，资源环境承载能力较强，行政区划清晰明确；二是原则上在直辖市、省会城市、计划单列市，或者其他区位优越、物流便利、开放型经济发展水平较高的大城市布局；三是所在地机场年货邮吞吐量应在 10 万吨以上或年客流量达 1 000 万人次以上，空域条件较好，现代交通运输体系较为完善，便于开展联程联运和陆空衔接，有一家以上的基地航空公司或若干家大型物流公司入驻，适当考虑通用航空基础好、航空制造业发展潜力大的地区；四是所在地机场周边现有产业园区基础良好，特色突出，产业结构合理，临空指向性强，基础设施和管理服务体系比较完善，周边货运集疏运网络系统与机场货运能力相匹配，有利于承接与集聚发展相关的产业。

（三）基本原则

《指导意见》指出，临空经济示范区建设发展应遵循以下五个基本原则。

（1）统筹规划、优化布局。认真总结既有经验，客观分析现实条件，结合国家战略安排和区域发展需要，统筹考虑全国民用机场布局和机场总体规划，优化整体布局，推动资源优化配置与要素合理流动，促进有序开发。

（2）集约节约、保护耕地。落实最严格的耕地保护制度和节约用地制度，严控新增建设用地占用耕地，统筹新增建设用地和存量挖潜，优化开发利用格局，提高土地使用效率，促进土地利用模式创新。

（3）因地制宜、分类指导。加强规划和政策引导，立足比较优势，突出区域特色，合理确定发展方向和重点，把握准入标准，推动经济结构转型升级，防止低水平重复建设。

（4）有力有序、稳步推进。严格控制总量、重视发展质量、适度超前布点，统筹考虑各地经济发展水平，成熟一个，推进一个，明确职责分工，加强督促检查和跟踪指导。

（5）改革创新、先行先试。遵循市场经济规律，推进重点领域和关键环节改革，在管理体制和运行机制等方面先行先试，着力提高对外开放水平，发挥示范带动作用。

（四）建设任务

《指导意见》提出了临空经济示范区的五大建设任务，具体如下。

（1）优化空间发展布局，促进区域协同发展。按照节约集约发展理念，推进"多规合一"，规范空间开发秩序，着力推进与城市规划、交通基础设施规划以及区域规划的有机衔接，统筹考虑包括航空港区、综合服务区、产业集聚区、现代物流区、生态防护区等在内的功能分区，形成畅通高效的交通网络、绿色宜居的生活环境、集约有序的城市空间。

（2）推进航空枢纽建设，构建立体交通系统。提升机场客货运功能，加快航空货运仓储设施和货运转运中心建设，完善物流转运设施，提高货物换装的便捷性和兼容性，拓展优化航线网络，完善陆路、水路交通运输体系，加快发展多式联运，促进航空、公路、铁路、水运等多种运输方式高效衔接、互动发展，打造"门到门"快速运输系统，提高客货运中转效率和机场服务水平。

（3）发展优势特色产业，构建高端产业体系。依托航空货运网络，发挥产业和市场优势，积极引进发展航空设备制造及维修、电子信息等高端制造业，发展壮大航空物流、专

业会展、电子商务等现代服务业，促进专业化分工和社会化协作，打造各具特色的产业集群，推动产业创新升级，形成以航空运输为基础、航空关联产业为支撑的高端产业体系。

（4）提升开放门户功能，辐射带动区域发展。创新对外开放体制机制，推进民航管理先行先试，研究推进航权开放，加快航空口岸建设，促进通关便利化，构建国际化营商环境，提升参与国际产业分工层次，建设富有活力的开放新高地；发挥交通、产业和开放优势，强化产业集聚和综合服务功能，延伸面向周边区域的产业链和服务链，实现更大范围、更广领域、更高层次的资源配置，促进合作共赢。

（5）加强生态环境保护，促进绿色低碳循环发展。统筹处理好经济发展和生态环境保护的关系，坚持生态优先，严格建设项目及产业准入门槛，严禁开展不符合功能定位的开发建设，大力发展循环经济，尽量使用存量建设用地，强化用地开发强度、土地投资强度等用地指标的整体控制，促进资源节约集约利用，提高能源资源利用效率，控制主要污染物排放总量，加强环境风险防范和应急处置，推动形成绿色低碳的生产生活方式，着力改善生态质量。

二、国家临空经济示范区

临空经济区是依托航空枢纽，集聚发展航空运输业、高端制造业和现代服务业而形成的特殊经济区域，是民航业与区域经济相互融合、相互促进、相互提升的重要载体。为了更好地发挥民航对地方经济社会发展的支撑作用，与地方政府共同写好临空经济发展的大文章，"十三五"以来，民航局会同国家发展改革委建立协同工作机制，在政策实施、项目建设、体制机制创新等方面，积极支持引导地方政府有序开展临空经济示范区建设。

目前国家级临空经济示范区有 17 个：郑州航空港经济综合实验区、北京大兴机场临空经济区、青岛胶东临空经济示范区、重庆临空经济示范区、广州临空经济示范区、上海虹桥临空经济示范区、成都临空经济示范区、长沙临空经济示范区、贵阳临空经济示范区、杭州临空经济示范区、宁波临空经济示范区、西安临空经济示范区、首都机场临空经济示范区、南京临空经济示范区、长春临空经济示范区、南宁临空经济示范区、福州临空经济示范区。

以下重点介绍四个临空经济示范区。

（一）郑州航空港经济综合实验区

2013 年 3 月，国务院正式批复《郑州航空港经济综合实验区发展规划（2013—2025年）》，国内首个航空港经济综合实验区正式落户郑州，这也是我国华中地区首个国家临空经济示范区。规划面积 415 km²，是集航空、高铁、城际铁路、地铁、高速公路于一体的综合枢纽，是以郑州新郑国际机场附近的新郑综合保税区为核心的航空经济体和航空都市区。根据规划，郑州航空港经济综合实验区将建设成"国际航空物流中心、以航空经济为引领的现代产业基地、内陆地区对外开放重要门户、现代航空都市、中原经济区核心增长极"。郑州航空港经济综合实验区能纳入国家战略，既是河南发展的需要，也是国内产业转型升级的需要。

在实验区获批后，郑州航空港经济综合实验区迅速完成机构组建，为实验区各项事业开展提供有力的组织保障；争取政策支持，为实验区的快速发展扫清政策体制障碍；规划先行，完成了《郑州航空港经济综合实验区发展规划（2013—2025年）》编制工作。根据规划，按照建设大枢纽、发展大物流、培育大产业、塑造大都市的总体发展思路，建设国际航空物流中心、以航空经济为引领的现代产业基地、内陆地区对外开放的重要门户、现代航空都市、中原经济区核心增长极的战略定位，以"一核领三区、两廊系三心、两轴连三环"为空间布局。

郑州航空港区在10年间实现了从机场小镇到航空新城的跃升，建成了较为完备的产业体系，初步形成了"3+N"产业体系。"3"即三大千亿元级产业集群，即以富士康为头雁的智能终端产业集群，以兴港新能源为龙头的新能源产业集群，以超聚变为核心的服务器产业集群。"N"即生物医药、半导体、智能装备、新型显示、航空制造及新基建、航空物流、跨境电商等多个百亿元级产业集群。

走在临空产业前列的郑州航空港区已经尝到了产业发展的甜头。据统计，2022年，郑州航空港区生产总值达到1 208亿元，外贸进出口完成4 700亿元，占河南全省进出口总额的半壁江山。

郑州航空港经济综合实验区的设立，对郑州乃至河南发展具有划时代的重大意义：它为身处内陆的河南插上一双腾飞的翅膀，具备了弯道赶超沿海城市的开放机遇，使河南站在发展的新起点上，可以俯瞰全球，放眼未来；它打开了中原经济区建设的战略突破口，使中原崛起的梦想走进现实，使国家东部带动西部经济发展有了强大纽带；它打造了河南经济结构转型升级的新平台和经济发展的新引擎。

（二）北京首都临空经济示范区

2019年，首都机场临空经济示范区获得批复，定位为国家对外交往重要门户区、临空经济创新发展引领区、国际化港产城融合发展示范区，规划布局为"一港一带三组团"，一港即首都空港，一带为温榆河生态带，三组团为国门组团、空港组团和综保区组团，总面积115.7 km^2。2020年，原北京临空经济核心区和天竺综保区被纳入北京自贸试验区国际商务服务片区，重点发展数字贸易、文化贸易、商务会展、医疗健康、国际寄递物流、跨境金融等产业，打造临空经济创新引领示范区。截至2022年10月，其已吸引1.2万余家中外企业入驻，聚集了近90个世界500强投资项目，总部型企业70余家，央企、国企分支机构130余家，外资企业500余家，高新技术企业近200家。在航空枢纽建设、高端临空产业集聚、港产城融合发展方面处于全国领先水平。航空业直接关联企业数量占北京地区航空企业总数的2/3。航空资源和航空企业总部集聚度全国领先，多年来税收总收入、劳均产出率位居全国前列。

在2022年举办的"提升新能级 释放新动能——中国临空经济创新发展国际论坛"期间，航空服务、贸易物流、商务会展、科技产业等多个领域的20余个项目进行签约，涉及资金总额超700亿元。其中，航空服务板块签约7个重点投资项目，投资总额近17.7亿元，落地7个项目，涉及航空油料、航空维修、航空物流、航空培训、机场建设等多个航空服务领域，具有数字化、国际化、高端化的特点。

工银租赁已与首都国际机场临空经济区签署战略合作协议，未来将在首都国际机场临空经济区开展 100 架飞机租赁业务，并将积极引导飞机产业链上下游、海事和设备资产租赁业务落地聚集，预期未来在首都国际机场临空经济区的总资产规模将超过 500 亿元。

中国航空集团全力打造的北京首都机场世界级航空枢纽将为临空经济发展提供强大的引擎。中航集团将从枢纽建设、产业支撑和项目落地三个方面助力提升临空经济发展能级。中国航空集团将发挥基地航空公司的主体地位，积极参与北京国际双枢纽建设，集中精力打造首都机场世界级航空枢纽。围绕首都机场的枢纽建设，中国航空集团将集中机队、时刻、航权、人员等优势资源，聚焦发展国内干线和精品航线，重点发展国内国际中转市场，巩固中航集团在欧美的市场优势，积极拓展"一带一路"航点。在此基础上，其将和首都机场、顺义区一起，着力提升首都机场的枢纽功能。中国航空集团还将有效发挥航空运输产业集团的多元优势，以集团的产业布局有力支撑临空产业集群发展。未来，中航集团将强化客货并举的战略，加大货运投入，加快货机的引进，通过扩展国际货运网络布局全球货站、增强货运物流能力、探索创新业务等多种举措，促进临空经济区跨境贸易和商务会展等产业。

（三）上海虹桥临空经济示范区

"立足上海，延伸长三角，辐射全国，面向全球。"高能级的规划手笔，擘画出上海发展临空经济的雄心。坐拥两大国际机场的上海，早已形成若干具有核心竞争力和辐射带动能力的产业经济特色园区，成为中国临空产业的重要集聚区和策源地。

20 世纪 90 年代初，位于上海长宁区西侧的虹桥临空经济示范区正式拉开发展建设的帷幕，彼时它的名字叫作"上海市西工业区"。2016 年，国家发展改革委、民航局批准设立"上海虹桥临空经济示范区"，将园区规划总面积由原来的 5.14 km² 扩大到 13.89 km²，同时明确了国际航空枢纽、全球航空企业总部基地、高端临空服务业集聚区、全国公务机运营基地和低碳绿色发展区五大功能定位。2019 年，随着长三角一体化发展上升为国家战略，上海虹桥临空经济示范区全域纳入虹桥商务区版图，成为虹桥国际开放枢纽的重要组成部分。2022 年，上海市人民政府办公厅印发《关于支持虹桥国际中央商务区进一步提升能级的若干政策措施》，继续支持虹桥临空经济示范区提升产业能级，加快虹桥国际机场东片区改造提升。

历经 30 年开发建设，"而立之年"的虹桥临空经济示范区，早已从阡陌纵横的农田中走出，朝着宜商宜居的国际化产城融合区阔步迈进。与国内其他同类示范区相比，虹桥临空经济示范区最为"袖珍"，经济密度却最高，2020 年其单位面积 GDP 产出达到每平方千米 40 亿元。目前，天山西路发展轴、北部临空园区片区、南部机场东片区"一轴两翼"的总体发展格局雏形已现，总部经济、航空经济、数字经济三大重点产业高地态势渐显，人工智能、生命健康、金融服务等重点产业活力迸发。虹桥临空经济示范区正依托北部片区擦亮"大健康"和"总部高地"两大品牌，依托中轴线打造人工智能和流量经济新地标，依托南部片区布局全球航空企业总部基地和高端临空服务业。

借助毗邻机场的区位优势和加速释放的政策红利，虹桥临空经济示范区加快打造以现代服务业为主导的产业集群，着力构建以航空运输为基础、航空关联产业为支撑的产业体系，成为撬动上海区域经济增长的新支点以及助力长三角世界级城市群崛起的新动能。东航、春秋航空、上海机场集团等一大批民航龙头企业先后扎根于此。上海市航空学会、英国皇家航空学会等航空功能性机构以及尊翔公务航空、美捷公务航空等公务机运营企业也相继在此落户。

（四）广州临空经济示范区

2017 年 1 月，国家发展改革委、中国民航局联合印发《关于支持广州、上海虹桥临空经济示范区建设的复函》，同意广州设立临空经济示范区，这标志着我国华南地区国家临空经济示范区成功设立。示范区以广州白云国际机场为依托，规划总面积 135.5 km²，其中机场区域面积 41.64 km²。广州市政府将围绕国家重要中心城市建设，加快构建枢纽型网络城市，着眼提高全球资源配置能力，强化三大战略枢纽功能，重点将国际航空枢纽打造成广州新的动力源和增长极，使广州临空经济示范区成为枢纽功能完善、临空产业集聚、体制机制创新的新兴功能区域。

2021 年 9 月，《广州临空经济发展第十四个五年规划》印发实施。广州临空经济的发展已从全国瞄向全球。该规划提出：实施创新驱动发展战略，建设科技空港；加强航空电子核心技术、无人机关键技术、航空材料技术、精密制造及装备技术的研发攻关，促进高端航空技术民用化和产业化；搭建"粤易通"大宗贸易平台，促进数字经济引领发展，培育壮大创新主体，建设智慧机场、智慧口岸等，为广州临空经济高质量发展注入强劲动能。

在广州市新型城镇化快速发展的大背景下，空港经济区未来 20 年将形成圈层的发展带动效应，提出以"大范围研究，小范围启动"的总体规划原则，落实空港经济区 966 km² 研究范围、439 km² 的总体规划范围；合理对接广州主城、花都、白云、萝岗、清远等周边城区；结合北站、大田物流港的发展预期，充分发挥以临空经济为特征的产业集聚优势；形成"港城一体、空铁一体、三港联动"的总体发展策略；构建"一心三廊、三港七区"的整体空间格局。

广州临空经济示范区建设将有利于提升广州白云国际机场作为全球航空枢纽的国际竞争力，推动民航国际化战略实施；有利于带动珠三角地区在更高层次和更宽领域参与全球产业分工，探索航空经济带动区域产业转型升级的新路径，为广东省乃至全国其他地区在临空经济领域的改革发展提供重要借鉴。

思　考　题

1. 机场的主要功能是什么？
2. 机场的空侧和陆侧如何划分？分别由哪个部门管理？
3. 飞行区、飞行活动区以及飞行转运区三个概念如何区分？
4. 跑道数量和方位确定受哪些因素影响？
5. 多跑道机场如何合理使用跑道？

6. 跑道号的作用有哪些？如何确定？

7. 跑道长度应满足哪些飞行要求？

8. 如何应用飞机的 ACN 数值与跑道 PCN 数值？

9. 机坪上有哪些安全标志线？

10. 仪表着陆系统由哪些设备组成？各具有什么功能？

11. 对照图 3-25，说出各导航灯的名称和作用。

12. 对照图 3-29，说出跑道标志的名称和作用。

13. 机场净空区如何划分？净空管理对象有哪些？

14. 现代化航站楼应具备哪些特征？

15. 单元式航站楼的优缺点有哪些？

16. 航站楼空侧布局的类型和特点有哪些？

17. 一般货运集散站应划分成哪些区域？

18. 结合大型航空物流企业实例，航空货运枢纽网络运输模式应用了哪些技术？

19. 民航如何适应综合交通运输体系发展趋势？

20. 机场交通规划如何与城市规划相衔接？

21. 空地联运中亟待解决的问题有哪些？

22. 建设临港经济区应遵循哪些基本原则？

23. 建设临空经济示范区的五大建设任务有哪些？

运 行 篇

第四章 民用机场飞行区运行管理

通过本章的学习，您将了解以下知识点：

1. 机场运行管理的内容；
2. 机场运行指挥中心的地位和作用；
3. 机场容量与运行的关系；
4. 机坪管理管制改革的内容和效果；
5. 飞机地面管理的总要求；
6. 场务运行管理的主要工作内容；
7. 如何防治外来物（FOD）；
8. 如何防止地面车辆人员的跑道侵入；
9. 净空保护区域内禁止的活动内容。

为了保障飞机安全起飞和降落，机场运行指挥中心代表机场当局全面负责机场的运行管理工作，从飞行地面运行指挥、飞机地面运行保障、飞机监护、跑道管理和维护、机坪管理、导航设备管理到净空管理等各个环节，精心组织全体员工、正确指挥、沟通协调和实时控制，全面完成机场以安全为目标的各项运行任务。

第一节 概　　述

一、机场运行管理的定义

机场运营管理包括运行管理和经营管理两个方面。机场运行管理是指为了保障飞机安全起飞和降落，满足航空公司、旅客及货主的需求，运用管理职能（计划、组织、控制、激励和领导）合理地优化机场资源（人力、物力、财力和信息），为航空运输生产提供有序、高效的地面保障和全面、优质的机场服务。

通过有效的管理和监督手段，充分利用机场各种资源，统一对机场的生产运行保障工作进行组织、指挥、协调和控制，准确掌握和传递各个生产环节之间的信息，理顺各生产保障部门或单位的工作关系，并及时处理生产运行保障中出现的各种问题，实时监控生产运行保障过程，从而使机场的生产运行保障工作能够按照各自相应的服务内容、标准和程序有序地进行，提高生产效率，实现机场为服务对象提供安全、正常服务的目的。

二、机场运行管理的内容

机场运行管理的内容从机场系统来划分，可以分为飞行区运行管理和机场地面运行管理。

飞行区运行管理主要围绕飞机飞行活动（劳动工具）开展，涉及飞行运行指挥、飞机飞行保障、飞机监护、跑道管理和维护、机坪管理、导航设备管理、净空管理等。

机场地面运行管理主要围绕旅客运输航班保障活动（劳动对象）展开，涉及航班信息、机位分配、航班保障、旅客流量、机场地面勤务保障等。这部分内容在第五章论述。

机场运行管理的内容可以分为空侧、航站楼区、安全保卫和应急救援四个部分。

（1）空侧。实行净空管理，保障飞机运行安全，对飞行区内的车辆运行实行严格管理，防止任何航空地面事故的发生，为计划外的特殊航班安排机位和提供服务。

（2）航站楼区。要保证进出航站楼的道路安全和通畅，要杜绝机场从业人员和旅客妨碍安全生产的违规行为，引导他们遵纪守法。管理好驻港各单位的经营活动和协调好与政府机构之间的关系。

（3）安全保卫。严守机场安全底线，禁止旅客擅自进入飞行活动区，重点把握好登机门和联检区域的安全检查，在紧急情况下，组织和疏散人群，保护人民群众的人身安全和机场财产。

（4）应急救援。时刻准备着，在机场发生航空事故、失火等重大事件时要紧急组织救援行动。

三、机场运行管理的安全目标

机场运行管理的安全目标是整个机场安全管理体系的组成部分。机场管理机构应当每年对机场的运行安全状况组织一次评估，内容包括机场管理机构和驻场运行保障单位履行职责情况以及机场设施设备的状况。对评估中发现的安全隐患、薄弱环节，相关单位应当提出整改计划，并制订出下一年度的安全运行管理目标。因为每个机场所面临的安全形势各不相同，在安全薄弱环节上存在较大差异，所以安全管理目标不求统一。但制订出来的目标有以下特点：第一，具有可测量性，也就是说，可以通过一组数据对它进行评定；第二，目标要有一定的难度系数，也就是说，需要通过一定的努力才能完成；第三，目标要有可控性，也就是说，是通过自身努力可以达到的，而不是那种自身不具备完成的能力的情况；第四，目标要有时效性和阶段性，也就是说，目标的完成不能是无限期的，要有单位时间的要求。

以上海机场集团为例，其安全运行主要目标如下。

（1）杜绝因机场原因导致的飞行事故。

（2）在确保人、机安全前提下，杜绝因机场原因导致的劫机、炸机事件。

（3）杜绝因机场原因导致的重大航空地面安全事故。

（4）杜绝因机场原因导致的特大航空器维修事故。

（5）因机场原因造成的事故征候万架次率不超过 0.1，因机场责任原因造成的鸟击事故征候万架次率不超过 0.3。其中，上海浦东国际机场鸟击事故征候不超过 4 起；上海虹桥国际机场鸟击事故征候不超过 2 起。

（6）因机场机务保障原因导致的飞行事故征候万架次率不超过 0.45。

（7）因机场航油保障原因导致的飞行事故征候万架次率不超过 0.01。

（8）避免因机场场道、飞行区秩序保障原因导致的飞机复飞，力争不发生飞行区车辆与飞机危险接近的事件。因责任原因导致的车辆与飞机抢道，上海浦东国际机场不超过 3 起；上海虹桥国际机场不超过 2 起；实业公司、公安分局、物流事业部各不超过 1 起。

（9）杜绝机坪、油库火灾事故，杜绝站坪调度楼、候机楼、停车库等重要设施内发生影响航班生产秩序的重大火灾事故。直接财产损失在 5 000 元及以上的一般火灾，上海浦东国际机场、上海虹桥国际机场各不超过 2 起；实业公司、物流事业部各不超过 1 起（芦苇着火除外）。

（10）杜绝机场责任原因导致的外来人员非法登机事件。无证人员进入控制区事件，上海浦东国际机场不超过 7 起，上海虹桥国际机场不超过 4 起。

（11）因机场责任原因导致的航班延误所占的比例，上海浦东国际机场不超过航班延误总量的 1.5%（联检原因除外），上海虹桥国际机场不超过航班延误总量的 1%。

（12）杜绝群死群伤恶性交通事故，交通事故死亡数两场不超过 10 人。

（13）因安检原因导致的翻舱检查、旅客下机重新检查，上海浦东国际机场不超过 3 起，上海虹桥国际机场不超过 2 起。

（14）杜绝因机场责任原因导致的员工工伤死亡事故。

（15）因机场责任原因的信息系统故障影响航班正常运行，上海浦东国际机场不超过 2 起，上海虹桥国际机场不超过 1 起。

（16）因机场责任原因不能按规定正常供电、供汽、供暖、供冷、供水，影响航班正常运行的，两场各不超过 2 起。

目标中的民用航空器飞行事故征候，是指航空器飞行实施过程中发生的未构成飞行员事故或航空地面事故，但与航空器运行有关，影响或者可能影响飞行安全的事件。

四、创建机场运行新模式

进入 21 世纪，随着我国经济和民航业的飞速发展，我国机场将开始面临多条跑道和多座航站楼运行的局面，机场运行管理的复杂性、风险性和专业性的特点将更为突出。机场的规模和业务量日益扩大，在航班地面保障过程中如何确保安全、正常、高效地实施系统化管理，做好机场本单位及驻场各单位的协调配合等工作，确保机场各类资源的合理优化利用，是大型枢纽机场正常运行的重要问题。

枢纽机场对现有的运行模式进行调整与更新势在必行，而改革的方向将会与国际上比较通用的、成熟的欧美模式接轨，在这种模式下，机场运行指挥部门将代表机场管理部门全面负责管理机场的运行控制。对整个机场的运行效率、服务质量和安全保障能力进行集中监控和统一协调管理，按其功能、范围、地域及专业进行划分，形成机场运行指挥中心（AOC）、航站区运控中心（TOC）、交通信息中心（TIC）、市政设施管理中心（UMC）和公安指挥中心（PCC）五个运行管理中心，并按照各自分工，互相协调配合，对机场航班生产运行、安全和服务质量管理实施全面的、无缝隙的组织和控制管理。

机场运行指挥中心（AOC）是枢纽机场的现场运行指挥部门，管理范围主要包括机场运行现场和飞行区安全运行管理。它是机场运行管理和应急指挥的核心，是机场日常航班安全生产和旅客服务现场的最高协调管理机构，主要负责：整个枢纽机场航班生产运行的监控、指挥和协调，航班信息的统一收集、发布和更改；飞行区资源的分配管理，包括飞机桥位、登机门的资源分配、重大活动的组织、突发事件的处理以及应急救援指挥等。机场运行指挥中心在机场运行中的地位、作用、职责在下文详述。

航站区运控中心（TOC）是机场航站区运行的区域管理者，是航站区内日常运营、安全生产和服务保障的核心机构，是整个航站区现场运行的指挥中心。TOC 是航空公司客运的保障和支持中心，是驻场单位和旅客遇到困难时的协调和指导中心。TOC 对整个航站区的日常运营和航站区内各驻场单位进行统一管理。TOC 与旅客的联系最多、最频繁、最直接，实施区域化管理后，通过席位管理，高效协调各专业支持部门，可为旅客提供便捷、舒适、全方位的服务。旅客如在候机区域有任何意见或需求，都可以通过现场服务人员或拨打服务热线，由 TOC 负责协调各单位予以解决，从而避免了旅客遇到问题时不知道该找哪个部门解决的情况。

交通信息中心（TIC）负责协调和监管停车楼、出租车排队系统以及机场场区内的道路资源、交通流程、标志标识、铁路、轨道、磁悬浮、公交、长途、出租车站点等。TIC作为航站区陆侧交通监控的指挥主体，主要通过信息采集传递来掌控停车楼、出租车排队系统、航站区主干道及公共交通的运作情况，按照职权范围协同相关单位及各行政执法部门确保场区的正常运行，共同负责突发事件的应急联动指挥。

市政设施管理中心（UMC）主要负责其他中心之外的市政设施运行监管，与机场外相关市政部门的协调联系。

公安指挥中心（PCC）的主要职责是对机场运行涉及的公共安全保卫工作和其他警务活动进行指挥协调和参谋、辅助决策，行使城市应急联动中心机场分中心的指挥调度职责，为机场地区应急事件的处置提供指挥和信息平台。

五、机场运行指挥中心

（一）机场运行指挥中心的地位和作用

机场运行指挥中心是现代民用机场航班现场作业指挥调度的中心、信息流程管理中心,又是机场特殊情况下的应急救援指挥中心,并代表机场对机坪运行实施具体管理。机场运行指挥部门就是机场运行的神经中枢,它担负着机场运行的组织、指挥、协调、控制和应急救援指挥的重要职责。

机场运行指挥中心的主要工作是发挥指挥枢纽的作用、参谋助手的作用和对外协调的作用。

(1)指挥枢纽的作用。机场以运行指挥部门为核心,将生产运行网络、通信网络、组织指挥网络、安全保障网络、应急救援网络整合为统一的机场运行管理体系,实施统一的组织指挥。

(2)参谋助手的作用。运行指挥部门在实施机场生产运行的管理和指挥中,可真实、全面地掌握机场生产保障的现状和信息,以及机场各生产保障单位的工作状态和存在问题,及时向机场领导反馈,为领导决策提供依据和参考意见,并将机场领导的决定和指令及时下达到各生产保障部门。

(3)对外协调的作用。运行指挥部门作为机场生产运行的指挥平台,除对机场本身各部门进行组织、指挥和控制外,还必须与地方政府各部门以及驻机场运作的各航空公司、空中交通管制部门、联检单位、其他与机场生产运行有关的单位和人员进行协调。运行指挥部门的工作协调和服务保障质量直接代表了机场的形象,并对机场生产运行的安全、正常、高效发挥着重要的作用。

近十几年来,随着民航业的迅速发展,机场所承担的运营任务越来越繁重,机场运行指挥部门在机场运营中起到的作用越来越突出,将代表机场管理部门全面负责管理机场的运行控制,机场运行指挥部门的指挥协调能力直接反映出机场的运行管理水平,机场现场运行指挥部门服务水平的高低将直接影响机场的市场竞争力和效益。

(二)机场运行指挥中心的职责

为保证运行安全和效率,大型枢纽机场多采用运行控制中心模式。核心模式是"集中指挥+分级管理",如图4-1所示。集中指挥体现在由AOC统一管理整个机场关键性的业务,负责各种中心之间的协调,应急事件的统一指挥,各中心指挥所属区域的日常运行、服务与安全。分级管理体现在AOC、各中心指挥体系下各部门的管理与运作。下面介绍机场运行指挥中心的设置和职责。

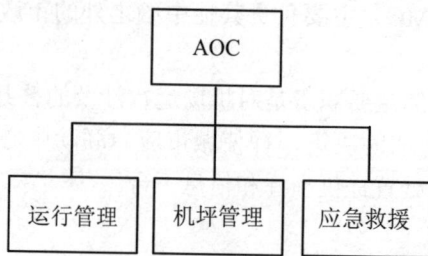

图4-1 运行指挥机构设置

1. 运行管理工作职责

(1)根据各航空公司提供的航班计划,编制本机场每天的航班预报,并通过机场运营管理系统向各保障单位（部门）发布。

（2）负责收集、传递各种运行动态信息。

（3）负责本场的停机位、登机门和行李传送带等各种运行资源的分配与调整。

（4）掌握、记录飞行动态和航班信息，及时调整航班信息并向相关单位（部门）发布。

（5）负责发布航班生产、保障服务指令。

（6）参与专机、重要飞行、VIP 等重要航班的保障工作。

（7）监听塔台与机组的对话，如获悉发生异常情况，立即按有关程序处置、报告。

（8）紧急情况发生时，负责应急救援工作启动与协调。

（9）监督机场代理航班的保障过程，协调航班生产工作，报告航班生产异常情况。

（10）负责与航管部门、航空公司及驻场单位等的协调工作，交流航班生产、保障服务信息。

（11）负责统计机场代理航班的正常率，填写有关工作台账、报表。

（12）负责收集航班服务保障情况，分析造成航班延误的原因。

2. 机坪管理工作职责

（1）负责对飞行活动区的管理和指挥、协调工作。

（2）负责飞行区车辆设备停放的管理。

（3）负责飞行区内不停航施工的监督管理工作。

（4）掌握飞行活动区内航空器、人员、车辆的动态，保证机坪运行安全、正常。

（5）检查、监督停机坪内人员、车辆、设备设施的运作情况和机坪标志的完整性以及机坪卫生状况。

（6）及时制止、处置可能危及飞行安全和航空地面安全的各种行为。

（7）参与组织指挥应急救援工作。

（8）负责向上级及时报告飞行区运行和航班生产的异常情况。

（9）根据机坪运行情况，及时向相关服务保障单位发布机坪运行动态指令。

3. 应急救援工作职责

（1）紧急事件发生时，负责向有关单位（部门）通报信息，按规定程序启动应急救援程序。

（2）在应急救援行动的准备和实施阶段，负责对各单位应答、驰救的全面协调、指挥，并发出行动指令。

（3）与航空器所属企业建立并保持联系，索取有关资料数据，并向领导小组报告有关情况。

（4）负责组织、协调物资保障组及有关单位，为救援行动提供必需的支援服务。

（5）收集有关应急救援信息，提出具体处置方案供领导小组决策。

（6）根据领导小组的决策，下达具体的指令，实施救援指挥。

（7）负责机场应急救援工作的组织、协调。

（8）负责与相关单位签订应急救援互助协议。

（9）负责策划、组织实施应急救援演练，并进行总结、评估。

（10）负责检查各单位（部门）的应急救援工作的落实情况。

（11）负责完善《机场应急救援手册》的内容，确保能够迅速、有效地实施救援工作。

第二节　机场容量和运行

一、机场容量

机场容量是机场资源中最重要的物质保障基础。机场的容量直接决定了机场是否能满足当地及国家经济的发展需求，因此，机场的高效运行能发挥机场容量的最大潜能，对于机场的发展极其重要。

在许多航空运输旅程中，飞机在快速方面的相对优点已被机场地面交通、机场拥挤和空中飞行延误而大大地削弱了。从根本上说，机场系统的拥挤和延误的发生是由于机场系统容量不足，航空需求超过了机场系统的容量，而实际上，即使航空需求没有达到机场系统的容量，延误也可能产生，这是由航空需求的非连续性，即需求的波动性造成的。根据交通运输领域的实际经验，当航空需求达到或超过系统容量的75%时，延误即开始显著增加，而当需求与容量之比为1时，延误呈指数增长。

机场运行需依据机场地面、空中交通容量，在满足管制规则要求的条件下，最大限度地利用系统的容量，保障空中交通在机场安全、快捷、有序地流动。因此，机场容量评估是有效提高机场容量、改善机场空中交通阻塞状况的基础和前提。

机场体系容量的有效性一般是以其有效地处理运输能力的每一个环节来衡量的。容量的大小是整个机场系统每个环节发挥作用的综合结果。所以，机场体系的性能有赖于该体系的各个组成部分，因而有必要通过对这些组成部分作出评价，以确定机场体系的能力。机场体系是由空域、地面飞行区、航站区、地面运输区组成的，每个部分都是影响机场容量的关键环节。

"木桶"法则揭示了一只沿口不齐的木桶，它盛水的多少，不在于木桶上那块最长的木板，而在于木桶上最短的那块木板。要使木桶多盛水（提高水桶的整体效应），需要的不是去增加最长的那块木板长度，而是下功夫依次补齐木桶上最短的那些木板。在综合体系中，如要求有顺序地利用一组设施的场合，该体系的整体效率通常被效率最差的组成部分的特性所限制。机场容量也是如此，要提高机场体系的容量，就必须狠抓薄弱环节，否则机场体系整体效率就会受到影响。

二、机场容量的定义

机场容量是指机场系统各项设施在一定时段内（通常为1小时，也可为1年或1天）处理的交通量（飞机起降架次、旅客的流量、货物的吞吐量等）的最大能力。在飞行区内，跑道或滑行道的容量为单位时间内可能容纳的最大飞机运行次数。

当交通量增加到一定程度时，容易造成航班的延误，导致飞机排队等候起飞或在等待区等候降落。由于机场并非全天任何时间都很繁忙，如果延误可以任意延长的话，几乎可以把任何数量的飞机都安排下来。因而必须对延误的时间做一个规定，机场容量才有实际的意义。机场容量有以下两个定义。

（1）名义容量。名义容量又称为极限容量，是指不考虑飞机的延误，即飞机等候着一架接一架的起飞或降落，单位时间所能允许的起降次数，是就机场性能而言的最大的工作或生产容量。为了实现极限容量，必须对该设施连续不断地供应均衡的运输对象。然而，由于运输要求的变化和波动，实际上很难达到这一点，除了救灾或军事行动，很少有这样的情况在机场发生。

因而，在运输需求量接近极限容量时，运输对象必然会因等待通过而出现延误。需求量越接近于极限容量，平均延误时间越长。延误造成经济损失，延误多少也反映了服务水平高低和服务质量好坏。

（2）实际容量。依据某个可接受的服务水平，即在规定出飞机可容许的平均延误时间限制后［20 世纪 60 年代 FAA（美国联邦航空管理局）规定门槛值：每次飞机运行平均延误为 4 分钟］，机场所能允许的运行架次所确定的容量，称作实际容量；并且规定当延误超出门槛值时，跑道系统达到它的容量最大值。凭经验估计，实际容量大约是极限容量的75%～90%。

允许延误的时间越长，机场的实际容量越高，如图 4-2 所示。允许延误时间的确定取决于好几个因素：首先要考虑到机场一些基本的非可控因素，例如风的大小和方向的变化、天气的变化及飞机的性能限制；其次要考虑减少延误的措施在经济上的效益，技术上是否可行，因而允许延误时间的规定是一个综合考虑后的政策选择。一般的大机场允许延误时间为 4 或 5 分钟，以此为依据决定机场的实际容量。

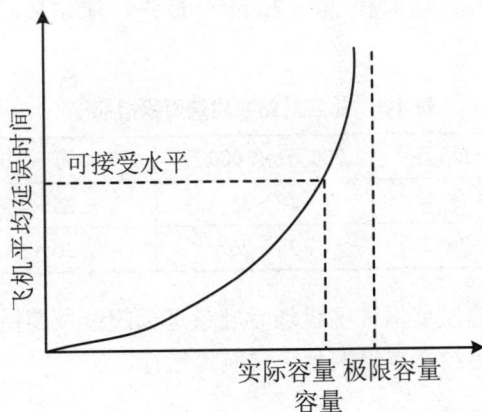

图 4-2　延误时间和容量的关系

三、容量和运行

机场系统各项设施的容量和延误，可单独地进行分析，而系统的容量决定于最受限制的设施的容量。系统的总延误为各组成部分（设施）延误的总和。

（一）飞行区的容量

飞行区的容量是指某一空管单元（跑道、扇区、终端区等）在一定的系统结构（空域结构、飞行程序等）、管制规则和安全等级下，考虑可变因素（飞机流配置、人为因素、气象因素等）的影响，该管制单元在单位时间内所提供或者能提供的航空器服务架次。飞行区的地面容量是空中交通流量管理的重要组成部分，包括一般进近到跑道、通过滑行道到停机位。滑行道部分的容量通常比跑道或机坪—门位部分的容量大得多。多数机场把跑道、滑行道和门位的运行认为是相互独立的部分进行。整个飞行区的容量为跑道容量、滑行道容量和停机位容量，取这三者的最小值就是该机场的容量极限值。一般情况下，滑行道的通行能力大于跑道的通行能力。仅在滑行道同跑道相交时，有可能出现其通行能力小于跑道通行能力的情况。所以，跑道容量是决定机场地面容量最为重要的因素，因为跑道作为机场中最容易形成瓶颈的子系统往往决定了整个机场的容量水平。

跑道系统的容量取决于许多不同的因素，主要包括：① 跑道的数目和构型；② ATM系统（air traffic management，空中交通管理）管理下的飞机间隔要求；③ 能见度、云层和降水量；④ 风向和风速；⑤ 使用该机场的机型组合；⑥ 每条跑道的运行组合（到达/出发/混合运行）和运行的先后顺序；⑦ 从跑道到滑行道的位置和类型；⑧ 与噪声和其他环境因素有关的限制。

（二）航站楼容量

航站楼容量是根据建设前机场的年吞吐量和航站楼的高峰小时旅客量预测数据，然后根据机场的年吞吐量对照民用机场工程项目建设标准，确定旅客航站楼建筑面积指标。例如，预测国内年旅客量是 100 万人次，对照表 4-1 "50 万人次<预测年旅客量<200 万人次"，对应的就是国内旅客人均面积 20～26 m^2。最终，航站楼总面积=预测高峰小时人次×(20~26)。

表 4-1　旅客航站楼建筑面积指标

单位：m^2/人

旅客航站区指标	50 万～200 万	200 万～1 000 万	1 000 万～2 000 万	>2 000 万
国际及港澳台	28～35	28～35	35～40	35～40
国内部分	20～26	20～26	26～30	26～30

但随着航空运输的飞速发展，许多机场吞吐量远远超过预期指标，造成航站楼人均面积（容量）缩水、拥挤，已经严重影响到正常航班运行。

（三）地面交通系统容量

机场交通规划应与周边交通规划相衔接。从越来越多的枢纽机场规划实例来看，合理、便捷、高效的交通规划是实现这些功能的重要保障。客货的高效运转，除了依赖机场场区内的地面交通，还要与机场最大辐射半径内的周边综合交通体系连成一片，通过高速公路、轨道交通、机场联络轨道线、城际轨道、高速铁路等方式对接。目前，空地结合、港城联动、综合交通运输理念作为机场规划内涵外延的体现，还需要多方进行密切沟通和协商，打破行业和地区壁垒。这部分内容在第三章内已叙述。

四、提高机场容量措施

这几年，我国民航发展势头强劲，各省区域性枢纽机场旅客运输量和货邮吞吐量不断攀升，疫情后航空需求日趋旺盛。2023 年，武汉天河国际机场共完成旅客吞吐量 2 586.2 万人次，同比分别增长 122.8%；杭州萧山国际机场完成旅客吞吐量 4 117.0 万人次，同比分别增长 105.5%；昆明长水国际机场完成旅客吞吐量 4 203.4 万人次、增长 97.9%，指标基本上恢复到 2019 年水平。在以上这些机场快速发展的同时，我国的空域条件和机场现有设施设备已经无法满足民航快速发展的需要。在供需矛盾日益突出的情况下，扩容增效成为机场突破发展瓶颈的必然途径。

机场扩容增效，简而言之，包括外延式扩张和内涵式增长两方面。外延式扩张主要是指机场改扩建工程的建设，而内涵式增长主要包括机场服务质量的提高、组织结构的优化、运营管理水平和专业人员素质的提升等。

（一）加快改扩建步伐，提升机场容量

加快提升既有机场容量，一是要积极推进机场改扩建工程，提高机场保障能力；二是要解决容量受限机场的发展问题。由于自然条件限制和城市的发展需要，一批中小机场需要迁建，如呼和浩特、青岛、湛江、连云港、达州、济宁等地的机场。在航空需求量较大的大城市，需要新建设机场，如成都天府国际机场、大连金州湾国际机场、厦门翔安国际机场等。

为满足日趋旺盛的发展需求，各地省政府积极投入资金对现有机场进行改扩建，在完善机场基础设施建设、扩大机场容纳量上下了不少功夫。2021 年 6 月 26 日广州白云国际机场 T3 航站楼工程正式开工。T3 航站楼设计建筑面积为 42.2 万 m²，未来，广州白云国际机场将实现 5 条跑道、3 个航站楼的规划格局，年旅客吞吐量将达到 1.2 亿人次。

建设新跑道、快速脱离道、滑行道、联络道、机坪和相关保障设施。建设新跑道是在现有机场的基础上增加容量最直接的方法。据统计，目前国内吞吐量排名前十的机场都有 2 条以上（包括 2 条）跑道。其中，北京首都国际机场和广州白云国际机场各有 3 条跑道，上海浦东国际机场第 4 跑道于 2015 年 3 月 28 日投入使用，成为中国唯一拥有 4 条跑道的机场。上海虹桥国际机场、成都双流国际机场、深圳宝安国际机场、昆明长水国际机场、重庆江北国际机场、西安咸阳国际机场和杭州萧山国际机场等机场开启了"双跑道运行"模式。除了吞吐量前十名的机场，南京禄口国际机场和天津滨海国际机场也是双跑道运行的。

（二）以挖潜增效的方式进行扩容增长

机场"扩容"侧重于外延式扩张，而"增效"则更多地依托内涵式增长。机场除了投入资金改善硬件设施，更应该从内部着手，在转变发展方式和理念、提升机场管理水平、完善航站楼服务，以及加强与空管部门、航空公司的沟通协作等方面努力，提高运行效率，发展内涵式增长。

在硬件条件容量无法增加的情况下，改进管理，减少延误，提高利用率，走发展内涵

式增长道路。航站楼人满为患的局面可以从以下几方面着手改善：改进旅客在候机楼内的流程，能大大提高候机楼容量的利用率；适当压缩主楼的长度；优化行李系统方案和行李安检方式，使行李系统和安检流程简捷有效；充分考虑安检、联检、候机等各类功能区域的场地面积和需求；与机场、联检单位和航空公司充分沟通，进一步优化简化主流程，避免旅客走回头路，减少旅客步行距离；结合流程安排，适当调整功能布局；整合中转、过境和经停流上的资源；合理调整使用远机位的旅客流程；商业设施的布局须充分考虑旅客的主流程等措施。

在飞行区除改扩建机场提升飞行区等级、扩大停机坪面积、增加停机位外，也注重从内部挖掘增长，采用PBN（performance based navigation，基于性能的导航）运行等新技术，在机场飞行终端区域实施航线进离场分流，有效提高机场安全运行水平和飞行效率。在管理上加大人力资源投入和培训力度，使指挥队伍和监察队伍专业化，提升运行管理和指挥能力。

在控制流量、减少延误方面，以下有些方法在积极减少延误的同时提高了机场的流量；有些则是消极的，如对机场的使用加以限制以保证飞行的安全和效益，虽然这样避免了机场的拥挤，却没有增加机场的流量。

1. 机场的分流

航班的拥挤主要出现在一些繁忙的大机场，因为这些机场占了大部分的空运量。可是，一般来说，这些大的机场周围又会散布着中小型机场，由于地理位置或使用条件的差别，这些中小型机场的利用率往往不高，把一些小型飞机和通用航空飞机在高峰期的一些航班安排到这些中小机场会大大减轻主要机场的运输压力，但是这种安排必须同时改善中小机场的地面交通网络并提供服务便利和价格优势，否则航空公司从市场条件考虑可能会减少飞行次数，从而抑制航空运输的发展。天津滨海国际机场、石家庄正定国际机场为北京首都国际机场积极分流，南通兴东国际机场为上海两个机场分流，都取得了较好效果。

在一些经济发达地区，常常有几个机场集中在一起，由于习惯影响、地理距离或其他原因，造成这些机场中有的机场使用过度紧张，而其他机场则不能充分利用。例如，我国在珠江口上有五个大机场，其中珠海金湾机场的利用率严重不足，而其他机场，如深圳宝安国际机场和香港国际机场，常有拥挤现象。如果能使这些空闲机场充分发挥作用，会节约大量投资，这要由政府、机场和航空公司共同协调和努力。

2. 限制进港飞机类型

对一些大型机场只允许一定尺寸、速度和性能限制以上的飞机进港，会使机场的使用间隔缩短，增加旅客和货物的吞吐量，同时也有一些机场限制大型远程飞机的使用，也会提高机场的效率。

3. 分配限额

为了保证繁忙机场的安全并使其达到对噪声的限制要求，国外有些机场，如世界上最繁忙的芝加哥奥黑尔国际机场，实行高峰时间限额分配，通过一个委员会把这段时间分配给各个航空公司，这样就会使飞行有序进行，不会出现过长的延误或不必要的拥挤。但这种方法的缺点是在条件变化时，如航空公司航线改变或有新航空公司使用这一机场时，不能灵活反应，同时也会使机场不能得到有效使用。

4. 用经济杠杆控制需求

前面几种方法都使用行政手段来控制机场的容量和延误，在市场经济条件下，机场也可以使用经济手段控制，具体如下。

（1）调整价格。现在的起降费是按飞机质量计费的，和使用机场的时间无关，而且只占航空公司运行费用的一小部分（2%～3%）。有些远程航班飞机，或运送大量旅客的航班飞机的起降时间和延误对航班的效益影响十分严重，因而航空公司宁愿多支付一定的附加费用来保证航班在高峰时间出发或到达。作为机场一方，规定不同时间的使用费用不同，一方面会减轻高峰时间的拥挤，另一方面也会使资源利用更为合理。例如，伦敦希思罗机场从 1972 年开始实行高峰时间附加费，在夏季从上午 8 时到下午 1 时，其他季节从上午 9 时到 11 时对起降的飞机加收附加费，从而使它的高峰拥挤状况得到缓解。

（2）拍卖时间段。这是价格调整法的进一步发展，即把高峰时间分割成不同的时间段，按照各个使用者的需要进行拍卖，把这段时间的使用权给予出价最高者。

使用经济手段来调节高峰时的流量能够合理分配资源，对机场来说在保持流量的情况下还增加了一定收入，但同时它也会带来一些问题。首先是合理收费问题，由于有些航班（尤其是国际航班）有特定的时间要求，这就有可能使航空公司被迫接受不合理的收费。其次是这种方法在某种程度上有利于大航空公司或老牌航空公司，因为它们的财力雄厚，而且在一定的区域内有较广泛的关系和运作经验，可以在这种竞争中占据有利位置。此外拍卖时间段的方法如果不加以控制，这段时间的起降权就可能被买到的公司垄断或倒卖。因而经济手段控制的办法，要同时有政府的管理和控制，同时要对高峰时间的需求和延误进行深入研究，从而制定出合理的使用价格体系。

针对我国大型枢纽机场航班时刻日趋紧张的情况，民航局已经启动了航班时刻资源市场配置改革试点工作。根据民航局制订的《航班时刻资源市场配置改革试点方案》，广州白云国际机场开展"时刻拍卖"模式的初级市场改革试点，上海浦东国际机场开展"时刻抽签+使用费"模式的初级市场改革试点。两个机场的成功的改革经验将在全国范围内推广。

北京首都、上海虹桥、上海浦东、广州白云是我国航班时刻资源最紧张的机场。选择上海浦东、广州白云机场试点，主要考虑到上海浦东机场第四跑道投入使用、广州白云机场第三跑道投入使用，能够释放一定量的航班时刻资源。在改革试点中，上海浦东机场、广州白云机场的 10 时至 23 时 59 分时段，每小时各增加一个起飞时刻和一个落地时刻，每日计 28 个，每周共计 196 个，新增时刻的 50%用于市场配置改革试点，另外 50%用于国际地区飞行的行政配置。

第三节　机坪运行管理

一、机坪运行管理的内容与目标

按国际民航组织颁布的附件十四"机场"的有关标准，机坪管理就是在机坪上对飞机和地面车辆运行实施管理。机坪系统的管理范畴包括入口管理、设备、车辆（交通）、机坪保洁与维护、机坪标志、线路与照明、机位分配、飞机引导、泊位系统、廊桥系统、飞机监护、现场作业管理、站坪秩序管理、站坪施工管理等。

机坪运行管理遵循"安全第一，正常飞行，优质服务"的原则，建立和维护良好的机坪运行秩序，确保机坪技术状况持续地符合《民用机场飞行区技术标准》的要求，保障地面服务工作的正常进行。

机坪运行管理的目标是防止因机场原因导致航空地面安全事故的发生，机坪运行管理的职能部门是机场运行指挥中心。机坪管理要充分发挥作为机场运行指挥中心的功能，使之成为一个行之有效的、及时的、完整的指挥系统。

二、飞行活动区的安全

近年来，中国民航坚守飞行安全底线，坚持持续安全发展，进一步健全安全法规体系、队伍管理体系、安全责任体系和安全管控举措，行业基础进一步被夯实。自党的十八大以来，我国民航安全水平大幅提高，全行业未发生航空运输重大安全事故，安全水平世界领先，百万架次重大事故率均低于世界平均水平。截至 2020 年 8 月 25 日，中国民航再次刷新航空安全历史成绩，全行业实现运输航空安全飞行 10 周年，创造了持续安全飞行 "120+4" 个月、8 943 万小时的新纪录，连续 18 年确保了空防安全，安全水平稳居世界前列。

这些数字我们只能把它作为一个参照，绝不能把它当成放松航空安全工作的一个理由。多年来，可以说我们是以如履薄冰的态度对待民航安全工作的。2023 年冬春航班计划中国民航平均每天的航班有 16 700 多个，平均每天飞机起降 3 万多架次，这样大的航空流量，飞行区的安全工作的压力可想而知。

民航历史上，因快速发展导致飞行区事故频发、机毁人亡的事例不胜枚举。殷鉴不远，应慎之又慎。

案例 4-1　　　　飞机起落架轮胎脱落，客机高难度备降

案例 4-2　　　　厦航 MF8667 偏出跑道事件

案例 4-3　　　　客机碾压机场地面机务人员致死

2024 年 1 月 29 日，民航局召开航空安全电视电话会议暨民航安全生产治本攻坚三年行动部署动员会议，传达学习习近平总书记近期关于安全生产的重要指示批示精神，传达全国安全生产电视电话会议部署要求，动员部署民航安全生产治本攻坚三年行动，并部署近期行业安全大检查及下一阶段重点工作任务。民航局局长宋志勇出席会议并强调，要以

习近平总书记关于安全生产重要论述和对民航安全工作重要指示批示精神为根本遵循，不断提高政治站位，进一步强化做好安全工作的政治责任感和使命感，不折不扣抓落实、雷厉风行抓落实、求真务实抓落实、敢作善为抓落实，以对党和人民极端负责的精神抓好安全工作，确保航空运行绝对安全，确保人民生命绝对安全，以全行业安全平稳的态势让党中央放心、让人民群众安心，以高水平安全促进和保障民航高质量发展。

会议要求，要深入开展全行业安全生产大检查，切实消除风险隐患，确保安全。全行业要结合行业安全大检查，思想上高度重视安全，防止松懈麻痹；严密组织生产，防止超能力运行；严格遵守规章制度，防止违规违章；切实加强维修工作，防止重大机械故障；加强安全管理，防范冬季运行风险；认真开展消防检查，防范火灾事故；加强宣传引导，防止发生舆情事件；狠抓工作落实，防止管理松懈。

机场飞行活动区的安全问题一直是民航和社会各界高度关注的焦点。各机场为此高度重视，从各类事件中吸取教训，进行深入细致剖析，针对机场的实际情况及时采取行之有效的对策，消除隐患，确保安全。

三、航空地面事故的范围和等级

（一）航空地面事故的定义

航空地面事故是指在机场活动区和机库内发生航空器、车辆、设备、设施损坏，造成直接经济损失30万元人民币（含）以上或致人重伤、死亡。

（二）航空地面事故的范围

航空地面事故的范围如下。

（1）航空器与航空器、车辆、设备、设施碰撞造成航空器及车辆、设备、设施损坏或致人死亡。

（2）航空器在牵引过程中造成航空器及设备、设施损坏或致人死亡。

（3）航空器不依靠自身动力而移动造成航空器及设备、设施损坏或致人死亡。

（4）航空器在检查和操纵过程中造成航空器及设备、设施损坏或致人死亡。

（5）航空器在维护和维修过程中造成航空器及设备、设施损坏或致人死亡。

（6）工作人员在执勤和服务过程中造成航空器及设备、设施损坏或致人死亡。

（7）航空器在开车、试车、滑行（直升机飞行）过程中造成航空器及设备、设施损坏或致人死亡。

（8）车辆与车辆、设备、设施相撞造成车辆及设备、设施损坏或致人死亡。

（9）车辆与设备在运行过程中致使人员死亡。

（10）在装卸货物、行李、邮件和航空食品过程中造成航空器及设备、设施损坏或致人死亡。

（11）旅客在登、离机过程中造成航空器及设备、设施损坏或致人死亡。

（12）航空器失火、爆炸造成航空器及设备、设施损坏或致人死亡。

（13）加油设备、设施失火、爆炸造成航空器及设备、设施损坏或致人死亡。

（14）在加油、抽油过程中造成航空器损坏或因航油溢出引起失火、爆炸造成航空器及设备、设施损坏或致人死亡。

（15）车辆、设备、设施失火、爆炸造成航空器及设备、设施损坏或致人死亡。

（16）载运的物品失火、爆炸造成航空器及设备、设施损坏或致人死亡。

（17）载运的货物发生外溢、泄漏，活体动物逃逸造成航空器及设备、设施损坏或致人死亡。

（18）外来物致使航空器损坏。

（19）航空器、设备、设施意外损坏。

（三）事故等级划分

1. 特别重大航空地面事故

凡属下列情况之一者为特别重大航空地面事故。

（1）死亡人数 4 人（含）以上。

（2）直接经济损失 500 万元（含）以上。

2. 重大航空地面事故

凡属下列情况之一者为重大航空地面事故。

（1）死亡人数 3 人（含）以下。

（2）直接经济损失 100 万元（含）至 500 万元。

3. 一般航空地面事故

凡属下列情况之一者为一般航空地面事故。

（1）造成人员重伤。

（2）直接经济损失 30 万元（含）至 100 万元。

四、现行机坪运行模式重大改革

（一）机坪运行模式

我们知道空中交通管制指挥一般分为三个层次：塔台管制、进近管制和区域管制。塔台管制员负责航空器在起飞阶段的地面滑行和起飞；对于进港的飞机，负责指挥 500 m 以下、10 km 以内的飞行、降落和地面滑行。

大型机场，如北京首都国际机场、广州白云国际机场和上海浦东国际机场，往往有多条跑道运行。这类机场通常把塔台管制的工作划分为两部分：地面管制席和塔台管制（起降管制）席。地面管制席的管制员主要负责跑道之外的地面上所有航空器的运动。在繁忙的机坪上随时有飞机在运动，还有地面车辆、行人的移动。地面管制席的管制员负责给出飞机开车许可、进入滑行道许可，防止滑行途中和其他飞机、车辆、地面障碍物等相碰撞；对于到达的飞机，当飞机脱离跑道进入滑行道后，安排其按规定路线运行至停机位。塔台管制（起降管制）席的管制员，其任务是给出飞机的起飞或着陆许可，安排飞机的起降顺序，安排合理的飞机放行间隔，保证安全。机场运行指挥中心无法对机坪上的飞行器运行实行指挥，仅仅起到协调作用。

近年来，随着民航运输的快速发展，航班量不断增长，机场地面交通流量也越来越大，机坪运行环境日趋复杂，地面管制冲突也随之更加突出，空管塔台对航空器实行机坪运行管理的问题和矛盾日益突出。原来由空管塔台实行航空器机坪运行管理的模式无法满足现实需要。《2019 年民航机场生产统计公报》显示，2019 年我国 237 座民用机场全年旅客吞吐量比上年增长 6.9%，全年共计完成旅客吞吐量 13.52 亿人次。枢纽机场如北京首都国际机场吞吐量突破 1 亿人次，上海两场合计突破 1.2 亿人次。客流量的持续增加也带来了机场吞吐量饱和、机场保障资源无法满足快速增长的航班量需要等问题。除枢纽机场外，诸多千万级机场也面临类似困境。以南京禄口国际机场为例，其中 T1、T2 航站楼的设计客流量为 3 000 万人次，而 2019 年客流量已经突破 3 058 万人次。类似的情况在三亚等地也不鲜见。航空业务量的持续高速增长为航空运输系统带来了巨大的运行和管理压力，航班延误和机场拥堵现象日益严重，带来了经济、社会及环境等多重负面影响。我国机场目前正在经历从量变到质变的过程，要顺利实现这个过程，就需要全面提高效率，提升管理水平。

（二）机坪运行模式的重大变革

我国民航在机场地面运行管理方面与航空发达国家或地区相比还存在较大差距。究其深层次原因，是近几年民航行业发展速度过快，而其配套基础建设难以适应行业飞速发展需要。机场地面交通运行优化是短期内缓解运行冲突、降低滑行成本、降低环境污染的重要途径，无论在经济层面还是环境层面都有着重要的意义。优化策略有助于加速场面运行，降低关键点的冲突与延误，有效提升场面运行容量。

为此民航局下达《关于推进航空器机坪运行管理移交机场管理机构工作的通知》，航空器机坪管制移交工作是顺应当前民航发展变化而进行的一次民航运行模式的重大变革，也是民航局针对提高机场运行效率、减少航班延误的重要举措之一。航空器机坪运行管制移交，主要是将航空器机坪运行指挥权由空管移交给机场机坪运行管理机构。这样既有利于我们优化航空器地面滑行路径，灵活分配机坪资源，也有助于进一步优化航空器拖曳管理。航空器机坪运行指挥权由空管系统移交给机场机坪运行管理机构，可带动停机位利用率提高、航班时刻增加、航班起降量增加、客流量增加。通过机坪管制移交，还可以逐步建立以机场为主导的地面运行管理体系，提升机场的话语权，进一步提高机场运行管理效率。

截至 2017 年 10 月，杭州、福州、南京、厦门、郑州、深圳、海口七个城市的机场已全部或部分完成移交工作。机坪管制移交后，在减少航空器滑行冲突、缩短航空器地面滑行等待时间、提高廊桥使用率、提升机坪运行效率、改善航班放行正常率等方面发挥了重要作用。截至 2019 年年底，北京大兴国际机场、成都天府国际机场、青岛胶东国际机场等的大型机场以及 15 个双跑道或多跑道机场、年旅客吞吐量超过 1 000 万人次的机场以及停机坪存在塔台视线遮蔽的机场等全部列入机坪管制移交机场名单。在民航局督导下，千万级机场闻令而动，基本完成移交工作。

资源仍然是中国民航高速扩张道路上最大的瓶颈。在从民航大国到民航强国转变的过程中，解决需求增加与资源不足之间的矛盾也成为决定中国的航空运输业能否持续快速发展的关键因素。机坪管制从空管移交给机场是厘清管理主体、提高机场运行效率、解决需求与地面资源矛盾的一个有效体制安排。机坪管制移交工作重构了机场运行保障体系，奠定了机坪运行管理的现代化格局，为机场长远高效运转打下了坚实基础。

（三）空管塔台与机场指挥中心的航空器管制移交程序

为了确保飞机地面运行安全，必须做好空管塔台与机场指挥中心的航空器管制移交工作，移交程序如下。

（1）空管塔台指挥进港航空器落地脱离跑道后滑行至协议移交道口外移交给机场指挥中心，由机场指挥中心负责指挥该航空器滑入机坪和滑行进位。

（2）机场指挥中心负责离港航空器由机坪滑行协议移交道口等待点移交给空管塔台，由空管塔台负责离港航空器上滑行道滑行。

（3）进港航空器落地脱离跑道后需要从协议移交点之外的道口滑进机坪，空管塔台与机场指挥中心双方协调并明确滑行路线。

（4）离港航空器需要从协议移交点之外的道口由机坪上滑行道滑行，机场指挥中心与空管塔台双方协调并明确滑行路线。

（四）机场机坪管制改革后成效显著

机坪管制移交机场后，机场对地面运行的自主管理和统筹能力获得显著增强，新的管理手段应运而生。

各机坪管制单位全方位、全流程梳理地面保障工作，主动靠前对接，强化与各保障单位的协同机制，重点抓好地面资源的管理调配。如北京首都机场组建了机务协调管理平台，依托机坪管制单位对拖车、引导车、除冰车等保障资源实施协调调度，联合应对复杂场面运行；重庆机场机坪管制单位与航空公司共同制订航后保障计划，实现了全天候的拖移、试车服务，每年保障航空器拖移、试车较机坪管制移交前增长了 3 倍以上。

深圳机场机坪管制单位与拖车管理机构实现电子化协调，拖车按空管的派出信息到位待命，随后按空管指令推出航班，减少了机组和拖车不必要的语音通话。杭州机场机坪管制单位与本机场机位资源管理、应急管理等工作模块按照"多元一体"方式设计协同保障模式，机坪管制单位承担起机场运控"前线指挥官"的职责。

机坪管制实现了对机位分配、航空器拖行、滑行道使用的综合管理，为航班靠桥率的提升提供了有利条件。首都机场机坪管制单位推动航班"能靠尽靠、能拖尽拖"，提前一日制订航班靠桥和拖曳"预战术"计划，同时对拖曳效率进行动态跟踪和改进。自 2023 年靠桥率提升专项行动开展以来，首都机场日均靠桥拖曳航班 99 架次，较以往增加 42 架次，靠桥率提高 3.9 个百分点。

杭州机场机坪管制单位通过设置缓冲机位、中转拖曳靠桥、快靠快离等措施，大幅提高拖曳效率。本场以提升靠桥率为目标的拖曳任务日均达到 16.2 架次，为靠桥率提升贡献了 2 个百分点。广州机场机坪管制单位针对跨区拖行等待时间较长的问题，提前预估可拖行时间窗口，主动通报机务，跨区拖行机务原地等待由 20 分钟缩短到 10 分钟以内。大兴机场机坪管制单位常态化跟踪远机位航班情况，逐班分析拖曳靠桥可能性，过去两年拖曳量始终保持国内领先，整体靠桥率保持在 80% 以上。

为共同维护好地面运行秩序，机坪管制和塔台管制单位协调配合，促进管制工作深度融合。广州机场机坪管制与空管塔台联合开展航班协调和跑道运行优化工作，根据跑道头航班实时排队情况，灵活选择起飞跑道，促进跑道的均衡使用。昆明机场机坪管制单位积极开展空地一体化协同运行，按照就近原则分配机坪机位，实现了航班就近起飞、就近落地，大幅缩短了航空器滑行距离和滑行时间。

五、现场指挥

（一）现场指挥中心

从飞机降落的那一刻起，严密监视着飞机滑行、进场、停稳、下客的整个过程，解决飞机的运行冲突：这就是机场运行管理部生产指挥中心的日常工作。

机场运行指挥中心配有生产集成调度系统、电报系统、电话系统、二次雷达、机场地理信息系统、监控系统、大屏控制系统等多套系统。指挥员可以通过 24 个大屏幕和分布在机场各个部位的上千个探头，第一时间了解整个机场的航班保障运行状况和生产信息，在最短的时间内对航班生产运行进行最有效的控制。

机场运行指挥中心除居中的指挥中心席位以外，指挥中心的大厅里还分别配备了各个航空公司、塔台等机场对外单位协调席，以及机务调度、地服调度、油料调度、配餐调度多个保障单位调度席，还有一个应急会议室。当有紧急事件发生时，指挥中心可以在第一时间启动应急机制，各联席单位进驻指挥大厅，听从应急处置领导小组的指示，保证机场在最短的时间内恢复运行，做到资源的公开与共享，提高工作效率。

机位资源分配席主要工作是根据航班动态进行机位调配，确保航空器安全停放，并对航班保障的全过程实行监控，向站调通报航班机位安排情况。为了缓解机位紧张的问题，指挥中心可以从四个方面布局优化：一是对所有机位的长度和翼展进行梳理，细化机位的使用规则；二是督促机场各保障车辆按照合理顺序进行航班保障作业；三是协调油料供应单位，避免因加油车作业而影响相邻机位飞机的停放到位；四是机坪施工和改造造成的滑行线、行车道改变，各保障单位应认真贯彻执行。

（二）技术保障是机坪管理的基础

加强技术保障是进一步提高安全性和运行效率的核心。航班量和地面保障资源高速增长，已经无法使用人工来协同和指挥，必须依靠技术来提高指挥效率，提高安全系数。

目前中国大型机场的基础技术设施并不完善，如有很多机场还没有场监雷达设备、多点定位设备，中国的航空器还未强制普及广播式自动相关监视（automata dependent surveillance-braadcast，ADS-B）设备等，这些基础设施需要加快建设。ADS-B 技术用于机场地面活动区，可以较低成本实现航空器的场面活动监视。在繁忙机场，即使装置了场面监视雷达，也难以完全覆盖航站楼的各向停机位，空中交通管理"登机门到登机门"的管理预期一直难以成为现实。利用 ADS-B 技术，通过接收和处理 ADS-B 广播信息，将活动航空器的监视从空中一直延伸到机场登机桥，因此能辅助场面监视雷达，实现"门到门"的空中交通管理，甚至可以不依赖地面监视雷达，实现机场地面移动目标的管理。2019 年，中国民航按计划全面启动 ADS-B 管制运行。

"十三五"时期，民航局重点推进航空器跟踪监控系统建设"三步走"计划，争取实现 95%的运输机场具备基于性能的导航（performance based navigation，PBN）程序。PBN运行可以不依靠地面导航台，使用卫星导航作为导航源，具有提高安全运行水平、提升机场和航路容量、提高经济效益、有利于节能环保等优点。

同时，需要持续将 X 型机场地面交通探测系统（airport surface detection equipment-model X，ASDE-X）、机场智能运行协同决策系统（airport collaborative decision making，A-CDM）等国际上成熟的机坪管理技术工具原理引入国内，帮助中国机场真正掌握这些技术，用技术工具管理好机坪运行。

六、飞机地面运行管理

飞机活动包括空中飞行活动和地面活动两大部分。空中飞行活动包括以下几个阶段：滑行、起飞、爬升、巡航、下降、着陆、滑行、停靠等。空中活动由空中交通管制部门负责指挥。飞机地面活动是指飞机在机坪与滑行道滑行、引导、牵移、停靠、试车等作业活动。飞机地面活动由机场运行指挥中心负责运行管理，但飞机所有的活动（包括地面活动）都必须得到空中交通管理部门许可，方可执行。在航空器机坪管制移交工作改革后飞机地面活动全部由机场运行指挥中心负责运行管理。

（一）飞机地面活动管理

飞机地面活动必须经空中交通管制部门或机场运行指挥中心同意后，按指定的滑行路线滑行、牵移，同时须与空中交通管制部门保持不间断的地面通信联络。如飞机需要试车，必须到指定地点试车，试车前须向运行指挥中心申请，不得违反有关规定，严禁在非指定地点试车。未经航空公司领导或地面代理公司领导同意和机场运行指挥中心许可，严禁飞机利用自身动力倒退。飞机离港地面滑行时，发动机所产生的废气、喷气或螺旋桨尾流不得对任何人或结构、财产造成损坏和构成危险，如达不到上述条件时，必须关闭发动机，使用牵引车拖至安全滑行线。任何类型的航空器试车，必须有专人负责试车现场的安全监控，并且应当根据试车种类设置醒目的"试车危险区"警示标志。无关人员和车辆不得进入试车危险区。飞机舱内有乘客时一般不能进行加油，确有特殊情况，需带客加油时，必须采取安全保护措施后，才可进行带客加油。

（二）飞机滑行、停靠管理

飞机进港由地面指挥人员负责指挥飞机滑行、停靠，指挥人员除严格按照民航局下发的《民用航空器飞机维修标准》执行指挥外，还须经有关部门培训取得信号指挥操作合格证后，方可指挥飞机的滑行、停靠。

指挥人员必须在飞机预计到达前 15 分钟到停机现场，保证飞机滑行线路和停机场地无杂物和障碍物，保证灭火瓶、轮挡和通话耳机等设备处于良好的状态。飞机进入机坪时，指挥人员应位于飞机驾驶员能明显观测到的位置指挥飞机，必要时可增设引导员、引导车。在机群密集、转弯处、翼尖附近应设监护员，所有地面引导、指挥人员应穿着有明显标志的工作服。白天指挥飞机的使用信号板（一面为深黄色，另一面为红黄相间的方块图案），夜间使用能发光的指挥棒。

飞机进港停靠近机位，现代化机场采用自动泊位引导系统，小规模机场则由人工指挥飞机滑行到位。停靠远机位、货机位、维修机位的飞机则由人工指挥其进离机位。

1. 航空器进入机位前，该机位应当保持的状态

（1）除负责航空器入位协调的人员外，各类人员、车辆、设备、货物和行李均应当位于划定的机位安全线区域外或机位作业等待区内。

（2）车辆、设备必须制动或固定；有液压装置的保障作业车辆、设备，必须确保其液压装置处于回缩状态。

（3）保障作业车辆在等待时，驾驶员应当随车等候；所有设备必须有人看守；廊桥活动端必须处于廊桥回位点。

在航空器处于安全靠泊状态后，接机人员应当向廊桥操作人员或客梯车驾驶员发出可以对接航空器的指令。廊桥操作人员或客梯车驾驶员接到此指令后，方可操作廊桥或客梯车对接航空器。

2. 航空器安全靠泊状态应当满足的条件

（1）发动机关闭。

（2）防撞灯关闭。

（3）轮挡按规范放置。

（4）航空器刹车松开。

3. 航空器滑出或被推出机位前，送机人员必须确认的事项

（1）除牵引车外的其他车辆、设备及人员等均已撤离至机位安全区域外。

（2）廊桥已撤至廊桥回位点。

飞机退离机位时，指挥员站在机头左前方或右前方，当飞机驾驶员发出请求滑行信号时，指挥员经观察确认可以滑出，及时指挥飞机滑出。靠登机桥飞机先用拖车将飞机推出桥位，再拖至滑行线上，撤离所有车辆和设备，并确认滑行线路内无障碍时，指挥飞机按滑行路线滑出停机坪。

飞机滑出时指挥人员应观察发动机、起落架、舱门及 APU（auxiliary power unit，辅助动力装置）情况，当飞机全部滑出后方可撤离。

案例 4-4　　　　　　北京首都国际机场两机相蹭

案例 4-5　　　上海虹桥国际机场一架民航班机机翼撞上油罐车

案例 4-6　　　　机坪尾喷流事故

（三）飞机地面牵引

飞机离港或移动时，地面牵引是一项十分重要又频繁的工作，为了避免发生撞机事故，地面牵引飞机时要严格按照中国民航局的规定执行。

整个牵引工作由指挥员、机舱操纵刹车员、牵引车驾驶员、现场监护员组成牵引飞机工作小组。现场监护员视飞机机型大小配备：D 类型（含 D 类型）以上的机型两名；C 类型（含 C 类型）以下的机型一名。

在整个牵引过程中，指挥牵引的机务人员应按要求佩戴通话设备，在牵引前检查牵引杆连接是否正常；牵引中与牵引车驾驶员和机舱刹车操纵人员保持联络，确保飞机行进中的安全，当联络中断时，应停止牵引飞机，直至恢复联络后再继续牵引。机舱操纵刹车人员应熟悉驾驶舱相关设备的使用方法，飞机牵引过程中，应始终与指挥员保持联络，遇有紧急情况时，应及时使用刹车。牵引车驾驶员按飞机规定路线及地面标志牵引飞机，牵引时应缓步启动，并缓慢地使牵引车减速或停止；遇有紧急情况时及时停止牵引。监护员负责观察飞机各个部位与障碍物的距离，确保飞机安全通过障碍物，在紧急情况下使用有效联络工具通知牵引驾驶员停止牵引。

防止飞机牵引发生事故，指挥员和牵引车驾驶员必须控制牵引速度。在开阔地区直线行驶速度不应超过 10 km/h，夜间和特殊天气时不应超过 5 km/h；通过有障碍、拥挤区域、有坡度地带的速度不应超过 1.5 km/h；转弯和进入停机位置的速度，不应超过 3 km/h。牵引飞机的转弯角度，遵照相关机型维护手册中的规定执行。

牵引飞机过程中，应按标志线行驶，牵引中的飞机与停放的飞机及移动中的障碍物的净距满足下列要求时方可通过。

（1）翼展在 24 m 以下的飞机，净距不小于 3 m。

（2）翼展在 24 m（含）至 36 m 的飞机，净距不小于 4.5 m。

（3）翼展在 36 m（含）及其以上的飞机，净距不小于 7.5 m。

达不到以上标准而又必须牵引时，则应在 2 名以上现场监护人员的监护下，以小于规定的牵引速度和转弯角度缓慢通过。

遇到特殊情况时应注意以下几点。

（1）遇有大风（风速超过该机型的牵引限速时）或在大雾、大雨、大雪的复杂气象条件下，如牵引车驾驶员不能清晰地看清机翼翼尖和监护人员或者超过牵引条件时，禁止牵引。

（2）在牵引飞机过程中，不允许人员上、下牵引车和飞机机舱。

（3）由于道面冰雪使牵引车打滑时，应清除冰雪后，方可牵引飞机。

（4）牵引飞机进入停机位置时，牵引车前保障杆或最前端到达第一条前轮停机线前，牵引车驾驶员必须看清指挥人员指挥信号，无指挥人员或未看清指挥信号时不得继续再向前牵引。

案例 4-7　　　　　　　　　**机坪人员伤亡事故**

（四）飞机引导

近年来，航空器误滑、错入机位的事件在国内机场频繁发生，严重影响着民航安全，同时也为机场运行保障工作敲响了警钟。

飞机误滑，对于机场而言存在极大的安全隐患，不像开车走错路可以在前方找出口，飞机一旦"走错路"，很可能出现"大飞机"进入"窄"滑行道，或是"大飞机"进入"小机位"的情况。特别是对于一些组合机位，若"大飞机"误滑入了组合机位中的"小机位"，很可能发生飞机剐蹭的事故，影响机场整体安全运行秩序。

为杜绝航空器误滑、错入机位等不安全事件的发生，必须标本兼治，从源头上守住航空器滑行的各道安全关口。航空器误滑的原因有很多，如机场飞行区地面标志缺失、不清晰或与技术标准不符等，机位更换频繁、信息通报不及时或信息传递不对称、在机位变更后的指挥和保障环节上出现失误等。

案例 4-8　　　　　**日航客机在上海浦东国际机场误撞灯柱**

不少大型机场停机位很多，站坪上的车辆、飞机运动情况复杂，为了有效防止出现运行冲突，防止航空器误滑、错入机位，保障飞机地面运行的安全，每次当飞机顺利降落在跑道上后，就需要引导车对飞机实施引导。

引导车的涂装一般都是黄色的，在后风挡上贴着明显的反光标志字样或者荧光灯屏显示的"FOLLOW ME"。另外，引导车的车顶上都有黄色的警示灯，当引导车在等待飞机或者非执勤状态时警示灯是关闭的，开始实施引导工作时警示灯才会打开。车里有车载电台，驾驶员随时监听航班运行情况，在管制员指定的机坪入口处等待进港航班，引导车是塔台上站坪管制员的有效助手，它们将管制员的管制指令在飞机机组面前真实地展示出来，机组只要跟着相应的引导车就可以安全滑到停机位。引导车的运行权限很大，因为管制员发出的滑行指令只能精细到具体的滑行道和跑道，但在站坪上由于滑行路线情况比较复杂，引导车就会根据实际站坪运行情况选择滑行路线，对于在飞机计划滑行路线上未能及时发现引导车的车辆和人员鸣笛进行提醒。飞机引导到位后，引导车就会关闭车顶警示灯，迅速脱离飞机滑行路线。

如果航空器型号、注册号或航班计划变更时，航空器营运人应当立即向空中交通管理部门和机场管理机构通报，否则引导车也会发生引导失误，航空器误滑、错入机位将造成巨大损失。

案例 4-9　　　　　　　　**机坪飞机与障碍物相撞**

如果机组在航空器进入设置目视泊位引导系统的机位时，发现有疑问的引导指示，或进入由人工引导入位的机位时发现地面协调员未就位，应当立即停止航空器滑行，及时通报空中交通管理部门，并应当保持发动机运转，等待后续处置。空中交通管理部门应当及时通知机场运行部门进行处理。飞机在引导车的引导下来到接近廊桥位置后，由机务工作人员通过语音和手势将飞机引导到停机位，连接上廊桥，乘客就能顺利下机了。

七、航空器除冰雪管理

飞机在起飞、降落和空中飞行的各个阶段都会受到气象条件的影响，而冬季对航空安全影响最大的天气就是冻雨和雪，包括冰粒、雪霰以及雨夹雪。如果霜、冰、雪附着在飞机上，飞机就无法起飞，机务人员先要进行除冰作业，除冰半小时内就得起飞。所以，每年冬季除冰、防冰工作是飞机维护中的一项重要工作。之所以称其重要，是因为它关系到飞机的冬季飞行安全。

鉴于航空运输业的特殊性，为保障旅客安全出行，民航局针对飞机积冰出台了相关的规定，明确指出：当有霜、雪或者冰附着在飞机机翼、操纵面、螺旋桨、发动机进气口或者其他重要表面上时，需要进行除冰工作，否则任何人不得使飞机起飞。

民航历史上曾发生过多起飞机结冰导致的航空事故，飞机除冰已然成为机场和航空公司共同关注的重要问题。1986年12月15日，安-24RV型飞机在兰州坠毁，其失事原因为飞机结冰导致2号发动机停车；同年，英国航空公司一架飞机失事，其原因为供油系统结冰；1992年3月22日，全美航空公司405号班机失事，调查人员发现机场采取的除冰措施不符合规范。这些血淋淋的空难警示，使冬季的飞机除冰工作成为民航保障飞行安全的一部分。

从专业角度来说，飞机外表面的冰、雪、霜污染会使飞机的气动外形产生变化，即使极少的霜也能够造成阻力增加、升力减少，严重时会引起飞机失速。飞机受污染会导致操纵效能降低和在起飞离地过程中出现非指令迎角变化和滚转，使飞行姿态难以控制，影响飞行安全。积冰的分布不均衡可能破坏飞机的安定性，致使飞行进入不稳定状态。因此，机务维修人员必须在特定的时间内对飞机进行除防冰作业，以保证飞机的安全飞行。

除利用除冰液的除冰方式外，国外也有采用红外线除冰的做法，利用集束式安装的大功率红外发生器发射的红外线照射到飞机身上，通过加热机身融化冰雪来实现除冰作业。

八、飞机监护

飞机监护是地面安全保障空防工作中的最后一道关口，主要工作是对每架飞机在机坪停留期间进行安全监控，检查上下飞机人员的证件，对飞机周围30 m范围进行监控，确保飞机在机坪停留期间的安全。

飞机监护工作一年四季都在停机坪上进行，特别是在数九寒天，监护人员不仅要忍受凛冽寒风的吹打，而且要热心做好旅客服务，工作不敢有一丝一毫的疏漏，密切注视飞机周围人员的一举一动，严格按照作业要求，检查每一位从岗前通过人员的证件，默默守护着每一架飞机的安全。

北京首都国际机场创新飞机监护模式，构建"三位一体"区域监护网。现在各机场实行的是"一对一（即一人监护一架飞机）"的航空器监护模式，而北京首都国际机场实行区域监护，采用的是固定值守、巡视检查和视频监控相结合的"三位一体"全新区域监护模式。固定值守岗位上的监护人员不再需要站立于机坪上对航空器进行监护，在固定值守岗亭里利用强光手电和望远镜就可以完成航空器监护工作，而且一人最多可守卫看护 4 个机位。这既改善了监护人员的工作环境，也在很大程度上扩大了监护的范围，节省了人力。对于为区域监护设置的巡视检查岗位，由巡视人员驾驶汽车对航空器进行监护，并增配了用于现场应急处置的设备工具。处于动态巡视状态的汽车缩短了紧急情况下的响应时间，可有效提高应急处置的效率。此外，后台增设的视频监控席位可实现对停机位的全景监控，既可以监视机位上的航空器保障情况，又能够监督固定值守岗位和巡视检查岗位上的人员工作状态。

航空器区域监护是保证航空器在机坪短暂停留期间免遭未经准许的干扰的重要航空安保措施，更发挥了各岗位的联动作用，融合人防、技防手段，全面提高安全管控能力，使防御模式实现由"点"到"面"的转变。优化区域监护流程、推动建立全方位立体化的安全防控机制等措施，持续做好远机位航空器区域监护的系列准备工作，为确保机场飞行区的持续安全、顺畅、平稳运行奠定了基础。

第四节 场务运行管理

一、场务管理范围

飞行区的场道基础设施是保障飞行安全的基本条件，由机场场务管理部门实施管理。

场务管理必须准确理解和积极贯彻执行民航局制订的有关飞行区场地安全的规定、要求，及时组织落实各项管理措施，使机场飞行区场地处于适航状态。

1. 主要职责

负责飞行区场地管理、维护工作，确保道面及其设施设备的清洁、正常和完好，使之始终保持适航状态，为航空器起降安全提供可靠保证。

2. 主要工作内容

（1）应当根据跑道、滑行道和机坪道面的破损类型、部位等情况制定道面紧急抢修预案。道面出现破损时，应当及时按照抢修预案进行修补，尽量减少道面破损和修补对机场运行的影响。

（2）制定飞行区场地及其相关设施、设备的管理制度，负责飞行区内各类区域划分、标志线刷新和警示标志牌的日常维护工作。

（3）组织实施飞行区内的跑道、滑行道、停机坪、服务道、巡场道、土质区、排水系统、围界等场道设施的日常维护维修工作。

（4）负责飞行区场地清扫、保持道面清洁、防止外来物入侵、除冰扫雪、疏通排水系统。

（5）执行跑道、滑行道日常巡视检查及维护规定，开车或步行巡视检查跑道、滑行道；负责跑道摩擦系数的定期测试及对跑道除胶；负责转机、接机、备降、迫降等突发航班的场道应急保障。

（6）负责组织实施飞行区内土质区的割草、碾压工作，确保草高和土质区密实度指标符合民航规定标准。

（7）负责本部门各种车辆、机械设备的管理，保证其性能安全可靠。

二、道面的维护

道面包括跑道、滑行道和停机坪的道面，其中最重要的是跑道道面。飞机在跑道上高速运动，任何小的裂缝或隆起都有可能造成爆胎或对起落架的损害，从而引发重大事故。

案例 4-10　　泰国普吉国际机场因跑道发现多处裂痕关闭两天

道面的维护包括以下四个方面。

（一）修补道面的裂缝和测试强度

大型机场的跑道都使用混凝土道面，它是刚性的，承载能力强，但在温度变化时它的膨胀和收缩会引起很大内应力。因此，混凝土道面在一定距离都留有伸缩缝。冬天混凝土收缩，伸缩缝变宽，这时水和沙就会进入缝中，当水冻结时就会产生很大的压力，使伸缩缝边缘开裂，随后雨水就可以渗入混凝土底层，使整块道面出现裂缝、隆起或伸缩缝变宽。跑道维护人员要定期目视检查跑道的表面，在春季要增加检查次数，及时修补。由于跑道不均匀下沉，也会造成裂缝。

每隔一定时期要对跑道的强度和性能进行检验，目前常用振动法测定跑道的性能。这个方法不破坏跑道，只是靠振动波的传播和反射来测定跑道的性能，在振动法不能确定的地方，有时用打孔、切槽等破坏性检验来做补充检测。

水泥混凝土道面出现松散、剥落、断裂、破损等现象，或者沥青混凝土道面出现轮辙、裂缝、坑洞、鼓包、泛油等破损现象时，应当在发现后 24 小时内予以修补或者处理。水泥混凝土道面必须完整、平坦，3 m 范围内的高低差不得大于 10 mm；板块接缝错台不得大于 5 mm；道面接缝封灌完好。沥青混凝土道面必须完整、平坦，3 m 范围内的高低差不得大于 15 mm。

（二）跑道摩擦系数测试及维护

为了防止飞机滑出跑道，水泥混凝土跑道道面采用人工拉毛、毛槽结合施工工艺，一般要求道面粗糙度为 0.8～1.2mm（填石法），用萨勃 9000 表面摩阻测试车实测跑道表面摩擦系数为 0.5 以上。跑道开放运行期间下雪时，应当根据雪情确定测试跑道摩擦系数的时间间隔，并及时对跑道进行除冰雪作业，保证跑道摩擦系数不低于 0.30。道面的摩擦力会因道面的磨损、积水和污染而变化。

机场应配备跑道摩擦系数测试设备。按规定跑道日航空器起降架次大于 210 架次的，测试跑道摩擦系数的频率应不少于每周 1 次，遇大雨或者跑道结冰积雪，在跑道上施洒除冰液或颗粒，航空器发生偏出、冲出跑道的情况后，应当立即测试跑道摩擦系数。

道面的磨损可以用及时修补来解决，方法是在跑道道面上开出跑道安全槽，这些槽深只有 6～7 mm，间隔为 30 mm，它可以使道面上的水排干净，也可以排出由于轮胎摩擦造成的水蒸气和热量。

当接地带跑道中线两侧被橡胶覆盖 80%左右，并且橡胶呈现光泽时，应当及时除胶。跑道污染主要是由于油漆、废物和轮胎上的橡胶颗粒黏附造成的，其中最主要的是橡胶黏附，它是由于飞机在降落后制动时摩擦产生的大量热量，使轮胎的橡胶颗粒黏附在道面上，这将大大降低道面的摩擦系数。清除这种污染也比较费力，目前采用的方法有以下四种。

（1）高压水冲洗。水压在 300 标准大气压（1 标准大气压=$1.013×10^5$ Pa）以上且只能在 5℃以上的气温中进行。

（2）化学溶剂溶解。这种方法很有效，但容易引起环境污染问题。

（3）高速机械刷除。这种方法的设备比较昂贵。

（4）超声波清洗。这是一种新的方法，成本不高，效果较好。

（三）日常巡视保持跑道清洁

跑道安全是机场运行安全的核心。机场道面，尤其是跑道道面须清除污染和杂物，以保证飞机的运行安全。所谓污染物是指沉积或存留在道面上的物质，如雪、冰、积水、泥、砂、灰尘、润滑油和橡胶等，这些物质对于路面的制动性能是不利的。杂物指松散的石头、沙子、纸屑、木头、铁屑以及路面建筑材料的碎屑等。杂物对运行颇为有害，它们会损坏飞机的结构和发动机，破坏飞行系统的正常工作。

风沙，或在飞机起飞时发动机喷气吹起的灰尘，都会使跑道不清洁。跑道上如果有散落的东西，哪怕是一块小小的沙石，如果被发动机随着空气一起吸进去，就会打坏发动机，造成很大的损失。特别是对于发动机离地面比较近的飞机，这种危险就更大。有的散落物还可能戳坏飞机的轮胎，或者贴附在同跑道面平齐的灯具上，影响正常照明。道面应当保持清洁，道面上有泥浆、污物、沙子、松散颗粒、垃圾、燃油、润滑油及其他污物时，应当立即清除。

在一些繁忙的机场，每 2 小时就要检查一次。而在那些不太繁忙的机场，可能仅在清晨机场开始运行前检查，天黑以前再简单检查。对任何机场每日跑道开放使用前，机场管理机构应当对跑道进行一次全面检查。一般都在清晨飞机运行前进行，此时有足够的日光可以看清任何物体。通常，当机场收到发现障碍物报告或者出现了非正常条件或者事件之后，例如飞机意外事故时，都要进行特殊检查。

案例 4-11　　　　　　　　　**"协和"号飞机空难**

（四）场道除雪和除冰

下雪和结冰是跑道正常使用和飞行安全的一大威胁。由于强冷空气的入侵，当地气温急剧下降，所降雨雪遇到低温，特别是气温低于0℃时，雨雪会在跑道面上迅速冻结成冰层，飞机轮胎与冰层间摩擦力很小，起飞降落的飞机在有结冰的跑道面上不易保持方向，极易冲出跑道。飞行手册上规定，跑道上有结冰时禁止飞机起降。

有一点要切记，尽管我们对道面的除冰除雪已非常重视，但时常有看起来已经干爽、清洁的跑道摩擦阻力大大降低的情况发生。

案例 4-12　　　　地面结冰致两架飞机滑出跑道

因此，一旦跑道结冰，机场有关部门必须立即采取紧急措施及时清除，确保飞机飞行安全。另外，有较大的降雪，如不及时清除，跑道积雪也将影响飞机的起飞和降落。当然，如果降雪持续时间过长，雪量过大，机场的积雪有可能来不及清除，势必会造成机场关闭。除雪、除冰虽然很麻烦，却必须及时进行。把喷气发动机装在车上，用炽热的喷流除雪，是一种办法。现在，还有了专门的扫雪车。

机场应当根据本机场气候条件并参照过去5年的冰雪情况配备除冰雪设备。年旅客吞吐量500万人次以上的机场，除冰雪设备配备应当能够达到编队除雪，并且一次编队至少能够清除跑道上40 m宽范围的积雪，具备边下雪边清除跑道积雪的能力，保证机场持续开放运行；年旅客吞吐量在200万～500万人次的机场，除冰雪设备配备应当能保证雪停后1小时内机场可开放运行；年旅客吞吐量200万人次以下的机场，除冰雪设备配备应当能保证雪停后2小时内机场可开放运行；日航班量少于2班的机场，除冰雪设备配备应当能保证雪停后4小时内机场可开放运行。

三、外来物（FOD）的防治

（一）外来物的现状

近年来，民航机场外来物损伤航空器轮胎事件呈现居高不下的态势，已严重影响到航班的正常运营。FOD又叫机场航空器活动区外来物，包括金属零件、石块、玻璃、塑料袋等在内的物品，甚至一张纸片都可称作FOD。它们一旦出现在飞行区、跑道、机坪等机场关键区域，对航空安全极有可能造成相当大的威胁与破坏。喷气式飞机投入运行以来，飞机起降时速度快，喷气发动机动力大，在高速运转下吸入发动机的一小块塑料布就足以引起空中停车甚至坠毁，甚至一颗螺丝钉、一粒碎石子都可能划伤飞机轮胎或对重要零部件造成损害，后果不堪设想。

根据FOD历史统计数据分析，长沙黄花国际机场2008年共发现、清扫外来物20 364件；2009年共发现、清扫外来物24 151件；2010年共发现、清扫外来物18 995件。以2010年外来物统计数据来看，纸屑、槟榔渣、包装袋等低危外来物16 790件，占全年外来物的88.4%；铁垫片、钥匙等中危外来物312件，占全年外来物的1.6%；铁片、铁钉、螺杆、螺帽等高危外来物 1 893 件，占全年外来物的 10.0%。

从 FOD 数据库及清扫地点发现，高危外来物的来源主要集中在机坪廊桥下，其他地点较为分散。由此分析可知，机场外来物的来源主要是地面保障人员在保障过程中或完成保障任务后，不能严格执行外来物防控操作程序，FOD 防控意识不强，主观人为遗弃、丢落形成的外来物。

（二）防范从细节入手

产生外来物的原因有以下几方面：一是机坪工作人员 FOD 防控意识不强，有随意丢弃外来物的现象。从长沙黄花国际机场 FOD 数据库可知，纸屑、槟榔渣、包装袋等低危外来物占全年外来物总量的 85% 以上，而随着航空运力的增长，接近航空器的勤务车辆、人员增多，车辆自身掉落金属零件、杂物及人员随手丢弃杂物的概率增大；二是随着机场飞机起降架次的增长，客观上造成跑道、滑行道、联络道、机坪被使用的时间越来越长，道面系统出现越来越多的损坏，加大了扎胎的风险；三是根据机场发展的需求，为提高机场等级而实施的新建、扩建、改建等升级工程不断，不停航施工持续进行，在飞行区遗留了大量的施工垃圾，同时，在施工时期，存在施工材料、工具遗落的问题，同样也加大了扎胎风险。

针对外来物来源广泛、源头复杂的实际情况，应在源头上防范外来物可能造成的危害。例如，对内场上千辆机动车和非机动车实施年检年审制度，检验不合格的车辆一律取消在机坪上的行驶资格，以切实起到防范作用。

此外，为杜绝其他金属物品遗落在机坪内，机务维修保障部门对所有工具包及里面的工具进行了编号，采取专人管理及领用制度，以防止丢失或遗漏。除了这些常规性举措，杭州萧山国际机场在许多细微之处也动了脑筋，如对手电筒镜片进行贴膜，确保玻璃镜片破裂后也不会掉落到机坪；对轮挡小推车进行技术改进，将原先的螺杆式固定撑脚改装成弹簧收放式撑脚等，从而有效杜绝了金属物品对航空器造成的潜在威胁。由于行李、货物在装卸运输过程中，极易产生包装纸屑和泡沫塑料等物品，所以机场派专人进行监装监卸。平时怕东西掉出来，都要用网罩罩住货物，下雨时还要在网罩下加层雨布。

第五节　跑　道　侵　入

一、概述

（一）跑道侵入的定义

随着民航业的快速发展，跑道侵入事件时有发生。国际民航组织（ICAO）关于跑道侵入（runway incursion）的定义是："在机场发生的任何航空器、车辆或人员误入指定用于航空器着陆和起飞的地面保护区的情况。"

根据 ICAO 和 FAA 的相关规定，跑道侵入危险等级可以划分为以下四个级别。

（1）A 级安全事故。此为危害最严重的机场事故，此种情形下，基本上一定会发生飞机碰撞事故，一般不能够有效避免，机场负责人员通常只能采取较为特别的处理方式来解决诸如此类的跑道侵入事故。

（2）B 级安全事故。相较于安全等级为一级的事故类型而言，这属于较为严重的安全事故，如若发生此种情况，会致使间隔减少，增加可能碰撞的风险，以致事故发生后，一般只能采用相关的应急措施来削弱飞机碰撞的概率。

（3）C 级安全事故。此类型会导致间隔减少，但此种情况致使飞机发生碰撞的可能性较低，通常而言，机场管理人员能够有比较充足的时间处理事故、预防安全事故的发生。

（4）D 级安全事故。此类型虽然也属于跑道侵入的范畴，但一般被界定为没有引发安全事故的事件类型，通常为相关人员及其他阻碍物，会在飞机起降过程中对其造成影响，但不会引发安全事故。

（二）跑道侵入的常见情况

（1）航空器或者车辆从正在着陆的航空器的前方穿越。
（2）航空器或者车辆从正在起飞的航空器的前方穿越。
（3）航空器或者车辆穿越跑道等待位置标志。
（4）航空器或者车辆不能确定其所在位置而误入使用跑道。
（5）航空器或者车辆由于无线电通话失误导致未按照空中交通管制指令操作。
（6）航空器从尚未脱离跑道的航空器或者车辆后方通过。

（三）造成跑道侵入的因素

目前，我国缺乏此类因素的权威统计数据。从美国民航方面 2013—2016 年的统计数据看，发生跑道侵入事件的数量以每年约 10%的比例上升，2013—2016 年 9 月，分别发生了 1 200 次、1 300 次、1 400 次和 1 500 次跑道侵入事件。从发生的"跑道侵入事件"的责任方看，分别是：53%为飞行员错误造成的，29%为管制员错误造成的，17%为其他各类原因。可以看出，管制员和飞行员是造成跑道侵入事件的两大主要责任主体。一个机场的飞行量如果增长 20%，那么跑道侵入的可能性会提高 140%。尤其是当飞行量增长而机场又出现不停航施工时，跑道侵入的可能性会更高。机场地面的管制运行和机场跑道的使用调配越来越复杂，防止跑道侵入的压力不断加大。

跑道侵入是由许多不同的因素引起的，包括机场复杂性、穿越跑道次数、空中交通量、管制员和飞行员之间的错误通信、飞行员缺乏机场情境意识、管制员和飞行员之间的执行和判断错误、机场内车辆等。本章重点讨论地面车辆及人员跑道侵入问题。

二、防止地面车辆及人员跑道侵入

目前民航局正在推进"航空器机坪运行管理移交机场管理机构"这项工作，如果全面实施，发生飞行区的"地面车辆跑道侵入"，机场运行指挥机构就成了事故主要责任人之一。机场"跑道侵入"是目前航空运行最重要的危险源之一，几乎不可避免。无论是上海虹桥国际机场这样的 2 跑道的机场、北京首都国际机场 3 跑道的机场，还是更复杂的 7～

8 条跑道的国外机场，都有发生"跑道侵入"事件的概率。

（一）地面车辆、人员跑道侵入

我国大部分机场尚未把航空器机坪运行管理移交给机场管理机构，一般由塔台管制员负责将航空器从其停机位引导到现用跑道，以及将航空器从跑道引导到停机位。这期间，管制员不仅要负责对航空器的管制，还要对工作人员和车辆进行管制。此时，如果出现间隔计算错误或者判断失误，遗忘航空器、跑道上的车辆或者人员，对航空器、车辆、人员或者其位置识别判断错误或者混淆等情况，就容易造成管制原因的跑道侵入。

案例 4-13　　　　　车辆侵入跑道

（二）防止地面车辆及人员跑道侵入措施

为了防止地面车辆及人员跑道侵入，应从以下几个方面采取保障措施。

1. 建立进出跑道的工作制度和协调机制

机场管理机构积极配合空中交通管制单位确定车辆、人员与塔台管制员之间联系的规范通话用语和各类进出跑道、滑行道作业车辆的呼号。确定每日巡视检查的次数和时间；跑道、滑行道巡视检查和通报程序；巡视检查过程中发生紧急情况时的处置程序；等等。

2. 对工作人员的基本要求

未经塔台管制员许可，任何人员、车辆不得进入运行中的跑道、滑行道；任何人员、车辆进入跑道、滑行道时，应当直接报告塔台管制员，并在塔台管制员限定的时间内退出跑道、滑行道。退出后，应当直接报告塔台管制员；塔台管制员、作业人员应当使用规范的通话用语进行联系。

3. 对车辆的要求

进入活动区的车辆的车身应当喷涂单位名称和标识，在顶端安装符合标准的黄色障碍灯并在工作期间始终开启。进入跑道、滑行道的车辆、人员应当配备无线电通信设备，以便与塔台保持不间断的无线电双向联系。进入跑道、滑行道的车辆应当具有明确的车辆呼号，如"场务""灯光""驱鸟""消防""应急"等。对跑道进行日常巡视检查的车辆应配备机场平面图，图中应标明作业路线、进入或退出跑道的位置报告点、主要注意事项和应急处置办法。

4. 进入跑道的申请

车辆及人员进入跑道作业前，应当向塔台管制单位申请，报告呼号、当前等待位置、预计行驶路线、预计滞留时间等信息，并确认跑道运行方向。得到塔台管制员的许可后，车辆及人员方可进入跑道。

5. 实施跑道作业

进入跑道的工作人员进行下车作业或者检查时，应随身携带对讲机与塔台保持联系，离开车辆的距离不得超过 100 m，确保车辆处于运行状态并始终开启车辆顶部的障碍灯和车辆大灯。当塔台管制员要求作业人员或者检查人员撤离时，人员及车辆应当立即撤离至管制员指定的位置，撤离后，要及时通知塔台。人员及车辆再次进入跑道之前应当再次申请，并获得塔台管制员的许可。

6. 其他要求

在实施机场低能见度程序运行时，不得对跑道、滑行道进行常规的巡视检查。对于多跑道机场，不得同时对多条跑道进行巡视检查。有条件的机场应当对塔台管制员与地面车辆的无线电通话进行录音，录音应当保留 30 天。涉及事件调查的录音，按照事件调查单位的要求进行保存。

第六节　机场导航设施管理

一、目视助航设施的检验评估

目视助航设施包括风向标、各类道面（含机坪）标志、引导标记牌、助航灯光系统（含机坪照明）。各类标志物、标志线应当清晰有效，颜色正确；助航灯光系统和可供夜间使用的引导标记牌的光强、颜色有效完好。

为了保障飞行安全，机场管理机构应当按照以下频次或情况对机场目视助航设施进行检验评估，以避免因滑行道引导灯光、标志物、标志线、标记牌等指示不清、设置位置不当产生混淆或错误指引，造成航空器误滑或者人员、车辆误入跑道、滑行道的事件。检验评估人员由飞行员、管制员、勤务保障作业人员、机场管理机构人员组成。对于检验评估发现的问题，机场管理机构应当及时采取整改措施。

检验评估频次如下。

（1）每三年。

（2）新开航机场或机场启用新跑道、滑行道、机坪、机位前以及运行三个月内。

（3）机场发生航空器误滑，人员、车辆误入跑道、滑行道等事件时。

（4）机场管理机构接到飞行员、管制员、勤务保障作业人员反映滑行引导灯光、标志物、标志线、标记牌等指示不清，容易产生混淆或者影响运行效率时。

二、目视助航灯光系统的维护

目视助航灯光是安装在跑道两旁、跑道延长线、滑行道、联络道等处的大功率卤钨灯，有着飞机"外眼"的美誉。在阴、雨、雾、雪等低能见度的复杂天气条件下，它是引导飞机起降的重要辅助手段，而在晚上则必须有助航灯光的引导，飞机才能安全起降。

（一）巡视维护

机场助航灯安装在飞行区，巡视就是维护人员的基本工作，维护就是对助航灯进行维修和保养。不论寒冬酷暑，不论狂风暴雨，不论白昼黑夜，一旦发生故障，要火速处理，如果不能及时排除，将导致飞机无法起降，甚至关闭机场。

第一是保障供电。按规定，夜航灯光开启后若设备出现故障，要用最短的时间修复，如果回路断电则要在 15 秒内恢复。因此要做好备用发电机的定期检查、维护和试运行工作，使其持续保持适用状态。每周至少应进行备用发电机的 30 分钟加载试验，每月至少应进行备用发电机的 1 小时加载试验，进行一次主供电源与备用电源之间及主、备用电源与备用柴油发电机之间切换的传动试验。

第二是全部灯亮。为了保证进近、跑道、滑行道灯光系统和顺序闪光灯系统每一盏灯的正常运行，巡视、维护检查项目应不低于以下要求。

（1）日维护。更换失效的灯泡和破损的玻璃透镜，确保透镜的干净、清洁，检查各个亮度等级上调光器输出电流是否符合技术标准。

（2）年维护。灯具紧固件的紧固，灯具锈蚀部分的处理，灯具仰角、水平的检查和调整，插接件的连接可靠性检查，并检查每个灯组的支架及基础情况。

（3）不定期维护。在大风和大雪后可能对助航灯光系统正常运行造成影响时，应当对助航灯光系统进行检查，并调整各类灯具的仰角及水平；清除遮蔽灯光的草或积雪。

助航灯巡视维护工作是一项十分艰苦的工作。每天一清早值班人员打开并监控部分助航灯光，每隔 1 小时对调光设备巡查 1 次。夜航结束后，值班人员上跑道对所有灯光进行巡视维修，若发现故障就要立即维修。助航灯光在外场经受风吹雨淋日晒，维修保障起来十分困难，夏季高温加上照明产生的热量，嵌在跑道里的中线灯膨胀拔不出来，只能用大铁锤锤；冬季灯具上冻，也要先用铁锤敲打；跑道上的沙尘会蒙住灯罩，要定期洗刷清理；如在围界外河道上安装了进近灯，要涉过河爬上 5～6 m 的杆子维修。

（二）智慧防盗

机场助航灯是电缆被盗现象时有发生，厦门高崎国际机场曾在短短十几天内就发生了两起助航灯具电缆被盗案件，直接对厦门航空安全构成威胁。

机场人深感忧虑的是，导航灯具是重要的民航安全保障设施，将直接为在空中接近机场的飞机提供准确的高度、方向等指示信息，一旦发生问题将直接危及人民生命和财产安全；同时，助航灯光桥架上有高压电源，窃贼随便进入桥架极可能导致人身安全事故。

如果有人攀登灯塔或者盗割电缆，让导航灯"瞎了眼"的话，极有可能使飞机发生事故。由于飞机跑道较长，导航灯塔一般安装在机场围栏之外，监控难度较大。重庆机场曾出现过导航灯电缆被盗割事件，致使航班延误。现机场研制的新型数字式导航灯电缆视频防盗系统投入使用后，这套智能系统能自动报警，如果有人做出攀登的动作或者接触灯塔时面部紧张的话，智能报警终端的人体生物探测器便会立即发出 110 dB 的警报声，并向监控中心报警，同时会向值班人员和机场公安发送手机短消息，即使监控室无人值守也能报警。这一系统投入使用后提高了巡视效率，保障了安全。

（三）环境监察

环境监察就是监察机场周围路灯设置，防止高亮度的路灯误导飞行。

目前高速公路上的高杆灯和低柱灯，一般采用的灯泡都是从意大利进口的，高杆灯功率有 1 000 W，而低柱灯的功率也有 250 W。目前机场上的目视助航灯系统所用的灯泡也都是高质量的，但所用的进近灯和跑道灯功率均为 200 W。尽管机场上的灯距只有 60 m，高速公路上的灯与灯之间距离为 100 m 以上，机场上灯的密度大于高速公路上灯的密度，但是每当飞机在几千米或数百米的高空飞行时，飞行员向地面观察，只能看到灯光带，并不能看出灯与灯之间的间距。更何况高速公路上的灯光功率都比机场上的灯光功率大，光强度也大，容易误导飞行员驾驶。

案例 4-14　　　　　机场高速多次误导飞行员

机场因高速公路上或其他地方的灯光误导飞行员发生危险的情况时有发生。每个机场都与高速公路相衔接，这是一个回避不了的事实，不仅武汉、南京，全国各地机场都有类似情况。所以，监察工作必须从机场规划和机场周围高速公路设计时就开始介入。

第七节　机场净空管理

一、净空管理

近年来，随着民航事业的发展，一些影响民航净空保护、威胁民航安全的活动也日益增多。1996 年施行的《中华人民共和国民用航空法》对民用机场净空保护做了原则性规定，对保障飞行安全起到了重要作用。但随着城市建设的发展，特别是城市高层建筑越来越高的发展趋势，影响民用机场净空保护的新情况不断出现。因此，为了消除影响飞行安全的活动和行为，保障民航安全，促进民航事业持续、稳定和健康发展，2009 年 7 月施行的《民用机场管理条例》将《中华人民共和国民用航空法》中关于民用机场净空保护的原则性规定具体化，并予以补充和完善。

（一）机场净空的概念和范围

机场净空区也叫机场净空保护区域，是指为保障航空器在机场安全起飞和降落，按照机场净空障碍物限制图的要求划设的一定空间范围。目前我国对于民用机场净空保护区域的划定标准主要依据《民用机场飞行区技术标准》和《国际民用航空公约》附件 14《机场》的要求。从飞行程序设计和飞行安全的角度考虑，障碍物是影响飞行安全的首要因素，需要进行严格的评估和控制。每个民用机场所处的地形地貌并不相同，因此，不同民用机场的净空范围也会有所不同。

净空区的底部是椭圆形的，并由此向外、向上呈立体状延伸。同时，在跑道的两端向外划出一个通道，这个通道的底面叫进近面，由这个水平面也向上延伸形成一条空中通道。飞机在起飞、爬升、巡航、下降、着陆阶段也不能出现空中及地面障碍物。因此，我国大多数机场将净空保护区的范围规划为机场跑道中心线两侧各 10 km、跑道两端各 20 km。

机场净空区是供飞机起降专用的区域，未经航空管理部门批准，任何其他建筑物和障碍物均不得进入这个区域，就连风筝、浓烟、强光、飞鸟等也严禁进入机场净空区，其至对接近机场净空区的楼房、烟囱等在高度上都有限制，并且在其顶部要涂上红白相间的颜色，装上灯光或闪光灯，目的在于便于驾驶员识别，防止碰撞。

（二）民用机场净空保护区域内禁止的活动

民用机场是专供民用航空器起飞、降落、滑行、停放以及进行其他活动使用的划定区域，是民用航空器运行安全的重要保障。因此，在民用机场净空保护区域内保持无障碍的空域，使准备使用该民用机场的航空器能够安全运行，是国际民航组织和世界各国民航管理部门共同关注的问题。很多国家通过立法的形式明确了在民用机场净空保护区域内应当禁止的活动，我国的《民用机场管理条例》根据保护民用机场净空的需要，从以下几个方面规定了在民用机场净空保护区域内禁止的活动。

（1）禁止从事影响民用机场净空保护区空气能见度的活动。民用航空器在起飞和降落的过程中，需要驾驶员通过目视飞行的方式，借助目视助航设施来完成。在这种情况下，对民用机场空气能见度的要求较高，如果民用机场净空区内有大量烟雾、粉尘、火焰、废气，势必影响空气的能见度，使航空器驾驶员难以发现机场灯光、标志等目视助航设施，影响飞机起飞和降落的安全。

（2）禁止从事对民用航空器可能产生损害的危险活动。民用航空器在民用机场净空保护区域内的飞行高度较低，如果在该区域内修建靶场或者设置强烈爆炸物仓库，在靶场演习过程中或者爆炸物仓库发生意外，很可能损害飞行中的航空器的安全，也可能对停放在机场内的航空器造成损害，因此应当禁止此类活动。

（3）禁止从事影响民用机场目视助航设施或者影响飞行员视线的活动。《国际民用航空公约》附件14对机场目视助航设施的标准有非常详细的规定，《民用机场飞行区技术标准》对我国民用机场信号灯的颜色、跑道标志颜色等也做了详细规定。民用航空器驾驶员需要借助目视助航设施起降和滑行，如果设置类似的灯光或标志，或者设置遮挡飞行员视线的灯光、标志或者物质，很容易使飞行员因为视线不清或者产生混淆，影响飞行安全。

（4）禁止种植不符合规定的植物。超出机场净空障碍物限制面的植物也属于障碍物体，《民用机场飞行区技术标准》规定："任何物体，经航行部门研究认为对飞机活动地区上或内水平面和锥形面范围内的空间的飞机有危害时，应视为障碍物，尽可能将其移除。"不符合规定的植物不仅对飞行中的航空器有危害，还可能影响机场灯光、标志等目视助航设施的使用。因此，本条例对在机场净空保护区域内种植影响飞行安全及目视助航设施使用的植物的行为予以禁止。

（5）禁止在民用机场放飞影响飞行安全的鸟类，升放无人驾驶的自由气球，系留气球和其他升空物体。鸟害一直是威胁民航飞行安全的重要因素，飞鸟撞击航空器事件在世界范围内屡有发生，我国也多次发生此类事件。据国际民航组织统计，90%的鸟击事件发生在机场或者机场附近。因此，在机场净空保护区域内应当禁止放飞鸟类动物。此外，无人驾驶的自由气球、系留气球和其他升空物体（例如风筝），都会给飞行中的航空器造成威胁，因此，此类升放活动也应当在禁止之列。

（6）禁止焚烧产生大量烟雾的农作物秸秆、垃圾等物质，或者燃放烟花、焰火。烟雾能使机场上空能见度降低，在机场净空保护区域内焚烧农作物秸秆、垃圾或者燃放烟花、焰火，其产生的烟雾容易笼罩机场，导致机场能见度下降。我国已发生多起因为机场被烟雾包围，飞机按规定程序对准跑道准备降落时，因为无法看清机场地面标志而不得不备降到其他机场的事件，严重的甚至造成机场被迫停止运营，进港航班被迫取消。因此，为保障民航飞行安全，此类行为应当禁止。

（7）禁止在民用机场围界外 5 m 范围内，搭建建筑物、种植树木，或者从事挖掘、堆积物体等影响民用机场运营安全的活动。机场围界是保障民航飞行安全的重要设施，围界起着把飞行区与外界隔离的作用，设置机场围界的主要目的是有效防止无关人员及牲畜进入飞行区，确保飞行安全。在临近机场围界的区域搭建建筑物、种植树木，或者从事挖掘、堆积物体等活动，有可能会给非法进入飞行区创造条件，这不仅影响机场的安全运行，也不利于机场的净空保护，会给飞行安全带来隐患。因此，条例规定在民用机场围界外 5 m 的范围内禁止从事上述活动。

（8）禁止其他影响民用机场净空的行为。尽管上述七项规定已经较为具体，但是仍不可能涵盖所有应当在民用机场净空保护区域内禁止的活动，而且随着社会的发展，还有可能出现新的影响机场净空保护、威胁民航飞行安全的活动，例如无人机的广泛应用。因此，条例规定在机场净空保护区域内禁止的活动还包括国务院民用航空主管部门认定的其他影响民用机场净空的行为。

（三）机场净空保护区域公布于众

民用机场净空保护区域的划定是净空保护的前提，而公告保护区域范围则是相关政府部门以及社会公众自觉遵守净空保护规定的条件。如果社会公众尚不知晓某一特定区域属于民用机场净空保护区域，就无法遵守国家关于机场净空保护的规定。如果某些单位或者个人从事了违反国家关于机场净空保护所禁止的活动，不仅对飞行安全会带来很多不利影响，而且事后采取补救措施往往也会付出较大代价。因此，通过便于公众了解的方式向社会公众公布民用机场净空保护区域，对于保护民用机场净空，保证民用航空器运行安全意义重大。需要说明的是，民用机场净空保护是一项长期工作，不仅仅限于公布净空保护区域范围，地方人民政府、民用航空管理部门、机场管理机构应当做好日常宣传工作，定期向相关政府部门和社会公众宣传民用机场净空保护的法律法规。

二、超标建筑物

城市建筑物超标会影响飞机起飞降落有效飞行空域。根据民航相关规定，在民用机场净空保护区划定的区域内，一般不得修建高出原地面 30 m 且高出机场标高 150 m 的建（构）筑物和设施（简称高大建筑物）。净空保护区外，在特殊情况下，修建超过规定范围的超高建筑物或者高大建筑物的，地方人民政府应当征得机场管理机构的书面同意，并报地区民用航空管理机构审批。

随着城市建设的发展，民用机场与城市中心的距离越来越近，并且在发展临空经济、打造航空城的过程中，机场周围新建了各类建筑物，部分建筑物处于机场净空保护区范围内，却没有按照规定限制高度，直接影响到飞行安全。有些人认为，飞机起降是在机场进行的，机场周围净空环境对飞行安全影响不大。殊不知，航班起降必须按规定的航线飞行，航线周围空间条件的好坏直接关系到飞行安全。当机场净空条件受到破坏或达不到标准时，会严重影响飞机的起降安全。例如，在净空范围内出现超高建筑物就破坏了飞行的净空条件，进而导致严重的不安全事件。在恶劣的天气条件下，超高建筑物会影响机场目视助航设施的正常运作，甚至可能发生飞机与建筑物相撞而机毁人亡的惨剧。

2012 年民航局在全国范围内开展净空超高障碍物排查，结果发现问题十分严重。华北局对所辖地区 24 个机场以是否超出国际民航组织附件 14 规定作为判断依据，其中 17 个机场共查出 152 个超高或疑似超高障碍物。超高障碍物涉及多方利益，要反复与地方政府、建设单位、施工单位协调沟通，才能解决问题。整个中南地区的净空安全同样令人担忧，共发现新增超高障碍物 146 处，涉及 16 个机场。民航华东地区管理局在排查过程中，共发现净空保护区限制面内新增超高障碍物 262 处，涉及 30 个机场。

案例 4-15　　　　四川绵阳涪城万达广场建筑物超高

三、鸟害控制

（一）鸟害升级为"A"类航空灾难

随着民航事业的高速发展，鸟击航空器事件逐年上升，它已成为世界航空运输的三大灾难之一，是世界航空业共同面对的问题。鸟类飞行无法受到人为控制，因此避免航班遭受飞鸟撞击也成为全球航空界眼下面临的最大难题。有资料显示，全世界每年大约发生 1 万次鸟撞飞机事件。当鸟与飞机相向飞行时，虽然鸟的飞行速度不会很快，但是飞机的飞行速度很快，因此鸟对飞机造成的撞击强度会非常大。来自中国民航鸟击航空器信息网上的数据显示，我国在 2006—2015 年十年间共发生鸟击事件 17 135 起、鸟击事故征候 1 125 起。2015 年，中国民航运输类飞机因鸟击导致的事故征候有 185 起，占全年各类型事故征候总数的 49.47%，是第一大事故征候类型。

飞机的起飞和降落阶段最容易发生鸟击事件，大部分鸟类飞行高度在 4 000 m 以下，因而超过 90% 的鸟击发生在机场和机场附近空域。大鸟撞飞机，冲击力可达百吨。一只小鸟能够撼动一架飞机，很多人感到不可思议，实际上，一只 0.45 kg 的小鸟撞在时速为 80 km 的飞机上，会产生 153 kg 的冲击力；一只 7 kg 的大鸟撞在时速为 960 km 的飞机上，冲击力会达到 144 吨。受鸟类飞行高度的影响，鸟击事故多发生在飞行的起飞和下降阶段。鉴于鸟击的危害性，国际航空联合会已把鸟害升级为"A"类航空灾难。

鸟击对飞行器动力系统的破坏所造成的后果更为直接。对于螺旋桨飞机，鸟击会导致桨叶变形乃至折断，使得飞机动力下降。对于喷气式飞机，发动机切线旋转速度高达 450 m/s，小鸟一旦被吸入发动机内就会变成无情的"杀手"。如果风扇叶片被鸟击断，碎片会随气流向后甩入飞机其他关键部位，或者卡住发动机，使发动机停机乃至起火。

除了动力系统，鸟击还会对飞行器的其他部件造成破坏，如导航系统雷达罩、机翼、尾舵、表面喷漆等，无论哪个部位受到鸟类撞击，都会影响飞机飞行。

美国联邦航空局的数据表明，美国民航飞机的鸟撞损失每年高达 2.6 亿美元。在考虑航空器停机损失的情况下，间接损失超过直接损失。鸟击发生后，航空公司要进行机械维修，重新调配飞机进行二次起降，这些无疑都增加了运营成本。间接损失一般为直接损失的 4 倍。数据显示，在世界各地发生的机毁人亡事故中，有 20%是飞鸟撞击飞机造成的。可见，飞鸟对飞行安全构成了巨大威胁。

案例 4-16　　　　　　　　　　鸟类动物撞击飞行器

（二）鸟击防范工作

1. 改善鸟类栖息的环境

鸟击发生的地区不确定，时间不确定，飞行阶段不确定，飞行高度不确定，鸟的种类不确定，因此，鸟击防范工作就必须是全方位、立体式、纵横交互作用的。

鸟击防范工作的重点不是被动的驱赶、射杀，而应该从基本做起，从源头出发，主抓招引鸟类的生态环境治理，找出招引鸟类的原因，然后加以治理。当然，强调环境治理，并不是说不采用设备驱鸟，因为设备驱鸟并不是万能的，而鸟儿们的意志力又是坚决的，它们前赴后继，驱赶走了再回来，射杀了一只还有一群，因此机场要做到防范和减少鸟击，关键就是要做好机场及周边地区的生态环境调研工作，并加以治理，使鸟儿根本就不会来到此地。

成功的鸟类控制方案并不依赖于鸟类驱赶，而首先在于要造就一个不利于鸟类栖息的环境。上海浦东国际机场为了改善自然生态环境，在机场以东 11 km 的长江口九段沙"种青引鸟"，开辟新的适合鸟类生息的生态环境，改变候鸟迁徙路线，从根本上消除机场鸟撞隐患。

北京首都国际机场从鸟类食物链入手及生态环境综合治理方面取得可喜成果。工作人员通过对机场周围环境进行调研，研究草的种类、树的种类，包括主要草种、树种可能在何时节吸引何种昆虫，进而吸引何种鸟类，还要确定机场及其周边地区的主要啮齿类动物，在各季节可能吸引的主要鸟种，并结合收集到的鸟击事件信息，确定机场及其周边地区的主要危险鸟种，包括主要危险鸟种的习性、不同季节在机场不同区域的活动时间、飞行路线、飞行高度和主要危险鸟种的主要防范季节；至于环境治理方面，主要是研究在机场内进行鸟类栖息地改造和主动的鸟类管理，加强生态环境的日常监测和治理，科学地控制草高，适时地做好灭鼠灭虫工作，减少吸引鸟类的各种因素。

2. 驱鸟方法

尽管人们采取各种措施阻止鸟类进入机场，但仍有一些鸟会成群结队地光顾机场。因此，有必要采取更有效的措施来驱赶鸟类。我国机场各种驱鸟方式、手段、特点汇总如表 4-2 所示。

表 4-2　我国机场各种驱鸟方式

驱鸟方式	手　段	特　点
听觉	爆竹弹发射器	把类似过年过节时燃放的烟花弹装在地面的发射器上，在飞机起降前燃放
	驱鸟车	把几个驱鸟设备集成在一辆车上，驱鸟员开着驱鸟车巡场
	定向声波	把大分贝的声音集束在一个方向，定向声音，使声音的传播距离加大，分贝增强
	超声波语音	利用声波音效，发出仿真天敌、同类的警告和悲鸣声
	电子爆音声波	利用特殊的刺激，超声波驱鸟
	煤气炮	利用罐装液体煤气爆炸时发声音恐吓鸟类
视觉	大型激光器（禁止）	在低光条件下，利用 532 nm/500 MW/150 mm 的绿色激光束，像一根绿色大棒子一样在机场的低空区域来回挥舞，适合夜航驱鸟（注：机场内禁止使用激光器）
	小型激光枪（禁止）	驱鸟人员手持激光枪，发射绿色或红色的激光束，驱赶鸟类（注：机场内禁止使用激光器）
	稻草人	采用最传统的稻草人驱鸟，把稻草做成人的模样，迎风转动时忽闪忽闪来驱鸟
	恐怖眼	在氢气球上画上让鸟害怕的图案，悬挂于机场草地中
	充气人	在鼓风机上套一套防止漏气的人形材料，立于机场中，人形材料随着鼓风机的吸气和鼓起而站立或倒下
	防鸟风车	采用转动式和反光式驱鸟措施，反射太阳光使鸟类受惊而逃跑
捕杀	猎枪	直接猎杀目标鸟类，以防危害航空安全
	粘鸟网	将透明的丝织的鸟网，固定于鸟杆上，鸟类飞过时会被粘住
	猛禽	饲养老鹰及类似猛禽，并训练其捕杀或驱赶其他鸟类
化学	驱鸟剂	在研究鸟类的嗅觉后研制一种拥有特殊气味的化学药剂，喷在草地上后，使鸟类厌恶这种气味
	氨水	用氨水挥发出的刺激气味熏走小鸟
	农药	喷洒鸟类厌恶的农药，使鸟类闻到气味后远离机场
	动物粪便	用狮子、老虎等猛兽的新鲜粪便的"独特"气味吓走鸟类
	绝种药物	研制化学药剂，把此药剂添加到饲料中，鸟类吃了会产下不能孵化的无效卵，防止鸟类繁殖
生态	割草	修剪草地，控制机场中草的高度，移去鸟类藏身之地
	杀虫	喷洒农药，灭除草地的昆虫，使杂草和植物开花结果减少
	绘制鸟类地图	结合各个机场及周围的生态特点，绘制鸟类活动热点地区及主要危害鸟类的地图，供驱鸟人员学习
预警	探鸟雷达	实时给机场鸟控人员提供机场里面及机场周围有害鸟类的活动水平和准确位置。它就像机场里面的一个电子望远镜，能够全方位地、持续地、更远地探测鸟情

四、电磁波干扰

民用机场的净空和电磁环境直接关系航空运输安全。近年来，在民用机场以及周边地区非法设置无线电台（站）等侵害民用机场净空和电磁环境的行为，严重影响了民用航空器的飞行安全。据统计，2017 年上半年，中国民航局配合公安等部门立案查处不法分子擅自设置非法无线广播电台违法犯罪案件 1810 起，其中干扰民航案件 68 起，缴获"黑广播"设备共计 1673 台（套）。

黑广播干扰已成为民航飞行安全的严重隐患之一。近年来，随着经济发展，各类电台数量增多，电磁环境愈发复杂，航空无线电专用频率受干扰问题屡有发生。特别是黑广播干扰尤为突出，直接危及民航飞行安全。轻则造成地空通信不畅，重则导致空中交通指挥中断、航班延误，甚至可能造成机毁人亡的严重安全事故。

案例 4-17　　　　　　　　　　黑广播干扰

为了进一步加强民用机场净空和电磁环境保护，《民用机场管理条例》规定：民用机场所在地地方无线电管理机构应当会同地区民用航空管理机构划定民用机场电磁环境保护区域，并向社会公布；在民用航空无线电台（站）电磁环境保护区域内，禁止从事修建架空高压输电线、架空金属线、铁路、公路、电力排灌站，禁止存放金属堆积物以及掘土、采砂、采石等改变地形地貌的活动；民用航空无线电专用频率受到干扰时，机场管理机构和民用航空管理部门应当立即采取排查措施，及时消除；无法消除的，应当通报民用机场所在地地方无线电管理机构，接到通报的无线电管理机构应当采取措施，依法查处。

五、烟雾

焚烧农作物秸秆、垃圾等物质产生的大量烟雾会影响飞行视线，不但给飞机白天的起飞降落增加了难度，夜晚更是让飞行人员难以操控，一旦操作失误，便会带来机毁人亡的灾难，后果不堪设想。

每当秋收秋种接近尾声，农作物秸秆的焚烧一直是人们关注的焦点。2002 年秋，西安周边的农田里，当地农民大量焚烧收获过的农作物秸秆，滚滚的浓烟遮天蔽日，部分地方的能见度只有几百米，西安咸阳国际机场的飞行安全受到了严重的威胁，机场几次与所在地的咸阳渭城区的领导进行紧急协商。

2005 年 6 月 6 日傍晚，安徽合肥街头烟雾弥漫，浓烟导致合肥骆岗国际机场的两个进港航班迫降南京禄口国际机场。

焚烧秸秆问题治理难度较高，需多方协同解决。每年的 4 月、5 月、8 月、9 月是浙江宁波附近村民焚烧稻草、蔺草的集中时间段，焚烧产生的大量烟雾直接影响到飞机起降时的低空能见度。2005 年，曾经发生过一起一架从香港飞来宁波的航班因为下降时受到烟雾的影响而被迫返航的事件。

近年各地政府纷纷出台严格的禁烧令，但是情况并没有好转。据生态环境部 2023 年统计，卫星遥感共监测到全国秸秆焚烧火点 14 241 个（不包括云覆盖下的火点），主要分布在黑龙江、吉林、内蒙古、山西、湖北、辽宁、山东、河南等省（区）。其中，东北地区（包括黑龙江省、吉林省、辽宁省，以及内蒙古自治区赤峰市、通辽市、呼伦贝尔市、兴安盟）火点共计 9 838 个，占全国火点总数的 69.15%。焚烧秸秆会产生颗粒物、一氧化碳、二氧化碳等污染物，在扩散条件不利的情况下，不仅会对大气造成污染，而且焚烧秸秆产生的烟雾会笼罩在该地附近的城市、机场上空，影响到航班正常起降。

六、无人机

（一）无人机是净空安全面临的新问题

小型无人机的真正发展时间不超过 20 年，近年来，民用无人机迎来井喷式发展，从有成熟产品到现在不过几年时间，而它的应用，除了现已大范围应用于航拍外，在搜寻救援、警用巡逻、物流快递等领域都发挥着作用。民用无人机已经深入到日常生活中的各个领域。据预计，未来 20 年，全球无人机市场将达到 900 亿美元，如此庞大的市场引得全球瞩目。在无人机蓬勃发展的同时，无人机安全问题也变得日益严峻。无人机炸机、撞上建筑物等伤及百姓的事件时有发生，面临着立法、航空安全等方面的争议与挑战。

现在很多无人机的飞行高度可达五六千米，如果进入航班起降的航路，后果不堪设想。但是，许多市民在操控无人机时，往往存在使用上不分区域、不分范围的情况，再加上法律意识淡薄，这些行为将对航班安全构成严重威胁。

2016 年 5 月 28 日傍晚，在成都双流国际机场东跑道航班起降空域就发生了一起无人机阻碍航班正常起降的事件。据了解，当天 18：20，民航西南空管局塔台的工作人员在雷达上发现东跑道上空，以及成都市龙泉驿区柏阖寺上空有无人机在活动，而且该无人机的飞行高度约 3 000 m，恰好与航班飞行高度一致。为保证民航安全，18：20—19：40，成都双流国际机场停止了东跑道所有航班的运行，直接造成 55 个已安排在东跑道起降的航班不能正常进港和起飞离港。到 19：40，工作人员在雷达上没有再发现无人机的踪迹后，才决定恢复东跑道的运行，航班得以正常起降。

2023 年 10 月 23 日晚，深圳机场内发生无人机干扰，导致深圳机场大面积航班延误，已有 30 个航班备降，70 多个航班延误。

（二）无人机立法管理

根据民航局的规定，目前民用无人机驾驶员管理共分为三类：第一类，重量小于等于 7 kg 的微型无人机，飞行范围在视距内半径 500 m、相对高度低于 120 m 范围内的，无须证照管理；第二类，在视距内运行的空机重量大于 7 kg 的无人机、在隔离空域内超视距运行的所有无人机，以及在融合空域内运行的重量小于等于 116 kg 的无人机都须纳入行业管理；第三类，在融合空域运行的大于 116 kg 的无人机则必须全部纳入民航局管理。

2016 年，民航局为了进一步规范无人机的运行管理，促进无人机健康、有序发展，出台了《轻小无人机运行规定（试行）》，以大数据和"互联网+"为依托，对"低、慢、小"无人机运行实施放管结合的细化分类管理，进一步规范轻小型无人机的飞行秩序，确

保运行安全。

2023 年 6 月国务院、中央军委公布《无人驾驶航空器飞行管理暂行条例》，自 2024 年 1 月 1 日起施行。

《无人驾驶航空器飞行管理暂行条例》贯彻总体国家安全观，统筹发展和安全，坚持底线思维和系统观念，以维护航空安全、公共安全、国家安全为核心，以完善无人驾驶航空器监管规则为重点，对无人驾驶航空器从设计生产到运行使用进行全链条管理，着力构建科学、规范、高效的无人驾驶航空器飞行及相关活动管理制度体系，为防范化解无人驾驶航空器安全风险、助推相关产业持续健康发展提供有力法治保障。

2023 年 12 月 15 日经第 29 次交通运输部部务会议通过《民用无人驾驶航空器运行安全管理规则》并颁发公布，于 2024 年 1 月 1 日实施。2024 年 1 月 17 日，民航局召开视频会议，对《民用无人驾驶航空器运行安全管理规则》（CCAR-92 部）进行宣贯，旨在配合《无人驾驶航空器飞行管理暂行条例》施行，推动民航行业无人机管理制度更好贯彻落实，规范民用无人机运行安全管理工作。

七、不明飞行物

《民用机场管理条例》明确规定禁止在民用机场升放无人驾驶的自由气球、系留气球和其他升空物体。但是，这几年机场却常被"骚扰"。特别是每年的节假日，气球、风筝、烟花、孔明灯等"不速之客"一齐来"捣乱"，严重危及飞行安全。燃放升空的孔明灯以及在空中飘的风筝等一旦进入机场净空区，可能在视觉上对飞行员造成干扰。特别是孔明灯由铁制的框架制成，一旦与高速飞行的飞机相撞或者被吸入飞机的发动机内，后果不堪设想。

（一）无人驾驶自由气球、系留气球

能影响到航班飞行的气球主要有两类：一类是气象探空气球，另一类是商业广告气球。气象探空气球主要用于气象科学研究，施放地点固定（全国现有 120 多个施放点），气球规格和质量规范，且施放活动比较规律，因而管理起来比较容易，对航班几乎没有什么影响；而商业广告气球和风筝，存在着施放地点不固定、规格和质量不规范、施放活动没有规律的特点，管理起来很难，对航班的影响也最大。

随着社会经济的发展，近几年，商业广告气球的使用量激增，气球也越放越大；各地的风筝节也有增多的趋势，风筝的规格尺寸越做越大，放飞的高度也越来越高。广州每天都有"黑气球"升空，但由于一直没有相关的法律法规制约，部门监管也很不严格，再加上广州平均每天都有 200 多家公司开业，庆典气球有着极大的需求空间，目前仍有许多公司私自出租升放气球，所以常常会出现气球"不听话"失控飞走，这给飞行安全带来了极大的威胁。据专家介绍，大型广告气球一旦失控升空，就会成为杀伤力极强的"空中炸弹"。失控后的气球最高能飞到 12 000 m，且飘忽不定，民航管制员无法利用雷达探测到气球的具体位置，因而很难指挥飞机避让，尤其是空域繁忙或夜间飞行时，这些气球若碰上飞机，很有可能被卷入发动机，造成发动机熄火，其后果不堪设想。

（二）孔明灯、风筝

每逢佳节，写上心愿和祝福，高放孔明灯，是不少年轻人喜爱的祈福方式。然而，这种"浪漫"的举动背后却隐藏着不少安全隐患。

孔明灯落到哪里都是灾难。孔明灯属于明火，外焰温度高达 300℃，而一般纸张可燃温度是 130℃，普通木材的可燃温度在 250～300℃。放飞后的孔明灯飘浮不定，无法进行人为的预判和控制。试想一下，如果孔明灯飘落在树上、草地上，甚至掉到液化气站和加油站等火情严管地带，极有可能引发重大事故。

孔明灯还可能危及飞行器，因为燃放升空的孔明灯可以达到飞机的飞行高度，倘若高速飞行的飞机由于云雾遮挡等原因无法发现，而与其相撞或被飞机发动机吸入，轻则危及飞行安全，重则机毁人亡。2015 年 1 月 1 日，曼谷航空一架空客 A320 客机在清迈国际机场降落时，机场上空发现多盏孔明灯，其中一盏燃烧升空的孔明灯被吸进了飞机引擎内。所幸飞行员处置得当，飞机安全落地，未造成意外事故。

风筝给飞行安全造成最严重的状况就是外来物被吸入航空发动机或堵塞空速管等，会引起发动机故障或仪表指示故障，甚者会损失航空器升力，进而妨碍飞机的正常起降。风筝在空中撞上高速飞行的飞机，也会在一定程度上对机身外部造成损害。2012 年 6 月 29日下午，有风筝入侵成都双流国际机场跑道净空空域。净空管理员目测到风筝距离道面高度只有约 200 m，与西跑道起飞的飞机爬升高度相近。接到报告后，塔台和指挥室立即发出指令：停止使用西跑道。这使得原计划从西跑道起飞的 8 个出港航班只好从东跑道起飞，西跑道因此停用 44 分钟。

（三）不明飞行物管理

很多空中飞行物的威力都很大。形象地说，它们就相当于飞行的燃烧弹，如果撞上高速飞行的飞机，或者卷入飞机的发动机内，很容易造成机毁人亡的严重后果。对于这些随着气流飘来的"异物"，除了可以用驱鸟枪射击，加速它们的降落外，基本上没有更好的办法。而一旦遇到合适的气流和条件，气球、孔明灯等甚至可以飘行几十千米，危及航路上的飞机。这些问题都让民航机构感到非常棘手，亟待有效解决。

正是因为燃放孔明灯的危害极大，全国大部分地区已出台规定，明令禁止制售、燃放孔明灯，要求任何单位和个人严禁在城市建成区、文物景点周边、加油加气站、油库、燃气储配站、可燃物资仓库、森林防火重点区、机场净空控制区等场所销售、燃放孔明灯。《民用机场管理条例》第四十九条第（五）款规定，禁止在民用机场净空保护区域内"放飞影响飞行安全的鸟类，升放无人驾驶的自由气球、系留气球和其他升空物体"。毫无疑问，孔明灯属于法律法规禁止在机场净空保护区域内放飞的升空物，而且根据《中华人民共和国民用航空法》和《民用机场管理条例》的相关规定，各地依据《民用航空法》制定地方性法规，明确禁止在净空区放飞孔明灯，如《湖北省民用机场净空安全保护条例》第十一条第（八）款、《云南省民用运输机场保护条例》第十八条第（四）款等，就明确禁止在机场净空保护区域内放飞孔明灯等。对于违反规定并拒不改正的，依据我国《中华人民共和国消防法》《中华人民共和国治安管理处罚法》，公安机关将依法予以处罚。

思 考 题

1. 机场运行管理的定义是什么？
2. 飞行区运行管理包括哪些内容？
3. 枢纽机场运行新模式的组织机构如何设置？
4. 机场运行指挥中心的职责有哪些？
5. 名义容量和实际容量的区别有哪些？
6. 如何提高机场容量？有哪些措施？
7. 机坪系统管理范畴包括哪些内容？
8. 枢纽机场机坪运行模式改革的目的是什么？
9. 飞机地面活动的管理要求是什么？
10. 为什么要进行航空器除冰雪？
11. 飞机区域新的监护模式有哪些特点？
12. 场务运行管理工作的主要内容有哪些？
13. 道面维护包括哪些方面？
14. 什么是外来物？如何防治？
15. 简述跑道侵入的定义和常见情况。
16. 如何防止地面车辆及人员跑道侵入？
17. 目视助航设施有哪些？
18. 目视助航灯系统如何维护？
19. 简述机场净空概念和管理范围。
20. 在民用机场净空保护区域内禁止哪些活动？
21. 鸟击防范工作如何进行生态环境治理？
22. 无人机是净空安全面临的新问题，如何管理？
23. 不明飞行物的危害性表现在哪几方面？

第五章　民用机场地面运行管理

通过本章的学习，您将了解以下知识点：

1. 航班信息系统管理；
2. 机位分配的基本原则；
3. 航站楼的总体布局；
4. 旅客乘机流程；
5. 提高中转服务水平；
6. 降低行李处理不当率；
7. 旅客地面服务内容和要求；
8. 机场地面勤务保障内容和管理；
9. 地面勤务保障特种车辆管理。

　　本章内容以机场陆侧航站楼为中心，以旅客为对象，研究机场地面运行的管理方法。优质旅客地面服务体现在航站楼的各个方面，包括合理简洁的总体布局、功能齐全的服务设施、畅通无阻的乘机流程、爱人如己的服务理念，全面安全的地面保障措施让每一位过往旅客充分享受机场所提供的最佳服务体验。

第一节　航班运行管理

一、航班

（一）航班的定义及分类

1. 航班的定义

飞机从始发航站起飞，经过中间的经停站，最后到达终点站的经营性运输飞行叫作航班。

2. 航班的分类

航班按不同的性质有多种分类方法。

（1）按经营区域，航班可以分为国际航班、国内航班和地区航班。

始发站、经停站或终点站中至少有一站在本国境外的航班称为国际航班。

始发站、经停站或终点站全部在一国境内的称为国内航班。

我国国内航班的始发站、经停站或终点站中有一站在中国香港、中国澳门或中国台湾的称港澳台航线航班。

始发站、经停站或终点站中有一站在一国内有特殊安排的地区的航班称为地区航班，如中国大陆（内地）与台湾、香港、澳门之间的航班。

（2）按经营时间，航班分为定期航班和不定期航班。

定期航班是指列入航班时刻表、有固定时间运行的航班。定期航班又分为长期定期航班及季节性定期航班。长期定期航班在我国执行的时间为两年，在此期间内班期、时刻、航班号不能随意更改，要确保航班的正常性，如有旅客，不论人数多少都要飞行，如遇特殊情况需要改变也必须事先通报，并取得批准。

季节性定期航班是指根据季节不同而有不同时刻、班期安排的航班。航班的时刻和班次按季节进行重新安排，我国按冬春、夏秋，一年安排两次。

不定期航班也称为包机飞行，是没有固定时刻的运输飞行，是根据临时性任务进行的航班安排。

一个航空公司的主要业务和信誉建立在定期航班的基础上，因而空管部门、签派部门和机场在航班安排发生矛盾时，优先的次序为长期定期航班、季节性定期航班，最后是不定期航班。

（二）航班时刻表

1. 航班时刻表

航班时刻表是航空运输企业（航空公司、机场、各保障单位）生产活动的整个流程的安排计划。对于企业内部，它是运输企业每日生产活动的安排和组织的依据，企业围绕着它来调配运力，安排人员，进行协调和管理。对于社会，它是向用户（单位和个人）提供服务信息和销售竞争的手段。旅客根据航班时刻表提供的航班时刻、机型、服务内容来选择他要乘坐的航空公司、飞机和航班。航班时刻表要根据季节和市场需求来进行调整或修正，在我国每年制定两次，每年 4—10 月使用夏秋季航班时刻表，每年 11 月至第二年 3 月使用冬春季时刻表，如图 5-1 所示。

班期 Days	离站 Dep	到达 Arr	航班号 Flight	机型 A/C	经停 Stop	注 R
BEIJING 北京 TO 至						
RANGOON 仰光 RGN						
- - 3 - - - -	0805	1300	CA905	733	1	
ROME 罗马 ROM						
- 2 - - 5 - -	0950	1615	AZ793	M1F	1	
- - 3 - - 6 -	1050	1701	CA939	74M	1	
SAN FRANCISCO 旧金山 SFO						
1234567	1045	0830	UA852	747	1	
- 2 - - 5 - -	1340	1205	CA985	74E	1	
- - 34 - 6 -	1410	1205	CA985	74E	1	
* - - 3 - - - 7	1810	1350	MU581	M11	—	
SANYA 三亚 SYX						
1 - 3 - 5 - -	1750	2240	CJ6712	M82	1	
- 2 - - - 6 -	1750	2240	CJ6702	M82	1	
- - - - - - 7	1750	2240	CJ6716	M82	1	
SENDAI 仙台 SDJ						
- 2 - - 5 - -	0845	1430	CA923	733	1	
SEOUL 首尔 SEL						
1234567	0940	1220	CA123	767	—	(1)(3)74L
12 - 45 - 7	1220	1520	OZ332	767	—	(1)737
123 - 567	1300	1600	KE852	AB6	—	()M83
- - - - - 6 -	1345	1635	FX0080	M1F	CG	
- 234 - - -	1420	1705	FX0080	M1F	CG	
SERI BEGAWAN 斯里巴加湾市 BWN						
- - - 4 - - -	0740	1300	BI622	763	—	
1 - - - - - -	1050	1610	BI620	763	—	
SHANGHAI 上海 SHA						
1 - 3 - 5 - -	0720	0915	SR198	747	—	
- - - 4 - - -	0750	0935	CA9011	74F	—	CG
- - - - 5 - -	0750	0945	CA929	74E	—	
12 - 567	0800	0955	CA921	767	—	763
- - 3 - - - -	0800	0955	CA949	74E	—	
- - - 4 - - -	0800	0955	CA921	767	—	
* - 2 - - - -	0810	1000	MU5162	AB6	—	
- - - 4 - - -	0810	1015	OS591	340	—	28/10→26/3
- - - - - 6 -	0810	1015	OS591	340	—	28/10→26/3
- - - - - - 7	0810	1010	CA935	74E	—	
1234 - - -	0830	1025	CA929	74E	—	(3)74L
1234567	0840	1035	CA1501	74L	—	
- - - 4 - - 7	0900	1100	MU5162	AB6		

图 5-1　航班时刻表

时刻表包括始发站名称、航班号、终点站名称、起飞时刻、到达时刻、机型、座舱等级、服务项目等内容。它是按始发站的第一个拼音字母的先后顺序编排的，同时应注意使用的时间是 24 小时的全时制，即没有上下午之分，时钟是由 0 时计算到 24 时，在有时差的地区，表上所列的都是当地时间。

2. 航班号

按照一定的方法给每一个航班一个编号，这样旅客和工作人员便于区别和管理，这个号码叫作航班号。

（1）国内航班号的编排。国内航班号的编排由航空公司的两字代码加4位数字或3位数字组成，航空公司代码由国际民航组织规定公布。后面的4位数字中，第一位代表航空公司的基地所在地区，第二位表示航班的基地外终点所在地区（1为华北，2为西北，3为中南，4为西南，5为华东，6为东北，8为厦门，9为新疆），第三位、第四位表示这次航班的序号，单数表示由基地出发向外飞的去程航班，双数表示飞回基地的回程航班。

例如，CA1202（西安—北京航班），CA是中国国际航空公司；第一位数字1表示华北地区，国航的基地在北京，属华北地区；第二位数2表示航班的基地外终点在西北地区，西安属西北地区；02为航班序号，其中末位2表示回程航班。

再如，MU5305（上海—广州航班），MU为东方航空公司代码，5代表上海所在的华东地区，3代表广州所在的中南地区，05为序号，单数是去程航班。

根据航班号可以很快地了解到航班的执行公司、飞往地点及方向，这对管理机构和乘客都非常方便。

（2）国际航班号的编排。国际航班号的编排由航空公司代码加3位数字组成，前两位的字母表示航空公司，后两位是航班序号，单数为去程，双数为回程。

例如，CA982（纽约—北京航班），是中国国际航空公司承运的回程航班。

不过，如果套用以上规律，可能会发现无法解释CA1852次航班（台州至北京）的真实线路了。随着新兴航空公司和航班量越来越多，很多航班号已经无法套用原来的规律了。虽然航班号不再有严格规律了，但也并非"无迹可寻"，至少还有两点是没有改变的：一是两字代码仍然代表航空公司；二是第三位、第四位仍旧为航班序号。同样，单数代表出基地出发向外飞的航班，双数代表飞回基地的回程航班。

最新国内部分航空公司航班号分配表如表5-1所示。

表5-1　国内部分航空公司航班号分配表

航空公司（ICAO代码）	航班号片段
中国国际航空公司（CCA）	1000—1999、4000—4999、8201—8300
中国南方航空公司（CSN）	3000—3999、6000—6999、8301—8500
中国东方航空公司（CES）	2000—2999、5000—5999、9001—9760
四川航空公司（CSC）	8501—8999
厦门航空公司（CXA）	8000—8500
成都航空公司（UEA）	2200—2250、2701—2770、6661—6680
西藏航空公司（TBA）	9800—9879

虽然大多数航班号为两字代码加4个阿拉伯数字，但也有些航班号数字后面还跟着字母。如果航班因为天气、机械故障等延误、备降、取消，需要补班飞行，为区分原航班和补班航班，航空公司会将原航班号最后一个数字变成字母。

（三）航班作业流程

组织一个航班并保证它正点飞行，要有航空公司的多个部门相互配合。

维修部门要对飞机进行维修和检查，决定飞机能否飞行；按照飞机使用说明书上的规定对飞机进行维修保养，确保飞机处于安全状态；根据不同航线市场的旅客需求特点，对飞机座位布局进行改装以适应市场的需求，提高航空公司的收益。

航务部门收集到达机场和航路上的天气情况预报；安排机组和制订飞行计划，把这个计划通知导航和航管部门做好准备；机长根据各种情报和信息做出飞行计划，并与有关人员商讨；及时向下一航站通报飞行动态；机长在临起飞前对飞机重要部分进行安全检查；等等。

乘务部门检查机上服务设备、机上供应品准备情况，迎接旅客登机；等等。

销售部门开拓市场，做好营销和销售机票，办理货物托运。

供应部门负责清洁、上水，给飞机加油。

配餐部门根据旅客人数将餐食和机供品装入飞机等。

值机部门为旅客办理乘机手续，旅客通过安检，登机，货运部把货物和行李装入机舱，计算载重和平衡，由货舱单和旅客名单以及平衡图组成随机文件交付机长审核，拍发有关电报等。经放行后，飞机才可以起飞。

飞机到站后，又重复这一过程，飞往下一站。这个工作流程如图 5-2 和图 5-3 所示，从图上可以看出整个流程一环紧扣一环，形成一个工作链。任何一环脱节都会影响到航班的正常运行，如果有任何的改动，也会影响到各个不同部门的工作。各个部门协调配合得好，就会缩短飞机在机场的经停时间，提高机场正点率。

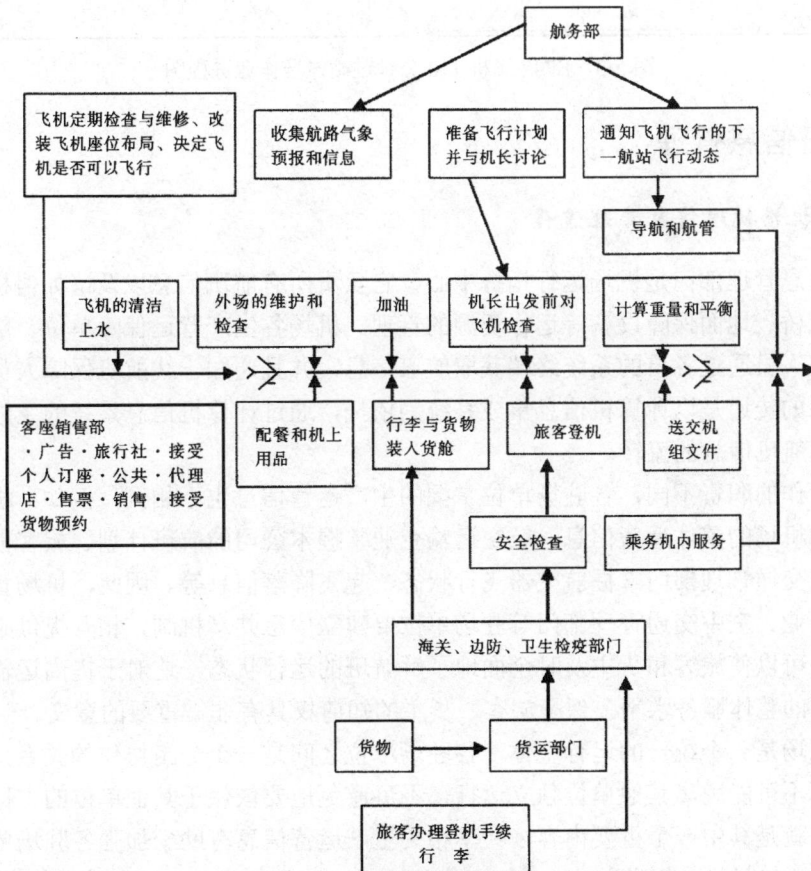

图 5-2 航班作业流程图

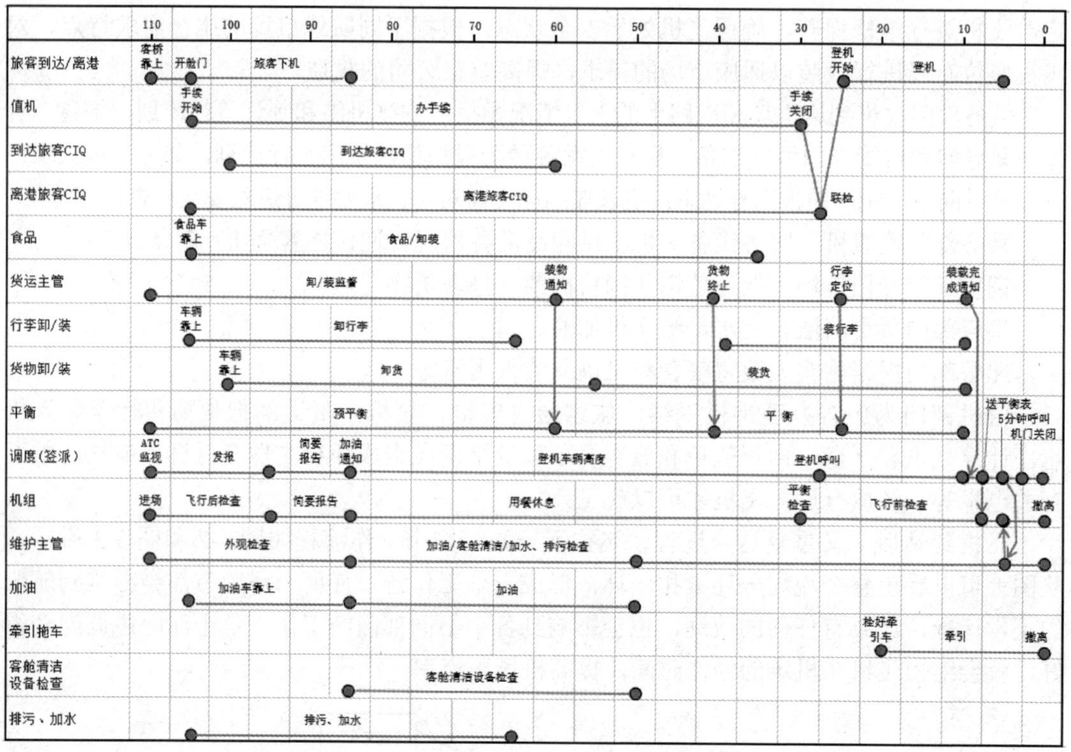

图 5-3　B747 飞机 110 分钟过站停场作业进程图

二、航班信息管理

（一）机场航班信息管理流程

　　航班信息管理部门是机场运行指挥中心，它负责所有航班信息以及诸如值机柜台、停机位、登机桥、地面保障设备等运行资源的管理。机场各生产营运保障单位、部门值班、调度、监控人员通过各自的系统终端获取航班信息，并且通知一线航班保障人员。航班生产保障信息的传递是以计算机信息集成系统为依托，通过计算机信息系统的生成、集成、发布来实现航班信息的流转。

　　由于工作的职责不同，各驻场单位掌握的生产运营信息也不相同，例如：机场管理机构掌握运输机场的整体运营信息；航空运输企业掌握本公司的航班计划、旅客信息和航班动态；空中交通管理部门掌握航空器飞行状态、起飞降落信息等。因此，机场管理机构、航空运输企业、空中交通管理部门等驻场单位要建立信息共享机制，相互提供必要的生产运营信息，可以使旅客和货主及时全面地了解航班的运行状态，这对于提高运输机场、航空运输企业的整体服务水平，保障旅客、货主的知情权具有非常重要的意义。

　　运输机场是一个统一的运行整体，各驻场单位之间是一个分工协作的关系，任何一个驻场单位都不可能脱离其他单位独立运行，不可避免地要依赖于其他单位的支持，生产运营信息共享就是其中一个重要内容，共享相关生产运营信息有助于加强各驻场单位之间的配合，提高运输机场的运营效率。

机场作为统一协调运输机场的生产运营的管理机构，应由机场管理机构来负责建立信息共享机制，整合资源，在一个平台上打造运行信息监控系统，统一对外公布渠道，使各驻场单位、旅客能够通过最便捷的渠道获取相关信息。因此，航空运输企业、空中交通管理部门等相关驻场单位应按共享要求，及时准确地向机场管理机构提供航班计划、航班动态等生产信息，由机场管理机构根据机场的实际需要加以整理后发布，保证各生产保障单位、旅客和机场其他用户及时获得所需信息。

信息是在运输机场运营中产生的，是与保障旅客、货主的知情权直接相关的，也是机场管理机构及各驻场单位提供服务时所必须承担的义务，因此，机场管理机构及各驻场单位在收集、提供信息时不得收取任何费用，任何单位和个人也不得将这些信息用于商业用途。

1. 航班信息的来源

机场通过计算机信息集成系统自动收集航班信息，包括航班计划信息、航班动态信息、气象信息等，在正常情况下航班信息通过集成系统从系统内部、外部各信息接口自动取得，在非正常情况下（计算机发生故障）空管部门和航空公司通过有线电话和对讲机等手段将航班信息通报机场信息管理中心。每天 20：00 前，次日的航班信息会陆续从空管局、航空公司的数据传输接口汇入，经过集成系统处理后，生成计划表下达到各个子系统，如资源分配系统、航班显示系统、客桥系统、安检系统等，在子系统管理员的操作下，相关信息按时如约出现在各处显示屏上，如图 5-4 所示。

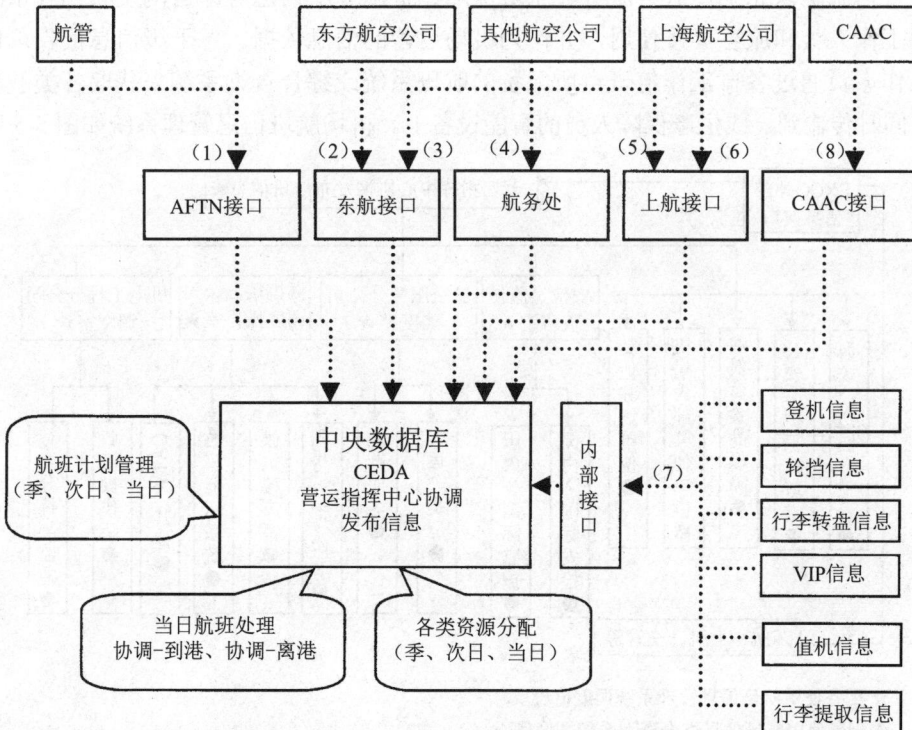

图 5-4　上海浦东国际机场航班信息获取流程图

注：CAAC 是中国民用航空局，AFTN 是航空固定电信网。

主要航班信息源如下。

（1）机场管理部门提供资源分配信息、登机信息、泊位轮挡信息、行李转盘信息、离港值机信息、VIP 信息、行李提取信息等。

（2）航空公司或地面代理公司提供季和中长期航班计划信息、航班动态信息、旅客信息、离港信息、登机信息、当日航班处理信息。

（3）空中交通管制部门提供航班计划信息、航班动态信息、气象信息和各地机场信息等。

2. 航班信息的发布

尽管集成系统对数据的收集已经越来越自动化，现在的信息集成系统已从单一的航班信息显示转化为综合信息发布系统。对于机场运行控制中心来说，仍然需要各子系统对大量的数据信息进行手工维护和 AI 智能核对。每一条航班动态信息都有一条或几条不同的信息来源途径。由于各种原因，这些不同来源的航班信息可能出现偏差，就需要进行分辨，以保证航班信息的准确性。随着机场后台视频监控系统的广泛应用，如机型、机位等静态信息可以借助视频监控图片识别系统、物联网进行获取。而航班实际起降时刻等动态信息，则需要数据传输链条上的每个环节反馈精准及时，并且要经过运行控制中心数据处理席位的认真核对。

每一条信息的发布，都要经过计算机系统严格筛选、智能甄别、后台工作人员确认、一线人员动态更新维护等多道"工序"，才得以在大屏幕上呈现给旅客。

一旦信息确认完毕，旅客服务、航班保障、资源分配信息等即自动发布到各子系统，提供给工作人员和旅客直接使用，并作为机场运营的信息依据。各下级信息接收单位和部门的工作人员通过各自工作值班点所配备的航班系统或综合查询系统来获取各类航班运行信息，同时传输到一线生产保障人员的智能设备上。机场航班信息管理系统如图 5-5 所示。

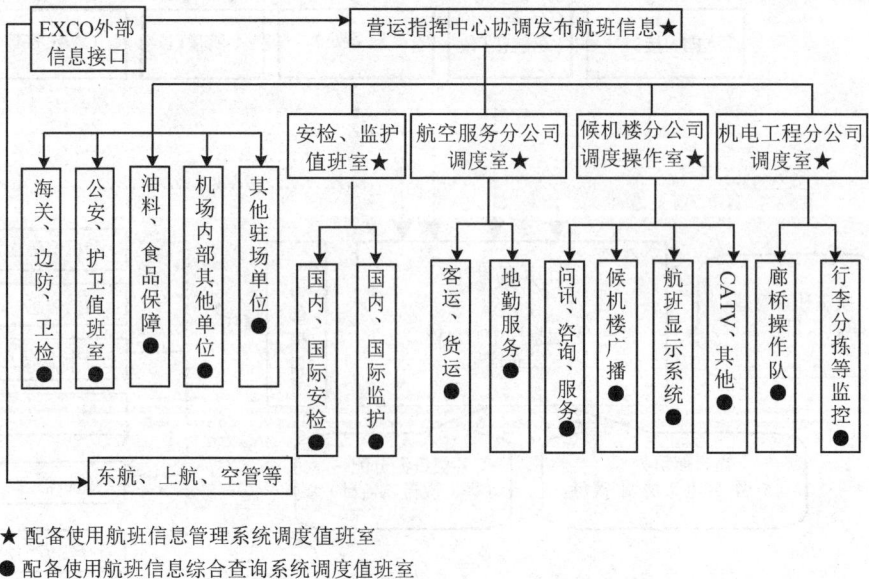

★ 配备使用航班信息管理系统调度值班室
● 配备使用航班信息综合查询系统调度值班室

图 5-5　机场航班信息管理系统

（二）航班信息安全

机场信息系统是国家的关键基础设施，一旦出现信息安全问题，将影响每天数万至数十万人次的出行。在国内外信息安全形势日趋严峻的情况下，交通运输部于 2022 年 6 月 14 日公布了《关于修改〈民用航空安全信息管理规定〉的决定》修正版法规。机场将航班信息安全管理视为工作的重中之重，构建并完善信息安全管理体系和技术防控体系，应用新技术创新管理模式，不断提高信息安全管理水平。

有效的技术防控是保证管理措施到位的重要"基石"。为此，各机场积极探索信息安全技术的实际应用，提高信息安全保障能力，确保机场信息系统安全运行万无一失。

近年来，各机场不断完善技术防控体系，面对复杂的网络系统与业务系统，在网络之间进行逻辑隔离，通过用户访问控制、身份认证、安全监控、运维审计等技术措施予以安全防护，在网络的关键节点上构建了防火墙、防病毒及入侵检测等信息安全系统。多重技术体系的构建，既能"防内"，又能"防外"，使恶意用户"进不来、拿不走、看不懂、改不了、赖不掉"，全面保障信息系统安全平稳运行。

此外，各机场通过网管、运维监控平台等系统的配合，对异常流量及系统安全态势进行实时监控，以应对机场面临的接口众多、用户复杂、流程严密、业务连续要求极高等严苛考验。

三、机位分配

停机位是机场运行的核心资源之一，大量的物资和人员都需要依赖停机位的分配方案进行调度。停机位分配方案对机场和航空公司的运行效率有着直接的影响，对机场提高服务质量有着重要意义，它关系到整个机场的系统运作。

机坪机位应当由机场管理机构统一管理。机场管理机构应当合理调配机位，最大限度地利用廊桥和机位资源，方便旅客，方便地面勤务保障，尽可能减少因机位的临时调整给旅客及生产保障单位带来的影响，公平地为各航空运输企业提供服务。大型机场为各航空运输企业提供的机位应当相对固定，可为航空公司设置专用航站楼或专用候机区域。

（一）机位调配的基本原则

机位调配的基本原则如下。
（1）发生紧急情况或执行急救等特殊任务的航空器优先于其他航空器。
（2）正常航班优先于不正常航班。
（3）大型航空器优先于中小型航空器。
（4）国际航班优先于国内航班。

当机场发生应急救援、航班大面积延误、航班长时间延误、恶劣气象条件、专机保障以及航空器故障等情况时，机场管理机构有权指令航空运输企业或其代理人将航空器移动到指定位置。拒绝按指令移动航空器的，机场管理机构可强行移动该航空器，所发生的费用由航空运输企业或者其代理人承担。

机位分为近机位（靠廊桥）和远机位（需摆渡）。停在远机位，致使旅客拎着行李上下客梯，乘坐摆渡车，特别行动不便的旅客（如老年人、残障人士等）体验较差。走廊桥相比需要搭乘摆渡车的远机位更方便快捷。

（二）科学合理分配机位

当有限的廊桥数遇上不断增长的航班量，捉襟见肘的情形就会屡屡发生，这时，如何合理分配机位、提高飞机靠桥率就显得尤为重要。科学管理廊桥资源、持续保证较高的始发航班正常率，这正是机场运行中心资源分配面临的任务和挑战。

在正常的情况下，机场运行指挥中心根据航班计划，对每一天的进出港的航班都会事先分配好机位。机位分配相对稳定，一旦遇到航班延误、流量控制、特殊运输任务，机场运行指挥中心会根据机位分配原则做相应的调整。

在资源十分紧张的情况下，民用机场应该本着公正、高效、优质服务的目的对各航空公司所提出的飞机停靠要求提供最大的方便，只要条件许可，尽量满足其需要。

上海虹桥国际机场在机型与机位相匹配的基础上，机位分配上遵循以下原则。

（1）全年在本机场运行的航空公司应优先于某个季度运行的航空公司。

（2）对于条件相等的新航班，基地航空公司优先于非基地航空公司。

（3）货机不得使用登机桥和旅客航站楼内的设施。

（4）停靠机桥位时，一般按先专机、后要客飞机、再一般航班的原则。

（5）机桥位紧张时，通常采用国内航班让国际航班、小型机让大型机、不正常航班让正常航班的原则。

（6）发生紧急情况或执行急救等特殊任务的飞机优先于其他飞机。

（7）航班延误超过 15 分钟须报运行指挥中心，由运行指挥中心根据情况重新指派停靠位。

（8）过夜飞机的停靠位由运行指挥中心调度安排。

（9）日常生产运行中，以运行指挥中心的决定为最终决定。

第二节　航站楼运行管理

航站楼是旅客和行李转运的重要场所，其功能就是迎送到达（进港）和离开（出港）的旅客，同时，处理好旅客的行李。

航站楼运行管理就是通过航站楼总体合理布局，发挥每个区域功能运行的最大效率，保证旅客和行李在畅通无阻的流程中完成各项手续，实现陆侧和空侧交通方式的转换，顺利到达旅途的终点。

航站楼区包括航站楼建筑本身以及航站楼登机门与登机机坪的结合部及旅客出入航站楼的车道边，航站楼是地面交通和空中交通的结合部，是机场对旅客服务的中心地区。航空旅行的旅客，根据其旅行是否跨越国界，可分为国际旅客和国内旅客。

国内、国际旅客可以进一步分为以下四类。

（1）出发旅客。这些旅客通过城市地面交通系统抵达航站楼，然后经过办票、交运行李等程序，准备登机离港。

（2）到达旅客。他们在机场结束航空旅行，下机后到航站楼，提取行李，再经有关程序后离开航站楼，转入地面交通。

（3）中转旅客。这些旅客只在机场转机，即由一个到达航班换乘另一个出发航班。这类旅客可以再细分为四种：① 国内转国内；② 国内转国际；③ 国际转国内；④ 国际转国际。其中，③ 类旅客较多。

（4）经停旅客。这类旅客所乘航班只在机场做短暂停留，旅客可以下飞机到经停候机室休息，准备登机。

上述四类旅客中，中转和经停旅客只在空侧进出航站楼，不与地面交通发生联系。经停旅客无行李的转运问题。在航站楼中，不同类型旅客的乘机流程是有明显差异的。

枢纽机场作为为国际旅客提供服务的场所，航站楼必须满足国际民航组织对于国际机场旅客的最低标准，包括 60 分钟、45 分钟离场和到达处理时间，以及其他中转到达、中转衔接、步行距离、标志、航班信息显示、广播等推荐措施和要求。

从中型、大型机场运行效率方面的要求来看，在旅客服务方面，关键的运行效率指标包括：拥挤程度、排队时间、旅客服务速度、值机手续、证件检查手续、中转衔接时间、步行距离（任何两项手续间的距离）、楼层变化最小，同时提供辅助设施、信息系统（清晰的航班信息显示、标志牌和广播系统）。

为保证航站楼运行的高效和有序，应当合理控制和管理远机位，国际民航组织现在已经开始对国际机场使用远机位提出要求。根据旅客吞吐量增长速度，适时对航站楼进行改建、扩建，保证在中长期时间内，在高峰小时期间，80%的旅客可以通过廊桥登机。

一、航站楼总体布局

航站楼总体布局，根据客流，可以分为值机区域、候机区域、到达区域、中转区域、行李转运区域，如图 5-6 和图 5-7 所示。

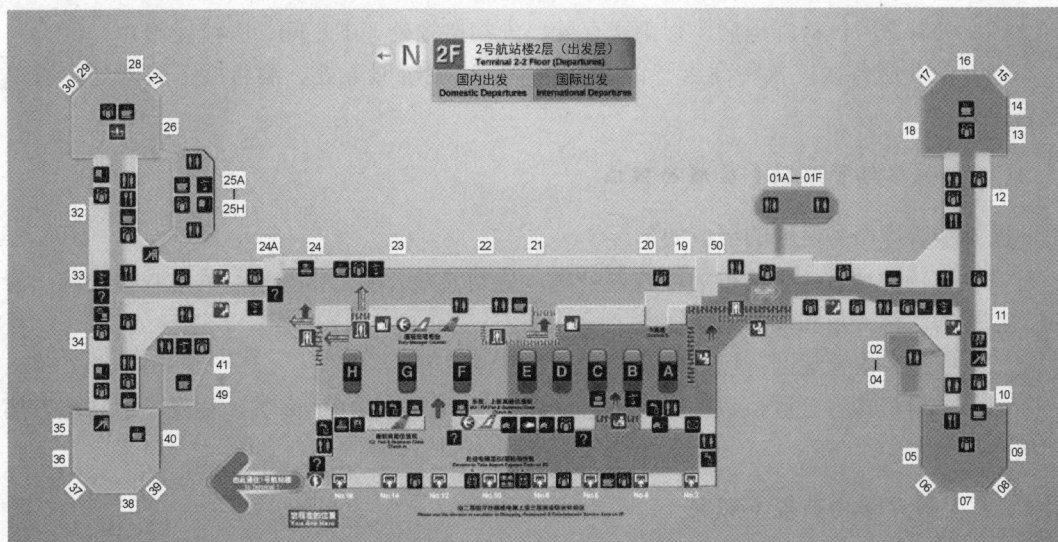

图 5-6　北京首都国际机场第二航站楼出发区域平面分布图

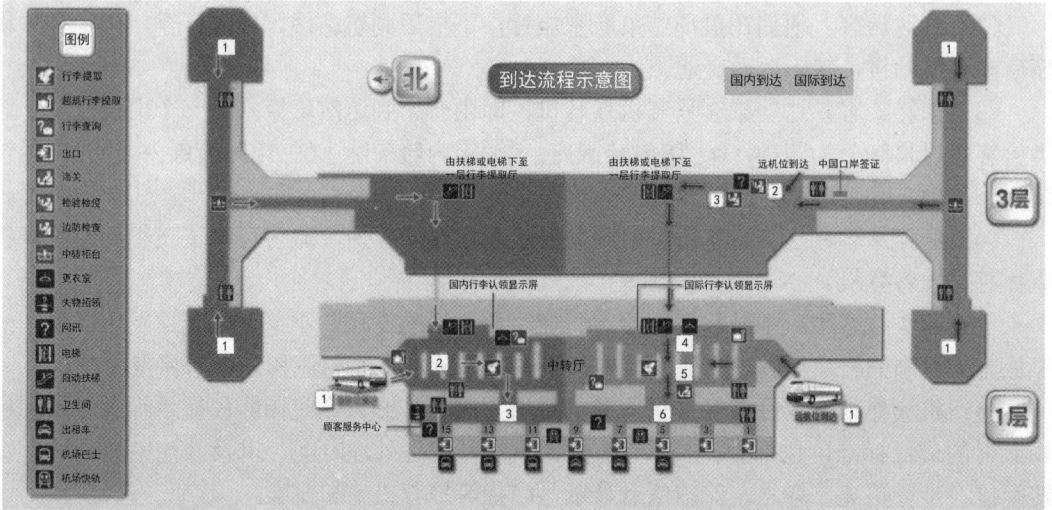

图 5-7　北京首都国际机场第二航站楼到达区域平面分布图

航站楼布局按航线划分为国际区域、国内区域。

航站楼布局按功能划分为旅客服务区、管理服务区。

（一）航站楼旅客服务区域的组成

航站楼旅客服务区域的组成如下。

（1）办理登记托运行李手续的出发大厅。

（2）安检、海关、边防、检疫的联检大厅。

（3）登机前的候机大厅：头等舱公务舱旅客休息室、VIP 休息室、吸烟室等。

（4）行李提取处：行李查询处、行李传送转盘。

（5）迎送旅客活动大厅：问询处。

（6）旅客饮食区：包括供水处、饭店、厨房等。

（7）公共服务区：邮电局、行李寄存处、失物招领处、卫生间、医疗设施。

（8）商业服务区：各种商店、银行、免税店、旅游服务处、酒店旅馆服务处、租车柜台。

（二）航站楼管理服务区域的组成

航站楼管理服务区域的组成如下。

（1）机场管理区：包括机场行政办公室，后勤的办公和工作场所；紧急救援设施；消防、救援的工作人员和设备的场地。

（2）航空公司营运区：包括营运办公室、签派室等。

（3）政府机构办公区：包括民航主管管理部门、卫生部门、海关、环保、边防检查部门的办公区域。

（三）航站楼内的服务设施

航站楼作为生产场所，为了保证其优质高效的服务质量，除了具备运输机场基本服务设施，还应当具备相应的配套设施，如餐饮、医疗急救等设施。配备相应的服务设施和场所是运输机场的基本要求，有助于提升运输机场的整体运作水平，有助于扩展运输机场的盈利渠道，也有助于改善运输机场的服务形象。

完善配套设施是机场管理机构的责任。因此，机场管理机构应当组织航空运输企业及其他驻场单位为旅客配备符合国家标准的候机设施，同时还应当提供相应的服务，满足旅客因乘机而产生的其他服务需求，如餐饮服务、医疗服务等。候机设施主要包括值机柜台、安检通道、登机口、问询柜台、售票柜台、行李转盘、旅客休息区、卫生间、行李寄存处等。餐饮设施主要指的是在机场内为旅客提供饮食服务的餐厅、食品店、快餐店、咖啡厅和茶座等店铺。医疗设施主要是指机场应当配备一定的医疗设施和医疗人员，当机场范围内出现突发事件时给予及时的紧急救护。当然，机场的医疗设施不可能与正规医院相比，它主要偏重于意外伤害的应急抢救治疗，遇到无法处理的疑难病症时，还是应当及时送到正规医院救治。运输机场应当依据《民用机场服务质量标准》等民航局规定的标准，结合本机场的规模和实际需要来配备设施和设备。

航站楼内设置如下必需设施。

（1）各种指示牌，这些标牌要规范、齐全、醒目。

（2）旅客乘机流程图、航班动态显示、广播设备；在服务场所要有旅客须知、保险须知、班车须知，要公布收票标准、投诉电话，要设置意见箱（簿）。

（3）设贵宾休息室或头等舱休息室。

（4）公用电话，其中航站机场要有市内公用电话，省级机场要有市内和国内长途电话，国际机场要有市内、国内和国际电话。

（5）足够数量的行李推车供旅客使用，并配备相应数量的搬运工，且设置为残疾人服务的专用设备。

（6）国际机场应设自动问询和航班动态显示系统。

（7）应设问询处、补票窗口、行李寄存处和旅客遗失物品招领处，并为旅客提供足够的饮水设备及饮用水。隔离厅内要有电视或阅报栏。

（8）旅客上下航空器应有登机桥或摆渡车、廊桥，使用率应达95%以上。

机场服务的多样性是未来机场发展的趋势。除了以上设施，有条件的机场还可以配备其他方便旅客出行的设施场所，如免税店、商场、宾馆、银行、通信设施等，如图5-8所示。

二、旅客流程

航站楼的旅客都是按照出发和到达有目的地流动的，在设计航站楼时必须很好地安排旅客流通的方向和空间，这样才能充分利用空间，使旅客顺利地到达要去的地方，不致造成拥挤和混乱。

目前通用的安排方式是把出发（离港）和到达（入港）分别安置在上、下两层，上层为出发，下层为到达，这样互不干扰又可以互相联系。由于国内旅客和国际旅客所要办理的手续不同，通常把这两部分旅客分别安排在同一航站楼的两个区域，或者分别安排在两个航站楼内，如图 5-9 所示。

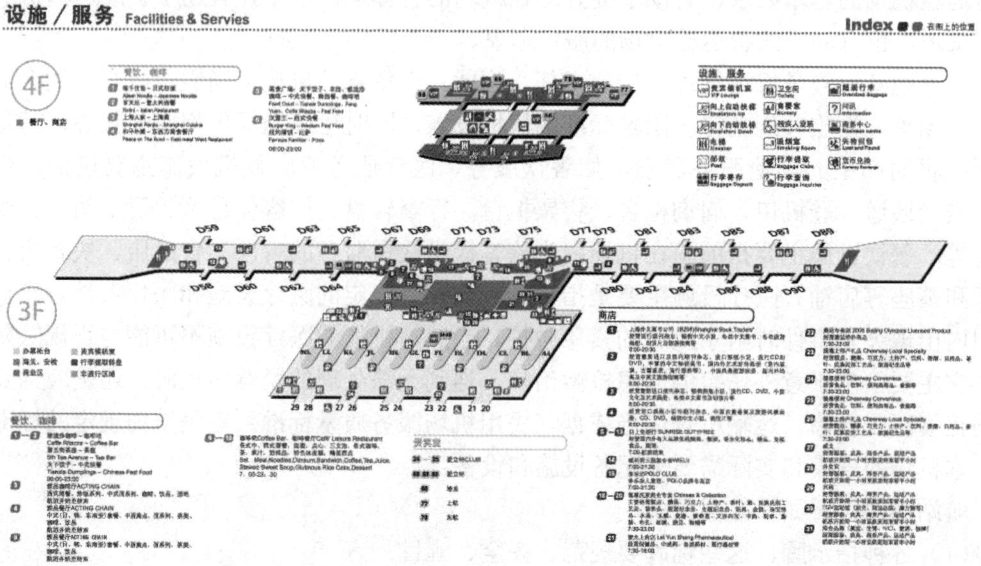

图 5-8　上海浦东国际机场第二航站楼服务设施布局

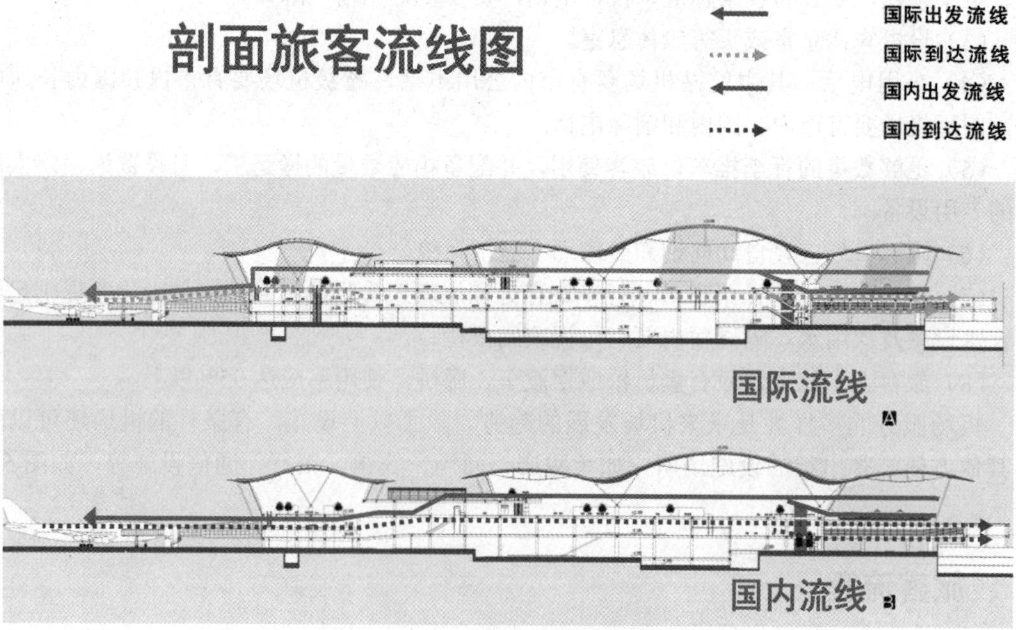

图 5-9　上海浦东国际机场第二航站楼旅客流线图

旅客流程设计要考虑三方面因素。

（1）国内旅客手续简单，占用航站楼的时间少，但流量较大，因而国内旅客候机区的候机面积较小而通道比较宽。

（2）国际旅客要办理护照、检疫等手续，行李也较多，在航站楼内停留的时间长，同时还要在免税店购物，因而国际旅客的候机区要相应扩大候机室的面积，而通道面积要求较小。

（3）中转旅客是等候衔接航班的旅客，一般不到航站楼外活动，所以要专门安排他们的流动路线，当国内转国际航班或国际转国内航班的旅客较多时流动路线比较复杂，如果流量较大，机场管理部门就应该适当考虑安排专门的流动线路。

国内旅客乘机的基本流程有以下几个步骤。

（1）办理登机手续。准备上飞机（离港）的旅客，进入航站楼的出发大厅。航空公司按照计算机旅客订座系统的信息，把某一航班实际登机的旅客记录下来，确定每个旅客的座位，发给旅客登机牌。同时，把旅客托运的行李核收下来，发给旅客行李托运证。对于托运的行李，在送走之前，还要进行安全检查。

（2）安全检查。办完登机手续后，旅客就可以携带手提行李，通过安全检查，进入候机厅等候上飞机。

（3）候机及登机。旅客按指定的登机门上飞机。

（4）到达及提取行李。下飞机（到达）的旅客，从登机桥的另一个通道进入行李提取大厅。没有托运行李的旅客，就直接出航站楼。有托运行李的旅客，在这里等候提取行李后离开。

国际旅客在安全检查以前还需增加以下几个联检环节。

（1）海关出境检查。若有物品申报，应走红色通道，办理海关手续；如果没有，应走绿色通道。

（2）办理卫生检疫手续。出国一年以上的中国籍旅客，应提供有效的健康证明；如果前往某一疫区的旅客，应提供必要的免疫预防疫苗的接种证明。

（3）边防检查。外国旅客应交验有效护照、证件、出境登记卡，并在有效入境签证上规定期限内离境。中国旅客应交验有效护照、证件、前往国签证及有关部门签发的出国证明。

（一）出发流程

国内出发流程和国际出发流程如图 5-10 所示。

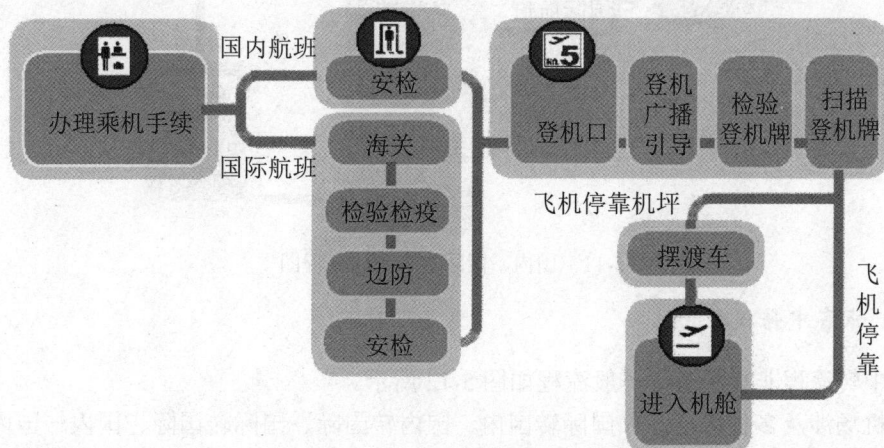

图 5-10　国内、国际旅客出发流程图

1. 国内出发

旅客地面交通→出发大厅→办理登机手续→托运行李（含托运行李安全检查）→联检区域办理安全检查（个人及手提行李）→国内出发候机厅→检查登机牌→登机（远机位旅客转驳车登机）。

2. 国际出发

旅客地面交通→出发大厅→办理登机手续→托运行李（含托运行李安全检查）→联检区域办理海关申报、检验检疫、边防出境护照检查→安检手续（个人及手提行李）→国际候机厅候机→检查登机牌→登机（远机位旅客转驳车登机）。

（二）到达流程

国内到达流程和国际到达流程如图5-11所示。

1. 国内到达

旅客下机进入到达通道（远机位旅客下机转驳车进入到达通道）→行李提取大厅提取行李→行李票标签查验→迎客大厅出口→按照指示牌乘相应的交通工具，如图5-11所示。

2. 国际到达

旅客下机进入到达通道（远机位旅客下机转驳车进入到达通道）→国际联检区办理相关联检手续→检验检疫→边防入境护照签证检查→行李提取大厅提取行李→海关行李检查→行李标签检查→迎客大厅出口→按照指示牌乘相应的交通工具，如图5-11所示。

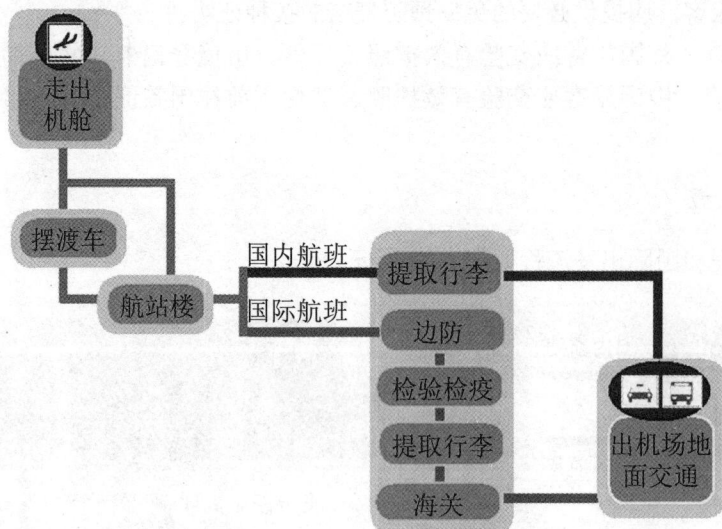

图5-11　国内、国际旅客到达流程图

（三）旅客中转流程

旅客中转流程非常复杂，一般流程如图5-12所示。

枢纽机场涉及多种情形，如国际转国内、国内转国际、国际转国际、国内转国内、混合航班，其中又分联程、非联程、有无行李等情况。

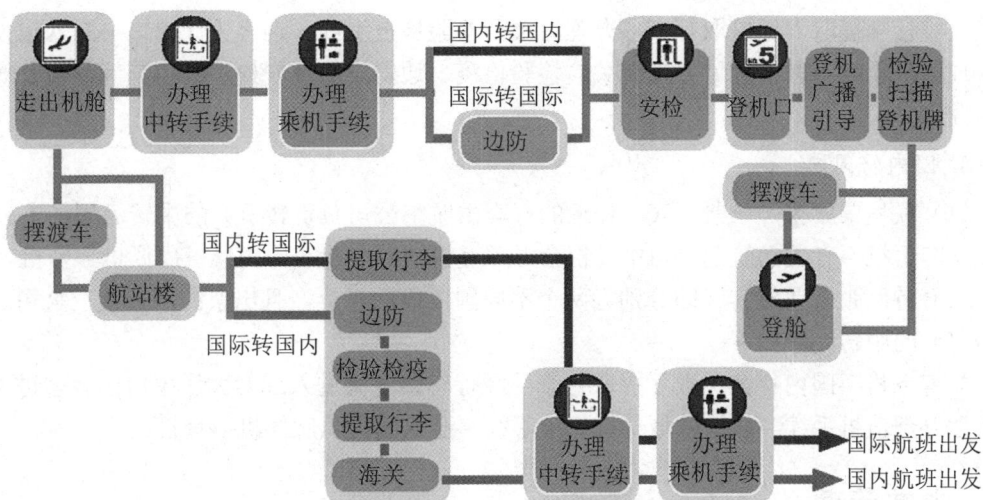

图 5-12　国内、国际旅客中转流程图

1. 国际转国内

（1）联程旅客（一票到底，托运的行李由航空公司负责转机）的中转流程如下。

旅客下机→办理相关联检手续（检验检疫、边防入境，无须提取托运行李）→中转中心办理海关手续及转机手续（并在此处安检）→国内候机厅候机→登机。

（2）持两张机票旅客（即分别为国际段和国内段机票，且出票的两家航空公司之间无协议）的中转流程如下。

旅客下机→国际联检区办理联检手续（检验检疫、边防入境）→行李提取大厅提取托运行李→中转中心办理海关手续及转机手续（含行李托运，并在此处安检）→国内候机厅候机→登机。

2. 国内转国际

（1）联程旅客（一票到底，托运的行李由航空公司负责转机）的中转流程如下。

旅客下机→行李提取大厅（无须提取托运行李）→中转中心办理海关、检验检疫手续及转机手续→专用通道→边检、安检→国际候机厅候机→登机。

（2）持两张机票旅客（即分别为国际段和国内段机票，且出票的两家航空公司之间无协议）的中转流程如下。

旅客下机→行李提取大厅提取托运行李→中转中心办理海关、边检及转机手续（含行李托运）→专用通道→边检、安检→国际候机厅候机→登机。

3. 国际转国际

（1）联程旅客（一票到底，托运的行李由航空公司负责转机）的中转流程如下。

旅客下机→国际抵港通道的签转处办理登机牌→（海关、检验检疫）专用通道至国际出发联检区边检→安检→国际候机廊候机→登机。

（2）持两张机票旅客（即分别为两个不同国际段的机票，且出票的两家航空公司之间无协议），即旅客需经过完整的国际到达和国际出发流程。

旅客下机→进入国际到达通道→国际联检区办理相关联检手续（检验检疫、边防入境手续）→行李提取大厅提取行李→办理海关及检验检疫手续→迎客大厅出口→进入出发大厅办理值机手续→联检区域办理海关、检验检疫、边防出境及安检手续→国际候机长廊候机→登机。

4. 国内转国内

（1）联程票旅客（一票到底，托运的行李由航空公司负责转机）的中转流程如下。

旅客下机→有关的航空公司中转柜台办理登机牌→安检→国内候机厅候机→登机。

（2）持两张机票旅客（即分别为两个不同国内段的机票，且出票的两家航空公司之间无协议）的中转流程如下。

旅客下机→国内行李提取厅提取行李→经行李票查验进入迎客大厅出口→旅客进入值机大厅办理值机手续→联检区域办理安检手续→进入国内长廊候机→登机。

三、中转管理

（一）提升枢纽机场中转能力

中转需求是衡量一个机场枢纽功能的重要指标。机场中转，是指旅客因没有直达目的地的航班，选择从某地机场进行换乘至目的地的一种变通方式。航班数据机构"飞常准"发布了一项基于全球客运航班数据测算的"机场连通性指数"，用于评估机场作为中转枢纽的能力。连通性指数是基于全球航班数据，通过计算机场所有可行的航班衔接，并且使得可行航班衔接在枢纽机场满足最短中转时间和最长中转时间的条件，得到"机场连通性指数"，指数越高说明机场的中转能力越强。

该指数排行显示，美国机场的中转水平较高，2017年在全球连通性指数排名前五十的机场中占据12个。中国有4个机场进入前五十，分别为香港国际机场、上海浦东国际机场、北京首都国际机场和广州白云国际机场。

疫情后的2023年，美国在全球连通性指数排名前五十的机场中占据10个。中国有3个机场进入前五十，分别为上海浦东国际机场名列32、香港国际机场名列37和广州白云国际机场名列44。

民航局坚持目标导向和问题导向，针对我国航空枢纽中转效率偏低、国际通达性不高和出入境便利化水平亟待提升等问题，多措并举、综合施策，切实提升我国航空枢纽的国际竞争力。一是提升枢纽发展能级。强化北京、上海、广州枢纽机场的洲际连接能力和全球辐射能力，打造全方位门户复合型国际航空枢纽。加快成都、深圳、昆明、西安、重庆、乌鲁木齐、哈尔滨等区位门户复合型国际航空枢纽建设，强化一批区域航空枢纽面向特定区域国际功能，稳步推进鄂州等专业性航空货运枢纽和郑州等综合性航空货运枢纽建设。二是进一步优化资源配置政策。支持有基础、有能力、有意愿的大型航企发挥枢纽建设主体作用，在航权、时刻等方面进一步强化枢纽导向型资源配置政策。三是提升枢纽机场运行效率。持续提升枢纽机场与空管、航空公司等多方的协同运行水平。加强与其他交通方式的衔接联动，提升航空枢纽综合交通集疏运能力。四是积极营造便利化政策环境。推动优化签证和出入境政策，提高通关便利化水平，切实提升中转效率和服务品质。力争到 2050 年，建成一批世界一流航空企业和一流航空枢纽，国际航空枢纽功能体系进一步完善，支撑我国建设保障有力、人民满意、竞争一流的交通强国。

为了打造具有竞争力的国际枢纽，一些机场与航空公司携起手来，在国内中转服务不断完善的基础上，纷纷发力国际中转，运营国际通程航班，提供更加便利的国内转国际、国际转国内、国际转国际三类国际中转服务。

以上海浦东国际机场为例。疫情前的 2019 年，上海浦东机场口岸出入境人员总数约 3 905 万人次，日均出入境人员近 10.7 万人次，连续 17 年位居全国空港口岸首位。在疫情前东航每年 200 多万人次的中转旅客中，有近一半是"通程航班"客源。"通程航班"堪称东航最便捷、最受旅客欢迎的中转模式。选择这一产品的中转旅客，可以在始发站一次性办理始发及后续航班的乘机手续，并可以直接在目的地提取托运行李。此项业务目前已开通 37 个国内站点、32 个国际站点，涵盖欧洲、美国、大洋洲、东南亚及国内各主要城市。为了借助联盟成员航空公司的航线网络优势，进一步增强上海浦东国际机场的竞争力，东航先后与台湾中华航空、美国达美航空、法国航空、荷兰皇家航空四家天合联盟航空公司合作，推出"天合中转"产品，通过连续打印登机牌、行李直挂等模式，共同服务各自中转旅客。

疫情后的 2023 年，东航发布消息称，搭乘达美航班从美国前往中国并经上海浦东国际机场转乘东航航班的旅客，现在可以将行李直接托运至中国内地的目的地城市。同样，旅客从中国内地城市经上海浦东国际机场转乘达美航班前往美国，也可以在出发城市将行李交给东航，直接托运至美国。无论是搭乘入境还是出境航班，旅客在上海浦东国际机场中转时均无须重新托运行李，可以轻松办理入关或出关手续，然后直接登机。该服务被称为"穿梭中国"行李直挂服务，目前覆盖达美航空合作伙伴东方航空及其子公司上海航空运营的、由上海浦东国际机场进港或出港、往返于中国近 100 个城市的航班，也包括与达美航空共享代码的航班。这一服务的推出，无疑将大幅提升旅客在上海浦东国际机场换乘达美航空和东航航班的中转体验。

（二）提高中转服务水平

目前，中国枢纽机场可能存在的问题是中转流程问题，国内机场缺乏中转柜台和服务引导，对中转旅客的信息传递得不及时，中转期间需要走很长的路才能到新的登机口，比较麻烦。上海浦东国际机场可能还处于国内转国际或者国际转国内这样的门户中转，而例如韩国仁川国际机场已经上升到了国际转国际的水平，无论是枢纽的中转能力还是中转旅客的占比都要远超上海。

很多旅客在出行选择中转航班时存在疑虑，如果考虑不周可能遇上误机的情况，尤其是在两段航程时间间隔很近时，一旦上一段航程发生延误就会导致转机时间不足，旅客只能选择改签，有时还要面临延期出发或耽误后续行程的问题。针对这一情况，北京南航地服中转特服部推出了"急转管家"服务。此项举措针对南航北京转机时间不足的旅客，部门上下通力配合，以保障旅客快速转机。航班到站前，中转调度员根据离港系统中显示的转机旅客的实际情况进行判断，并在群中发布中转不正常航班信息。当日值班班长根据发布的航班信息，对转机成功概率较高的旅客进行筛选，然后根据班组现场情况提供"急转

"管家"服务。每一位"中转急转接机管家"都是经过挑选的对业务熟悉的优秀员工，他们首先根据系统中旅客的联系方式，利用南航高端工作短信平台向旅客发送急转服务短信提示，以便旅客在落地后第一时间了解自己的转机情况。"急转接机管家"会在登机口或者机位处通过广播和摆放姓名提示板等方式锁定中转旅客，引导其快速转机。在时间紧迫或者国际转国际的情况下，工作人员会提前帮助旅客办好登机牌，在接机的同时查验证件并发放登机牌，从而有效节省旅客再次通过海关安检的时间。此项服务的推出大大方便了急转旅客的出行。

北京南航地服推出"安卡无忧"行李协查服务。工作人员提前查询转机旅客信息，在值机或接机时获取旅客签字授权，协助转机旅客检查行李中的禁限带物品。这样既可以免除旅客二次进出隔离区，节约时间，又能进一步确保旅客与行李同机抵达目的地。

上海浦东国际机场东航新设计的中转厅便利如同地铁换乘。中转旅客无须地面服务人员的引导，顺着中转厅的标志，便可自行登上后续航班。除了口岸出入境检查，没有其他人工程序。上海浦东国际机场1号航站楼新中转厅按照这样的设计流程投用后，东航中转旅客便能享受到这些便利。对于新中转厅唯一涉及人工手续的出入境环节，东航也正与相关联检单位共同打造自助通道，持有电子护照的旅客今后可自行完成出入境流程。

比起客流，行李物流是民航中转难度更大的环节。由于新中转厅根据东航需求嵌入了行李系统，旅客不必在前一个航班到达后自己提取托运行李交海关查验，只需要在等候区座椅上休息，行李会另行自动送检。海关提示检查无误后，旅客便可离开。这一行李系统已在2018年上线自动分拣功能，使识别出入境行李、送达海关的速度进一步加快。

面对旅客的疑虑，一些机场和航空公司推出了相应的服务，让旅客无忧中转。比如海南航空携手海航集团12家航空公司打造了"海天无限"中转联程产品，目前已在国内设置了12个中转站，为旅客提供"一次支付、一次值机、一次安检、行李直挂、无忧中转"等服务，简化中转旅客在中转站提取行李、办理值机手续的流程。"海天无限"产品的一大特色就是"航变无忧"，即机票中有一段发生航班延误或取消，整张机票皆可享受免费退票或改签。"海天无限"产品还具有通程航班服务功能，当日中转旅客可在指定始发机场一次性办理两段航班的值机手续，直接打印两张登机牌，在中转机场无须出隔离区进行二次值机及安检；同时在指定始发机场办理托运行李直挂手续，无须在中转站提取托运行李。

中国在建设枢纽航线网络中推动全网全通，与主基地所在的机场全面合作，精细打造贴合旅客需求的中转枢纽，力推枢纽航线网络建设的宏大蓝图。

四、行李管理

行李作为"不会说话的旅客"，需要经过包装、装卸、运输、分拣等"旅程"，才能再次回到主人身边。这位"不会说话的旅客"也有它的需求，即"别让我受伤""别耽误我上飞机"。行李处理系统由机场管理部门建设，机场管理部门也承担起运行管理的重任。为了满足它的这两个需求，机场管理部门应从整合资源、优化程序、落实细节、加强盯防、用好"大数据"等来提高行李保障效率，使"不会说话的旅客"更加满意、贴心。

随着科学技术的应用，全球行李处理不当率在持续下降，航空公司在旅客运输中利用无线射频识别技术（RFID，Radio Frequency Identification）全流程跟踪行李流向并与旅客分享信息，可以大大减少行李被误处理的可能性，事实上，根据 IATA 的研究显示，使用行李跟踪技术能够降低行李不当处理率达到 66%。尽管有了这些改进，航空行李处理依然有很大提升空间。IATA 在 2020 年的一份报告发现，2019 年间全球有 2 540 万件行李被误处理，每丢失一件行李，航空公司就得为此花费 100 美元。行业为此给航空运输业造成约 25 亿美元的损失。

不幸的是，在全球行李差错率下降十年之后，随着疫情后航旅业快速复苏，航空公司和机场行李差错率再度激增。2021 年到 2022 年，行李差错率数量几乎翻了一番。根据国际航空电讯集团（SITA）发布的 2023 年行李 IT 洞察报告，行李差错率攀升至每千名旅客 7.6 件行李。在这些错运的行李中，绝大部分最终被找回，但仍有约 6% 完全丢失或被盗。

通常来说国际航线比国内航线的行李错运率高。在国际航线上托运行李被错运的可能性是国内航线的 4.7 倍。中转航班则比直飞航班的行李运错率更高。这几位业内人士分析，具体看，行李错运的原因有三方面：一是转机的航班需要处理的行李越多，机场处理行李的人手不够时，处理不当的可能性就越大；二是转运的时间过于短暂，处理时间不够，即便是"直挂行李"也有运送错误的可能；三是由于人手紧张，地服人员疲惫，可能发生人为错误，例如办理登机手续时，行李可能会被标记为错误的目的地。此外，还可能出现标签不正确或装载错误，也会导致行李丢失。即使行李贴上了正确的标签，行李搬运工也可能会将行李装上错误的飞机。但这种情况发生的概率非常低。

根据国际航空电讯集团（SITA）数据公布，中转行李占错运行李总量的大部分。2022 年中转行李延误的比例为 42%；未装载行李占错运行李总量的 18%；由于行李系统的运营压力，装载错误占 2022 年所有延误行李的 9%。

预计这个数字在 2030 年乘坐飞机出行的全球旅客总人数还将翻一番，达到 70 亿人次。旅客人数的增加也意味着将有更多的行李需要处理。如何提高行李处理系统的效率和运送准确率已经引起了业界人士的普遍关注。

1. 行李流程

每个机场都必须完成一定量的行李作业任务。无论机场大小，这些作业任务基本相似，差异主要表现在作业的手段和程序上。行李作业通常分为两大类：出发（离港）和到达（到港）。

出发流程如下：携带行李到办票柜台处，准备托运→办票，对托运行李贴标签和称重→对托运行李安检→运送行李出发至空侧行李厅→行李分类和装载入航空专用集装箱→运送行李到客机所在区域→行李装载入飞机。

到达流程如下：从飞机中卸货→运送行李到达空侧行李厅→行李分类→安放到行李提取装置上→输送到行李提取区→通知旅客提取行李→从行李提取区提取行李。

2. 建设高效行李处理系统

随着航空运输量骤增，机场必须新建高效行李处理系统。行李处理系统是一套集机械传送、电气控制、信息管理、网络通信、工业监控等技术于一体的综合系统。其规模庞大，结构复杂，涉及众多业务系统和保障流程，是航站楼内涉及技术较复杂、投资较大的系统之一。一个典型枢纽机场的行李系统仅输送机总长度就可能有数十千米，布线总长度超过 100 km。该系统与航空安全保障息息相关，是保证航班准点率的关键系统。

北京首都国际机场 3 号航站楼行李系统采用国际最先进的自动分拣和高速传输系统，自动化程度高，监控系统完备，容错能力强。设计传输速度最高达 10 m/s，高峰小时处理行李近 2 万件。行李处理系统由出港、中转、进港行李处理系统和行李空筐回送系统、早交行李存储系统等组成，覆盖了 T3C、T3E 及连接 T3C 与 T3E 行李隧道的相应区域，占地面积约 12 万 m²，系统总长度约 70 km。3 号航站楼的行李系统安装了世界上最先进的无线射频身份识别系统，行李在运送过程中走到哪里都会被监控和锁定。同时，为了航空安全，T3 的行李系统还安装了五级安检系统，即使最细小、隐蔽的违禁物品也逃不过该系统的排查。还有 17 个大型的行李提取转盘，航空公司只要将行李运到分拣口，系统只需要 4.5 分钟就可以将这些行李传送到行李提取转盘，这也大大减少了旅客等待提取行李的时间。

3. 推广行李物联网技术

随着航空客票电子化的实现，无托运行李旅客已经可以实现自助旅行，但由于受制于行李服务环节的人工服务，严重影响了有托运行李旅客的航空出行体验。在此基础上应用物联网技术，能够极大地提高行李自助托运的效率，实现行李提取流程个性化，实现行李位置追踪可视化，显著提高行李服务质量和效率。

伦敦希思罗机场的激光扫描仪覆盖了整个机场，借此项物联网技术，这里的航空公司便可以非常精确地追踪行李走向。罗马菲乌米奇诺国际机场更是通过采用新的行李信息和管理系统跟踪行李，仅用两年时间就将不当处理行李数量减少了七成。

很多航空公司正致力于提供端对端的行李追踪服务。在一些机场和一些航班上，已经能做到对托运行李进行实时监管，并将行李状态及时告知旅客。美国航空公司的旅客通过智能手机 App 就可以追踪自己托运行李的位置，这款应用程序让航空公司工作人员和旅客对行李走向做到心中有数。达美航空公司投资 5 000 万美元，用于应用无线射频识别技术（RFID），自从达美航空在 2016 年推出 RFID 行李标签以来，该公司每年收集超过 20 亿个追踪点。达美航空负责机场客户服务和货运业务的高级副总裁 Joyce 说："通过这样的方式，我们能做出调整和改进，以继续提高准确率，目前 99.9% 的行李都能够被准确扫描和跟踪。"

物联网技术还能够使旅客在到达机场前完成相关信息的录入或者关联。旅客在行李自助托运前，仅需完成交运这个唯一的步骤，就可以提升自助托运的便捷性。到达目的地后，旅客最想做的就是以最快的速度离开机场。对于托运了行李的旅客，物联网技术的应用可以颠覆现有的行李提取流程，如果旅客不急需行李内物品并且愿意支付相关费用，可以引入第三方物流公司直接将行李送到旅客的最终目的地，如市区酒店、办公室、住宅或者旅客指定的任何地方。此外，物联网技术的应用可以实现行李位置追踪可视化，增加旅客对托运行李的"安全感"是提升旅客出行体验的有效方法。当旅客更加信任航空行李运输时，将会有更多的旅客选择托运而非随身携带行李，超重行李费的增加和旅客上下飞机效率的提高将给航空公司带来价值。

4. 行李装卸

行李运输装卸效率的高低主要受行李运输设备停放位置远近、运输车辆等待位置、运输路由是否畅通、行李装卸作业开始时间等因素影响。为确保旅客行李的完好性，机场重点督促驻场单位加强行李装卸规范性操作，并从人员、流程、软硬件等方面分别加强监管。

在行李流程中有三个环节容易导致旅客行李被损坏：一是行李处理系统自身的限制，如行李卡在传送带上，或是被钩子挂住，等等；二是行李在运送途中由于集中处理，可能受到挤压；三是装卸工不当操作使行李受损。

针对易碎易腐等特殊行李，在托运行李时向客人说明相关运输规则后，应严格按照要求粘贴易碎标志，并单独进行传输；行李分拣时，装卸员工严格遵循"重不压轻、大不压小、木不压纸"的原则，在分拣、装卸过程中轻拿轻放，防止行李在搬运过程中出现破损。

遇上大风天气，应在行李运输散斗上加固网兜，避免行李在运输途中出现遗失现象；在雨雪天气，要在行李运输车上加盖两层塑料布，防止雨雪打湿行李；配置便携式除雪机，以便快速清扫散斗、传送带等设备上的积水积雪，保证行李传输过程中的清洁。同时，加强行李装卸现场的监控，尤其是贵重物品操作现场，确保旅客行李操作安全；强化机下司机与操作人员的双签复核制度，落实航班信息核对机制，保证行李运输安全；配合航空公司核对旅客提取行李的行李条信息，确保行李交付安全。

五、标识管理

各类标识是机场航站楼内不可或缺的内容，对于方便旅客出行、提高服务效率、提高机场的美观程度乃至文化品位作用明显。伴随着我国机场旅客吞吐量的不断增长和枢纽建设的不断推进，科学合理的标志设计显得更加重要。

在设计机场设施的功能和布局时就应考虑创建一个图形标志系统。该系统中的图形标志应使用 BG10001\MH0005 中的图形符号。在图形系统中应明确所有关键性的点（如连接、交叉等），在这些点上需要设置进一步的导向信息。当距离很长或布局复杂时，即使没有关键的点，导向信息也应以适当的间隔被重复。应注意在两个或更多场所之间的转换区域设置标志，以保证从一个场所到另一个场所的顺利转换。设置图形标志时，应对视觉效果、人的高度及其所处的位置、安装标志的可能性等进行综合分析，并应在现场验证分析结果，如果需要，应对图形标志进行调整使其适合实际情况。特别重视导向标志的设置。设置导向标志往往比设置位置标志更重要。在保证提供良好的导向信息的前提下，应使设置的数量保持在最低限度。应尽可能消除来自周围环境的消极干扰。广告应与图形标志系统各要素具有明显不同的视觉效果，并且设置在某个严格限定的区域。

导向系统各要素说明如下。

（1）标志说明图（见图 5-13）：列出某场所使用的全部图形标志，并在其旁边给出中英文含义的一种综合标志图。

图 5-13　标志说明图

（2）平面布置图（见图 5-14）：提供在某区域中的服务或服务设施所处地点的鸟瞰图。

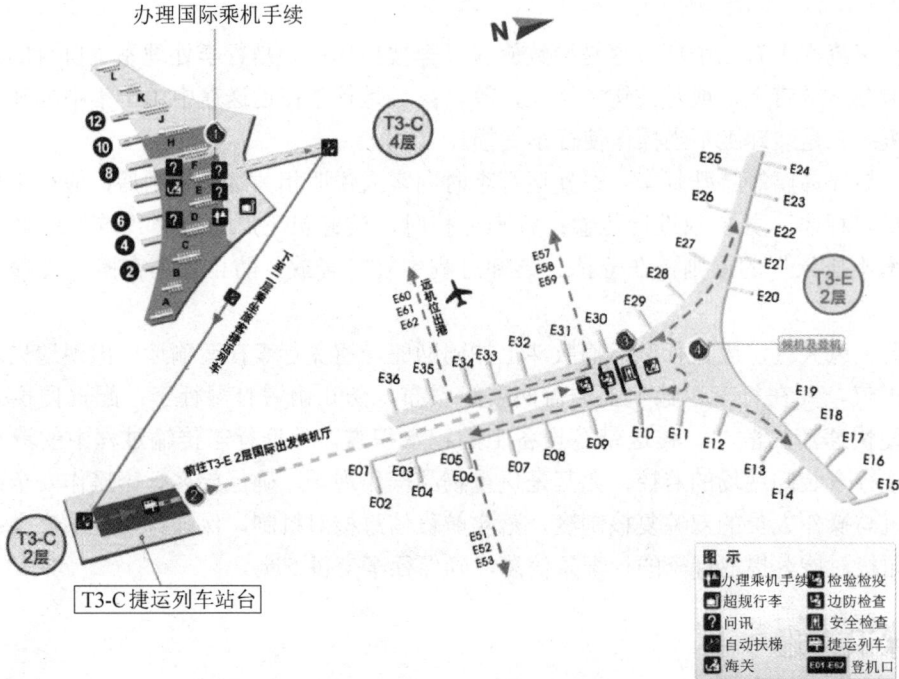

图 5-14　平面布置图

（3）导流图（见图 5-15）：指导人们顺利乘机的流程图。

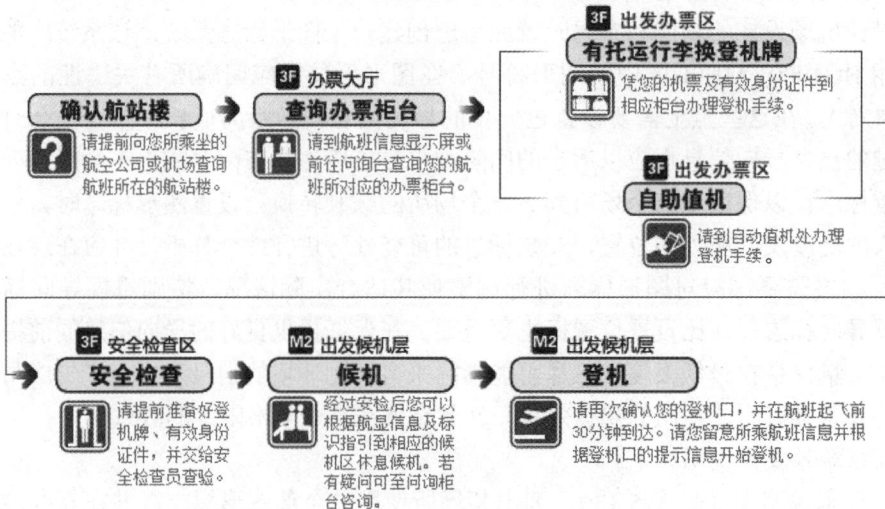

图 5-15　导流图

（4）综合导向标志（见图 5-16）：引导人们选择不同方向的服务或服务设施的导向标志，由多个符号和多个箭头组成。

图 5-16　综合导向标志图

（5）导向标志（见图 5-17）：一个或多个图形符号与一个箭头结合所构成的标志，用以引导人们选择方向。

图 5-17　导向标志图

（6）位置标志（见图 5-18）：设置在特定目标处，用以标明服务或服务设施的标志，该标志不带箭头。

图 5-18　位置标志图

（7）指示标志（见图 5-19）：指示某种行为的标志。民航标示中指示标志如下：旅客止步、禁止吸烟、禁止携带托运武器、禁止携带托运易燃及易爆物品、禁止携带托运剧毒物品及有害液体、禁止携带托运放射性及磁性物品等。

（8）流程标志（见图 5-20）：表示旅客乘机过程中需要经过的服务或服务设施的标志。民航标志中流程标志如下：出发、到达、问询、售票、行李手推车、办理乘机手续、托运行李检查、安全检查、行李提取、行李查询、边防检查、卫生检疫、动植物检验检疫、海关、红色通道、绿色通道、候机厅、头等舱候机室、贵宾候机室、中转联程、登机口。

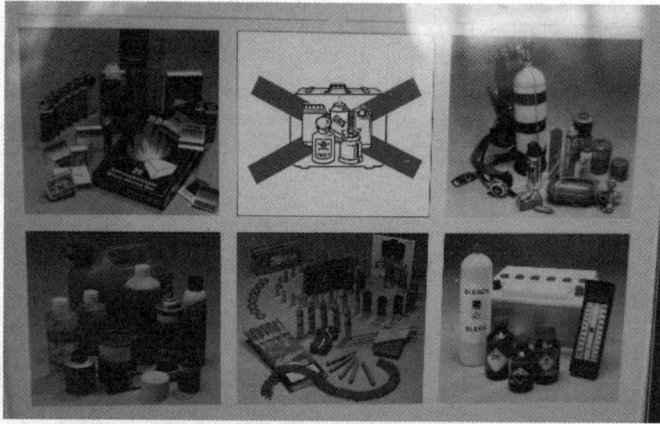

图 5-19 指示标志图

图 5-20 流程标志图

（9）非流程标志（见图 5-21）：表示旅客乘机时不一定经过的服务或服务设施的标志。民航标志中非流程标志如下：洗手间、男性、女性、育婴室、商店、电报、结账、宾馆服务、租车服务、地铁、停车场、直升机场、飞机场、急救、安全保卫、饮用水、邮政、电话、货币兑换、失物招领、行李寄存、西餐、中餐、快餐、酒吧、咖啡、花卉、书报、舞厅、入口、出口、楼梯、上楼楼梯、下楼楼梯、向上自动扶梯、向下自动扶梯、水平步道、电梯、残疾人电梯、残疾人。

图 5-21 非流程标志图

第三节 旅客地面服务

一、旅客地面服务概述

（一）旅客地面服务的范畴

旅客地面服务是指从旅客离港之前或到达之后，在机场内航空公司、机场管理部门、联检单位等为旅客提供的所有服务，包括导乘服务、值机服务、问询服务、联检服务、安检服务、购物就餐服务、贵宾服务、登机服务、行李运输、行李查询服务等。本节所指的旅客地面服务是指机场管辖范畴内为旅客提供的服务项目，它包括导乘服务、行李搬运服务、手推车服务、问询服务、特殊旅客服务、联检服务、中转服务、机场贵宾服务等。

（二）旅客的分类

机场的旅客来自社会各个阶层，来自不同国家，由于每个旅客因职业、健康状况、生活方式、风俗习惯以及旅行目的不同，对机场的服务会提出不同的要求，故有必要对旅客进行分类，了解他们的需求，开展有的放矢的服务。

1. 按航线分为国内航线旅客和国际航线旅客

乘坐国内航线（包括国际航线国内段）进行旅行的中外旅客称为国内航线旅客；乘坐国际航班的中外旅客称为国际航线旅客。办理乘机手续，国内航线旅客比国际航线旅客简单，不需要边防、海关和防疫机构检查。

2. 按旅客身份分为重要旅客（要客）和普通旅客

要客一般是指我国党和国家领导人、外国政府首脑以及我国政府中的正、副部长，省、自治区、直辖市一级的党政领导人，外国政府的部长、副部长、外国大使以及国际上的知名人士等。接待要客主要是保证座位、专人迎送、主动征询意见和要求，安排到贵宾室休息并首先登机等特殊服务。

3. 按年龄可分为婴儿、儿童（包括无人陪伴儿童）、一般旅客、老年旅客

12 周岁以下的是儿童，两周岁以下为婴儿。无人陪伴儿童是指年龄在 5～12 周岁的无成人陪伴、单独乘机的儿童。这是近年来民航延伸服务内容，是为使儿童独自乘机旅行而推出的一项特色服务。无人陪伴的儿童到达机场后由民航派专人帮助其过安检、候机，并引导其上飞机。近年来一些航空公司继"无人陪伴儿童"服务后，又推出了"无人陪伴老人"服务。

老年旅客体弱多病，服务员应主动了解其困难和要求，提供必要工具（如担架、轮椅、行李车等），安排老年人休息室，提供方便（如先或后验票上机），给予热情照应（搀扶、帮助提行李、推轮椅、抬担架等）。

4. 按国籍分为外国旅客和中国旅客以及港澳台同胞

外国旅客是具有境外护照，在国内旅行的旅客（包括长期侨居国外，但未加入居住国国籍的华侨）。港澳台同胞为国内特殊航线旅客，按国内旅客流程管理，需遵守出入境特殊规定。

5. 按民族分为一般旅客和少数民族旅客

少数民族是指除了汉族以外的 55 个民族的中国人。对于少数民族的旅客，要认真贯彻党和国家的民族政策，尊重少数民族的风俗习惯。

6. 按组织形式分为团体旅客和散客

团体旅客是指人数在 10 人以上（包括 10 人）航程、乘机日期和航班相同的团体。他们购票一般开一张团体票。团体旅客行李运输是一种特殊服务项目，应与一般旅客分开单独进行办理。

旅游团体行李收运，除严格执行一般行李和普通团体行李收运的规定外，还要进一步明确旅游部门和航空运输部门的责任。旅游部门对旅游者交运的行李，必须先由旅客自己上锁和加封。各环节应检查上锁和封条以及破损情况，发现有问题应在交接单上详细注明。

7. 其他分类

按旅行性质可以分为公务旅客、旅游旅客、旅行旅客；按购买机票的等级可以分为头等舱旅客、公务舱旅客、经济舱旅客。

二、旅客导乘和接待

在较大规模的国际机场里，可以在机场入口处设立旅客导乘岗位，热情接待中外旅客和引导旅客办理各种乘机手续。导乘员也可以由行李服务员（红帽子）替代，有的机场在航站楼休息大厅里设立流动岗位，穿着醒目制服或身佩红绸带、举着"FOLLOW ME"牌子的流动导乘员为不知所措的旅客解决各种困难。

导乘员的职责是热情接待中外旅客，帮助旅客搬运行李，介绍航站楼内各类服务设施，宣传旅客乘机须知，解答和解释旅客提出的各种问题，引导旅客办理各种乘机手续，引领重要客人、头等舱旅客到指定地点休息。

在航站楼工作的导乘员在上岗前，要做好仪表仪容的自我检查，做到仪表整洁、仪容端庄。上岗后，要做到精神饱满、面带微笑、全神贯注，随时做好迎送宾客的准备。见到宾客到达机场，应主动上前彬彬有礼地问候，表示热烈的欢迎，对外宾用外语，对内宾说普通话，语言清晰。凡遇老、弱、病、残、幼的旅客要适度搀扶，倍加关心。对第一次乘坐飞机或第一次来当地旅行的旅客要热情介绍航站楼各种服务设施，方便旅客办理乘机手续，积极宣传民航的各种乘机规定，避免产生误会。

对要求帮助搬运行李的旅客应主动帮助其从车上卸下行李，问清行李件数，同时记下旅客乘坐到机场的车辆号码，以便万一有差错时，可据此迅速查找行李下落。对旅客的行李物品要轻拿轻放，对贵重易碎的物品，切忌毫不在乎地随地乱丢或叠起、重压。帮助旅客提携行李物品时，既要主动热情，也要充分尊重旅客的意愿。凡旅客亲自提携的物品，就不能过分热情地去强行要求帮助提携。

主动引领旅客到值机柜台前办理乘机手续，按旅客的要求托运行李并放到传送带上，离开旅客时，把行李物品当面向旅客交接清楚，切勿向旅客索取小费。若遇旅客问询，应礼貌地给予回答，如不能确切地告知时，应请同事帮忙或请问询处解决，决不可将错误的或不肯定的信息传递给旅客。办完乘机手续后，要引领重要客人或头等舱旅客到休息室休息，也可以主动帮助旅客提携随身行李，送旅客乘电梯或扶梯时，应礼让旅客先入电梯，不得自己先行，到达时也应示意旅客先出电梯。

对漏机、误机的旅客，尤其是听不懂中、英、日语言的外宾，更要主动提供帮助，引导他们顺利登上飞机。在旅客因误解、不满而投诉时，要以诚恳的态度听取旅客意见，不得中途打断，更不能回避，置之不理。

案例 5-1　　　　　　　"红马甲"志愿者服务

三、手推车服务

在忙忙碌碌的机场，有一样容易被旅客忽视却又离不开的工具——行李手推车。但就是这个不起眼的手推车，成为上海虹桥国际机场品牌服务的名片，在 2015 年二季度国际机场协会（ACI）全球机场旅客满意度测评中，上海虹桥国际机场"虹式手推车服务"，被全球旅客以 4.97 分的高分评为"全球第一"。

对旅客而言，手推车服务好不好，关键看需要时能否"手到车来"，马上推到一辆"好推"的车。正是基于这种体察旅客需求的服务理念，2010 年，上海虹桥国际机场推出了"虹式"手推车服务；2011 年上海虹桥国际机场率先推出手推车在行李转盘围圈式摆放，让旅客提取行李更方便；出发层车道边设 204 个摆放点，布满上海虹桥国际机场第一、第二航站楼的出发车道；手推车之间拉开间距，使旅客一手就可以拿到。2013 年，围圈式摆放升级为顺旅客行进路线 45°摆放；2014 年至今，手推车 45°摆放覆盖范围扩展到出发车道边，还提出鱼骨形无死角取车摆放法、到达廊桥口车辆全覆盖。

他们经过无数次观察与试验，发现 45°角摆放是最适合旅客取车、放行李的角度，每排不超过 5 辆，增加排列数量也可以避免旅客排队取车的问题。这样设计经测算，可使航班高峰期旅客取车效率提升近 50%。

还有更多细节需要关注，为了推车时合理避让旅客行走路线，他们每次必须跟在旅客后面推行，不得强行超越。每次运送数量也有规定，小车 16 辆，大车 8 辆，确保可以及时刹车，避免造成擦碰事故。

有时，手推车管理员们还摇身一变成为移动的问询台。员工都是"多面手"，一面是手推车管理员，一面是品牌代言人。"请问，我要换机场大巴，怎么走？""我这航班在哪里换票？"时不时有旅客会拉住手推车管理员们问这样的问题，他们都会耐心、细心地解答，这不仅是首看、首问责任制对他们的要求，在他们眼中，这也是他们的一份责任，因为他们除了是手推车管理员，也是虹桥机场的服务人员，是"虹式服务"的代言人。

应用新技术来保障机场手推车供应成为一种趋势，如新加坡樟宜国际机场采用新自动化系统，以便更有效地确保有足够手推车供应给下机乘客。采用影像分析技术，探测机场航站楼区内各手推车停放处有多少手推车，再配合机场航班抵达的资料，通知工作人员哪一处必须及时填补更多手推车。

四、问询服务

旅客走进机场航站楼，往往最先接触到的就是问询员。作为机场服务的最前沿，问询员们每天要处理数以万计的旅客问询事务，在满足旅客信息需要的同时，也检验着机场的服务水平。比较繁忙的民用机场的航站楼都应设立问询处，回答旅客的问询，宣传、介绍民航有关运输业务规定，帮助旅客解决困难，掌握航班动态，协助接待单位做好迎送工作。

问询服务工作一定要选派熟悉业务、有较丰富的社会生活经验、懂得当地方言和英语常用会话、热爱旅客服务工作的同志担任。

问询处要备有电话，计算机，航班进、出港登记本，值班记录本，旅客遗失物品登记本，航班时刻表，运价表，《航空旅客须知》及火车轮船时刻表，当地交通路线图，日历，时钟，并备有书写用具，等等。值班人员应根据调度室通报，将飞行动态及时填入航班进、出港登记本，并与航行调度部门和运输生产调度部门保持经常联系，加强协作配合，以便准确地回答问询。

问询处服务员要熟悉有关运输业务规定（如有关本站的航空运价、班期时刻和客货运输主要规定），熟悉当地交通、宾馆和主要机关、团体、游览点等情况，积极协助旅客解决旅行中遇到的困难。

随时能热情地接待每一位中外旅客，做到有问必答、百问不厌。自己能作答的，不能让别人来回答。答复问询要有礼貌，要耐心、细致、及时、准确，不讲旅客不懂的术语和简语，要防止"一问三不知"，也不能说"也许""大概"之类没有把握或含糊不清的话。当面回答旅客的问询时，服务员应起立，面向旅客作答，不得一面工作，一面答话。对电话问询，服务人员在接电话时，应先向对方报单位及姓名，要边听边记，避免让旅客重复发问。对函电问询，首先要拟出文稿，并经领导审阅批复后及时回复。

对一时不能肯定回答的问询，应请对方留下电话号码、姓名及单位名称，并在值班登记本上进行记载；待有确切的答复后，应及时通知对方。对旅客提出的不合理要求，要冷静处理；不得指责旅客，不得发脾气乃至吵架。对涉及保密范围的问题，要婉言解释，不作答复。对难以处理或重大的问题，必须立即报告上级领导处理。

案例 5-2　　　　　全国金牌窗口——问询"翔音"组

五、特殊旅客服务

特殊旅客是指承运人需给予特别礼遇，或需给予特别照顾，或需符合承运人规定的运输条件方可承运的旅客。特殊旅客包括重要旅客、无成人陪伴儿童、病残旅客、孕妇、婴儿、盲人、犯人以及受载运限制的旅客。特殊旅客分为两个群体：一是重要旅客（VIP）；二是特殊需求的旅客。

目前北京首都国际机场旅客需在航班起飞前一个半小时打电话至 3 号航站楼旅客服务中心或现场提出申请，出示身份证登记后便可享受如下免费特殊旅客服务。

（1）提供轮椅使用服务。为行动不便且未申请航空公司特殊服务的旅客提供免费的轮椅使用。

（2）团队残障旅客的团队保障服务。航空公司及残疾人团体可通过服务中心调动国门大使提供从登机口到车道边的全程服务。

（3）陪伴服务。为特殊群体旅客提供进、出港流程全程陪送服务；需为旅行社团队或自组团队旅客（人数 10 人），乘坐同一航班，前往同一目的地；在流程上，可为旅客提供引导、值机手续、协助办理、安检快速通行等服务。

（4）国际/港、澳、台团队旅客快速出境服务。需为旅行社团队或自组团队旅客（人数≥25 人），乘坐同一航班，前往同一目的地；在流程上，可为旅客提供海关（限 2 号航站楼）、边检快速通行等服务。

（一）VIP 旅客精心呵护

民航要客（VIP）服务是机场旅客地面服务工作的一个重要组成部分。随着改革开放的不断深入，经济、社会、文化等各项事业的不断进步，要客服务在民航服务中的重要性日显突出。在外事接待上，要客服务工作的好坏直接代表着国家的形象；在内宾接待上，要客服务作为整个领导、贵宾接待工作的重要环节，与确保领导干部公务活动顺利完成、促进地方经济建设关系密切；同时，要客服务也是向国内外各界高层人士展示当代民航风采的重要窗口。

从机场贵宾通道出入的旅客，一般具有一定的社会、经济地位，与一般旅客相比，除对便捷、顺畅的共性需求外，他们更在意出行的舒适度和尊贵的心理感受，甚至出入机场还希望具有私密性。一般来说，机场 VIP 旅客出行机会多，可谓见多识广，这一旅客群体对机场服务，特别是对服务人员的综合素质提出了更高的要求。

机场贵宾服务的对象，可细分为政要贵宾与商务贵宾、普通贵宾与特殊贵宾（老人、儿童或行动不便的人士等）、正常情境中的贵宾与突发事件中的贵宾等。

头等舱、公务舱旅客是各航空公司的"座上宾"，自然也是机场精心呵护的重要群体。各机场在头等舱、公务舱候机室积极推行个性化特色服务，不断细化服务标准，为政府要员、各界名流和商务旅客在"起航"前提供了一处温馨的港湾。

对于政要贵宾，要安排其在贵宾休息厅候机，在完成程序性服务后退至工作间或拉开适当距离，尽量减少在要客交谈和打电话时的干扰，以保持要客所在空间的私密性；对于商务贵宾，在安排其在厅内等候休息时，多主动询问旅客的需求，以彰显旅客的尊贵；对于老人、儿童或行动不便的特殊旅客，在服务中强调热情、亲和，注意观察，并为旅客提供周到的特殊服务。总之，对不同贵宾要善于从不同服务对象的特性出发，提供对方乐于接受的个性化服务。

　　头等舱、公务舱旅客大多对休息室的静音条件比较看重，他们往往希望在登机前能静静地小憩，或不受干扰地处理一些公务。因此，登机信息的传递不能如同候机大厅一样用广播通知，而是要靠服务人员的口头提示。头等舱的服务员在通知旅客登机的方式上同以往相比有很大的改进。以往登机时，服务员只能站在休息室门口，口头通知航班上客信息，尤其在旅客较多时，无可避免地会影响到其他暂未上客的航班旅客的休息。如今，服务员会根据休息卡上的"内部标记"，逐一、准确地找到每一位需即时登机的旅客，有针对性地轻声向其提示登机信息。

　　为了防止 VIP、头等舱、公务舱旅客因休息而漏乘的严重差错发生，服务员采取了许多有效的应对措施。目前，在深圳宝安国际机场 B 楼头等舱安装了安检检索图像系统。当登机一开始，服务员可在该系统中输入航班号和旅客座位号，即时准确地查到旅客的相貌、特征、穿着以及姓名，并可据此实现对 VIP 等贵宾提供温馨的称谓服务或在未登机时的联动查找。这一服务方式的推行，避免了因航班高峰时段旅客较多，服务员无法准确识别即时上客航班旅客，核实上客信息而在厅内通知上客信息或逐一询问旅客所带来的弊端。

（二）无人陪伴儿童（unaccompanied minor，UM）全程关爱

　　办理无人陪伴儿童服务，首先需要旅客在预计出发日期提前 3～7 天向航空公司提出申请，由儿童的父母或监护人填写"无成人陪伴儿童乘机申请书（UM FOLDER）"，内容包括儿童姓名、年龄、始发地、目的地、航班号、日期、送站人和接站人姓名、电话、地址、儿童的特殊情况等项目。

　　柜台重交接保无误。在乘机当天，无人陪伴儿童必须在家长的带领下前往值机柜台办理值机手续。在办理手续的同时，值机员工将根据计算机系统中无人陪伴信息提示，联系专职照顾无人陪伴儿童的员工前往柜台，与家长交接，并进行信息记录。主要记录内容包括孩子姓名、年龄、始发地、目的、护送到机场的人（父亲、母亲或监护人），目的站的迎接人姓名、地址、电话，并签字确认。在交接之后，专职服务人员将全程照看、协助无人陪伴儿童通过边防检查、安全检查和来到登机口候机等候、登机，直到飞机顺利起飞。

　　服务无缝隙更安全。地面服务人员与机组交接后，机组会指定专人对无人陪伴儿童在整个航程中给予周到的服务，并在餐饮及上洗手间时给予指引协助。航班到达后，机组会专门将无人陪伴儿童交接给地面人员并签字确认。地面人员会全程带领无人陪伴儿童下机，并帮助提取托运行李。

　　航班落地后，接领人在到达站出示有效身份证件，经核对无误后方可将孩子领走。如果孩子的接站人没有到，地面工作人员将联系孩子的家人，确认接站人位置，最终确保将孩子送到接站人面前。

　　在服务中应注意以下事项。

　　（1）无人陪伴儿童不能使用自助登机设备，必须到柜台办理登机手续。同时家长在办理完相关手续后，最好不要马上离开，在接到服务人员电话通知确定飞机起飞后再离开，以免特殊情况发生，如孩子怕生、不愿登机，航班取消、返航等。

（2）根据中国民用航空局的规定，在孩子的手提和托运行李中，不得携带在运输过程中对健康、安全、财产或环境构成危险的物品或物质，即民航相关规定禁带的九大类危险品。

在国际航班 UM 的服务过程中，机场地服会把小旅客作为"特中特"旅客予以重点对待。为了给小旅客提供更加细致、温暖的服务，机场特意从特服部挑选女员工，甚至是"妈妈级"的员工，进行无成人陪伴儿童的服务工作，让小旅客在出行过程中充分感受到工作人员的"爱心、耐心、细心"，从而消除一些孤独感和陌生感。同时，在接到 UM 服务通知之前，特服的工作人员会提前了解小旅客的国籍、语言、习惯、所去往城市的奇闻趣事、民俗民风，以及外籍小旅客在中国的居住时间和感兴趣的事物，并且会安排外语流利的工作人员进行全程陪护。

（三）孕产妇旅客

事实上，孕妇是可以坐飞机的。尽管孕期会出现恶心呕吐、血压升高等不适症状，但只要准妈妈怀孕时的状况一切正常，就可以像往常一样，放心地乘坐飞机。按规定，怀孕32 周或不足 32 周的孕妇，除医生诊断不适宜乘机外，可以按一般旅客运输。怀孕超过 32 周的孕妇应在乘机前 72 小时之内去医院（县级或县级以上资质医院）开具适宜乘机的诊断证明书，并经指定的医院盖章和该院医生签字后方能生效。以下几种情况，航空公司一般不予承运：一是怀孕 35 周（含）以上者；二是预产期在 4 周（含）以内者；三是预产期临近但无法确定准确日期，已知为多胎分娩或预计有分娩并发症者；四是产后不足7 天者。

如预产期在 4 周以内或预产期不确定，但已知为多胎分娩或预测将要分娩者，航空公司一般不予接受运输。如有特殊情况需要乘机，旅客应在乘机前 72 小时内向航空公司提交由医生签字和医疗单位盖章的诊断证明书，并且一式两份。其内容应包括姓名、年龄、怀孕日期、预产期、旅行航程、旅行日期以及适宜乘机的证明和机上需要哪些特殊照顾等信息。同时，旅客需填写《特殊旅客乘机申请书》，一式两份，经承运人同意后方可购票乘机。

售票人员及机场服务人员应劝说准妈妈们，在孕期的"头 3 个月"和"尾 3 个月"最好不要乘机。怀孕早期（头 3 个月）是早孕反应（如恶心、呕吐、食欲缺乏等）最重的时期，也是胎儿器官形成的关键时期。胎儿的生长发育还不稳定，容易发生流产；因为飞机起降时的气压差、超重与失重以及遭遇高空气流时飞机的颠簸，都会使准妈妈们和腹中胎儿感到不适，易导致流产或早产。而怀孕中期（4 个月至 6 个月），属于相对稳定时期，孕妇的精神状态较好。在这个阶段，孕吐的现象已经过去，流产的风险也相对降低。到了怀孕晚期（后 3 个月），旅途中的意外有可能诱发子宫收缩、早产、胎盘早期剥离等严重并发症。此外，孕妇在飞机上长时间不活动，再加上增大的子宫压迫血管会影响血液回流，易导致血栓的形成。如果在怀孕早期有先兆流产的情况，怀孕晚期又合并高血压、蛋白尿、水肿、糖尿病等，乘飞机出行更易增加危险性。2012 年曾有一名准妈妈乘坐飞机由武汉前往广州，在起飞阶段突然流产，飞机紧急终止飞行，孕妇在经紧急医学处置后被送往医院进一步救治。

（四）残障人士的服务

做好残障人士航空运输服务工作，是落实《中华人民共和国残疾人保障法》《中华人民共和国消费者权益保护法》，保护残疾人出行权益的切实举措，也是航空运输服务工作的重要内容。随着社会各项公共服务设施及体制的陆续完善，残障人士的权利得到了越来越全面和周到的保障。在日常生活中，残障人士平日的出行也越来越方便，他们可以选择飞机等各种不同的交通方式。

残障人士乘机不同于普通人，他们在乘坐飞机出行的过程中，往往对机场和客舱内的设备、服务有特殊的要求。而让他们实现无障碍通行，也是摆在民航业面前的一个重要课题。

机场是残障旅客乘机出行时的必经场所，需要为残障旅客提供人员和设备上的双重保障。民航局 2009 年制定了《民用机场旅客航站区无障碍设施设备配置标准》，要求机场在航站楼出发厅设置为残疾人服务的问询柜台，为残疾人提供问询、引导等服务；要根据《无障碍环境建设条例》和《民用机场旅客航站区无障碍设施设备配置标准》的要求，配备残疾人停车位、轮椅等无障碍辅助设备。无障碍设施有盲道及扶手盲文、无障碍卫生间、低位柜台、低位电话、车道边招援呼叫器、残障人士专用座椅、无障碍电梯、无障碍饮水机、残障人士专用车位、登机口闪烁提示灯、无障碍通道等。

导盲犬的运输：2022 年中国的视障者达到 1 700 多万人，其中 800 多万为盲人，然而，仅有 200 多只导盲犬为盲人提供服务。由于导盲犬在中国还是一个新生事物，盲人携带导盲犬出行会遇到重重阻碍，很多时候甚至还不如独自出行方便。另外，和导盲犬共同乘坐飞机也不是易事。

根据《残疾人航空运输管理办法》（2023 年修订版）规定，携带导盲犬进入客舱无须购票，应在订座时提出申请，最迟不能晚于航班离站时间前 72 小时。具体到各航空公司，携带导盲犬乘机的购票规定大同小异：必须在航班起飞前 72 小时或 48 小时，在直属售票处或营业部提出订座申请，填写《特殊旅客申请表》，旅客购买经济舱机票；须提供有效的导盲犬身份证、驯养证、工作证、免疫证、检疫合格证等书面证件。

出发当天，导盲犬和其使用者须至少提前 2 小时到达机场办理登机手续。旅客首先要到承运航空公司的值班主任柜台确认申请，然后前往特殊旅客值机柜台办理值机。在办理手续时，旅客须出示导盲犬身份证、驯养证、工作证、检疫证、消毒证明等书面证件，经工作人员审核后即可打印登机牌。

（五）担架旅客

2016 年以来，民航行业连续发生机上旅客突发疾病救治、残疾旅客客舱服务以及人体捐献器官航空运输等服务事件，引发社会广泛关注。航空公司、机场作为一个普通的运输企业，理应承担相应的社会责任，特别是在救死扶伤、抗洪抢险、满足国家和社会公众对突发事件的处理等方面发挥积极的作用，充分体现"人民航空为人民"的民航服务宗旨。目前，许多有特殊需求的旅客看重航空运输的快捷性，经常向航空公司或航空公司代理人（机场）提出申请，希望能满足其特殊要求，这使航空公司承担的社会责任越来越大。航空运输业对特殊旅客（尤其是担架旅客）的承运有严格的保障要求，因此，并不是所有特殊旅客的要求都能得到满足。如果航空公司与旅客未能实现良好的沟通，那就很容易给二者都造成不必要的损失，有损航空企业的形象。

担架旅客乘飞机必须提前申请。担架旅客坐飞机往往需要拆除部分机上座位并配备特殊的航空担架，因为普通医用担架是不符合民航适航规定的；同时，担架旅客要出具 96 小时内医院《诊断证明书》，病情严重的旅客应出具起飞前 48 小时以内填开的《诊断证明书》，并要附署主治医师以上级别的医护人员签署意见。乘机前，担架旅客一定要确认自己是否适合航空运输，盲目地乘坐飞机有可能给自己造成更大的伤害。对于担架旅客，各航空公司都会制定相应的运输规定，以南航为例：

（1）担架旅客订座不得迟于航班起飞前 72 小时。在航班起飞前 72 小时内的担架旅客的申请，在航班运行管理部门答复可安排的情况下，方可接收。

（2）每架飞机上的担架旅客仅限 1 名。如果航班上接收了担架旅客，则不再接受其他病残旅客。

（3）担架旅客必须至少由 1 名医生或护理人员陪同。经医生证明，不需要医务护理时，可由其家属或监护人员陪同。

（4）担架旅客只能安排在经济舱，安置担架附近的空余座位，前一排或相邻一列座位，一般不再售票。

（5）担架旅客的票价，由担架旅客的个人票价和担架附加票价两个部分组成。陪伴人员票价根据实际乘坐的座位等级适用票价计收。

（6）担架附加票价。不论安放担架需占用的座位数额多少，均按下列办法计收：对旅客使用担架的航段，加收 5 个成人单程经济舱普通票价（不另加收税费）。

（7）如旅客取消旅行，担架附加票价全款退还。

（8）担架旅客的免费行李额为 120 kg，陪伴人员的免费行李额则按所付票价的座位等级计算。

六、联检服务

有这样一类旅客，因为堵车或其他原因，导致在乘坐飞机出行时可能晚到机场几分钟，他们就是业内所称的晚到旅客。目前，像这样的晚到旅客可能会感觉到越来越方便，因为有"特色服务"可以帮其快速登机。

对于晚到旅客，很多机场会"网开一面"。例如，有的机场推出了晚到旅客快速登机服务，每天可帮助百余人次的晚到旅客登机；有的机场在值机柜台关闭后，让晚到一步的旅客优先过安检通道；有的机场在为晚到旅客办理乘机手续的同时，会在旅客胸前粘贴"晚到旅客"标志牌，方便旅客得到最便捷的服务，快速登机。

旅客晚到的现象，每个机场甚至每一个航班都可能出现。尽管民航业一直倡导每位旅客按时登机，但是因为诸多客观因素，"晚到"现象是难以避免的。以往，晚到旅客要么登不了机，要么只能选择改签。这种结果可能会影响晚到旅客的情绪，加剧一部分旅客对民航业的不理解。如今，对于无法避免的旅客晚到行为，晚到旅客绿色通道在多个机场被

"打通"，无疑是急人之所急，最大限度地服务了旅客，体现了民航业以人为本的服务理念。对于那些因为客观原因而晚到的旅客来说，可谓是"雪中送炭"。绿色通道不仅避免了晚到旅客与服务人员之间不必要的摩擦，而且实实在在地让晚到旅客少了几分顾虑。

在安检处，一些旅客对乘机携带液态物品的要求了解不多，常常携带超量的液态化妆品登机。根据中国民用航空局发布的《关于禁止旅客随身携带液态物品乘坐国内航班的公告》，每位旅客可携带的液态化妆品每种限带 1 瓶，瓶的容量必须小于 100 mL。被安检查出后，好的结果是交由送行人员带回或者暂存；时间允许的，还可以办理托运。而无送行人员又不想暂存、不想托运或者来不及去办理托运的，只有选择舍弃。"每当我们看到旅客难舍的表情，心里也不好受，毕竟一些化妆品价格不菲。"珠海金湾机场安检站同志们想出了为旅客提供容量刚好是 100 mL 的空化妆瓶的服务举措，现在有了空瓶子，超量携带液态化妆品的旅客都能带走 100 mL。让旅客快乐出行，既解决了旅客的燃眉之急，又保证了旅客携带物品符合相关规定，还提高了安检服务质量。一个小小的空化妆瓶，让旅客感动和满足，如此贴心的服务举措，换来了旅客更多的赞许。

第四节　机场地面勤务保障

旅客在每一次乘坐飞机抵离机场时，除了能够直观、直接地感受值机、托运行李等服务，实际上也在享受一些"看不见的服务"，如飞机停泊期间的供油、旅客下机登机、行李搬运、餐食供应、机身清洁等地面保障服务。在机场里，参与提供这些"看不见的服务"的单位众多、程序复杂、覆盖面广、作业标准不统一，管理难度较大。第三节旅客地面服务和本节地面勤务保障都是机场运输保障的重要组成部分。

机场的正常运行除旅客服务外，还需要供水、供电、供气、通信等多个部门的配合协作，连同为航空器提供地面勤务和应急保障等要素一起，都是机场正常运行的重要保证。

一、概述

地面勤务保障全称为地面勤务保障，是指一系列的地面车辆和设施为飞机的出港、进港、经停提供地面勤务服务。这些服务都有一定的时限，既可以提高飞机的利用率，也可以增加机场的效益。这些服务包括上、下旅客，装卸货物，供应食品及其他用品，供水、加燃油及清除垃圾。

在航站楼里，通过玻璃窗可以看到外面有许多各式各样的车辆在奔跑，如图 5-22 所示。飞机着陆之后、起飞之前，地面勤务保障要完成许多工作。

（一）机场地面勤务保障项目

大部分进港和离港的飞机在停机坪上或多或少都需要一些服务，其中大部分服务由航空公司驻场或机场工程师负责。当需要完成的工作任务比较繁杂时，许多工作就必须同步进行了。

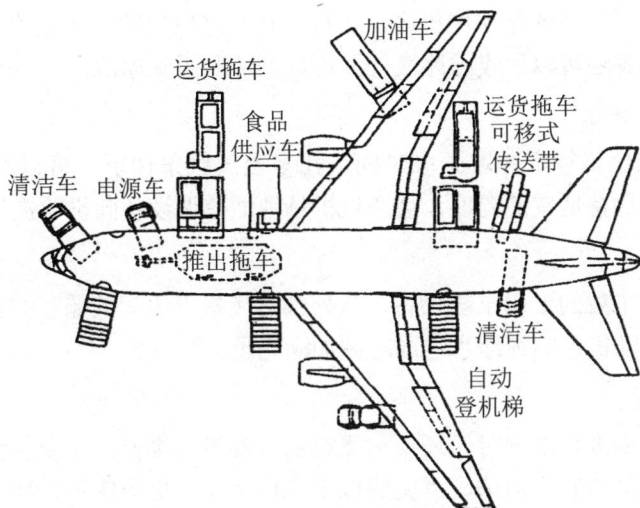

图 5-22　机场地面勤务保障

1. 登机服务

旅客要上下飞机，有登机桥的地方可以用登机桥；没有登机桥的地方，就要用摆渡车把上飞机的旅客从航站楼送到飞机旁边，把下飞机的旅客从飞机旁边接回航站楼。

2. 故障处理

飞机机长在技术记录中已经报告的小型故障和不需要飞机停止飞行的小型故障，在航空公司驻站工程师的监督下进行处理。

3. 加油

有专门负责提供添加油料的工程师，该工程师负责监督飞机添加油料的过程，确保以安全的方式为飞机提供正确数量的无污染油料。油料供应可以来自移动油罐车，也可以来自停机坪液压加油系统。

4. 机轮和轮胎检查

通过目测对机轮和轮胎进行物理检查，以确定在最近一次的起降周期中没有发生损坏，而且轮胎仍然可以使用。

5. 动力供应（供电供气）

虽然许多飞机有辅助动力装置（APU），但是基于地面环境因素的考虑，某些机场严格限制使用 APU，为了减少燃料消耗和降低停机坪噪声，由机场为其提供动力（提供电源和压缩空气），这已成为动力供应的趋势。地面设备主要分为两种：地面车载电源、空调设备和地面桥载电源、空调设备。

6. 除冰和清洗

除冰清洁车是一款典型的多用途车，它可以向机身和机翼喷洒除冰液，还可以清洗飞机，重点清洗的是驾驶舱窗户、机翼、发动机舱和客舱窗户。这种自驱动的液体罐车有一个平稳的升降平台，可以对普通的和宽机身的飞机实施喷淋等维护工作。某些机场在其离港跑道出口附近设计了专用的除冰停机区，飞机滑行穿过巨大的门式除冰台架，就可以除去机身上的冰。该设备还可以回收除冰液，并可以循环利用除冰液。

7. 机舱的制冷、供暖

飞机常常需要在停机坪上停留一段时间，在多数气候条件下，可以不启动 APU。但为了使飞机机舱内能保持适宜的温度，会通过机场地面空调设备向机舱提供暖气或制冷。

8. 供水清污

在停机坪上通过车载的专用泵压设备，从外部对飞机卫生间的储存容器进行处理。与此同时，饮用水和发动机用的纯净水也同时被加满充足。

9. 机上服务

在对飞机进行外部维护的同时，还要对飞机的内部进行维护，主要任务是清洁和餐食供应。要获得较高程度的舱内清洁，需完成以下几项工作：更换床单、枕头和座椅的头部靠垫，真空吸尘和用香波清洗地毯，清除烟灰缸和去除全部杂物废屑，配备新的座椅靠背罩，清洁、配备新的厨房和卫生用品，清洗所有平滑的地方（包括扶手）。

10. 餐食供应

飞行途中的旅客餐食由机场航空食品公司提供。餐食供应操作标准非常严格，从餐食来源到送至旅客手中的全过程，都必须全部符合国际认可的卫生标准。如果在航班途经的航站餐食供应达不到质量或卫生标准，飞机上供应的餐食则要从航空公司的主要基地带过来。餐食供应由航空食品车进行装载操作。

（二）机场地面勤务保障特种车辆

每项地面勤务保障工作都有特种车辆提供保障，特种车辆种类很多，如图 5-23 所示。

（1）推出拖车（牵引车）。在指廊式或卫星式的机坪，飞机是机头向里停在停机位上的，因而飞机必须倒退出机位，这时要借助推出拖车把飞机推出机位，重型拖车可以把大型飞机推出，它的高度可以调整以适应不同机体的高度。

（2）饮水供应车。为飞机供应饮用水，可以携带数吨水。

（3）加油车。分为两种：一种是油罐车，装有 10 吨以上燃油，上面有加油臂，1 分钟可泵油 4 000 L；另一种是油栓车，它把机场供油系统在机坪上的供油栓和飞机的加油孔连在一起，在 10 分钟内可以为波音 747 这样的飞机把油装满。

（4）地面电源车。飞机停放在地面，关闭了辅助动力装置（APU），远机位由这种车辆供电，用于启动发动机、照明和空调。

（5）自动登机梯。在没有登机桥的机坪上供旅客上下。

（6）货运拖车。由牵引车拖动，运送行李和小件货物。

（7）补给车（食品车）。可以载运食品供应人员和把补充的各种物品送上飞机。这种车辆通常在一个标准卡车底盘上加装车篷制成全封闭式货车车体，可以由卡车发动机驱动的液压式剪形升降机实现升降。该车体有两种不同类型：低空升降食品车，用于舱门门槛高度在 3.5 m 以下的窄体式飞机；高空升降食品车，用于宽体式喷气式飞机。

（8）可移动式传送带。在飞机装卸行李时，它可以大大提高工作效率。

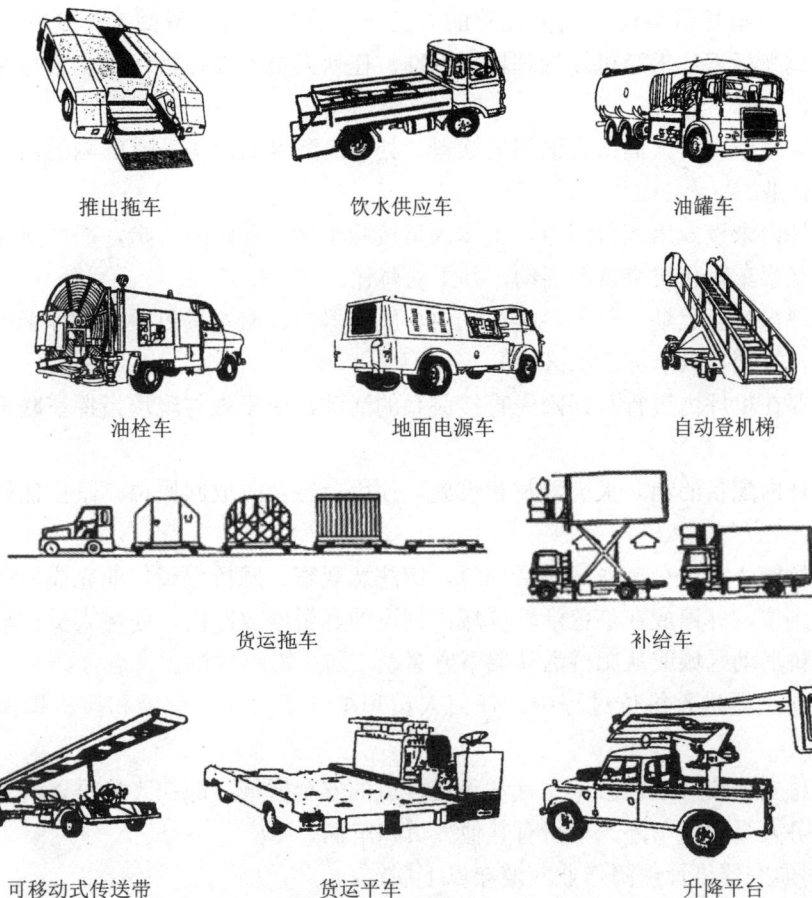

推出拖车　　　　　饮水供应车　　　　　油罐车

油栓车　　　　　地面电源车　　　　　自动登机梯

货运拖车　　　　　　　补给车

可移动式传送带　　　　货运平车　　　　　升降平台

图 5-23　机场勤务车辆

（9）货运平车。用于放集装箱或集装货板，它的车体平面离地不到 0.5 m，易于和传送带联合作业。

（10）升降平台。用于清理或维护飞机外部，它的升降高度可达 12 m，保证能达到飞机外部各个部位，分为液压式和构架式，构架式价格低，但不能到达空间比较小的地方。

（11）清洁车。其作用是清除机上厕所污水和其他杂物。

二、地面勤务保障管理

（一）地面勤务保障人员管理

所有在机坪从事地面勤务保障作业的人员，均应当接受机场运行安全知识、场内道路交通管理、岗位作业规程等方面的培训，并经考试合格后，方可在机坪从事相应的保障工作。

机场管理机构应当建立在空侧从事相关保障作业的所有人员的培训、考核记录档案，相关保障单位也应当建立本单位人员的培训、考核记录档案。

地面勤务保障人员的生产行为规范如下。

（1）所有在机坪从事地面勤务保障的人员，均应当按规定佩戴工作证件，穿着工作服，并配有反光标识。未经机场管理机构批准，任何人员不得在机坪内从事与保障作业无关的活动。

（2）任何工作人员饮酒或含酒精的饮料、处在麻醉剂或对作业有影响的药物作用下不得进入机坪作业。

（3）机坪内未设专用人行通道，工作人员按照车辆行驶路线行走，严禁穿越机坪。行进时应注意观察车辆和航空器的活动，并主动避让。

（4）机坪内禁止吸烟（包括各类车辆内、航空器内、旅客登机桥上、行李处理区和飞机维修区以及有禁止吸烟标志的区域）。

（5）需要在机坪内进行与保障无直接关系的活动，应事先与现场指挥室联系，确定活动范围。

（6）机坪内配备的消防灭火器材和设施，使用后应及时放回原位，禁止任何人员擅自挪动或阻挡。

（7）廊桥操作人员在操作廊桥活动时，应注意观察。廊桥保障作业完成后必须将活动端完全收回到位，并停放在红色活动区域内划设的廊桥停放区内。任何人员、车辆、设备不得进入廊桥活动区域或从廊桥活动端下方穿越，防止影响廊桥正常运行。

（8）在航空器进入机位过程中，任何人员和车辆不得从航空器和接机指挥人员之间穿行。

（9）机位安全线（红色）用于标注飞机停放的安全区域，即在飞机进入、退出时该区域内，除机务人员和拖车外，不得有其他人员和车辆。

（10）对航空器进行保障作业应遵守以下规定。

① 廊桥机位附近设置有作业等待区，该区域仅限保障该机位最近停放的航空器的各种车辆、设备临时使用，作业完毕后不得占用该区域。作业等待区分类划设了各类车辆、设备的停放位置，车辆、设备应整齐地停放在各自区域内等待作业。

② 保障车辆、设备必须避让航空器旁的工作人员。

③ 航空器进入机位并处于安全停泊状态，机务指挥人员发出可以对接的手势，且廊桥或客梯车对接航空器完成后，各类保障车辆才能进入机位安全线区域进行保障作业（特殊情况下电源车除外）。

④ 在设置有地面管线加油井的机位，应当使用管线车为航空器提供加油保障作业。其他车辆、设备应当主动避让加油车，保证加油车前方紧急通道的畅通。

⑤ 靠近飞机作业的车辆倒车时，驾驶员应先确认倒车线上有无障碍，并由专人在车辆后方指挥以确保安全。

⑥ 保障车辆、设备在为航空器提供地面保障作业时，不得影响相邻机位及航空器滑行道的使用。

（11）当机位放置有机位不适用标志时，表明该机位不适于航空器停放。任何单位和人员不得损坏、挪用、遮挡该标志。

（12）机位配电箱安装有油料紧急停泵按钮（红色），任何人不得擅自触碰。

（13）机位附近放置有反光锥形筒标志，除机务人员正常使用外，任何人员不得擅自挪用。使用完毕后，应将反光锥形筒标志重叠回收放置至指定的位置。在收到现场指挥室通报本场风力超过 5 级的告警时，不使用反光锥形筒标志，已使用的应立即收回。发现反光锥形筒标志损坏或缺失，应及时报告现场指挥室。

（14）有故障或已报废的车辆、设备，应当及时移出机坪。

（15）在有航空器活动期间，人员、车辆进入跑道、滑行道和联络道区域应遵守下列规定。

① 人员、车辆在进入以上区域之前，应先向指挥室通报并向塔台申请，在得到许可后方可进入。

② 必须使用 800 MHz 对讲机与塔台和指挥室保持不间断的通信联系。

③ 人员、车辆退出以上区域时，应当确保无任何物品遗失在经过区域，完全脱离后，必须立即向塔台报告。

④ 人员、车辆脱离后再次进入必须重新申请。

（二）加强机坪安全运行整治

机坪是地面勤务保障工作的主要工作场所，具有运行繁忙、特种车辆众多、事故易发的特点，给机场的安全运行保障带来很大的考验。为了进一步增强地面勤务保障人员的按章操作意识，各机场要不放过任何一个安全风险，运用现场日常监察、专项联合检查、后台视频监控的"三位一体"安全管控模式，持续性、常态化查找现场问题，消除安全隐患。

在现场日常监察方面，以航班各项保障作业、机坪交通、车辆及设备性能、外来物防范等工作为重点，加大了对人员和车辆的检查及违规惩治力度；在专项联合检查方面，与各驻场单位建立了联合监察常态化机制，定期组织开展"号脉"行动，查找安全隐患，消除安全风险；在后台视频监控方面，机场组织主要保障单位参与联席值班并建立了违章倒查机制，定期将违章操作视频发送给相关单位，进行违章倒查，确保有错必查、查必有果。

同时在整治当中重视保障作业标准化建设。航空器地面勤务保障工作流程复杂，涉及的保障单位、人员、车辆、设备多，且管理难度大。

这方面北京首都国际机场有很好的经验。为优化现行的保障作业程序，持续提高机坪运行安全管理水平，北京首都国际机场曾于 2016 年开展三阶段的航空器地面保障作业标准化行动。在准备阶段，通过摸底调查机坪运行现状，制订了标准化工作推进计划，成立了标准化工作推进小组；在推进实施阶段，对涵盖飞机作业、旅客作业和行李货邮作业等 3 大类 11 分项的航空器地面保障作业程序，按照工序分别进行了量化分解，编写了《首都机场航空器地面保障标准化作业手册》；在总结提升阶段，通过收集各一线员工在应用标准化程序过程中遇到的问题或难点，进一步提高了《首都机场航空器地面保障标准化作业手册》的实用性和可操作性。通过开展标准化行动，不仅为各单位开展内部安全管理和程序对标提供了参考，同时也为完善一线操作岗位管理体系提供了很好支持，使机坪运行安全保障工作更加科学、规范、高效。

标准化作业是通过对保障作业流程进行筛选提炼，剔除多余的、低效能的、可替换的环节，保留并精炼关键环节，保证作业流程整体综合最优、最高效、最安全。以机务保障为例，在《机务操作标准作业程序》中，将安全锥筒从客舱侧摆放调整为优先从货舱侧摆放，保证了行李类车辆能够优先进入机位参与保障。这一标准化操作环节，使行李提取时间缩短了 1～2 分钟。

目前，北京首都国际机场的航空器配餐、廊桥对接与撤离、远机位旅客监护等业务均已实施了流程标准化操作，并且其对应单位自执行标准化工作以来，均未发生过人为原因不安全事件，典型的机下违章操作数量同比减少了 10%，标准化作业的推广给机坪整体运行安全带来了效益。

北京首都国际机场 2023 年进一步引入 AI 监控系统，提升机坪安全。

（三）飞机停机位置的设施和区域

1. 停机位置引导设施

除远距离登机坪外，在登机的停机位置都需要一定的设施，以帮助驾驶员把飞机停放在准确的位置，让登机桥能和机门连接。在停机位置处，侧面有侧标志板，画有各种机型的停机指示线，如图 5-24 所示，当驾驶员左肩对准所驾驶机型的指示线时，飞机机门的位置就对准了登机桥。此外还有停机对准系统，驾驶员由前方的灯光显示，判断机头是否对正滑入停机位的方向，在停机位的前方滑行道上还铺有压力传感垫，飞机前轮压上传感垫之后，在机头前方的显示板上会显示出前轮停放位置的偏差。在远处机坪停放的飞机，有专门的停机坪调度员引导飞机进入正确的停机位置。

图 5-24　各种机型的停机指示线

2. 登机桥

登机桥（又称廊桥）是登机口与飞机舱门的联络通道。登机桥是一个活动的走廊，是以金属外壳或透明材料做的密封通道，桥本身可水平转动，它是可以前后伸缩的，并且有液压机构调整高度，以适应不同的机型，当飞机停稳后，登机桥和机门相连，旅客就可以通过登机桥直接由航站楼进出飞机，如图 5-25 所示。采用登机桥，可以使下机、登机的旅客免受天气、气候、飞机噪声、发动机喷气吹袭等因素影响，也便于机场工作人员对出发、到达旅客客流进行组织和疏导。

图 5-25　装有地面桥载电源、空调设备的登机桥

3. 廊桥活动区

在廊桥活动端移动范围内应当采用红色线条设置廊桥活动区，禁止任何车辆和设备进入。廊桥活动区内应当标示廊桥回位点。廊桥处在非工作状态时，应当将廊桥停留在廊桥回位点。廊桥操作人员进行靠桥、撤桥作业时，禁止其他人员进入廊桥活动端，如图 5-26所示。

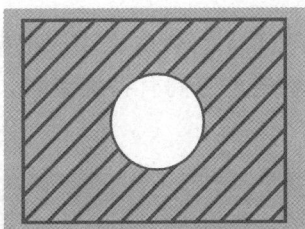

图 5-26　廊桥活动区标志（图中的灰底为原道面颜色）

4. 作业等待区

机坪上可以划设作业等待区，用以规范飞机入位前各类作业设备的等待停放位置。作业等待区分"常规作业等待区"和"临时作业等待区"两种形式，如图 5-27 所示。"常规作业等待区"允许设备在飞机进、出机位期间持续停放，通常用于"自滑进、顶推出"机位；"临时作业等待区"只允许设备在飞机入位前临时停放，完成作业后则应撤出该区域，以允许飞机从该区域通过，通常用于"自滑进出"机位。

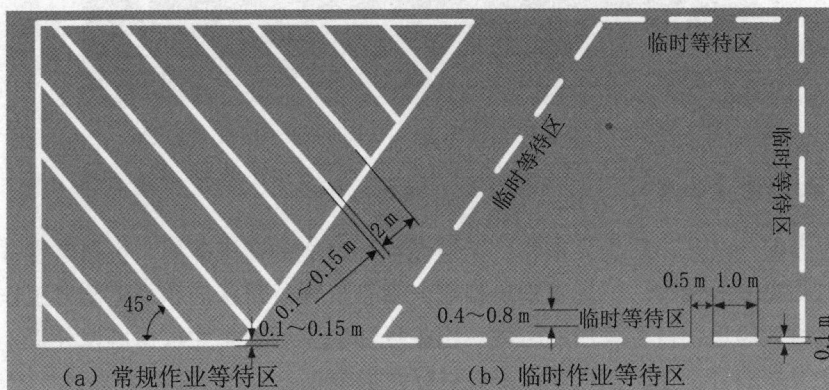

图 5-27　作业等待区标志（图中的灰底为原道面颜色）

5. 设备摆放区

设备摆放区用于摆放高度为1.5 m（含）以下的小型设备（包括氮气瓶、千斤顶、六级以下小型工作梯、放水设备、非动力电源车等）的区域。该区域标志为白色矩形框，矩形的长和宽不确定；框内有一处或多处"设备区"字样。设备摆放区标志的位置、形状和尺寸应以施划的图纸为准，如图5-28所示。

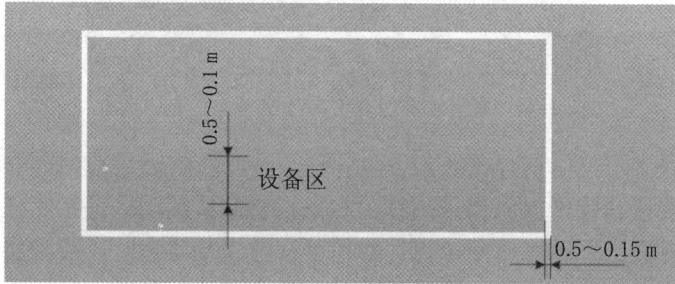

图5-28 设备摆放区标志（图中的灰底为原道面颜色）

6. 特种车辆停车区

特种车辆停车位标志应为白色矩形，矩形大小应根据摆放车辆确定，矩形内应标注"××车专用位"字样。若对车辆停车方向有特殊要求，应增设停车方向指引标志，如图5-29所示。

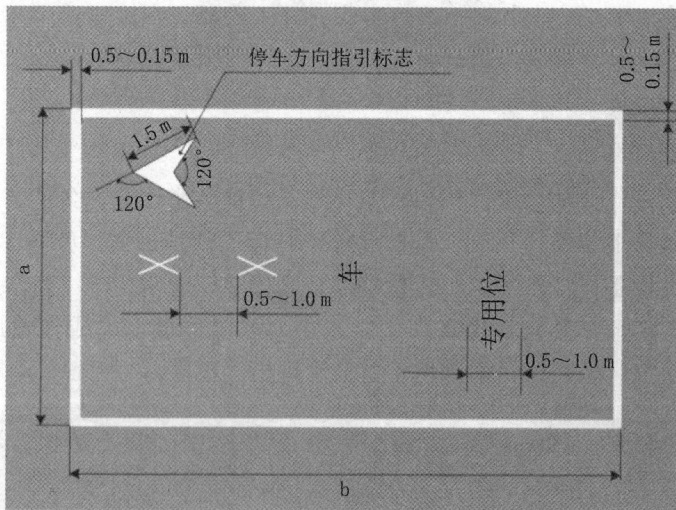

图5-29 特种车辆停车位标志（图中的灰底为原道面颜色）

（四）机坪清洁管理

机坪应当保持清洁，防止外来物，无道面损坏造成的残渣碎屑、机器零件、纸张以及其他影响飞行安全的杂物。机场管理机构统一负责机坪日常保洁和卫生监督工作。航空运输企业及其他驻场单位自行使用的机坪，由机场和航空运输企业依据协议分工，确定机坪日常保洁及卫生监督责任。在机坪内不得进行垃圾分拣。

机场管理机构应当在机坪上适当位置设置有盖的废弃物容器。任何人不得随地丢弃废物。机坪保障作业人员发现垃圾或废弃物应当主动拾起，并放入垃圾桶。运输或临时存放垃圾或废弃物时，应当加以遮盖，不得泄漏或逸出。

易燃液体应当用专用容器盛装，并不得倒入飞行区排水系统内。各类油料、污水、有毒有害物及其他废弃物不得直接排放在机坪上。发现污染物后应当及时进行清除，对于在地面上形成液态残留物的油料，应当先回收再清洗。

（五）机坪消防管理

机场应当在机坪内适当位置设置醒目的"禁止烟火"标志，并公布火警报警电话号码。未经机场管理机构批准，任何人不得在飞行区内动用明火、释放烟雾和粉尘。机坪内禁止吸烟。机场应当按照《民用航空运输机场消防站消防装备配备标准》（MH/T 7002—2022）《民用航空运输机场飞行区消防设施运行标准》和《民用航空器维修地面安全》第10部分"机坪防火"的规定为机坪配备相应的消防设施设备，并定期检查。

各单位应当按照《民用航空器维修地面安全》的要求，为在机坪运行的勤务车辆和服务设备上配备灭火器。任何单位和人员不得损坏、擅自挪动机坪消防设施设备。机坪内的消防通道和消防设施设备应当予以醒目标识。车辆或设备的摆放不得影响消防通道、消防设备以及应急逃生通道的使用。

任何人员发现机坪内出现火情或火灾隐患时，均应当立即报告消防部门，并应当在消防部门到达现场前先行采取灭火措施。机坪内火灾扑灭后，相关单位及人员应当保护好火灾现场，并及时报告公安消防管理部门，由公安消防管理部门进行火灾事故勘查。

在飞行区设置特种车辆加油站或在机坪上为特种车辆提供流动加油服务作业的，机场应当事先取得民航局同意。

三、登机桥作业

登机桥由旋转平台、内通道、外通道、电缆输送机构、升降机构、行走机构、接机口、调平机构、安全靴、遮篷机构等十部分主要结构所组成。

登机桥是用以连接候机厅与飞机之间的可移动升降的通道。每次与飞机对接或撤离，都需要登机桥与航空器直接接触，它直接影响到飞机的安全，是机场运行管理中唯一的A级设备。所以，机场对登机桥操作制定有严格的规章制度。

（1）严格按规定停靠的机型使用登机桥。各登机桥所规定的机型停靠线为该机、桥位允许停靠的机型。如增加新机型，需使用登机桥的航空公司应提前向机场运行指挥中心提出申请，并提供该飞机的几何参数，经核准后方可使用。运行指挥中心在批准新机型停靠时，核准左右停机间隔，根据登机桥停靠有关规定，确保两机安全间隔和前后安全距离在规定范围之内。

（2）飞机在停靠近机位时按泊位引导系统的指示修正方向并停机，地面机位人员严密监视飞机动向，一旦发现泊位引导系统发生故障，而引导有较大误差时，使用紧急STOP按钮或用人工指挥停机。防止飞机冲线而造成不安全因素。

（3）登机桥管理部门应在航班到达之前10分钟完成对登机桥运转状况的检查。非登机操作人员及非专业人员不准擅自启动登机桥设备和开启登机桥。

在通常情况下，飞机降落后需要地面工作人员引导其滑行至停机位，飞机滑行完毕停稳后再由乘务长下达解除滑梯预位口令，乘务员按程序操作。之后，地面工作人员将对飞机进行检查并放置轮挡、反光锥筒等，待确定飞机可以靠接廊桥后通过手势示意，登机桥操作员对飞机进行靠接。

登机桥操作员确认飞机已停稳，轮挡放好，飞机发动机已熄火停车，廊桥活动区域内没有障碍物，飞机舱门处在关闭状态，飞机停机位在停机线允许的范围内开始操作登机桥。登机桥操作员在廊桥前端的操作台上操作按钮和摇杆，使廊桥通道伸缩、升降、左右摇摆，实现廊桥接机口与客舱门的对接。在操作过程中，登机桥操作员还要随时观察仪表数据，反复调整廊桥的方向、角度和高度，在靠接时要保证廊桥接机口地板与客舱门地板大致呈水平方向，地板前缘距飞机机身 1～5 cm，并且低于客舱门下沿 5～10 cm，所以操作员都应具备非常高超的操作能力和观察能力。

廊桥是个"大家伙"，拥有几十米长的钢结构伸缩通道，最轻的也有 20 吨左右。为了避免廊桥在运行过程中剐蹭到飞机，对廊桥的行进速度也是有要求的。首先，登机桥操作员要严格遵循"缓慢起动、中速行驶、缓慢接近飞机"的原则，并且为了提高安全裕度，廊桥在出厂时就增设了限速装置，在距离飞机机身约 50 cm 时行进速度会自动减慢。

廊桥接机口与客舱门对接好之后放下接机口遮篷，为旅客挡住风雨或烈日的侵扰。靠接工作完成后，工作人员通过敲击飞机舱门通知乘务员，乘务员在确认正常靠接后方可开启舱门，并引导旅客有秩序地离开飞机。

（4）收到地面机务部门的撤桥指令后，确认廊桥空调管缩回，飞机舱门已关闭，廊桥活动区域内没有障碍物，400 Hz 电源线已从飞机上撤离，电缆已被悬挂机构收紧，且锁桥机构已解除后，登机桥操作员操作廊桥安全撤离。

当靠桥的出港飞机在本场出现故障时，待旅客下完机后，登机桥可撤离飞机；待故障排除后，由航空公司或代理公司临时申请再靠桥。如故障排除时间需 2 小时以上的，则该机应退出桥位，按运行指挥中心临时指定机位停靠。

（5）根据登机桥设计和飞机舱门布局，原则上每架飞机相对只停靠一个登机门，如需使用双机门时，在使用前向地面运行指挥中心提出申请。桥位一经分配妥当，一般不再改变。遇特殊情况时，可应急更改机桥位，并立即通知有关部门。

案例 5-3　　　　　　　　　飞机停靠错误停机位

案例 5-4　　　　　　　　　机坪泊位系统引导事故

案例 5-5　　　　　　　　　机坪飞机与廊桥相撞

四、机坪车辆及设施设备管理

（一）车辆停放

因保障作业需要放置于机坪内的特种车辆（含拖把）、集装箱、行李和集装箱托盘等特种设备，应当停泊或放置于指定的白色设备停放区和车辆停放区内。作业人员离开后，车辆、设备应当保持制动状态，并将启动钥匙与车辆、设备分离存放。保障工作结束后，各保障部门应当及时将所用设备放回原区域，并摆放整齐。

（二）车辆管理和行驶要求

随着民用机场客货流量的增加，因工作需要进入机场航空器活动区的车辆、人员增加很快，危及飞行安全和机动车辆撞坏航空器的事故时有发生。为将民用机场航空器活动区的事故降至最低限度，以保护旅客权益，加强机场内场生产环境的安全，保障民航运输生产的安全，适应民航事业的发展，必须对民用机场航空器活动区内的道路交通进行管理。

1. 驾驶员车辆在航空器活动区行驶时应当遵守的规定

（1）按指定的通行道口进入航空器活动区，接受值勤人员的查验。

（2）机场管理机构可根据本机场的实际情况，实行分区限速管理，但最高时速不得超过 25 km。

（3）行驶到客机坪、停机坪、滑行道交叉路口时，停车观察航空器动态，在确认安全后，方可通行。

（4）遇有航空器滑行或被拖行时，在航空器一侧安全距离外避让，不得在滑行的航空器前 200 m 内穿行或 50 m 内尾随、穿行。

（5）行李车拖挂托盘行驶时，挂长 3.4 m、宽 2.5 m 的大托盘不得超过 4 个，长 1.9 m、宽 1.8 m 的小托盘不得超过 6 个。拖挂的货物重量不得超过拖车的最高载量。行李车在拖挂托盘行驶时不得倒车。

（6）机动车辆穿行跑道、滑行道、联络道或在跑道、滑行道、联络道作业时，应当事先征得空中管制部门或机场管理机构同意，按指定的时间、区域、路线穿行或作业。

（7）驶入跑道、滑行道、联络道作业的机动车辆应当配备能与塔台保持不间断通信联络的双向有效的通信设备，作业人员应当按规定穿戴反光服饰。

航空器活动区机动车辆行驶路线的设定：航空器活动区道路应当按照国家有关标准设置道路交通标志、标线。航空器活动区内的车辆、行人应当按照交通标志、标线通行。

2. 机动车辆管理

（1）所有在航空器活动区内保障航班生产的车辆必须经机场公安部门登记注册，申请办理控制区车辆通行证。无车辆通行证的车辆禁止进入航空器活动区。

（2）因工作需要进入航空器活动区的非生产用车须经机场公安交巡警部门审核批准并办理机场车辆通行证后，经指定门口经过安检后才准进入。

（3）需进入航空器活动区迎送 VIP 旅客的车辆，严格按照公安部、民航局及当地政府部门的规定执行。

（4）凡进入航空器活动区的车辆，其制动器、转向灯、后视镜和灯光装置必须保持完整有效，检验不合格的车辆不得驶入航空器活动区，并严格按照指定的大门进入航空器活动区。

（5）依据《民用机场航空器活动区机动车车牌样式》及《民用机场航空器活动区机动车行驶证样式》规定，由负责机场治安的公安部门统一制发车辆号牌及飞机活动区车辆行驶证。

（6）在航空器活动区行驶的所有车辆必须配备有效的灭火器材。

3. 车辆行驶要求

（1）所有内场车驾驶员必须经机场公安交巡警部门考核并颁发内场驾驶执照后，方可在航空器活动区内驾车行驶。进入航空器活动区的车辆必须遵循避让飞机的原则。

（2）进入航空器活动区的车辆必须严格按规定行车道行驶，行驶车速不得超过25 km/h，接近飞机时车速不得超过5 km/h。

（3）在行车道交叉道口或行车道与飞机滑行道交叉点前设有 STOP 标志，任何车辆在通过 STOP 线之前必须提前减速，加强观察，确认无航空器滑行后，方可继续行驶。

（4）在夜间及低能见度时进入航空器活动区的车辆，必须启用黄色警示灯。

（5）超高车辆的行驶：高度在禁高标志线（一般在 4～4.2 m）以下的车辆，在固定廊桥下行驶时，必须贴近中心线，高度在禁高标志线以上（超过 4.2 m）的车辆禁止在固定廊桥下行驶。

4. 临时执行公务的车辆管理

（1）凡需进入航空器活动区临时执行公务的车辆，事前必须向运行指挥中心提出申请，并经机场公安部门审核同意后，在机场工作人员带领下，由指定大门经过安检后方可进入。

（2）外来车辆在航空器活动区内行驶必须执行航空器活动区车辆行驶规定。在夜间或低能见度时必须启用双跳灯或黄色警示灯。

5. 车辆及有关设备摆放

（1）航空器活动区内车辆必须按指定的停车位置停放。与航班生产有关的设备按规定区域排列整齐，不得越线摆放。

（2）在"斑马线"内严禁停放车辆和设备。

（3）远机位出发、到达门前只供摆渡车临时停放，为上、下旅客服务。

6. 车辆接近飞机

（1）车辆接近飞机时需专人指挥，随车拖动轮挡以便及时固定。

（2）车辆在接近飞机时须严格按规定速度 5 km/h 行驶，在距飞机 10 m 外点刹车，以确保刹车有效。

（3）严禁车辆在飞机的任何部位下穿越停放，执行任务的特种车辆按有关规定执行。

（4）客梯车、装卸车辆须遵循先升起后接近、先撤离后降下的操作规程，不得在前后移动的同时操纵升降。

（5）除客梯车、食品车外，其他车辆距飞机不得小于 20 cm。

（6）严禁无关人员和未经培训的人员操作车辆靠近飞机。

（7）车辆停靠飞机时，驾驶人员不得离开车辆的工作现场。

思　考　题

1. 航班时刻表的作用有哪些？

2. 航班信息在机场管理中的意义有哪些？

3. 航班信息的非文献形式具有哪些特点？

4. 机场运行指挥系统需要哪些方面的航班信息？

5. 为什么机场营运指挥中心是航班信息管理部门？

6. 通过计算机信息集成系统可自动收集哪些航班信息？来源于哪些部门？

7. 虹桥机场在机位调配上遵循哪些原则？

8. 什么是航站楼运行管理？

9. 航站楼旅客服务区域由哪几个功能区组成？

10. 简述旅客乘机的基本流程。

11. 枢纽机场中转旅客可以细分为哪几种情形？

12. 枢纽机场如何提高中转服务水平？

13. 行李物联网技术有哪些优点？

14. 如何提高行李装卸质量？

15. 简述旅客地面服务的范畴。

16. 首都机场"红马甲"理念是什么？如何实践？

17. "虹式手推车服务"凭借什么被评为"全球第一"？

18. 特殊旅客是指哪些群体？

19. 简述民航要客（VIP）服务的重要性。

20. 无人陪伴儿童服务应注意哪些事项？

21. 我们应为残障人士乘机提供哪些服务？

22. 什么是机场地面勤务保障？有哪些项目？

23. 地面勤务保障人员的生产行为规范要求有哪些？

24. 机坪车辆管理和行驶要求有哪些？

第六章　民用机场安全管理

通过本章的学习，您将了解以下知识点：

1. 坚持"人民至上、生命至上"的思想；
2. 安全管理的方针政策；
3. 建设平安机场的要求；
4. 空防安全的主要内容；
5. 发生群发事件的主要原因。

航空运输安全事关国家安全、国家战略，安全永远是民航的根基。虽然我们取得了令人瞩目的成绩，但国内国际形势告诫我们，要居安思危，决不能掉以轻心。空防安全、运行安全、治安安全、货运安全仍是我们民航管理的薄弱环节，我们还有许多工作要做。必须深入贯彻党中央的指示，抓紧、抓好、抓出成效，让全国人民放心。

第一节　安全管理理论和实践

一、人民至上、生命至上

民航安全是国家安全的重要组成部分，势必要求贯彻总体国家安全观的理念更加坚定，坚持"人民至上、生命至上"的思想更加坚决，不折不扣地将"安全第一"的发展理念始终放在首位。

党和国家领导人高度重视安全生产，多次对民航安全工作作出重要批示。2020 年 4

月习近平对安全生产作出重要指示强调："生命重于泰山。各级党委和政府务必把安全生产摆到重要位置，树牢安全发展理念，绝不能只重发展不顾安全，更不能将其视作无关痛痒的事，搞形式主义、官僚主义。"习近平总书记 2014 年在对民航安全工作的重要批示中强调"航空运输安全事关国家安全、国家战略"。同时他又指出："民航业是重要的战略产业，要始终坚持安全第一，严格行业管理，强化科技支撑，着力提升运输质量和国际竞争力，更好服务国家发展战略，更好满足广大人民群众的需求。"2022 年 3 月，他对民航安全工作又作出重要指示，强调"加强民用航空领域安全隐患排查，狠抓责任落实，确保航空运行绝对安全，确保人民生命绝对安全"。

民航要坚决贯彻落实习近平总书记关于安全生产的重要论述和对民航安全工作的重要指示批示精神，提高认识，把握规律，扎实履行好安全工作的政治责任，牢固树立安全发展理念，正确处理安全和发展的关系，以对人民极端负责的精神抓好安全工作，确保全行业生产运行安全平稳，以高水平安全保障高质量发展，为谱写交通强国建设民航新篇章作出新的更大的贡献。

新时代以来，我国民航逐渐走出了一条具有中国特色的安全管理之路，安全管理和保障能力不断提升。当前，民航面临的安全形势仍然严峻复杂，各种内外、新老安全风险交织叠加，新形势下党中央对安全工作作出新要求，人民群众对民航安全出行提出新需求，行业高质量发展对安全保障水平提出新任务，民航局党组对推进交通强国建设民航新篇章作出新部署，安全工作任务艰巨、责任重大。

民航要提高思想认识，深刻把握民航安全的极端重要性，进一步增强做好安全工作的责任感、使命感。习近平总书记在新的历史方位就安全生产和民航安全工作作出一系列重要论述和指示批示，提出了一系列新思想新观点新思路，深刻阐述了做好安全工作的重大理念、原则和方法、路径，为做好新时代安全生产和民航安全工作提供了根本遵循和科学指引。

民航要持续学习、深入领会，进一步强化思想认识，切实提高政治站位。要坚持不懈用习近平新时代中国特色社会主义思想凝心铸魂，更好统一思想、统一行动，增强贯彻落实的思想自觉、政治自觉和行动自觉。扎实抓好习近平总书记重要指示批示精神的贯彻落实，更好地推动习近平总书记重要论述和指示批示精神在全行业走深走实。

民航要坚决贯彻总体国家安全观。深刻认识民航安全是总体国家安全的重要组成部分，更加自觉地站在国家战略和国家安全的高度去思考和谋划民航安全工作，进一步提高政治站位、强化思想引领、见诸工作实效。

民航要持续树牢安全发展理念。坚持人民至上、生命至上，把做好安全工作、保持安全平稳运行作为民航最好的服务；正确把握安全与发展的关系，既善于运用发展成果夯实安全基础，更善于塑造有利于行业高质量发展的安全环境；持续提高各级领导干部统筹发展和安全的能力，推动安全发展理念贯穿民航发展各方面、全过程。

二、中国民航安全发展面临的挑战

2023 年，全行业深刻领会、扎实落实习近平总书记关于安全生产的重要论述和对民航安全工作的重要指示批示精神，切实强化思想引领，始终坚持生命至上、安全第一，始终坚持稳中求进、有序恢复，科学统筹安全与发展、安全与效益，牢固树立安全发展理念，航空运输市场实现安全有序恢复，认真落实安全生产责任制，各项安全责任得到进一步强化，深入开展重大安全隐患排查整治，各类突出风险得到有效防范，全面强化人机等关键要素建设，行业安全运行基础得到有力夯实，系统强化行业安全监管力度，监管效能得到进一步提升。根据中国民航局 2023 年统计公报，全行业完成运输飞行 1 220.89 万小时、492 万架次，旅客运输量 6.2 亿人次，同比分别增长 94.5%、91.8%、146.1%，分别恢复到 2019 年的 99.2%、99.1%、93.9%；通用航空飞行 135.7 万小时，同比增长 11.3%。2023 年，全行业未发生运输航空事故，连续 21 年保证空防安全。

一年来的安全工作实践和成效充分说明，习近平总书记对民航安全工作的重要指示批示始终是做好安全工作的根本遵循。全行业一定要深刻认识到安全是民航业的生命线，安全是最重大的责任、最基本的民生，进一步树牢总体国家安全观、安全发展理念和安全第一的思想，确保"两个绝对安全"。

党的二十大报告指出："我国发展进入战略机遇和风险挑战并存、不确定难预料因素增多的时期，各种'黑天鹅''灰犀牛'事件随时可能发生。"2023 年及其后一个时期，民航面临的安全形势依然错综复杂，挑战与机遇并存，困难与优势同在。

从国际民航看，受三年来疫情影响，全球民航运行量大幅下降，运输亡人事故起数处于历史低位，但仍发生 12 起亡人事故，累计导致 557 人死亡。三年来外航在我国境内累计发生事故 2 起、严重征候 3 起、一般征候 30 起。2022 年 1 月 8 日俄罗斯航星航空货机在杭州地面发生驾驶舱着火事故，2020 年 10 月 2 日格鲁吉亚吉奥天空航空货机在郑州发生起飞刮碰导航台天线严重征候等不安全事件，暴露出外航部分公司安全管理能力薄弱、运行品质不高等问题，输入性风险较大。

从我国民航看，通过对三年来的事故、征候和典型事件分析，安全风险主要有六个方面：一是关键队伍技能仍存在不足；二是个别单位和人员违规违章行为仍时有发生；三是机械故障呈现多发趋势；四是外部环境因素风险高；五是安全管理体系未能充分发挥作用；六是通航企业安全基础依然薄弱。

从疫情影响变化看，随着防控政策不断优化调整，疫情后航班量将会大幅提升，工作强度和运行节奏变化对关键岗位人员能力和状态、飞机适航状况、安全变更管理水平、系统安全管理有效性、风险管控和隐患排查能力、安全投入额度、安全管理人员水平等都将提出重大考验，这也是行业安全需要重点防控的重大风险。

从其他影响因素看，世界进入新的动荡变革期，单边主义、保护主义明显上升，局部冲突和动荡频发，国际航班运行安全、技术和设备"卡脖子"等风险可能加大，境外爆炸物信息威胁依然突出。国内意识形态、公共安全、金融安全、网络安全等领域风险向民航安全的传导、联动甚至放大效应可能凸显。我国特别重大事故发生规律虽然由指数衰减逐步过渡到平稳波动阶段，但由于当前仍处于工业化、城镇化持续快速发展阶段，安全生产尚未完全走出事故易发期，还处于爬坡过坎、着力突破瓶颈制约的关键时期。

综合看，民航面临的安全形势错综复杂。人为因素、机械状况、运行环境、安全管理等方面的问题和不足，在疫情波动影响下，存在安全风险被放大的可能。国际、国内和安全生产等不利环境因素的传导扰动，民航传统和非传统安全风险的交织叠加，都可能对民航持续安全带来严峻挑战。尽管如此，我们依然要切实增强做好民航安全工作的信心和担当。党中央、国务院对安全生产和民航工作高度重视，生命至上、安全第一的思想不断强化，安全责任体系不断健全，安全生产法、刑法等得到修订，安全法治水平不断提升。行业安全基础总体较为稳固，安全从业队伍、安全运行主体、安全管理体系等整体稳定。这些为我们做好民航安全工作提供了坚实基础和有力保障。

三、安全管理的方针政策

（一）民航业安全管理的指导思想

民航业安全管理的指导思想。以习近平新时代中国特色社会主义思想为指导，全面贯彻党的二十大精神，深入贯彻落实习近平总书记关于安全生产的重要论述和对民航安全工作的重要指示批示精神，坚定不移贯彻总体国家安全观，牢固树立安全发展理念，始终坚持安全第一不动摇，以防范化解重大安全风险、坚决遏制重特大安全事故为重点，进一步强化责任意识、问题导向，增强忧患意识、底线思维，认真落实最高标准、最严要求，以高水平安全保障高质量发展，持续推进民航安全治理体系和治理能力现代化，为谱写交通强国建设民航新篇章、推进中国式现代化强国建设提供坚实保障和有力支撑。

（二）民航业安全管理的基本原则

（1）坚持安全发展。坚决贯彻以人民为中心的发展思想，始终把人民的生命安全放在首位，牢固树立安全发展理念，更好统筹发展和安全，以高质量发展促进高水平安全，以高水平安全保障高质量发展，实现良性互动、动态平衡。

（2）坚持强化责任。严格落实安全生产责任制，完善追责问责机制，不断健全安全责任体系。理清安全管理责任链条，压紧压实各项责任，提高履职尽责能力。推动属地党委、政府和有关部门的安全责任落实。

（3）坚持源头防范。坚持预防为主、事前管控，把安全管理贯穿于民航生产运行和日常工作全过程，构建安全风险分级管控和隐患排查治理双重预防工作机制，推动安全治理模式向事前预防转型，不断提升本质安全水平。

（4）坚持问题导向。准确把握安全生产面临的新形势新要求，聚焦安全发展面临的突出矛盾和问题，着力提升发现和解决问题的强烈意愿和能力水平，着力补短板、强弱项，不断提出务实管用的新理念新思路新办法。

（5）坚持系统治理。善于用普遍联系、全面系统、发展变化的观点科学把握民航安全规律，处理好安全工作的全局和局部、当前和长远、主要矛盾和次要矛盾、特殊和一般的关系，从人、机、环、管等方面系统开展安全治理。

（6）坚持依法监管。强化法治思维，运用法治方式，与时俱进完善安全法律法规和标准程序体系，做到依法行政。创新方法路径，科学配置资源，强化科技支撑，持续优化安全监管模式，提高法治化、科学化、智慧化水平。

（三）深化认识，总结规律，努力实现高水平安全发展

高水平安全不仅仅是结果的安全，更重要的是生产运行过程是安全的、处于可控的状态，具有预见性、日常性、自主性、规范性、经济性等特征。这些特征对民航安全管理提出了更高要求，需要全行业深化认识，认真总结安全工作规律，为实现更高水平航空安全提供理论指引。

（1）加强党的领导是实现高水平航空安全的根本保证。要坚决把习近平总书记对民航安全工作的重要指示批示精神落到实处，贯彻到民航安全治理体系和治理能力现代化建设的各层面、各领域、各环节。

（2）坚持系统观念是实现高水平航空安全的思维方法。要强化安全体系建设，统筹抓好责任体系、规章手册体系、队伍体系、设施设备体系、风险控制体系、训练培训体系、监督检查体系、科技支撑体系等建设；要善于从系统层面找问题，透过各类风险隐患查找组织机构等深层次问题；要充分发挥安全监管合力，强化齐抓共管的安全治理协作机制。

（3）狠抓责任落实是实现高水平航空安全的关键要求。要明确安全责任，落实"四个责任"，使安全在各环节都有人管、有人负责；要增强主动担当意识，勇于负责，强化"时时放心不下"的责任感；履职尽责要具备能力，要加强针对性培训，特别要提升领导干部安全履职能力；失职追责一定要严，要严格贯彻落实《关于落实民航安全责任的管理办法》，构建完善安全生产"层层负责、人人有责、各负其责"的责任制度和工作体系。

（4）完善规章制度是实现高水平航空安全的治理基础。规章制度是安全生产的基本依据，要依法依规、依手册运行，也要确保法规体系建设适应行业发展要求；规章制度是实施安全管理的基本准则，规章规定的安全管理要求必须不折不扣落实；规章制度是规范安全行为的保证，要严肃查处违规违章行为，不断增强民航从业人员的手册意识、规章意识。

（5）强化风险防控是实现高水平航空安全的有效途径。要正确理解安全、风险、隐患的含义，正确认识安全风险的规律和特点，安全运行风险具有可控性，要发挥主观努力，增强风险防控能力；安全风险是动态多变的，要高度关注新型风险，疫情和企业财务状况衍生风险等；安全风险的产生具有一定的不确定性，要增强预见性，增强应急处置能力；风险防控是系统安全管理最重要的抓手，要持续推进安全管理体系（SMS）建设，推动SMS与双重预防机制的融合。

（6）提升保障能力是实现高水平航空安全的前提条件。必须把握好运行保障能力与运输生产规模的匹配性，切实做到稳中求进、量力而行，坚决防止超保障能力运行；必须把握好保障能力提升的综合性，科学谋划，避免短板弱项影响整体保障能力的提升；必须把握好保障能力提升的渐进性，既要重视基础设施等保障能力硬件的提升，更要重视人员培训磨合、安全文化涵养等的提升积累。

（7）抓好队伍建设是实现高水平航空安全的必然要求。要密切关注员工思想动态，在政治上关注、思想上关爱、生活上关心；要强化员工作风建设，加强日常管理和教育培训，建立健全作风建设长效机制；要突出资质能力管理，严格准入标准，严格考核检查，严格复训管理。

（8）强化技术支撑是实现高水平航空安全的重要抓手。要高度重视科技对保障航空安全的重要作用，加大新技术应用和投入力度，让新技术尽早发挥安全效益；要树立底线思维、强化风险防范，加强民航关键信息基础设施和重要生产运行系统网络安全保障。

第二节　建设平安机场

一、平安机场内涵

1. 定义

平安机场是指安全生产基础牢固、安全保障体系完备、安全运行平稳可控的机场。

2. 建设平安机场的内涵

安全是民航业的生命线，任何时候、任何环节都不能麻痹大意。在四型机场建设中，平安是基本要求。机场应树立和践行"大安全"理念，统筹兼顾好不同区域、不同业务、不同情形及全生命周期下不同时间节点的安全工作，坚守空防、治安、运行和消防安全。从事前主动防御和事中、事后快速响应两个维度，着力航空安全防范、业务平稳运行、应急管理、快速恢复四种安全能力建设，在机场全范围内，实现整体公共环境的安全稳定、业务运行的平稳有序及应急处置的及时有效。

要以智慧安防为支撑，强化情报信息预警，强化领先科技支撑，提升机场安全防范能力；要以解决问题为导向，牢牢守住飞行区安全运行，提升机场的平稳运行能力；要以体系建设为抓手，提升机场的应急管理能力，包括开展应急组织指挥体系、应急保障资源体系、应急救援队伍体系建设；要以可持续运行为目标，加强值机、行李、离港等旅客进出港流程上的关键设施设备、重要信息系统的备份设计等，提升机场的快速恢复能力。

建设平安机场主要包括四个方面的内容：一是健全机场的安全管理制度与体系，完善安全管理体系；二是强化科技引领对机场安全的支撑作用，充分运用技防手段；三是充分发挥信息和数据对风险防控的关键作用；四是全面增强机场应急处置能力。

二、建设平安机场，严守安全生命线

1. 确保机场运行安全

正确处理安全与发展、安全与效益、安全与正常、安全与服务的关系。坚持"安全第一"不动摇，对安全隐患"零容忍"，推进安全隐患分级治理，完善安全风险防控体系，做到关口前移、源头管控、预防为主、综合治理。

健全安全生产责任体系，强化企业安全生产主体责任，实行安全生产"一票否决"制度，严格落实岗位责任，切实将安全责任落实到岗位、落实到人。持续推进机场安全管理体系（SMS）建设，全面实施安全绩效管理。加强队伍作风和能力建设，持之以恒抓基层、打基础、苦练基本功，筑牢安全生产底线。推进机场特有工种职业技能鉴定，加强机场从业人员安全作风教育，提升机场从业人员素质能力。

充分利用新技术，因地制宜地采用多种技防手段，有效弥补传统人防、物防手段的短板，全面提高对跑道侵入、鸟击、FOD（外来物）等不安全事件的防范水平。依托信息化手段，构建立体化运行安全防控体系，使感知更透彻、预警更精准、指挥更高效、防范更有力，全面提升辅助决策、预警联动和应急处置能力。持续推进机场运行保障能力评估，完善评估指标体系和奖惩机制。

2. 确保机场空防安全

坚持新发展理念和总体国家安全观，建设科学完善的机场空防安全法规标准体系、符合行业发展的航空安保管理体系（SeMS）、严密可靠的安保风险防控体系，有效防范化解空防重大风险。以民航安保高质量发展行动纲要为指引，以平安民航建设为载体，坚持民航"六严"（即安检要严查、公安要严打、空中要严控、监管要严管、货运要严治、内部要严防）工作理念，筑牢地面、空中、内部三条防线；深化空防安全治理改革创新，推行领先于世界的管理理念和管理模式，强化科技化、智能化的防范手段运用，促进机场生产运行及安保大数据深度融合，促进企业运行规模与其空防安全保障水平相匹配；推行差异化安检新模式，实现安检提质增效；完善相关规章标准，确保安保要求在机场建设过程中落实到位；大力加强民航安保队伍政治建设，打造忠诚可靠、业务过硬的安保队伍。

3. 确保机场建设安全

深入推进民航专业工程质量和安全监督管理体制改革，构建现代化工程建设质量管理体系。推进精品建造和精细管理，大力弘扬工匠精神，实现项目管理专业化、工程施工标准化、管理手段信息化、日常管理精细化。加强基础设施运行监测检测，提高设施维护管养水平，增强设施耐久性和可靠性，提升工程全生命周期资产使用效益。提高机场不停航施工管理水平，合理利用道面新材料、新工艺，确保有限施工时间内的高质量、高效率。

4. 加强薄弱环节风险防范

优化完善中小机场发展政策环境，加强中小机场基础设施投入以及空管、机务、运行管理等专业人才培养力度，严防超能力运行风险。利用新技术提高气象观测和预报准确性，加大除冰雪设施设备等保障资源投入，提高不良天气条件下的运行管控和保障能力。加强军民航双方机场保障资源的融合共享，加强军民航协同运行管理，推动新技术、新装备在军民合用机场的应用，大幅提升军民航同场运行安全水平。

5. 提升应急处置能力

健全应急工作制度，理顺应急工作管理体制，强化工作机制，完善应急预案，补齐应急处置短板，全面构建与行业特点相适应的机场应急管理体系，提高在事故灾难、自然灾害及公共卫生、社会安全等不安全事件发生时的应急处置能力。建立应急救援实训基地，完善应急救护培训体系，增强应急演练的实战性、适用性。建设应急处置资源支持保障体系，探索建立区域应急处置资源支持保障中心，完善资源调用和征用补偿机制。加强全国机场备降机位建设和统筹管理，强化资源信息共享，提高机场备降保障能力。

三、建设平安机场的要求

1. 贯彻执行安全方针

平安机场建设应围绕空防安全、治安安全、运行安全和消防安全等民航安全的基本要求，贯彻执行"安全第一、预防为主、综合治理"的安全方针，运用系统安全理念，强化信息技术支撑，丰富人防、物防、技防等防范手段，加强安全风险评估，完善安全保障体系，全面提升安全综合管理能力。

系统安全强调在机场的规划阶段就考虑其安全问题，辨识潜在的风险隐患，制定并执行安全规划。这属于事前分析和预先性防护，与传统的事后分析并积累事故经验的思路截然不同。

2. 着力四种安全能力建设

平安机场建设应以安全组织与制度体系为基础，从事前主动防御和事中、事后快速响应两个维度，着力航空安全防范、业务平稳运行、应急管理、快速恢复四种安全能力建设。其中，航空安全防范聚焦空防安全和治安安全，通过筑牢整个机场的安全防范体系，确保公共环境安全稳定；业务平稳运行聚焦运行安全，通过对影响机场正常生产运行的重点因素进行系统治理，确保整个机场系统运行的平稳有序；应急管理通过建立必要的应急机制，适时采取一系列必要措施，确保机场应对突发事件的及时有效；快速恢复能力聚焦设施设备的冗余设计和业务连续性管理，确保机场关键业务的持续运行。各机场可通过上述四种安全能力建设，开展平安机场实践。平安机场建设的基本框架如图6-1所示。

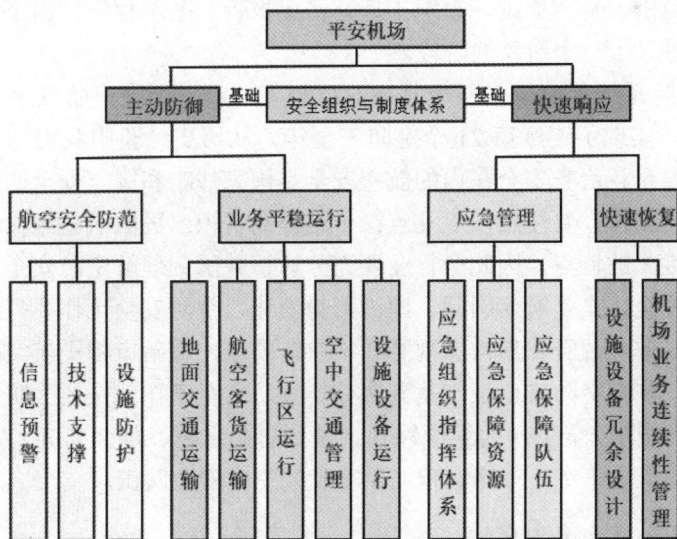

图 6-1　建设平安机场构架图

第三节　空防安全

为深入贯彻落实习近平总书记"安全隐患零容忍"的指示要求，要继续保持机场平稳向好的总体安全态势，必须从"空防安全、运行安全、治安安全"三个重点守住机场安全底线。运行安全的内容已在第四章"民用机场飞行区运行管理"及第五章"民用机场地面运行管理"做了详细论述，从本节开始，分别对"空防安全""治安安全"理论和实践做进一步探讨。

一、空防安全概述

（一）空防安全的定义

空防安全的定义：为了有效预防和制止人为地非法干扰民用航空的犯罪行为，保证民用航空活动安全、正常、高效运行所进行的计划、组织、指挥、协调、控制，以及所采取的法律规范的总和。

1983 年 10 月 4 日，在民航局《关于严防阶级敌人劫持、破坏飞机的通知》中，第一次明确提出了"空防安全"这一新的概念，同年 12 月 4 日，在民航局下发的《中国民用航空局关于保证安全的决定》中，首次提出"民航各级主要领导一定要把保证飞行安全和空防安全作为自己的中心任务"。将"确保人机安全"明确规定为保证空防安全的"最高原则"。美国发生"9·11"事件之后，空防安全的目标已由保护人机安全上升到保卫国家安全，空防工作全面国际化。2001 年 3 月，中国成立了国家处置劫机事件领导小组，作为国家的常设机构，并制定下发了《国家处置劫机事件总体预案》，明确提出了空防安全的目的是最大限度地保证乘客、机组人员和航空器的安全，维护国家整体利益和安全，并且对空防安全的范围、基本原则、组织指挥、情况报告、基本程序做出了新的规定，使中国空防安全工作进入了一个崭新的阶段。

2023 年，民航系统各单位在严峻复杂的形势下，紧紧围绕空防安全工作重点，强化措施，严密防范，实现了连续第 21 个空防安全年。从历史经验中我们已经认识到，包括飞行安全、空防安全、治安安全在内的航空安全是国家战略和国家安全的重要组成部分。做好民航空防安全工作，要注意以下几点：一是提高认识。民航航空运输具有国际性强、开放性高、影响性大的特点，因此全行业要充分认识并深刻理解空防安全的重要性，切实盯紧、盯住空防安全。二是顺应国际、国内形势变化，空防安全工作要打主动仗。要从国际化视野、非传统安全视野和新常态视野看待空防安全，重新审视民航空防安全工作。三是加强领导，进一步把空防安全工作落到实处。空防安全工作就是要"防在地面，胜在空中"，机场要加强空防安全工作的组织领导，做到思想重视、加强研究、加大投入、关爱队伍，打造一支忠诚、干练、干净、担当、奉献的空防安全队伍。

（二）空防安全的主要内容

民航的空防安全工作的主要内容如下。

（1）预防和打击破坏机场地面设施，进而实施破坏航空器正常运行的行为。对地面进行管制，防止无关人员进入机场特殊区域。

（2）预防通过在交运的行李或者货物中夹带危险物品，危及航空器运行安全的行为。

（3）预防飞行中的航空器受到不法行为干扰，打击危及航空器运行安全的行为。

（4）预防和打击在空中实施劫持航空器、机上乘客或工作人员，要求改变航线的行为，或利用劫持的航空器及机上人质来要挟政府，达到劫持者非法目的的行为，甚至将航空器作为攻击性武器，攻击地面目标的行为。

（三）机场空防系统的组成

机场空防系统主要由以下几部分组成：安全检查系统、视频监控系统、门禁控制系统（或称出入口控制系统）、防盗报警系统、周界电子防范系统、火灾报警系统、巡更系统和公共广播系统等。防盗报警因规模较小，且一般多与视频监控联动，通常都纳入监控系统中。

安检是机场安全管理的第一道关。安检设施是机场必备的系统，任何身份不明的人或危险品上了飞机，都有可能给航空安全带来巨大隐患。目前几乎所有机场都配备了先进的X光机安检系统和爆炸物安检设备。

视频监控系统是机场安防系统的重要组成部分，前端点数多、分布广是机场安防系统的共同特点。

门禁控制系统是机场出入管理的重要技术手段。大型机场门禁控制点一般在 500 个以上，如北京首都国际机场 T3 航站楼安装设置门禁点达 935 个。门禁控制系统主要集中在通道隔离区、工作区、机房等，通常采用内置 TCP/IP 的门禁控制器，目前机场门禁系统主要使用的是 IC 卡识别方式。

大型航空枢纽机场就像一座城，地域大、飞行区大、候机楼大、客货流量大、飞机起降量大，如果只靠人来进行安全管理，很难奏效，必须借助先进的技术防范手段，做到早发现、早制止，把不安全因素消灭在萌芽状态。可以说，如果没有安防系统做支撑，机场的安全运营简直难以想象。

二、安全检查系统

安检是机场空防的核心环节，是机场持续安全的重要防线。自 1981 年 4 月 1 日起，中国民航开始对国际航班实施安全检查，后逐步扩展到所有国内和地区航班。安检体制先后经历了由公安边防、武装警察到民航部门管理的过程。1991 年 11 月 6 日，国务院正式批准民航机场安全检查由公安机关移交民航部门管理，要求组建工作在 5 个月内完成，标志着中国的安全检查工作从此由公安武警部门移交民航实施。民航安检至今走过 30 多年，这些年里，其发展由小到大，由弱到强，经受住了历史的洗礼和考验，为捍卫空防安全，保障旅客生命财产以及航空器的安全，发挥了极其重要的作用。

中国民航空防安全工作的实践证明：民航安检是空防安全的核心防线，安检工作是民航空防安全的生命线，民航空防安全的基础在地面，关键在安检。不管在哪个发展时期，民航安检始终以确保安全为最高目标，忠实地践行"安全第一、预防为主"的民航安全工作方针，为我国民航的安全与发展，为保卫广大中外航空旅客的生命财产安全，发挥了不可替代的突出作用，作出了不可磨灭的卓越贡献。

中国民航空防安全工作的实践证明：安检政策措施是促进安检工作规范化建设的重要

依据。民航安检工作事关国家安全，事关人民生命财产安全，事关民用航空的安全与发展。其特殊的工作使命要求安检措施必须科学严密，安检人员必须严格依法实施检查工作。1994年出台了《民用航空安全检查规则（试行）》等规范性文件；1995年出台了《中华人民共和国民用航空法》，其中对安检工作首次以法律形式进行了明确，标志着民航安检工作正式步入法治化轨道；1996年出台了《中华人民共和国民用航空安全保卫条例》，赋予了安检部门执行勤务的权利，明确规定"乘坐民用航空器的旅客和其他人员及其携带的行李物品，必须接受安全检查"；1999年出台、2016年修订的《中国民用航空安全检查规则》，对安检勤务的组织实施等进行了具体规范。

美国"9·11"事件后，为应对日益严峻的安全风险，中国民航相继出台了"禁液令""禁火令"等一系列应对措施，充分发挥了安检地面防堵的特殊作用，将一大批安全风险和隐患查堵在地面，消灭在萌芽状态。

（一）安检隐患危机四伏

据 IATA 统计，全球每日选择飞行的旅客超过1 000万人次。2019年，全球航空旅客运输量超过44.86亿人次。2023年全球航空客运总量恢复至2019年水平的94.1%。

美国自"9·11"事件爆发以后，美国机场安检工作由联邦政府接管，旅客要脱鞋、解下皮带、脱下夹克、交出通信设备等。机场安全更引起各国政府的高度重视和国际社会的极大关注。为确保机场和航空运输安全，各大机场不断加大安检和安防系统建设力度，安防系统不断升级，各种高科技安防技术和产品，特别是先进的安检设备、指纹、虹膜、人脸识别、裸检、智能图像分析技术等，不断地应用到机场安防系统中。在这样高压势态下，安全隐患始终处于高发状态。2023年，全国民航安检部门共检查旅客6亿人次，检查旅客托运行李2.7亿件次，检查航空货物（不含邮件、快件）6.18亿件次，检查邮件、快件2.52亿件次，处置故意传播危害民航安全、运营秩序虚假信息事件69起，查处各类安保事件13684起，确保了民航空防持续安全，实现了259个空防安全月。

案例 6-1　　　　　　　俄罗斯空客 A321 客机的坠毁

案例 6-2　　　　　　　深航客机人为纵火事件

（二）安检等级的分类

针对不同时期、不同形势，安检采取不同的防范措施。安检从安全检查标准上基本可以分为四个级别：一级到四级。一级是最普通的，四级是最高级的。

一级就是我们平常经历的普通级别一般的证照检查。

二级检查基本上是奥运会、世博会的标准，主要在一级基础上增加一个开包率。开包率要求不低于50%，并且脱鞋、解腰带要求不低于30%。同时要在安检口增加安检人员，在登机口也要增加安检人员。

三级是在二级的基础上在登机口增加抽查安检，一般是 10%左右。

四级就是最高级了。这个级别就是指开包率 100%，包括脱鞋都是所有乘客 100%检查。另外，在登机口要重新检查一遍，在空中还要增加安检人员。

（三）安全利益高于一切

民航安检工作与社会公众生命财产密切相关，事关国家安全。随着民航空防安全形势日益严峻，不断发展变化的民航运输对民航安检工作提出了更高要求。近年来，民航空防安全形势不断变化，禁限物品目录也根据形势不断调整，安检程序也在不断升级。在安检通道中，不时会发生旅客不愿意配合安检员开箱安检的情况。有些旅客认为开箱安检过于严格烦琐，有些则认为已经扫描过还要开箱检查是"多此一举"。但这些看似烦琐的检查正是源于对旅客安全的关注，对空防安全的重视。安检历史证明，现行规定均基于实际案例制定。每一次升级背后，都是生命与血的教训。新颁布的《民用航空安全检查规则》中第三十七条对实施开箱包检查予以确定，用法律的形式规范了安检要求，既有助于社会公众对安检工作的理解和配合，也有助于最大限度地保证旅客生命安全。

安检对旅客来说可能只是一道程序，但对整个空防安全来说则是重要的防线。它让危险远离，把安全带给每一位旅客。它不仅需要安检员时刻保持对安全的敬畏，凭借"火眼金睛"，不放过任何违禁品，也需要每一位旅客对安检程序的理解配合，将看似烦琐复杂的安检步骤看成自己乘机安全系数最大化的有力保证。做好安检工作，不仅要求安检员们的安检项目、安检标准更加统一，也同样需要安检员们的真情服务。只有在安检中让安全和服务共存，旅客才能够更理解安检工作，配合安检工作。每一项安检规定都来自深刻的教训。很多旅客抱怨安检麻烦，这不能带那不能带；明明把东西拿出来了还要重新检查；执行规定呆板、不变通、程序烦琐。在安全问题面前，旅客的一时等待换来的是旅途的顺利；一时烦琐换来的是自身和他人的安心与安全。机场安检的全面升级，实则顺应了世界航空业安全标准不断提高的发展趋势。

作为一名普通旅客，难免会对"危险物品"认知不足，难免会存"侥幸利己"之心携带或藏匿违禁品，试图蒙混过关。机场安检作为飞行安全的最后一道防线，必须严防死守。我们或许会因为不能携带的充电宝而抱怨，或许会因为超标扔掉的香水而心疼，或许会因为被反复开箱翻查而愤怒。但是，事实证明，全面加强机场安保才能确保空防工作万无一失。旅客应更多适应和配合严格安检，从中积累经验并找到高效过检的办法，认识新的安检设备设施，增强安全检查意识，既为安全增添保障，也能体验不焦躁、不懊恼的旅行乐趣；多理解安保安检人员，他们每天平均 2 000 次弯腰起身，做重复性的动作，保持高强度、精神紧绷的工作状态，实为不易。

（四）加强安检队伍建设

1. 建设一支坚强有力的安检队伍

坚强有力的安检队伍是促进民航安检持续健康发展的核心力量。经过几代民航安检人的不懈努力和执着追求，今天的中国民航安检已经达到了国际民航的先进水平，创造的工作业绩被发达国家所称道，许多安检措施、标准和经验被国际民航组织推荐，被许多国家和地区借鉴。近几年来民航安检系统已与美国、欧盟、澳大利亚、新加坡等建立了合作交流机制，始终保持与先进水平看齐，与发达国家同步。中国民航安检人决心继续以直面风险和困难的勇气、不断拼搏和创新的精神、严谨和扎实的态度，忠实履行神圣使命，牢牢守住空防安全的生命线。

2. 不辱使命默默奉献

民航安检从组建之日起，国家就赋予了其"防止危及航空安全的危险品、违禁品进入民用航空器，保障民用航空器及其所载人员、财产安全"的神圣使命。安检队伍是以青年为主的队伍，活力四射，但也是一支成熟可靠的队伍。面对巨大的工作压力，安检人员以爱岗敬业、甘于奉献的高尚情操，默默无闻地坚守在工作岗位上，认真履行着安全守护者的庄严承诺，每年查控 20 余万件危险品、违禁品；面对出现的威胁和困难，安检人员以临危不惧、勇于担当的优秀品质，面对挑战不退缩，在危难时刻显身手，涌现出一大批先进事迹和人物，为民航安检工作树立了光辉的典范。

3. 人才培训

要确保空防安全、提升服务品质，根本性因素是人。只有人的能力增强了，综合素质提高了，业务技能水平提升了，才能将工作落到实处。树立"品质化发展立足在安全，关键在人才，重点在培训"的理念。建立完善的培训体系。根据人才培养和岗位晋升规划，针对不同阶段的不同岗位和不同层级的人员，编制安保培训大纲，定向课程设计，确保安检岗位培训的针对性和符合性，建立起"系统性"的培训体系。

（五）安全检查防范手段现代化

精良高效的安检设备是促进民航安防工作不断走向现代化的助推器。科学技术是第一生产力，也是实现安全目标与提高效率高度统一的最重要手段和条件。民航安检工作就是科技与人员的最佳结合。20 年来，中国民航高度重视并积极致力于科学技术在安检工作中的投入和应用，安检技术手段和设施设备的不断升级换代促进了安检工作效率和可靠性的提高：从最初的民用机场围界不规范、不完善，到如今采用统一标准的全封闭隔离和防入侵周界报警系统；从简易的 X 光机、安全门和手持金属探测器，到如今的大型货物安检仪、CTX 检查仪、液体探测仪、痕量爆炸物探测器和多层次综合安检系统；从费时费力的人工安检数据统计方式，到如今的高速安检信息系统。这些升级换代无不体现出新科技、新技术在民航安检领域的"开花结果"。以下介绍几种国内外先进的安检手段。

1. 虹膜识别系统

2011 年 10 月，英国人类识别系统有限公司（HRS）将其研发的带有 MFlow 追踪系统的电子门与 InSight 虹膜扫描仪整合，安装在英国伦敦盖特威克机场南航站楼内。

旅客站在电子门前，将登机牌放在读卡区，同时看向闸门右上方写有"请看这里"的扫描镜头，只需几秒钟，电子门就会将旅客的虹膜代码写入登机牌内，并打开挡板，让旅客进入安检区域。

在进入候机区域和登机时，旅客需要再次进行虹膜扫描，确保是本人进入或离开机场。盖特威克机场的统计数据显示，每秒钟就有一名旅客完成安检进入候机区域，旅客排队安检不超过 5 分钟，效率提高了 25%。

虹膜扫描仪的投入使用能够提高机场的运作效率，节约运行成本。对于时间敏感性较高的国际旅客而言，缩短安检时间能使他们保持愉悦的心情，会有更多的休息、就餐和购物时间，也将为机场带来更多的商业零售收入。

2."生物测定法"测定身份

从 2015 年开始，"美国入境者及移民身份显示技术"（US-VISIT）开始正式应用。美国 115 个机场开始采用"生物测定法"检查入境者，美国检查人员为他们留下指纹并拍下样貌，然后将其与有关数据库核对，整个过程只需要 3 秒钟。这种指纹扫描仪上面有一块能放下一根手指的地方，入境者只需将手指放在上面，扫描仪即可获得清晰的指纹。

3."空气浴"吹落危险品

"空气浴"是美国采取的一种检查旅客是否携带爆炸物或毒品的新手段。这是一套由 40 个空气喷气机组成的系统，可以将旅客衣物上或者身体上的任何微小颗粒吹落。这些微小颗粒掉到地板上的通风口中，立刻与 40 多种不同类型的爆炸物质进行比对分析。整个过程只需要 20 秒钟时间。入境者会感觉到自头顶吹来了一阵风。

4. 毫米波人体三维扫描成像安检门

IATA 智能安检项目的开发重点主要针对如何提高扫描旅客、行李和货物的效率，如何改进手持扫描设备。近年来，国内的安检越来越严格，总能引起人们的热议。限制繁多的各项安检规定会让有些旅客感觉不耐烦，而越来越"透明"的安检技术也会让注重隐私的旅客大为恼怒。严苛的规定在为航空安全"保驾护航"的同时，如何才能最大限度地提升旅客的乘机体验呢？很多机场着手引进和使用新设备，采用新方法进行安检。三维扫描类产品的应用，就是其中的一种趋势。

毫米波安检是一种兼顾安检有效性与体制安全性的新型安检途径，可以在两秒内实现对衣物下、皮肤上所有材质藏匿物的"透视"，极大地提高了安检效率和准确率。

这种技术具有强大的物体分析能力和图像处理能力，能揭开被其他物体遮挡的可疑物"面纱"，让操作员快速轻易地辨认出可疑物品。该系统利用无害的非电离辐射，能在几秒钟内显示清晰的图像。对于很多难以检测出的液体、陶瓷、毒品、塑料等非金属物品，其也能收到高清晰成像的效果。这样一来，物品检测精度得到了极大提高，可以达到毫米级（mm 级），检测成功率达到 95%以上。

安检门可能带来的隐私保护和辐射问题，一直是旅客在过安检时特别在意的。该设备具备完备的隐私保护功能，只显示人形影像上的可疑物品，不显示任何被检人员的隐私信息。不仅如此，该安检门还达到了极高的安检通过率，且被检人员与随身物品可以同步接受安检。

最重要的是，设备产生的超小功率的电磁波辐射不会对人体产生危害。其辐射功率不及手机电磁波辐射的 1%。

5. 人工智能（AI）技术

日前民航安检正在深入开展一项工作，那就是将人工智能（AI）技术用于安检工作。

人工智能在安检中的运用主要有两个场景：一是辅助安检员实施 X 光机判图，检测出危险违禁物品，二是用于在安检后台进行质量控制和培训管理。

当前我国主要结合安检查控一些典型的物品，如枪支、弹药、爆炸物、危险违禁物品等，对安检人工智能（AI）技术场景应用进行测试、评估。经过了一年多对人工智能的训练，AI 技术判图效果和两类安检人员（初级安检员和高级安检员）人工判图效果进行了对比，结果，人工智能（AI）技术对危险违禁物品的检测能力水平以及物品的误报率跟高级安检员已经不相上下，整体的能力水平比初级安检员更优秀。初级安检员的判图响应时间需要 35 到 40 秒，高级安检员的判图时间需要在 30 秒，而人工智能的判图响应能力是秒级甚至毫秒级的。

三、围界系统

（一）围界防范系统为机场扎起安全"篱笆"

机场飞行区围界用于将飞行控制区与公共区进行有效隔离，如图 6-2 所示。其是防止任何人员从围界进入飞行控制区对空防造成影响而采取的一种物理防范设施。因此，围界应具备一定的防攀扒、防钻入功能。

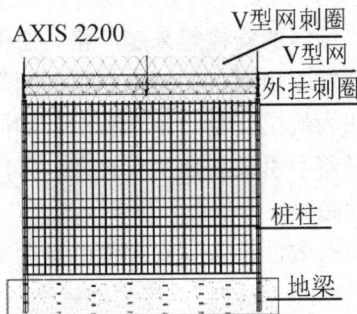

图 6-2 正式围界样式

机场飞行区围界依据各区域特点及使用时限不同，分为正式围界、临时围界和其他围界（防窥板），如图 6-3 所示。

即使是这样严密的围界系统，还是有漏洞。据不完全统计，在世界范围内，每年都会发生 5～10 起利用飞机起落架舱偷渡事件。这不仅涉及机场管理的方方面面，也暴露出这些机场在技术层面存在的漏洞。

众所周知，机场周界往往连绵十几甚至几十千米，环境复杂，防范起来非常困难，单一的探测设备很难满足要求，因此必须使用多种技术的探测设备，形成立体的防护及探测网。目前国内机场采用的大都是振动光纤、辐射电缆、红外对射、张力围栏、高压脉冲等第二代"信号驱动"型技术手段，不可避免地存在漏警、误警现象。由我国自主研发的第三代机场周界安防系统已得到广泛应用，这套基于传感器网络的第三代目标驱动型周界防入侵系统，抗干扰能力强，误警和漏警率极低，为机场周界堵漏洞、防入侵带来了革命性的技术创新。

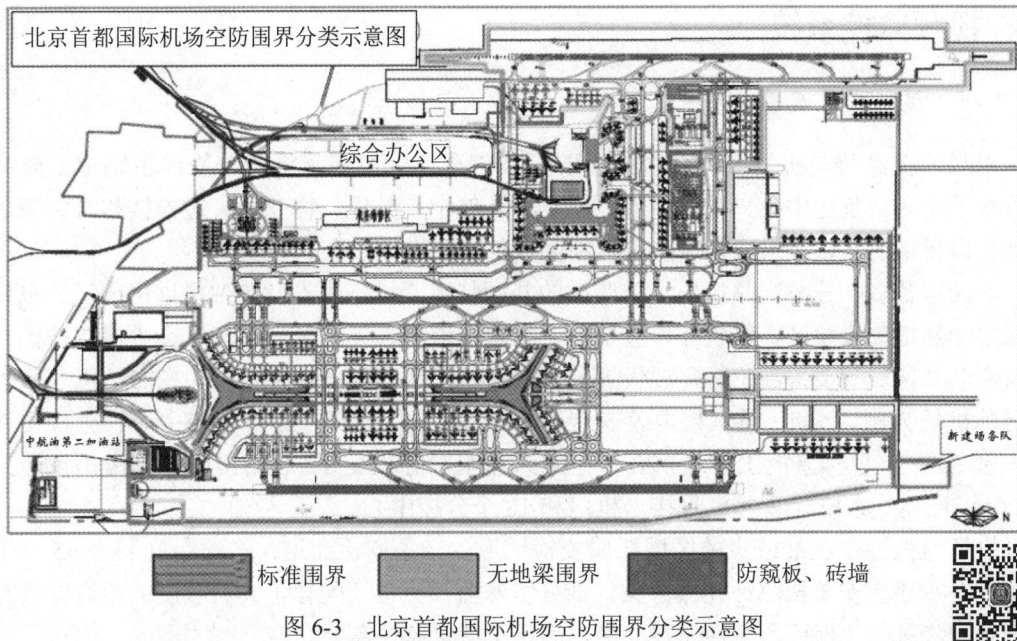

图 6-3　北京首都国际机场空防围界分类示意图

（二）人员防范和科技防范相结合

飞行区围界是机场空防安全的第一道屏障。科技是手段，人防是智慧。采取人员防范和科技防范相结合的方式，才能使这道屏障更加牢固。

机场按现有标准建设，围界高 3.2 m，顶端装有防止人员攀爬的滚刺，部分人员密集活动区处装有双层围界及防入侵警示标牌，就硬件配备而言，还是无法对强行入侵人员做到彻底阻拦，所以人员防范更为重要。

在重要区域加装"飞行区禁止翻越"警告牌，在部分空防高危地带加装激光对射系统及围界声光报警系统，组建"威慑—发现—制止"的安防层次。在所有正式通道口加装视频监控及硬盘录像机，便于远程监控及入侵事件的后续调查处理。对所有通道门加装门禁系统，使隔离区证件与系统有效结合。

机场围界空防安全巡视主要由安保人员负责，在巡视方式上，采取固定岗哨与流动作业相结合的手段。固定岗哨主要设置在跑道外侧及人员活动密集区，居高临下，视野开阔，在正常情况下可实时观察周边的人员动向。安保人员还驾驶巡逻车，按照既定路线 24 小时对围界进行不间断巡查，作为固定岗哨的有效补充。此外，机场还需要设立专业围界巡视班组，每日步行对围界硬件设施完好性进行细致检查，发现问题立即整改。

挖掘空防安全死角。从地下管线入侵的方式相对隐蔽，地表巡视人员很难及时发现。机场需要对飞行区地下管网进行全面排查，有效识别出存在空防安全隐患的漏洞。实施地下管网封围工程，将管线入侵的途径彻底切断。

案例 6-3　　　　　　　　　　外来人员入侵飞行控制区

四、视频监控系统

（一）视频监控明察秋毫

视频监控系统是机场安防系统的重要组成部分。大型国际机场一般由主跑道、航站楼、航管中心、货运中心、消防中心、汽车库、航空食品厂、物业楼、边检楼和海关等单位及各自管辖的区域所组成，这些单位和区域都需要进行安全监控。

前端点数多、分布广是机场安防监控的共同特点。机场周界、航站楼进出通道、机场内部各个通道、安检区、候机厅、登机桥、行李提取厅、飞行区、停车库、电梯、扶梯、机房、公共区域等要害部位都需要设置监控摄像机，因而机场往往摄像头密布。以北京首都国际机场为例，单 T3 航站楼内就安装有约 2 300 台摄像机，设立监控中心、分控室、值班室 30 个，视频监控工作站 128 个；上海浦东国际机场 T2 航站楼监控摄像机也达到 2 000 多个，共设 12 个视频汇聚接入机房和 18 个分控中心。

机场监控摄像机最密集的区域要属安检通道，一条安检通道，一般会安装 3～5 只摄像机，有些还会安装拍照针孔摄像头。部分特殊监控点位还配置了高灵敏度的拾音器进行视音频同步录制，保证了事件完整回溯，满足了特定监控需要。

（二）智能视频监控技术

安防技术的不断发展和成熟，为机场安防建设提供了强大的技术支撑，也刺激着机场安防建设新需求的不断增长，如图像行为分析技术近年在机场安防建设中就得到了很好的应用。

众所周知，机场监控系统是一个非常庞大的系统，动辄设置几百上千个监控点，单靠人员监控往往无法满足安全监控需要，必须借助更为先进的智能监控手段。

智能视频监控技术源自计算机视觉技术，视频分析技术中最常用的功能就是"入侵探测"，它能够对视频监控画面进行实时跟踪分析，通过将场景中的背景和目标进行分离，分析并追踪在摄像机场景内出现的目标，自动探测在某些特定场所或特定时间内进入或离开某一区域的可疑物体和人的反常行为，系统会自动发出报警，监控工作站自动弹出报警信息并发出警示音。目前图像智能分析技术已经在国内一些机场得到不同程度的应用，上海浦东国际机场 T2 航站楼早在设计建设中就引入了动态视频侦测技术。

智能视频监控的优势就在于它可以一天 24 小时不间断地对监控区域进行监控和图像分析，使安保人员从"死盯"监视器的单调工作中解脱出来。相对于人员监看图像画面，智能监控可靠性更高，能够有效地提高监控和报警精确度，大大降低了误报和漏报现象的发生。

可以预见，智能分析及其他安防新技术（如虹膜、人脸识别等）在未来机场安防系统建设中必将会得到更广泛的应用，从而为航空运输安全保驾护航。

（三）视频监控系统的技术要求

按照"以点带面、大场景跟踪、卡口目标检测和识别"的监控原则，监控范围内对人的清晰度要求分为以下两个层次。

（1）第一层次清晰度要求：人员基本特征识别，要求能分清楚男女，看清肢体动作，有短暂遮挡情况下目标的持续跟踪。

在这种清晰度下要求实现持续静态全覆盖的区域包括以下几个。

① 航站楼前人行道、车道边。

② 航站楼内公共活动区、小件行李寄存处、电梯口、卫生间门前。

③ 安检工作区、旅客反向通道。

④ 空陆侧隔离设施、门禁系统通行口的内外两侧。

⑤ 可以俯视航空器活动区、安检工作现场的陆侧区域。

⑥ 连通空侧和陆侧的检修通道、燃料通道、综合管廊等的出入口。

⑦ 航空器维修区。

⑧ 办理货运手续区、货物安检区、货物存放区。

⑨ 要害部位的出入口、重要工作区域和与公共区域的隔离设施。

⑩ 一类、二类机场的围界（夜间图像质量应不低于移动物体识别的要求）等。

在这种清晰度下要求实现全覆盖的区域包括以下几个。

① 候机隔离区。

② 行李传送和提取区域。

③ 航空器停机位、隔离停机位。

④ 下穿跑道或滑行道的隧道或立体交叉区域。

⑤ 设在航站楼地下的停车场和车辆通道等。

（2）第二层次清晰度要求：人脸特征识别，要求图像能清晰地反映人的脸部正面特征，以满足人眼或计算机自动识别、比对的要求。

要求满足这种清晰度的区域有以下四个：航站楼出入口、乘机手续办理柜台、安全检查通道验证柜台和登机口。

对车辆的监控图像要求能清晰地反映车型、颜色和车辆号牌，图像清晰度可满足车辆号牌识别的要求。应满足这种清晰度要求的区域有：所有进出机场的道口、驶向和驶离航站楼的路口、停车场出入口和进出航空器活动区的道口等。

根据公安部的要求，新建、改建、扩建机场必须采用高清摄像机，机场监控系统采用的摄像机主要包括一体化室内球形摄像机、一体化室外球形摄像机、一体化室外云台摄像机、室内半球固定摄像机、电梯摄像机、室内固定枪式彩色摄像机、室内云台变焦彩色摄像机等多种类型。机场围界和飞行区监控需要选用具有夜视功能的红外摄像机。此外，机场还需要安装少量大型云台瞭望摄像机，以实现大范围和全景监控。

五、机场门禁系统

设置门禁系统的目的在于对机场运行环境的安全防范管理，实现控制和掌握人员流动动态、制止非法入侵、管理内部人员、规范外部人员行为等多项功能，确保机场范围内的安全，体现集成管理的理念，将监控、门禁、报警、消防等各系统集成到一个平台下，进行统一的管理和调度，实现实时的联动。机场门禁系统可将证件的数据及授权数据在线同步到区域控制或通信服务器后，下载到门禁系统的现场控制器存储，持证人通过刷卡及验证密码进入相应的受控制的工作区域，通过统一的门禁管理平台进行管理，以有效提升机场门禁系统的管理效率和资源效用，确保机场安全、有序的运营。

门禁系统要采用复合识别控制方式，要采用具有生物特征识别或密码输入功能的身份验证设备，也就是以证件加生物识别或者证件加密码输入的方式控制通道的开启。

当前，射频和生物识别技术的不断发展和成熟，为机场门禁系统建设提供了强大的技术支撑。

门禁控制系统主要集中在通道隔离区、工作区、机房等，系统采用分散式的联网控制，中心实时监测，持卡人凭卡，根据所获得的授权，自动进出设防区域。门禁管理软件设置访问权限和管理记录，时刻自动记录人员的出入情况。通常采用内置 TCP/IP 的门禁控制器，目前机场门禁系统主要使用的是 IC 卡识别方式。

门禁控制系统在机场的应用主要体现在对系统的稳定性、数据库、集成性的需求上。按照设计要求，门禁系统须与视频监控系统（甚至消防系统）联动，以便对门禁系统的报警事件、异常事件、日常情况进行视频复核。门禁系统的任务主要是对旅客活动区域和工作区之间的通道门、登机门，工作区域到停机坪之间的通道门，各重要机房通道门等进行出入控制管理，每个通道门都安装有读卡器，出入者持 IC 卡凭权限进出。

北京首都国际机场在国内率先启用人脸识别门禁系统对工作人员的证件进行查验。人脸识别技术具有国际领先水平，能够在 1 秒钟之内完成被检人员面部特征的识别，并能与后台数据进行比对，快速、准确地核实被检人员的身份，错误识别率仅为 0.01%，准确率远远高于传统的人工证件查验，能够有效地弥补人工证件查验存在的不足。随着技术的不断成熟，机场门禁系统将会越来越先进。

六、机场安防报警子系统

报警子系统在机场整个安防系统中所占的比例相对不大（如北京首都国际机场 T3 航站楼的报警点有 150 个），但也十分重要。因为机场安防更注重的是事前、事中发现，以便及时制止事件的发生。报警子系统一般须与监控系统联动，因此通常都纳入监控系统中。报警系统的应用一般仅限于机场航站楼内，与航站楼的弱电集成系统、消防报警系统、公共广播电视、楼宇自控系统功能联动和集成。机场安保部门一般将机场分为几个区域，在各区域按照需要安装密度不等的报警探测器，报警主机设置在航站楼的监控中心，报警分控设置在航站楼公安分控中心，使用计算机数据通信方式将监控中心的报警主机与公安分控中心的计算机联系起来，公安分控中心以 PC 为人机界面在后台控制，管理监控中心的报警主机。整个报警系统采用报警主机（每台带 120 路总线式报警探测器、8 路本地探测器），接收各报警点的报警信号。

在机场安全防范中，仅仅依靠视频监控系统只是一种被动防范，而通过报警与视频监控的集成互联，可以提高机场整个安防系统的应用和管理效率。因而，报警子系统也是机场安防的重要组成部分。

七、机场安防公共广播子系统

公共广播系统也是整个机场安防系统的一部分，兼顾消防紧急广播，其主要功能是在机场航站楼的各公共区和办公区分别播放机场的航班动态信息、机场业务信息、特别通告和紧急事件等，具有背景音乐功能。广播方式可以是人工播音，也可以是数字语音合成自动播音。整个系统的所有设备设置在消防中心，而广播中心、保安中心、指挥中心能通过话筒对各区域进行各类信息的广播。

公共广播系统需要与消防报警系统联动，且消防中心能够通过火灾区域产生的控制信号自动实现紧急广播模式。

机场公共广播系统一般采用集散型分布设计，广播源分优先级，紧急广播具有最高优先权。在紧急情况下，所有响应区域的正常广播将被自动切断，取而代之的是来自消防中心的紧急广播，以便消防指挥员利用广播系统指挥和引导乘客及所有人员紧急疏散，安全脱离现场，防止现场秩序混乱。而其他广播区的广播可以正常广播，不受干扰。

当紧急广播启动时，业务广播、背景音乐广播等自动处于静音状态。当遇到停电及紧急情况发生时，系统可用电池供电，以确保广播系统正常工作。

第四节 治安安全

为维护社会治安秩序，保障公共安全，保护公民、法人和其他组织的合法权益，机场当局必须依法履行治安管理职责，对扰乱公共秩序，妨害公共安全，侵犯人身权利、财产权利，妨害社会管理，具有社会危害性，已构成犯罪的，依法追究刑事责任；尚不够刑事处罚的，给予治安管理处罚。治安防控对象可分为个体违反治安管理行为和群体违反治安管理行为，其中群体性事件的危害性和破坏性必须引起机场当局的高度重视。

一、群防安全概述

群体性事件是指由某些社会矛盾引发，特定群体或不特定多数人聚合临时形成的偶合群体，以人民内部矛盾的形式，通过没有合法依据的规模性聚集，对社会造成负面影响的群体活动的事件。其表现为发生多数人语言冲突或肢体行为冲突，或表达诉求和主张，或直接争取和维护自身利益，或发泄不满、制造影响等群体行为，还包括恐怖分子在机场公共区域制造恐怖事件，因而对社会秩序和社会稳定造成重大负面影响的各种事件。

机场群体性事件是一种可能引发危害社会治安的非法集体活动，是一种危机性社会事件。某些利益要求相同或相近的旅客个体在利益受损或不能得到满足并受到策动后，采取非法集会、静坐请愿、集体罢飞、集体围攻等行为冲击机场要害部门和其他要害部位，严重者甚至集体冲上停机坪阻挠飞机飞行，或者集体械斗，集体打、砸、抢。

防范群体性事件发生，是机场安全的底线。底线是不可逾越的红线，是由量变到质变的临界值。底线一旦被突破，事物性质就会发生根本改变，就会出现不可接受的结果。保证机场持续安全，就是要保证机场安全始终处于公众可接受的范围内。

二、易发群体事件

（一）事由

1. 政治原因：制造恐怖破坏安定局面

恐怖主义是指通过暴力、破坏、恐吓等手段，制造社会恐慌、危害公共安全、侵犯人身财产，或者胁迫国家机关、国际组织，以实现其政治、意识形态等目的的主张和行为。

当前，在国内外反恐形势的大背景下，民航面临的恐怖主义威胁日益突出，而且恐怖袭击的方式和手段趋向多样化，对做好各项反恐工作提出了更高要求。要清醒认识民航始终处于反恐前沿，时刻绷紧反恐这根弦。民航运输因其敏感性、脆弱性、高价值性、高开放性等特点，且对其的恐怖袭击往往能够产生极强的"恐怖效应"，一直都被视作恐怖袭击的重要目标。

针对我国民航的恐怖袭击事件有 2008 年的"3·07"事件、2012 年的"6·29"事件等，虽均未得逞，但表明了针对我国民航的恐怖主义袭击并不遥远；而且，从近年来国内破获的多起暴恐案件来看，一些案件的恐怖分子曾将民航作为袭击目标，进行了相关"踩点"。这提示我们要充分认识民航面临恐怖主义形势的严峻性、复杂性和长期性，要始终把反恐工作放在更加突出的位置，特别是我们的民航基层公安机关和各相关单位，应时刻绷紧反恐这根弦，随时做好反恐工作的各项准备。

2. 航班延误：不正当诉求激化矛盾

随着国民经济的持续快速发展、人们旅行理念的改变和民航大众化战略的深入推进，选择乘坐民航客机出行的旅客越来越多。与此同时，"任性"的旅客也不断增多，不文明行为时常在机场内发生。有的旅客面对雷雨等意外天气原因造成的航班延误，"任性"打骂工作人员，甚至砸坏柜台、计算机等候机楼设施；有的旅客对服务稍不如意，便"任性"地辱骂工作人员，往工作人员身上泼开水者有之，摔打物品者有之，强悍地动手殴打工作人员亦有之……这些不文明行为，有时在国内机场发生，有时也在国外机场上演，以致网民大呼"丢人丢到国外去了"。2018 年 1 月 24 日晚，由于天气原因导致航班延误 24 小时，滞留在日本东京成田国际机场的一百多名中国旅客因此和机场人员发生冲突，其间中国旅客高唱歌曲。中国驻日本大使馆就此发布公告，提醒出游公民，廉价航空公司属低成本运营，事先会与乘客签署相关免责协议，被告知会出现航班延误无法及时改签、不负责乘客食宿等情况，公民在购买机票时应仔细阅读购票协议。大使馆还提醒，遇到突发情况请理性看待，避免过度维权或卷入不必要的法律纠纷。

3. 个人原因：法盲违法任性

部分旅客存在违反航空安全规定的行为，其原因是多方面的。就旅客而言，有的是法治观念淡薄，有的是个人修养不足，有的是"顾客就是上帝"思想作祟，有的是不了解相关法律法规；就航空公司、机场而言，有的是服务不到位，有的是服务政策有偏向。例如，一些航空公司、机场长期奉行服务导向型政策，遇到"闹事"旅客，担心造成诸如航班延误、旅客投诉、形象和效益受损等一连串后果，不敢拿起法律武器维护自己的合法权益，往往息事宁人，甚至花钱买平安，这些做法反而纵容了"任性"旅客的违法维权行为。此外，对相关的法律法规宣传不够，协作机制不够健全，对"机闹"行为打击不力，也为"任性"旅客滋事提供了温床。

这些"任性"旅客的不文明行为，并非只是道德层面的冲动，有些已经严重危及航空安全，并涉嫌违法。对"任性"行为进行规束，让"任性"旅客受到惩戒，使其付出应有的代价，这也体现了对公共安全的保障、对法律尊严的维护和对其他乘客权利的尊重。

2018 年 5 月 5 日中国航空运输协会正式发布了第 15 批民航旅客不文明行为记录，共有 13 人上榜，其中的 11 人被记录不文明行为两年。

该批记录涵盖的时间范围为 2018 年 3 月 1 日—3 月 31 日，虽然上榜人数较少，但不文明程度较以往更为严重。

13 起不文明行为中有 7 起发生在客舱内，涵盖了谎称携带炸弹、骚扰其他旅客、攻击乘务人员、争执斗殴等严重扰乱航空运输秩序/客舱安全秩序行为，最严重的 1 起更是在骚扰乘务员后攻击安全员，上述旅客因为自己的行为分别被行政拘留 5~12 天。根据《民航旅客不文明行为记录管理办法（试行）》，他们的不文明行为记录期限都为两年。其他被记录两年的不文明行为则包括在航站楼内殴打他人、冲闯到达厅并攻击安检人员、在登机口谎称携带炸弹等。

依据《民航旅客不文明行为记录管理办法（试行）》，民航旅客有堵塞、强占、冲击值机柜台、安检通道及登机口（通道）等 11 种具体行为及其他扰乱航空运输秩序、已造成严重社会不良影响或依据相关法律、法规、民航规章应予以处罚的行为，均应被列入民航旅客不文明行为记录。其中，已造成严重社会不良影响但未受到行政处罚的，旅客不文明行为记录期限为一年；受到行政处罚的，旅客不文明行为记录期限为两年。

4. 机场主体责任：不到位

做好机场安全工作，要坚守不发生因机场主体责任原因造成的重大旅客群体性事件这一底线。近年来，旅客群体性事件在中国民航时有发生。发生群体性事件固然有旅客的原因，但也值得民航单位反思。大多数群体性事件源于旅客对民航服务不满意，矛盾激化导致与工作人员的冲突升级。如果机场能够为旅客多做一些工作、多提供一些服务，这些群体性事件是可以避免的。特别是在一些服务设施设备并不完善的机场，这种服务更显得很必要。例如，在航班延误时，机场可以为旅客提供热水，为老弱病残人群提供必要的帮助。2009 年 7 月 1 日颁布实施的《民用机场管理条例》，明确了机场的社会公共基础设施定位。公共基础设施就必须具有公益性，要为公众提供服务。不发生责任原因造成的重大旅客群体性事件，这既是做好机场安全工作的要求，也是由机场社会公共基础设施的定位所决定的。

（二）易发区域

1. 公共区域

随着安检措施的日趋完善，劫机、炸机的难度不断加大，恐怖分子逐渐将袭击范围扩大至机场公共区域及周边的重点要害部位等设施。2007 年，美国联邦调查局宣布挫败一起针对纽约肯尼迪国际机场的恐怖袭击事件，恐怖嫌犯企图袭击机场的航空油料储存罐和输油管道。2011 年，"1·24"莫斯科多莫杰多沃国际机场恐怖袭击事件，恐怖分子就选择在机场国际到达区行李提取处实施爆炸。2016 年 3 月 22 日上午，比利时布鲁塞尔扎芬特姆国际机场和欧盟总部附近的马尔贝克地铁站发生爆炸，共造成至少 35 人不幸罹难，超过 300 人受伤。

这种由"机"到"场"的目标选择，进一步加大了民航安全防范难度，提醒我们必须在"反劫机、防炸机"的基础上，还要"防袭击"，进一步加强公共区域防范和要害部位安全的保护工作。从手段上来看，随着科技的不断进步，针对民航的恐怖袭击手段也不断复杂化、高科技化，自杀式袭击等极端行为方式也时有发生，手段更加残忍，影响更为恶劣。

我们仔细观察后不难发现，无论是 2016 年的布鲁塞尔扎芬特姆国际机场爆炸事件，还是 2011 年莫斯科多莫杰多沃国际机场到达大厅的致命袭击，其共同点在于发生地都是机场的公共区域。这不同于传统的机场控制区，该区域也属于机场安全较为薄弱的部分，同时人员密集程度和流动性丝毫不低于机场隔离区。为此，我们有必要转变安全管理理念，实行"两手抓"：一手抓机场控制区的安全管理，一手抓机场公共区域的安全防控。只要把地面的安全威胁减到最少，那么空防安全事故的概率将极大地降低。

案例 6-4　　　　　　　　　**上海浦东国际机场发生爆燃案**

2. 安检区域

面对机场增设防爆检测，安检人员须执行严格的安全检查，作为旅客应予配合，因为严格的安全检查意味着危险品更难以进入航站楼，不法分子更无机可乘，旅客乘机更加安全、放心。但有些人可能会发牢骚：安检程序如此复杂，这得耽误多少时间呢？有些旅客因为随身带了"禁止携带"或者"限量携带"的东西而与安检人员发生冲突的事件屡见不鲜。有两方面原因：一方面，部分旅客对于安检的认识还有待提高，应多从自己携带的物品和行为是否会给他人带来不便甚至危险，是否会影响到其他旅客正常安检等角度来考虑问题。另一方面，一些旅客养成不守规矩却还理直气壮的恶习，并且逐渐形成了"反正带了不该带的东西，又舍不得丢，怎么都得试着过安检，实在不行再闹"的想法。身为旅客，应该清楚遵守民航规章制度是保证自己以及他人旅行顺畅、安全的重要手段。倘若对工作人员不满，应该理性寻求解决办法，而不是把愤怒当作解决问题的手段。而民航相关单位也应该严格按照民航规章制度办事，对于违反规章制度又经劝阻不改的旅客坚决予以严惩。

如果旅客带上飞机的液体可燃，飞机在起落期间的压力变化比较大，可能导致可燃性气体的密度发生变化，从而发生泄漏并引发安全事故。如果液体是有毒的，一旦流出或挥发，后果不堪设想。航空安全"红线"谁都不能触碰，所以对旅客携带违禁品上机的行为，民航管理部门严令禁止，各保障部门也在严格执行规定。

3. 登机口与机坪区域

夏季是民航运输生产的旺季，也正是我国极端天气多发的季节。我国沿海地区夏季多台风，内陆地区多雷暴天气，天气变化给民航航班的正常运行增加了难度。民航从来都是将安全放在第一位的，若天气条件不满足适航标准，飞机就一定不会起飞。选择乘飞机出行的旅客都是看中了其快捷性，可恶劣天气一来，航班延误，快捷性就受到了影响，旅客心生不满，情绪激动，于是大闹候机楼，甚至冲上停机坪，扰乱了民航正常运行秩序。

民航支持并鼓励旅客通过正当渠道、采取正当手段维护自身权益。但旅客情绪一激动，往往只想着自身的权益，而忽略了他人的权益。例如，拒不登机阻碍舱门关闭的旅客，耽误了航班上其他旅客的时间，侵犯了其他旅客的权益，也影响到航空公司后续航班，给航空公司造成了经济损失。这类旅客往往没有意识到，自己的维权行为触犯了法律法规，必须接受惩罚。维权也要依法依规，也必须行为合理。

> **案例 6-5**　　　　　　　　　**因延误发生的过激事件**

冲闯停机坪是很危险的。众所周知，机坪是用于飞机起降和滑行的。按照民航部门的安全要求，当飞机降落时，停机位周边不允许出现任何物体和行人，哪怕是一只小鸟，其可能被高速旋转的发动机吸入，酿成严重的后果。届时已不是多等几个小时便能解决的问题了，很可能威胁乘客的生命安全。

此外，突然闯入停机坪的旅客很可能影响正在起降的航班，使飞行员的操作出现失误。到那时，危及的便不是一个人的生命安全，而是航班上数百名旅客及机组人员的生命安全，这种后果是谁都无法承受的。

冲闯停机坪是要受到法律制裁的。《中华人民共和国治安管理处罚法》第二十三条规定：非法拦截或者强登、扒乘机动车、船舶、航空器以及其他交通工具，影响交通工具正常行驶的，要处以警告或者 200 元以下罚款；情节较重的，处 5 日以上 10 日以下拘留，可以并处 500 元以下罚款。

没能赶上航班，旅客焦急的心情值得同情与理解。但越是在这种情况下，越要理性寻求解决问题的方法。俗话说得好：冲动是魔鬼。如果不能学会控制自己的情绪与行为，一时头脑发热，带来的可能是无法弥补的后果。为了自己与他人的安全，为了避免触碰法律的底线，切不可拿生命当儿戏。

（三）群体的分类

1. 恐怖分子

纵观近些年来国际、国内发生的恐怖事件，由于国际局势动荡引发的社会面"蝴蝶效应"，以及国内社会问题复杂化，个别人采取极端行为，其中有很大一部分把目标直接指向民航，尤其是在一些重大运输保障活动期间，使民航面临着前所未有的空防安全压力和挑战。

2. 法盲旅客

在法治社会中，每个人都具有双重身份：既是"自然人"，也是"社会人"。每个人的所作所为，不仅要对自己负责，还必须对社会负责，以不侵害他人和社会的利益为前提。同样，民航业也有相应的法律法规，其目的就是确保民航正常、健康、有序地发展。旅客作为消费者，被法律赋予了相应的权利，但如果这些权利被无限放大，甚至触犯了民航的法律法规，侵害其他旅客和民航企业、从业人员的利益，那么就突破了法律的红线。殴打辱骂民航工作人员、打砸机场设施设备、扰乱机场和航空器秩序、破坏航空器及其设施等影响机场和航空器运行秩序及安全的行为，均触犯了法律，理应受到法律的严惩。

违法旅客每当被处罚时，总是万分后悔，也没有想到自己的行为会有如此严重的后果，以至于触犯了法律。这体现出当前旅客的民航法律意识淡薄。人们知道故意伤害他人是犯罪行为，却在航班延误时，肆意殴打民航工作人员；人们知道劫机、炸机属于暴力犯罪，性质恶劣、后果严重，却不曾想到藏匿火种或携带管制刀具一样危害了民航安全和广大旅客的生命财产安全。

然而，还有一部分旅客并非不知法，而是明知故犯、心存侥幸。如藏匿打火机、火柴，有此类行为的旅客很清楚地知道民航的相关规定，但为了个人的一点儿私欲，不惜以身试法。这种故意而为之的行为一经发现，将移交公安机关处理。

案例 6-6　　　　　　严重扰乱航空运输秩序事件

3. 不文明旅客

航空旅行，安全第一，必须讲规矩、守规章。在数以亿计的航空旅客中，尽管"任性"不文明旅客是绝对少数，但其"任性"行为往往具有不小的负面示范效应，有时甚至会坏"一锅汤"，不仅破坏安全规矩和公共秩序，而且还影响所在国的形象。对于那些不讲规矩、不守规章的"任性"旅客，民航方面要主动作为，依法采取有力措施，让他们讲规矩、守规章，切不可助长他们的"顾客就是上帝"思想，放纵他们的"任性"行为，让他们把候机楼当作闹市大街，把客舱当作自家客厅，把讲理变成比嗓门，把维权当成秀肌肉，破坏安全规矩，扰乱公共秩序，挑战法律尊严，影响航空安全，侵犯其他旅客的权利。

案例 6-7　　　　　　严重扰乱安检秩序事件

三、群体事件的防范策略

（一）形成群防群治的"大反恐"格局

2015 年 12 月 27 日，十二届全国人大常委会第十八次会议审议通过《中华人民共和国反恐怖主义法》（以下简称《反恐怖主义法》），并于 2022 年首次修正。

《反恐怖主义法》明确了反恐怖主义工作的基本原则、工作机制和责任分工。《反恐怖主义法》明确"国家将反恐怖主义纳入国家安全战略"，提出将综合治理、专群结合，分工负责、联动配合，防范为主、惩防结合，先发制敌、保持主动，法治和人权保障，全民反恐作为反恐怖主义工作的基本原则，形成全民参与、群防群治的反恐格局，兼顾打击与保护、公正与效率，坚持依法防范和惩治恐怖主义。

（1）综合治理，落实反恐主体责任形成"大反恐"格局。民航基层各单位作为反恐工作的责任主体，应认真贯彻落实《反恐怖主义法》和民航局《关于进一步加强反恐怖工作的意见》有关要求，切实履行主体责任，加强综合治理、专群结合，形成全民参与、全民反恐、群防群治的"大反恐"格局。机场管理机构应依托航空安保委员会成立反恐怖工作领导机构，建立健全机场安全管理体系，为反恐工作和恐怖事件的处置提供必要的支持保障，落实航站楼及其他区域的反恐措施，及时消除各类安全隐患。机场安检机构应充分发挥空防安全和反恐工作"第一道防线"的作用，落实旅客人身和货物行李的安全检查工作，及时发现各类可疑人员和可疑物品，做好航站楼出入口的防爆安检工作，并要与机场公安机关建立联动协作机制，共同做好反恐防范工作。民航各基层单位，尤其是反恐防范重点目标单位，应把反恐工作放在更加重要的位置，勇于担当，敢于负责，将反恐工作纳入单位的重要议事日程中，建立定期研究、分析反恐工作的长效机制。

（2）机场公安机关应主动作为，发挥反恐主力军作用。机场公安机关是民航机场地面公共安全的管理主体，是维护航空安全、空防安全和反恐工作的主力军。突出空防安全和反恐工作这一核心。空防安全是机场公安机关的核心职能，应充分发挥综合协调和主力军作用，将空防反恐工作与各项警务工作相融合、相贯通，开展各项公安工作都要从维护空防安全和做好反恐工作的角度进行审视及统筹。特别是要将反恐工作作为空防安全的核心内容和主旨，以"防劫机、防炸机、防袭击"为重点，严密防范暴力恐怖活动，突出体制机制和能力建设这一根本。抓住《反恐怖主义法》出台的契机，发挥推手作用，完善反恐怖工作体制机制。特别是推动成立反恐情报信息与应急处突指挥中心，密切与机场运行、航空运输、空中安保、驻场武警等单位的配合，加强与地方公安机关的协作，形成统一指挥、反应灵敏、高效联动的反恐应急常态化工作机制。

（3）防患于未然，做好应急处置突发事件准备工作。做好应急处置突发事件准备是应对随时可能发生的恐怖袭击的重要保障。坚持预则立、不预则废，想全想细想万一，抓紧抓实抓具体，切实做细做实应急处置突发事件预案。进一步完善反恐应急工作机制，建立以机场公安机关为主体，安检、消防、护卫、保卫、救护等部门配合的反恐怖应急处置联动机制。适时开展桌面及实战演练，加强情境式、对抗性练兵，不断增强动员能力、指挥调度能力、实战应对能力、通信保障能力，确保一旦发生突发事件能够快速响应、有效应对、妥善处置。

（二）宣传解释文明执法

安检工作以安全和服务为主，而在服务工作中，除了严格遵循礼仪礼节、文明用语，解释说明工作也非常重要。合理的解释不仅可以使旅客配合安全检查，还能对相关法律法规起到宣传作用。

一些旅客不理解、不配合检查工作，他们往往认为很多规定都不合理，如：为什么水、酱料、蜂蜜这些日常食品都不能携带？为什么想带点腐乳、鸡枞油之类的云南特产送给朋友都不行？为什么不能带把小刀削水果？为什么要脱鞋、解裤带接受检查？对于诸如此类的细节问题，如果不能给旅客一个合理的解释，就会给旅客留下安检人员既粗暴又不近人情的印象。所以解释很重要，切不可不由分说，只告诉旅客一句"不能带"就完事，那样很容易引发矛盾。而在繁忙的检查工作中，要把相关规定一一向旅客陈述也是不现实的。因此，解释说明应当简洁、有力，突出重点，就事论事。经常有旅客因为购票、行李托运等不太顺利，到安检处刚好压了一肚子火，再遇上有些物品不能被带上飞机，情绪就爆发了，不断向安检人员宣泄各种怒气。安检人员不要被旅客情绪所干扰，应冷静地听完旅客的陈述，找出问题的重点，再善意地提醒旅客："我们先来解决眼前的问题好吗？否则耽误了您的乘机时间就不好了。"

要具备较高的职业修养。一名好的安检人员应当能控制好自己的情绪，无论遇到什么事，都不应当在岗位上表现出自己的喜怒哀乐，应保持平和、节制、不慌不忙的工作态度。有些工作经验不足的安检人员，遇到旅客发火不配合，甚至刁难，容易被带入不良情绪中，这样一来不但问题解决不了，自己也憋了一肚子气，从而影响检查工作。应当事先就想到，与人打交道可能会有各种各样的问题，要以专业的工作态度来对待。情绪平稳了，向旅客解释时才能做到条理清晰、不卑不亢。

熟悉行业法律规章，解答问题有理有据，这是最基础的要求。作为民航安保人员、执法人员，必须熟练掌握民航法律法规、检查规则，才能在旅客提出质疑时给出合理的解答，让旅客心服口服。如果对相关规定不熟悉，解释时东扯西拉，遇到懂法的旅客提出疑问便张口结舌，这就难以让人信服了。

服务态度要好。对不能携带上飞机的物品，态度要坚定，语气要和蔼。要让旅客感受到，规定虽然死板，但安检员的态度确实让人无可挑剔。对不能带的物品，要快速、明确给出旅客建议，不能让旅客觉得无所适从。例如，经常有旅客对不能带一些普通的生活用品感到困惑，如打火机、小刀等，可以向旅客解释："我们理解您的心情，但是飞机作为一种特殊的运输工具，也许一些很不起眼的物品都有可能干扰它的正常飞行，为了您在飞机上的安全万无一失，请您配合检查。"还有一些人喜欢向检查人员说情，希望网开一面，表示下次绝不再带此类物品。对于这类旅客，安检人员可以用"这件物品是绝对不能携带的，但是可以为您办理暂存"等话语向其坚决表明态度。

（三）发生不正常航班要强化主体责任

首先，就是不正常航班的应急服务问题。自2010年开始的大面积航班延误治理工作，让所有航空公司与机场都为此制订了"完善"的应急预案。但是，这些预案在实际运行的过程中，总会受各种因素的制约，出现部分失效的问题，尤其是出现了信息通报与沟通、服务备份与调整等问题。上海浦东国际机场旅客冲进机坪的事件中，之所以出现旅客"数上数下飞机"的问题，恐怕就是因为民航服务系统的内部信息沟通与通报存在障碍。

其次，是服务现场的情绪控制问题。应该说，处于延误服务现场的工作人员需要有非常巧妙的服务技巧与较高的服务能力。因此，有很多企业在考虑延误服务管理问题时，都会想到抽调有经验的服务人员组成服务小组，制订详细的服务方案与应急措施。然而，当我们完全独立于民航服务这一身份之外，站在第三方的角度来看这些方案与措施时，总觉得它可能缺少一些人性化的东西：一方面是对旅客的需求估计不足，或是分析有遗漏；另一方面，则是未能考虑到现场服务人员的心理压力与服务应急可能需要的资源问题。因此，就这一点而言，要想有效控制现场情绪，我们要做的恐怕还有很多。

再次，是服务现场的秩序维护问题。在类似的恶性事件发生时，无论是航空公司的服务人员，还是机场的服务人员，如果想强行制止，就可能导致人与人的冲突事件。因此，要想有效阻止类似事件的发生，最好的办法就是让具有治安管理与处罚权力的机场公安人员及时到场，而不是"等待出警"。但是，在机场公安已从民航系统脱离的今天，这种理想状态的出现可能是一种"奢望"。

最后，就是关于服务监管与改进的问题。上海浦东国际机场的恶性事件并非首次发生的触犯航空安全法规的事件。但是，此前鲜有监管部门对类似事件进行调查或采取相应处罚措施的消息传出，由此也就导致了"事了即了"的现状，一次次的恶性事件并没有为行业服务水平的提高带来多少推动作用。

（四）依法惩治违法犯罪行为

随着民航大众化战略的实施，越来越多的旅客能够乘坐飞机出行。机上纵火、机上滋事、谎报险情等各类威胁航空安全的违法犯罪行为时有发生。我们虽然不可能完全杜绝旅客的违法行为，但要通过多方努力尽可能减少此类事件的发生。一方面，民航有关部门要加大法律法规的宣传力度，通过新闻媒体、网络等公共空间和公共媒介向旅客阐明违法后果，形成震慑效果；另一方面，当机场发生违法犯罪案件时，该出手时就出手，依法惩治。

依靠法治，才能维护权益，才能维护秩序，才能保障安全，这些既适用于乘客，也适用于民航业。只有把讲文明视为价值追求，把讲法治、守规矩作为行为准则，并身体力行，才能使航空旅行更加放心、顺心和舒心。

《中国民用航空局公安局关于维护民用航空秩序保障航空运输安全的通告》（以下简称《通告》）于2015年8月正式发布，再次明确旅客、货物托运人和收货人以及其他进入机场的人员，应当遵守民用航空安全管理的法律、法规和规章。民航公安机关将继续按照从重从快的原则，严厉打击扰乱民航运输秩序、危害航空运输安全的各类违法犯罪行为。

根据《通告》，机场内和航空器内严禁以下行为：在机场内，堵塞、强占、冲击值机柜台、安检通道及登机口（通道）；违反规定进入机坪、跑道和滑行道；强行登（占）、拦截航空器；攀（钻）越、损毁机场防护围界及其他安全防护设施；在航空器内，冲闯航空器驾驶舱；对机组人员实施人身攻击或威胁实施此类攻击；盗窃、故意损坏或者擅自移动救生物品等航空设施设备，或强行打开应急舱门；妨碍机组人员履行职责；在使用中的航空器内使用可能影响导航系统正常功能的电子设备；抢占座位、行李舱（架）；吸烟（含电子香烟）、使用火种。

《通告》明确禁止的三类扰乱公共航空运输企业运营秩序的行为包括：使用伪造、变造的居民身份证或冒用他人的居民身份证购票、登机；使用伪造、变造的身份证明文件或冒用他人的身份证明文件购票、登机；利用客票交运或者捎带非旅客本人的行李物品。

此外，《通告》再次明确，乘坐民用航空器禁止随身携带或者交运下列物品：枪支、弹药、军械、警械、弩、匕首等国家管制器具，易燃、易爆、有毒、腐蚀性、放射性等危险物质，国务院民用航空主管部门规定的其他禁止随身携带或者交运的物品。托运货物、邮件和行李时，禁止下列行为：匿报、谎报货物品名、性质；谎报货物、行李重量；在普通货物中夹带危险物品，或者在危险物品中夹带禁止配装的物品。《通告》强调，禁止编造、故意传播虚假恐怖信息，严重扰乱民航正常运输秩序的行为。

民航局公安局特别提醒，对于违反《通告》规定的，民航公安机关将根据《中华人民共和国治安管理处罚法》《中华人民共和国居民身份证法》《中华人民共和国民用航空安全保卫条例》给予警告、罚款、拘留的处罚；构成犯罪的，依照《中华人民共和国刑法》追究刑事责任；给单位或者个人造成财产损失的，依法承担赔偿责任。

案例 6-8   **虚假信息"零容忍"**

思 考 题

1. 如何认识"人民至上、生命至上"的重大意义？
2. 为什么说中国民航安全发展面临的挑战依然十分严峻？
3. 简述民航业安全管理的指导思想。
4. 民航业安全管理应坚持哪几条基本原则？
5. 实践中民航业总结了哪几条安全工作规律？
6. 建设平安机场的定义和内涵各是什么？
7. 建设平安机场的要求是什么？
8. 简述空防安全的定义及其主要内容。
9. 机场空防系统由哪几部分组成？
10. 目前我国机场安全隐患存在哪些方面？
11. 如何加强安检队伍的建设？
12. 在围界系统防范中如何做到人员防范和科技防范相结合？
13. 视频监控系统的技术要求有哪些？
14. 什么是群体性事件？
15. 哪些因素会诱发群体性事件？
16. 群体性事件的防范策略有哪些？

管理篇

第七章　民用机场经营管理

通过本章的学习，您将了解以下知识点：

1. 由经营型向管理型转变是机场发展的必由之路；
2. 民用机场指标体系；
3. 机场特许经营权管理；
4. 拓展非航空业务。

机场的公益性定位决定了机场以实现社会公益目标为己任、以企业经营目标为导向的发展方向。随着经济体制改革的深入，由直接经营型向管理型转变，是实现机场资源价值最大化的必由之路。成功经验表明，机场特许经营是实现机场经营模式转变，形成具有专业化、商业化的管理型机场的有效途径。要大力发展非航空业务，拓展机场经营发展空间，努力培育新的利润增长点，为航空旅客打造一个完美机场。

第一节　经营管理方式转变

一、由经营型向管理型转变

中国民航的机场经营在计划经济的体制下走过了几十年的路程，为国民经济发展做出了重要的贡献。然而，随着市场经济体制的建立和现代企业制度的发展，传统机制也显露出越来越多的弊端，严重阻碍了企业的可持续发展，当今世界上先进的大型机场和国内枢纽机场探索的成功经验告诉我们，由直接经营型向管理型转变，是实现机场资源价值最大化的必由之路。

机场管理机构是运输机场的管理者，主要履行管理机场的职责，应当主要致力于保障机场安全生产运行，提高机场整体服务水平，提高机场整体运营效率。多年来，民航局一直在推动机场管理机构由经营型向管理型转变。

机场管理机构由经营型向管理型转变是机场发展的必由之路，这是因为：一方面机场管理机构负有保障运输机场运行安全的职责，其应当将主要精力放在主营业务上，对于其他业务则可以通过引进专业化的服务提供商的办法来经营；另一方面，机场管理机构在运输机场有一定的自然垄断地位，有可能会利用自己的垄断地位，限制基地航空公司代理其他航空公司的业务，个别机场甚至限制基地航空公司自营地面服务业务，或者要求在本机场运作的非基地航空公司只能选择本机场提供的地面服务。在运行资源的分配及使用方面，机场自然也会优先考虑自己的地面服务公司。机场和航空公司是航空运输业的两大主体，两者分工不同，但根本利益一致，是相互依存的关系。我们应该看到，由于历史的原因，我国大部分机场直接或者间接从事地面服务等经营活动，与航空公司在地面服务等业务上相互竞争，出现了彼此关系不顺、经营业务重叠、设施重复投资以及资源浪费等问题。另外，双方在机场收费、航班延误处置、紧缺资源分配使用等方面，也存在着一些不同认识。目前，有关机场以及保障企业对航空公司欠费和不签订收费协议问题反映比较强烈。机场和航空公司关系不顺，已影响了民航整体运行效率，在一定程度上制约了我国航空运输业的健康发展，限制了地面服务等业务的公平竞争，不利于运输机场地面服务业务专业化的发展，也不利于运输机场服务水平的提高，从而可能损害旅客、货主的正当权益。

目前民航局在借鉴国外先进管理经验的基础上，根据自愿加引导的基本原则，规定了机场范围内的零售、餐饮、航空地面服务等经营性业务可以采取有偿转让经营权的方式经营，对于是否采取上述方式经营，则由机场管理机构根据本机场的实际情况自主决定。

二、机场将成为一个公共航空平台

在我国民航发展的初级阶段，航空性业务的第三方市场尚未成熟，缺少专门从事航空性业务的专业化公司，机场管理机构还必须自行承担"吞吐服务"职能，由所属客运部、安检站、货运部、机务部等部门或客运公司、安保公司、货运公司、机务工程公司等公司化部门具体负责某一项"吞吐服务"产品。而在非航空性业务领域，较为成熟的专业化公司已经进入民航市场，并积累了一定的经验，具备了一定的核心能力。从长远看，当航空性业务第三方市场成熟时，机场管理机构将退出直接经营领域，届时，机场将成为一个公共航空平台。

正如阿里巴巴公司不开淘宝店一样，未来的机场也将不再从事任何航空性业务或非航空性业务的具体经营，而是转型为公共航空平台的塑造者。在这个航空平台上，旅客和航空公司、地面服务公司等履行航空客运合同，货主和航空货运公司、货运代理人等履行航空货运合同，航空公司与地面服务公司、航空维修公司履行地面代理协议、机务维修协议，旅客和零售公司履行买卖合同，广告主与广告公司履行广告代理合同……而机场管理机构的主要职能则是做好平台管理规则的制定者和裁判者。

在这个公共航空平台上，为旅客、货主和航空公司等客户服务的是航空性业务和非航空性业务的各类专业化公司。这些专业化公司凭借在某一领域的核心竞争力，形成比较优势，为特定的客户提供服务。公共航空平台不是一枝独秀的盆栽，而是百花齐放的花园，各类客户的多样化需求都可以充分满足。这样的多样化、高品质服务目标是由机场管理机构通过多个具有独特核心竞争力的专业化公司来实现的。

退出直接经营领域，并不代表机场管理机构不再具备企业属性，而是通过战略转型变为平台公司。和目前机场处于从经营型向管理型的转型期相比，平台公司的商业模式是管理型机场的 2.0 版。平台公司除了股权收益、租赁收益、转让经营权收益等常规性收益外，更多的是靠创新商业模式获得增值收益。例如，机场管理机构通过搭建信息平台，掌握旅客的大数据，开展旅客分类特征分析、消费动机分析、旅客购买行为分析、旅客忠诚行为分析，通过分析可以得出旅客的消费特点、消费习惯，从而为专业化公司开展更加具有针对性的营销工作提供支持并从中获益。再如，借助物联网技术，开发航站楼内旅客指南终端，除了具备为旅客办理乘机手续提供指南的基本功能，还可以推荐乘机流程上的店铺，显示出这家店铺到登机口的距离、需要多长时间能够到达登机口等信息。这不仅能提高"吞吐服务"的品质，还能从店铺推荐中获得收益。

机场管理机构将航空性业务和非航空性业务交由专业化公司经营，一方面提高了机场专业化经营水平，另一方面也为机场发展临空经济拓展出更大空间。机场作为公共基础设施，与生俱来的责任和使命就是为区域调整经济结构、优化转型升级服务。通过做大做强航空平台，不断延伸航空产业链，引来更多的人流、物流、资金流、信息流，甚至通过航空平台将一座城市与全世界连通起来，为区域经济社会发展插上腾飞的翅膀。

机场未来的发展方向是搭建公共航空平台，机场管理机构要致力于成为平台管理规则的制定者和裁判者。在这个可以大有作为的平台上，战略转型后的机场管理机构将与众多具有独特核心竞争力的专业化公司协同发展、共生共赢。

三、机场经营性业务范围

一般而言，运输机场业务主要分为以下三大类。

（1）机场整体规划、机场设施管理、飞行区规划与管理、航站区规划与管理、机场建设、机场运营管理、人员培训等机场核心业务。

（2）包括客票销售、旅客值机、特服、配载、货运代理、货站经营、站坪服务、飞机维护/维修、特勤车辆、配餐、航油供应、机场交通、安全检查、行李分拣、问询、广播、航显、离港、飞机监护、场道维护、场区清洁、场区绿化、垃圾污水处理、医疗救护、能源供应、其他社会职能等服务业务在内的机场地面服务和保障性业务。

（3）包括商品零售、餐饮、停车、汽车租赁、广告、商务中心、会员俱乐部、贵宾休息室、业务用房和场地出租、电信、宾馆、其他商业延伸及增值服务等业务在内的机场商业活动。

第一类属于运输机场的核心业务，是机场管理机构实施安全管理的核心内容。机场管理机构应当将主要精力放在第一类业务的管理上，以保证运输机场的运行安全。与之相对的，第二类部分业务和第三类业务属于经营性业务，但第二类业务是保障机场顺畅运行的配套业务，第三类业务则属于一般意义上的商业业务。因此，根据交通运输部中国民用航空局规定，需要根据机场范围内经营性业务的不同种类及其对民用航空活动的影响，具体划定需要规制的经营性业务的范围。

四、经营权的转让

近年来民航局一直在推动机场管理机构由经营型向管理型转变，鼓励机场管理机构将机场范围内的零售、餐饮、航空地面服务等经营性业务采取以特许经营权的方式有偿转让给其他专业经营实体进行经营，而机场管理机构退出相关业务，提高机场运行管理的专业化程度。但是，我国幅员辽阔，各个机场的实际情况各不相同。大中型机场吞吐量大，客货源充足，机场内的零售、餐饮、航空地面服务等经营性业务市场较广，盈利能力较强。机场管理机构、航空公司以及其他服务提供商在机场内从事此类经营性业务的积极性高。而小机场吞吐量有限，航班数量少，客流量小，零售、餐饮、航空地面服务等经营性业务盈利困难，除机场管理机构外，很少有其他地面服务提供商愿意进驻从事此类业务的经营。因此，民航局不可能就机场内的零售、餐饮、航空地面服务等业务规定一个统一的经营模式，而是采取"自愿与引导"的原则，允许机场管理机构根据本机场的实际情况自主选择经营模式，可以由机场管理机构自己经营，也可以通过转让经营权的方式由其他服务提供商经营。如机场管理机构选择转让经营权方式经营的情况下，机场必须退出相关经营，相关经营性业务不再由机场直接提供，机场管理机构需要采取措施保证相关业务的服务水平，维护旅客、货主和航空公司的合法权益；如果容许机场管理机构继续经营有偿转让经营权的业务，让受让经营权的服务提供商和作为管理者的机场同台竞争，将破坏竞争环境，妨碍机场经营性业务的长期发展。机场管理机构自主选择权既维护了公平的竞争环境，也在一定程度上尊重了企业的经营自主权。

运输机场需要必要的资金支持来保证其正常运转，经营性业务是运输机场的重要收入来源。对于转让这些经营性业务的，机场管理机构可以与受让方签订协议收取合理的转让费用。机场管理机构应当与取得经营权的企业签订协议，明确服务标准、收费水平、安全规范和责任归属等事项。转让以上四类事项关系到运输机场的服务水平和安全要求，在协议中明确这些内容，有助于促进受让经营权企业符合运输机场的安全运行要求，提供优质合理的服务。当然，除了上述事项，协议还应当包括转让费、转让期限、履行方式、违约责任、争议解决方法等内容，明确协议双方的权利义务。该协议也是机场管理机构进行机场运行管理的重要依据，可以避免机场管理机构与受让经营权企业之间的纠纷，因此，条例明确要求机场管理机构有偿转让经营权的，必须与受让企业签订协议明确相关事项。

五、机场内部拥有的资源

依托自身的优势资源，挖掘各项资源的经营潜力，培育自身的核心竞争力，已成为加强和提高机场经营管理水平、改善机场经营效益的当务之急。机场作为具有自然垄断性的特殊行业，其核心资源既包括各类有形资源，也包括企业独有的无形资源。

（一）有形资源

1. 飞机起降权资源

飞机起降权资源是机场企业最核心的有形资源，机场行业进入壁垒较大，由于地域条件的限制，航空公司一般对飞机起降无选择权。目前我国机场的非航空性业务经营水平不高，飞机起降费收入在机场总收入比重中仍占有主导地位。

飞机起降资源利用直接反映到我们通常说的起降费、服务费收入上。目前机场的起降资源利用率还是比较充分的。对于有容量问题的机场，航班时刻是非常稀缺的资源，制订航班时刻表也是一个复杂的问题。为了解决当前我国一些大型机场时刻资源紧缺的问题，中国民用航空局在2015年12月发布了《民航局关于印发〈航班时刻资源市场配置改革试点方案〉及做好改革试点相关工作的通知》。通过创新改革，使市场在航班时刻资源配置中起决定性作用，促进航班时刻配置的公平、效率和竞争。促进航班时刻资源的公开公平配置，保证不同所有制和不同规模的航空公司依法平等使用航班时刻资源，公平参与航空市场竞争。提高航班时刻资源配置效率，优化空中交通秩序，提升民航运行品质。

2. 土地级差资源

机场土地根据使用性质分为三大区，即飞行区、航站区和延伸区。由于机场安全和发展的需要，一般而言，机场都占有较多的土地，这些土地有一定的开发价值和商业价值，并且机场拥有对这些土地资源进行经营规划的特许经营权。实际上，大型机场大都属于上市公司，土地使用必须从代表政府的机场集团手中进行租赁，另外，更加重要的是，早期民航改革初期，政企不分，在民航一体化框架下，航空公司、航油公司、维修公司以及机场公司的权益分割不清，导致众多土地被非机场公司（包括航空公司、航油公司以及维修公司等）无偿占有，机场土地被无偿转让，更重要的是，机场部分丧失了对土地的经营管理规划权（目前货站/航油公司/维修公司的经营权益在有些机场中并未得到体现）。由于发展的需要，机场普遍留有大量的航空预留地，未来土地资源的利用将进一步提高，包括机场附近的房地产业务。通过近年国资管理改革，机场土地权属已逐步规范。

3. 航站楼物业资源

机场航站楼物业资源是指航站楼内的所有场所，包括贵宾室、各类用房（如业务用房、商业用房、机务用房、仓库用房）、各类柜台（如值机柜台、售票柜台、保险柜台、宾馆柜台）、设施设备等。主要租赁群体包括航空公司、专业地面服务公司、政府行政部门、保险公司、商户、银行、邮局等驻场单位。这一资源有较大的稀缺性和垄断性，是机场企业另一项重要的收入来源。

4. 机场商业资源

机场不仅是物流中心，还拥有庞大的客流量，机场更是商业中心。机场通过在航站楼区域设立国内外商品市场，可以经营商业附加值较高的各类世界名牌免税品和国内传统商品，所以机场拥有的较强消费购买力意味着机场的商业资源应该有很高的市场价值。商业性收入往往占机场非航空性业务收入的相当比重，充分利用商业资源，可以为机场企业获得较大的非主营业务收入。国外机场，如英国机场管理局以及德国法兰克福国际机场，以其出色的商业管理创造出商业性收入占总收入比重超过 60%的业绩；目前国内机场对零售商贸业务采用的固定租金加营业额浮动租金的模式实际上就是特许经营权转让费，可以预计国内机场的商业服务资源仍有进一步的开发空间。

5. 机场区域内的广告资源

机场是一个地区的进出门户，具有极大的广告媒体价值。当地政府授予机场广告专营权，授权机场进行航站楼内外的广告代理业务；机场拥有场区所有广告资源，可以灵活地通过自营或特许经营的形式盘活资源，获得广告收益。

6. 地面代理服务资源

机场的地面代理服务包括为航空公司提供旅客运输地面服务、货物运输地面服务、站坪服务等一揽子服务。目前机场许多地面代理业务由航空公司无偿经营，机场部分丧失了经营收费权；很明显，北京首都国际机场的地面服务业协议明确规定了机场对地面服务业务拥有的特许经营权，无论是对地面服务进行参股经营还是对外招标，机场都应该首先获得特许经营权，如此机场对资源的控制才能得到保证，另外，通过特许经营权实施，机场也将为航空公司提供更加中性化的服务，能够引入运营商的竞争，有利于航空业务的发展。

7. 航空客货销售代理资源

客货代理是一项高收入、高利润的经营项目，机场凭借这一优势，开展航空客货运代理业务具有比较优势。随着我国枢纽机场航空吞吐量的高速增长，未来客货代理业务的前景将更加广阔。同时，机场还可以将航空货运代理业务纳入发展机场周边航空产业、建设航空物流中心的整体发展战略中。

8. 数据资源

随着信息技术及数据产业的发展，数据资源日益成为与自然资源、人力资源一样重要的国家基础性战略资源。大数据时代，各行各业都在积极探索如何将数据转化为商业价值，大数据平台作为大数据处理的核心技术，也越来越受到企业的关注。

在机场的各项资源中，飞机起降权资源是机场平时最强调的资源，也是利用率最高的部分，其业务量增长将使机场盈利能力上升；航站楼物业资源、机场商业资源和机场广告资源经营相对成熟，但仍然有进一步的成长空间；土地级差资源、地面服务资源和航空客货销售代理资源以及信息数据资源作为新兴资源，未来增长潜力较大。

（二）无形资源

1. 品牌资源

品牌就是资产，品牌资源是在市场经济环境中生存和发展以及战胜竞争对手的根本。随着国内境外游、对外商务往来需求日益扩大，航空业不断发展，各航空公司市场竞争日益激烈，机场在当地拥有较高的知名度与美誉度，每一个机场都会为自己设计一个明显新颖的 LOGO，注入全新的品牌内涵，以提升原有品牌形象，完成从航空经营属性到服务属性的蜕变，从而建立更具国际化的强势品牌印记，为客户提供更具价值的全新品牌形象。机场品牌成为重要的无形资源。

2. 人力资源

机场从筹备、建设至运营过程中，培养和聚集了一大批机场专业技术和经营管理人才，形成了良好的员工队伍结构，加上多年的人才内部培训和外部引进，使员工队伍整体素质有了明显的提高，成为机场今后发展的重要资源。

3. 企业文化精神

世界上一切资源都可以枯竭，只有一种资源可以生生不息，那就是文化。企业文化是一种哲学思想、立本理念，它包含文化主旨、愿景、使命、核心价值观和企业精神等方方面面。它是企业员工所具有的共同内心态度、思想境界和理想追求，它表达着企业的精神风貌和企业的风气。企业文化是团结全体员工心往一处想、劲往一处使的精神纽带，它促使企业形成艰苦奋斗、踏实宽厚的精神力量。在这些企业文化引领下，民航人在不断地奋斗，开拓进取，迎难而上，逐步走出困境，实现跨越式发展。

第二节 机场指标体系

一、机场指标体系构建

机场评价发展的现状，需要构建相应的指标体系用以描述机场发展并对其进行度量，揭示机场发展水平和速度，以及出现问题时及时对问题进行预警。指标体系浓缩了机场发展水平系统中重要且具代表性的信息，是机场管理和实践的基础。指标体系的建立将为机场运营管理系统设立基准，为预测未来发展趋势、系统预警和评价、目标绩效衡量等奠定基础。

为了全面地反映经济、社会和环境状态，结合机场现有实际情况，指标体系可以分为以机场社会公益目标指标体系、机场经济目标指标体系和环境系统指标体系为主体的指标框架，并对每一系统进行详细分析，以尽可能全面地描述机场可持续发展的状态。

（一）机场社会公益目标指标体系

在现代市场经济条件下，企业在注重自身发展的同时，必须尽责履行社会责任，做合格的企业公司。就民航机场而言，本身的属性决定了它要比其他市场主体承担更多的社会公益责任，除了作为提供交通运输的便利设施，在区域经济繁荣、社会发展以及政治稳定等方面也发挥着不可替代的重要作用。

民航机场是有着较强社会公益性基础设施的交通枢纽。机场作为航空运输的起点和终点，不仅是提供交通运输的便利设施，更是经济社会发展的发动机。在促进经济发展方面，机场对于商业经营、贸易发展、资本流动、劳动力市场发展以及旅游、高科技等其他相关行业的发展有着显著的促进作用。在促进社会进步方面，机场提供的航空运输提高了人类生活质量，加强了国家之间的联系，进而减少了贫困，使社会得以持续发展，此外，机场对于国防安全、外交也有着积极的意义。

我国民航机场从机场对当地的经济贡献、机场对周边社会经济的影响、机场对当地支柱产业的带动作用、机场对城市竞争力的提升意义四个方面进行社会效益评价。

1. 民航机场对当地的经济贡献指标

经济效益可以按照产业链关系划分为直接经济效益、间接经济效益和引致经济效益。直接经济效益由机场直接经济活动产生，即由机场凭借其核心资产提供核心业务所创造，主要为飞机起降、飞机停场、客货进出港；间接经济效益由机场间接经济活动产生，即由机场核心业务和产业链上下游业务所创造，主要为空中交通管制、航空客货运输、航空保障服务、航空延伸服务、航空维修和飞行员培训；引致经济效益由机场直接、间接经济活动从业人员的生活消费的活动所创造，主要是为这些人员提供食品饮料、休闲娱乐、交通、服装、日常用品等。

主要的指标建议采用直接提供的就业数、直接创造的 GDP、间接创造的 GDP、引致经济 GDP 等指标。

2. 民航机场对周边社会经济的影响指标

以民航机场为核心，周边产业群的配合形成了现代临空经济圈或航空城，可以划分为四个层次：航空核心运作区（机场范围内）、航空城中心圈及航空自由贸易区（约 5 km 半径范围）、机场临空经济区（约 10 km 半径范围）、外围辐射区（约 30～50 km 半径范围）。通过对离机场不同半径区域的相关指标数据进行比较，主要指标建议考虑：GDP、就业率、工业产值、每平方米土地价格、产业结构等。

3. 民航机场对当地支柱产业的带动作用指标

我国各地经济发展情况差异较大，各地民航机场可以根据当地实际情况，根据民航机场对当地支柱产业的带动作用进行评价。主要指标可以采用每百万航空旅客提供的相关产业 GDP 以及其他定性指标，如企业选址、产品销售、商务往来、外资流入、旅游业等。

4. 民航机场对城市竞争力的提升意义指标

民航机场作为重要的基础设施，对提升城市形象意义重大，各地民航机场可以通过市场问卷调查和实地调研对民航机场提升城市竞争力发挥的作用进行评估，主要指标可以采用旅客满意度、货主满意度、驻场单位满意度、机场周边居民满意度以及其他相关指标。

（二）机场经济目标指标体系

结合机场的特点和属性，经济系统可分为发展水平指标体系、经济运营指标体系、财务指标体系和人力资源指标体系。

1. 发展水平指标体系

发展规模系统主要包括机场性质（国际、国内）、机场等级、机场占地面积、机场容量（年客、货吞吐量设计标准）、高峰小时（设计标准）、跑道条数、起降架次（设计能力）、仪表着陆系统等级、航站楼（数量、面积）、值机柜台（固定、自助）数量、安检通道数量、运行开放时间、电梯扶梯步梯数量、停机坪面积、停机位数量（近机位、远机位）、登机桥数量、登机门数量、货运区面积、驻场航空公司数量、周航班数量（国际、国内）、通航城市数量、航线条数（国际、国内）、地面交通方式（火车、轨道、公交）、停车场（面积、车位）、商业营业面积等。

2. 经济运营指标体系

经济运营指标体系主要包括客运指标、货运指标、航班指标、运行效率指标、安全生产指标以及服务质量指标。

客运指标主要包括旅客吞吐量（国内、港澳台、国际、中转）、旅客吞吐量同比增长率与全国平均增长率的比值、每架次航班平均载客人数、正班客座率、中转旅客人数、各航空公司中转人数、旅客周转量。

货运指标主要包括货邮吞吐量、货邮吞吐量同比增长率与全国平均增长率的比值、每架次航班平均载货吨数、正班载运率、全货机起降架次、全货机航班平均载货吨数、货邮周转量。

航班指标主要包括航班起降架次、航班放行正常率、航班起降架次同比增长率、航班起降架次同比增长率与全国增长率的比值、航班计划执行率、运输总周转量。

运行效率指标主要包括机场空间和拥挤程度（跑道容量、机位数量、航站楼容量）、延误时间、靠桥率、客货地面处理速度（航空器过站时间、旅客、行李、货物离场和到达处理时间）、顺畅方便的处理流程、各种突发事件反应效率、各种设备、基础设施存在的缺陷。

安全生产指标主要包括航班飞行事故数、严重事故征候万次率。

服务质量指标主要包括ACI得分、旅客满意度、全球航空货运卓越评比（排名）、旅客投诉数量、旅客有效投诉量、百万旅客医务人员数、万旅客商业营业额。

3. 财务指标体系

结合机场现有财务系统及调研结果，财务系统主要包括总收入、总成本、净利润总额、财务风险等。机场运营总收入主要包括航空性收入、货运服务收入、系统设备使用收入、代理服务收入、租赁收入、贵宾服务收入、能源转供收入、其他收入等。机场运营总成本包括运行成本、人工成本、摊销成本、燃料动力成本、经营成本、办公经费、税金支出、财务费用、其他业务支出、其他支出等。机场净利润总额=总收入+投资收益−总支出−所得税−少数股东损益−未确认投资损失。机场财务风险主要包括债务风险、现金流风险、盈利能力风险、投资风险。

4. 人力资源指标体系

人力资源系统指标体系包括人员总数、人员年龄结构、人员技术结构、人员变动、人员培训和人员岗位结构等。

（三）环境系统指标体系

环境系统主要包括资源能源系统、生态环境系统、外围交通系统。资源能源系统包括能源系统和土地资源系统。

1. 能源系统指标

机场能源消耗主要包括水、电、天然气、汽油、柴油、清洁能源（太阳能、风能），其中电和天然气是主要消耗能源。按总体划分原则，能源指标分为综合能耗总量、综合能耗同比增长率、单位综合能耗（万旅客）、单位综合能耗同比变化率、万起降吨位综合能耗、万起降吨位综合能耗同比增长率以及碳中和、碳排放量。

2. 土地资源系统指标

土地资源是不可能再生的稀缺资源，节约用地事关国计民生和社会稳定。上海机场提出"通过选址而不占或少占良田、减少拆迁，通过合理规划而集约利用、节省土地"是机场可持续发展"资源节约"的重要内容。土地资源系统指标主要包括单位占地面积旅客吞吐量、单位占地面积货邮吞吐量、单位占地面积飞机起降架次、单位占地面积近机位数。这四个指标分别从机场总体客运能力的年旅客吞吐量、机场总体货运能力的年货邮吞吐量、跑道运输能力的起降架次和机坪能力的机位土地要求各个角度，进而评价机场土地使用的集约程度。

3. 生态环境系统指标

机场生态环境系统主要是指大气污染、废水、噪声、固废、环境保护等。

4. 外围交通系统指标

外围交通系统包括集散方式、平均换乘时间、平均到达时间、离场平均等候时间、外部集散道路的拥堵度、高峰期关键交叉口通行能力、外部集散道路饱和度、停车位数、泊车位数。

二、收入与成本

机场收费改革是深化民航改革的重要环节，十三五期间，民航局先后印发了《关于进一步深化民航改革工作的意见》（民航发〔2016〕40号）以及《中国民用航空局关于推进民航运输价格和收费机制改革的实施意见》（民航发〔2015〕132号）。通过机场收费制度的改革，第一，初步确立机场收费管理体制和收费形成机制的必要途径，有利于发挥市场配置资源的基础性作用；第二，机场是公益性与市场化并重的基础设施，是航空运输系统的重要组成部分，机场收费改革有利于理顺机场管理机构与航空公司之间的利益关系，促进民航协调发展；第三，机场收费改革有利于吸收、借鉴国际民航业的先进制度和管理模式，逐步与国际接轨；第四，机场收费改革有利于逐步解决国内外航空公司收费标准差别待遇问题，使我国航空公司更好地适应民航业天空开放和世界经济全球化发展环境的必然要求；第五，机场收费改革进一步明确政府管理职责，有利于政府加强监管，规范市场秩序。

为贯彻落实上述两个文件的精神，按照保证安全、提高效率、鼓励竞争、促进通航的要求，发挥市场在资源配置中的决定性作用和更好发挥政府作用，进一步提高民用机场综合保障能力和服务质量，2017年民航局印发了《关于印发民用机场收费标准调整方案的通知》，综合考虑了国内机场的成本变动状况、资源稀缺程度和用户承受能力等因素，按照"成本回收、公开透明、非歧视性、用户协商"的原则，调整机场收费标准，不断完善机场收费形成机制。目标是进一步调整机场分类和管理方式，理顺收费结构，合理确定收费标准，扩大实行市场调节价的非航空性业务重要收费项目范围，加强机场收费监管，逐步建立与民航体制相适应的机场收费管理体制和定价机制。该方案自 2017 年 4 月 1 日起实施。

（一）机场的收入

1. 机场分类目录

按照民用机场业务量，全国机场划分为三类，即一类 1 级机场、一类 2 级机场、二类机场、三类机场，共四个级别，实施分类收费，如表 7-1 所示。受疫情影响和新的大型机场建成运行，这几年民航运输机场变化很大，分类目录也会做相应调整。

表 7-1　机场分类目录

机 场 类 别	机 场
一类 1 级	北京首都国际机场、上海浦东国际机场、广州白云国际机场 3 个机场
一类 2 级	深圳宝安国际机场、成都双流国际机场、上海虹桥国际机场 3 个机场
二类	昆明长水国际机场、重庆江北国际机场、西安咸阳国际机场、杭州萧山国际机场、厦门高崎国际机场、南京禄口国际机场、郑州新郑国际机场、武汉天河国际机场、青岛流亭国际机场、乌鲁木齐地窝堡国际机场、长沙黄花国际机场、海口美兰国际机场、三亚凤凰国际机场、天津滨海国际机场、大连周水子国际机场、哈尔滨太平国际机场、贵阳龙洞堡国际机场、沈阳桃仙国际机场、福州长乐国际机场、南宁吴圩国际机场等 20 个机场
三类	除上述一、二类机场以外的机场

（1）一类机场是指单个机场换算旅客吞吐量为 4 000 万人次（含）以上的机场。其中，国际及港澳地区航线换算旅客吞吐量占其机场全部换算旅客吞吐量的 25%（含）以上的机场为一类 1 级机场，其他为一类 2 级机场。

（2）二类机场是指单个机场换算旅客吞吐量占全国机场换算旅客吞吐量的 1%（含）～4%的机场。

（3）三类机场是指单个机场换算旅客吞吐量占全国机场换算旅客吞吐量的 1%以下的机场。

受疫情影响和新的大型机场建成运行，这几年民航运输机场变化很大，分类目录也会作相应调整。

2. 机场收费项目

按照《关于印发民用机场收费改革方案的通知》（民航发〔2007〕158 号）和《关于印发民用机场收费改革实施方案的通知》（民航发〔2007〕159 号）两个文件的定义，在我国，航空性业务仅指与飞机、旅客及货物服务直接关联的基础性业务，包括起降服务、停场服务、客桥服务、旅客服务及安检服务五种服务。其余类似地面服务或是延伸的商业、物流服务等，都属于非航空性业务。非航空性业务又分为非航空性业务重要收费项目

（包括头等舱公务舱休息室出租、办公室出租、售补票柜台出租、值机柜台出租、地面服务收费五项内容、智慧服务设施使用费）和非航空性业务其他收费项目。其中，航空性业务收费项目、非航空性业务重要收费项目的收费标准实行政府指导价，由民航局会同国家发展改革委综合考虑机场管理机构或服务提供方提供设施及服务的合理成本、用户的承受能力等因素核定基准价。基准价一般不作上浮，下浮幅度由机场管理机构或服务提供方与用户在政府规定的浮动幅度内，根据提供设施和服务水平的差异程度协商确定具体标准。非航空性业务其他收费，原则上以市场调节价为主，市场竞争不充分的收费项目的收费标准，将依据《中华人民共和国价格法》，按照定价目录来管理，如表 7-2 所示。

表 7-2 收费项目划分

分 类		收 费 项 目
航空性业务		起降费、停场费、客桥费、旅客服务费及安检费
非航空性业务	非航空性业务重要收费项目	头等舱公务舱休息室出租、办公室出租、售补票柜台出租、值机柜台出租、地面服务收费
	非航空性业务其他收费项目	除以上项目外其他所有收费项目

（1）航空性业务收费。航空性业务收费包括起降费、停场费、客桥费、旅客服务费及安检费。具体收费项目如表 7-3 所示。

表 7-3 航空性业务收费项目

项 目	内 涵
起降费	机场管理机构为保障航空器安全起降，为航空器提供跑道、滑行道、助航灯光、飞行区安全保障（围栏、保安、应急救援、消防和防汛）、驱鸟及除草，航空器活动区道面维护及保障（含跑道、机坪的清扫及除胶等）设施和服务所收取的费用
停场费	机场管理机构为航空器提供停放机位及安全警卫、监护、泊位引导系统等设施及服务所收取的费用
客桥费	机场管理机构为航空公司提供旅客登机桥及服务所收取的费用
旅客服务费	机场管理机构为旅客提供航站楼内综合设施及服务、航站楼前道路保障等相关设施及服务所收取的费用。包括航班信息显示系统、电视监控系统、航站楼内道路交通（轨道、公共汽车）、电梯、楼内保洁绿化、问询、失物招领、行李处理、航班进离港动态信息显示、电视显示、广播、照明、空调、冷暖气、供水系统；电子钟及其控制、自动门、自动步道、消防设施、紧急出口等设备设施；饮水、手推车等设施及服务
安检费	机场管理机构为旅客与行李安全检查提供的设备及服务，以及机场管理机构或航空公司为货物和邮件安全检查提供的设备及服务所收取的费用

内地航空公司内地航班的地面服务收费标准基准价按照《民用机场收费改革实施方案》执行；国际及港澳航班的地面服务收费实行市场调节价。

（2）非航空性业务重要收费。

① 非航空性业务重要收费项目。非航空性业务重要收费项目包括头等舱、公务舱休息室出租，办公室出租，售补票柜台出租，值机柜台出租，地面服务收费，等等，如表 7-4 所示。

表 7-4　非航空性业务重要收费项目

项　目	内　涵
头等舱、公务舱休息室出租	机场管理机构向航空公司或地面服务提供方出租头等舱、公务舱，用于向头等舱、公务舱乘客或常规旅客提供候机服务所收取的费用
办公室出租	机场管理机构向航空公司或地面服务提供方出租办公室，用于工作人员日常办公使用所收取的费用
售补票柜台出租	机场管理机构向航空公司或机票业务经营商出租售补票柜台，用于办理售票、补票、改签等机票业务所收取的费用
值机柜台出租	机场管理机构向航空公司或地面服务提供方出租值机柜台，用于办理旅客交运行李、换取登机牌等登机手续所收取的费用
地面服务收费	机场管理机构或地面服务提供方向航空公司提供包括一般代理服务、配载和通信、集装设备管理、旅客与行李服务、货物和邮件服务、客梯、装卸和地面运输服务、飞机服务、维修服务等服务所收取的费用

② 非航空性业务重要收费项目的收费标准基准价。非航空性业务重要收费项目（不包括国际及港澳航班的地面服务收费）的收费标准按《民用机场收费改革实施方案》执行，基准价一般不作上浮，下浮幅度由机场管理机构或服务提供方根据其提供设施和服务水平的差异程度与用户协商确定。

③ 非航空性业务其他收费项目。除了非航空性业务重要收费项目，其他收费项目都归在非航空性业务其他收费项目之内。

（二）机场的成本

机场是资本密集型的投资项目，但由于机场的体制差异，投资渠道、方式及资本金比例不同，机场管理部门介入的业务面不同，导致不同国家和地区的机场成本构成大不相同，甚至在同一国家，由于体制的差异也带来成本构成的很大差异。

根据机场的投资及运营特点，我们可以把机场运营总成本分为资本性成本和机场运行成本两部分。

资本性成本主要是财务费用和机场提取的折旧费用，财务费用一般是指发行债券的利息费用或贷款的利息，本金还款任务通常由政府部门承担。机场的投资体制及国家的财政金融政策决定了这一成本的高低。计提折旧：跑道、停机坪和房屋建筑计提年限为 30～40 年，地面勤务服务的辅助车辆为 6～12 年，机械设备为 10～14 年。

机场运行成本是机场在运行过程中发生的费用，包括人工成本、摊销成本、燃料动力成本、经营成本、办公经费、税金支出、其他业务支出、其他支出等。

机场运行成本的特点有以下几项。

（1）一次性投入成本较大、资金回报周期长，即资金周转慢、资金回报率低，承担了社会职能和发展地方经济的作用，机场需平衡公益属性与市场化运营，部分枢纽机场非航收入已成为核心盈利点。

（2）维修成本较大。由于机场地域广，价值高，技术含量大，跑道、停机坪设施安全系数要求严格，所以维护费用在机场生产性开支中占较大的比例。

（3）中国机场兼具企业经营与行政管理职能，导致机构冗余。多重职能叠加使得人工成本居高不下。

（4）机场企业远离市区。一些历史原因造成机场内小社会现象比较严重，机场承担了大量的社会化功能，也增加了大量的成本投入。

（5）机场企业二级部门生产环节相对独立性强，资产相互替代性弱，流动资金需求量大，资金成本高。

（三）财务指标体系

机场财务指标分为成本和收益两部分。机场运营成本指标除了要考虑机场的成本结构，还要考察单位成本指标与影响单位成本的因素。收益指标包含机场的收益结构以及单位收益指标和利润指标。

1. 机场成本绩效

（1）机场成本构成。

① 劳动力成本占总成本的比重；② 财务费用成本占总成本的比重。

（2）单位成本构成。

① 单位旅客吞吐量劳动力成本；② 单位货邮吞吐量劳动力成本；③ 单位工作量单元劳动力成本；④ 单位旅客吞吐量总变动成本；⑤ 单位货邮吞吐量总变动成本；⑥ 单位工作量单元总变动成本；⑦ 单位变动成本指标。

（3）影响单位成本的因素。

① 投入总成本；② 单位可变成本与劳动力价格；③ 单位可变成本与服务质量；④ 单位可变成本与机场规模；⑤ 单位可变成本与机场特性。

2. 机场财务绩效

（1）收益占总收益的比重。

① 非航空性收益比重；② 特许经营权收益比重；③ 停车收益比重。

（2）收益产生构成。

① 单位吞吐量的航空性收益；② 单位旅客吞吐量的非航空性收益；③ 单位旅客的总收益；④ 单位吞吐量的总收益；⑤ 单位工作量单元的总收益；⑥ 单位员工的总收益；⑦ 收益指标。

（3）经济获利能力。

① 净收入；② 利润边际；③ 流通比率；④ 资产回报；⑤ 股份回报；⑥ 债务资产比率；⑦ 负债率。

第三节　机场特许经营权

机场的收入来源分为两个部分：航空性业务收入和非航空性业务收入。在非航空性业务收入中，绝大部分又来源于航站楼商业特许经营收入。以新加坡樟宜国际机场为例，2010 年，非航空性业务收入已占整个机场收入的 60% 以上。而在整个非航空性业务收入中，航站楼商业特许经营收入又占到了 76%，成为机场最重要的收入来源之一。2022 年上海浦东机场非航收入占比 45%，但中小机场普遍低于 20%。有专业人士认为，由于历史原因，国内机场的航站楼特许经营收入在机场收入中只占极小的份额，中国机场零售未得到充分开发，至少有一半的商业价值正在流失。

一、机场特许经营权

机场特许经营权是指机场管理部门将自己拥有的土地使用权、机场航空运输业务保障服务平台资源、商业资源（统称为机场资源）所有权和处置权以"特许经营权"的方式物化，以许可证的形式准许符合标准的承运人（航空公司）和运营商使用，承运人和运营商使用机场资源按照一定的规则，开展航空客货运输业务、商业活动及相关派生业务，并向机场支付相应的费用。

《民用机场管理条例》第三十八条明确规定："机场范围内的零售、餐饮、航空地面服务等经营性业务采取有偿转让经营权的方式经营的，机场管理机构应当按照国务院民用航空主管部门的规定与取得经营权的企业签订协议，明确服务标准、收费水平、安全规范和责任等事项。对于采取有偿转让经营权的方式经营的业务，机场管理机构及其关联企业不得参与经营。"这应该是对机场作为基础设施定位的一种延伸。公共基础设施，主张的是社会价值最大化，而不是企业价值最大化或股东价值最大化，其经营模式的创新应以国际民航组织主张的"最佳商业做法"与"服务水平协议"为基础。

由于机场各项业务的性质不同，其特许经营运作也呈现出不同的特征。国际上可分为机场特许经营和一般性机场特许经营两种模式，二者在机场的不同业务中所占的比重不同。当然，这种划分只是相对的，不能将其截然分开。

机场特许经营主要针对机场航空性主营业务中可允许转让部分项目，以及非航空性业务重要项目，有偿转让经营权的受让方必须是具有民航局认可的航空运输业务运行资质、具有专业化水平的相关企业。

一般性机场特许经营主要针对机场非航空性业务其他项目，常见的是机场增值业务或新业务，对商品零售、餐饮、停车、汽车租赁、广告及宾馆等实行特许经营。可向社会开放，通过招投标形式选择受让方。

实施机场特许经营是实现机场经营模式转变，形成具有专业化、商业化的管理型机场的有效途径。目前这种形式已经成为全球的主流方式之一。可以说，许多机场已经成功地实施了此战略，并且取得了良好的效果。

二、机场特许经营项目

参照国际民航组织航空运输委员会于 1986 年编辑的《机场经济手册》和国际民航组织理事会发布的《理事会致各缔约国关于机场和航路航空导航设施收费的声明（9082 号文件）》中对机场业务结构的划分和对"特许经营"业务的建议，结合我国机场现有业务构成状况及调整趋势分析，可以对我国民用机场特许经营适用的机场业务范围界定如下：

主要包括两大类业务，一类是航空性业务机场特许经营权项目，另一类是非航空性业务机场特许经营权项目。

（一）机场特许经营权项目

机场特许经营是机场特许经营的一种特殊形式，其特点是有一定程度的排他性，是严格控制经营者数量的特许经营。机场管理部门在实施特许经营时承诺在一定期间、地域或运量条件下控制经营者的数量，仅由一个或固定数量的几个经营者经营，以保证受许方的利益。受许方拥有一定程度的排他性经营权，机场管理部门则收取相对较高的特许经营费。同时，机场管理部门对专营商提供的服务类型做出限制性或引导性规定；专营商只能提供机场规定的服务，并接受机场的监管。

机场特许经营主要应用在航空业务和机场建设项目中，如停机坪、航油、跑道、滑行道、机务维修、航空货站等具有投入大、回收期长、主要使用机场土地等特点的业务，一般都被列为机场特许经营项目，被授予较长的经营期限。

机场地面代理服务业务也属于机场特许经营权项目，既是国外机场的稳定收入来源，也成为机场国际化扩张的业务保证。机场地面代理服务是指在正常的航空器运行状态下，航空器进出机坪所必需的服务，机场地面代理服务是附着在机场各种设施设备之上的各种劳动（或者服务），其中包括航空器航线维护，但是一般不包括航空器维修。机场地面代理服务的范围主要包括一般代理，配载和通信，集装设备管理，旅客和行李服务，货物和邮件服务，廊桥、客梯、装卸和地面运输服务、飞机服务、维修服务，航空配餐和航空油料。在国外机场，地面代理服务业务一般由专业化代理公司和该机场主要航空公司组建的地面代理公司共同承担，机场管理部门一般不直接参与该项业务的经营。

特别是地面代理服务业务，必须有两家以上的企业经营，数量甚至可以达到3~4家，各经营者之间相互竞争。在新加坡樟宜国际机场有两家地面勤务服务公司，主要从事飞机飞行区服务、客运代理业务、货站经营业务、航空配餐业务。这两家公司均由多个股东组成。地面代理服务公司必须保证中立地位，从而保证向航空公司提供公平的服务，避免单个股东经营造成垄断的局面。同一机场的地面代理业务经营者，无论是专业化地面代理公司，还是由基地航空公司组建的地面代理公司，都必须向机场缴纳一定的特许经营费。此外，机场还与地面代理公司建立了良好的特许经营合作关系，该机场一旦管理输出至其他海外机场，其地面代理合作伙伴的业务也会随之延伸到海外机场。

例如，中国香港国际机场将部分航空业务（包括机场地面服务代理、航空燃油、航空配餐服务）作为机场专营项目来运营。又如，日本成田国际机场管理局拥有园区内部的主要物流设施（如货站、货物大楼和仓库等），拥有专营权的日航、国际航空物流货站公司（IACT）负责向航空公司提供服务。作为回报，日航和IACT每年向机场管理部门缴纳专营费，这一费用和其他设施出租的费用占成田国际机场收入的31%。

机场大型建设项目通常也采取特许经营的形式。在机场大型项目的融资过程中，机场管理部门将较长期限的土地使用权和项目经营权通过合同授予运营商，从中收取特许经营费用，由被许可企业建设、经营，期限届满后土地使用权及其地上设施归机场管理部门所有，这种模式的经营期限一般较长。

例如，中国香港国际机场通过招标的方式，将机场内的货运站、酒店的建设权和运营权授予运营商。又如，新加坡樟宜国际机场管理部门运用专营权对机场物流园区（ALPS）除仓储外的其他所有航空货运业务活动进行管理。机场的8座货站、2座速递货运中心由两家地面代理机构——新加坡机场货运服务处（SATS）和樟宜国际机场服务处（CIAS）投资兴建并营运，机场负责提供土地。SATS和CIAS在营运期间需付给新加坡樟宜国际机场专营权费。

特许经营模式的优点是可以有效利用各专营商的能力和专业技术，特别是在一些核心业务上的专业能力，如货站业务的营运者需要具备强大的专业技术支持和多年积累而来的行业经验。同时，利用专营权能很好地将营运风险和责任转移给专营商。这种业务模型被世界各大机场广泛采用，也是最主要的一种管理模式。

（二）机场特许经营权项目

在机场特许经营模式下，经营者取得经营牌照或经营许可，机场主要提供以获取经济收益为目的的机场非航空性业务项目，国际机场最常见的特许经营项目有：食品、饮料的特许经营，各种商店，银行/外币兑换，出租车服务，汽车租赁，机场广告，机场与市区间的公共交通服务，免税店，美发理发店，旅客/汽车旅馆，非饮食自动售货服务，纪念品商店。这些项目的特点是竞争性较强、特许时间较短、灵活性较大，可以引入多家运营商经营。

综合国际先进机场的现状，特许经营普遍应用于以下业务。

（1）免税零售业务。绝大多数机场通过招标或者出售零售网点的方式实行零售业务的特许经营，这种方式一般以签署租赁协议或特许经营协议的形式实现。需要强调的是，在协议中对租金的约定往往是与承租商收入相关的，即不采取单纯的固定租金模式，而是采取固定租金加营业收入提成的动态模式。这里，租金的实质就是特许经营权转让费。

（2）航站楼内餐饮娱乐业务。与免税零售业务类似，国外许多机场将航站楼内餐饮娱乐项目列为特许经营项目。国外机场的餐饮营业面积分布很广，占航站楼的面积比例较高。同时，航站楼内的娱乐项目经营种类繁多，如游乐园、电影院等。因此，国外机场通过对这些项目的特许经营权转让，可以获取十分高昂的经济收益。

（3）广告业务。国外机场，尤其是美国的机场，一般将机场区域内的广告业务转交给专业化的广告公司经营。在明确机场广告经营权归机场所有的前提下，专业化广告公司必须向机场交纳广告特许经营费。

在机场非航空性业务的特许经营中，机场管理部门可以选择多家运营商从事机场的业务，而自己则对机场业务进行整体规划。机场特许经营的运营商可以在一个机场进行特许经营业务，也可以在多个机场拓展业务。

机场非航空业务特许经营来源于启用机场必备设施设备所带来的稳定的客流、货流以及机场延伸区的商业机会等经营资源，性质上趋近于商业特许经营。

三、国内机场按经营现状分段实施

我国机场有着不同于国外机场的特点，如大多数机场在下放前脱胎于旧的民航管理体制，因而，机场与民航管理局、航空公司、油料公司相互之间的责、权、利关系存在不够清晰的地方；通过混合所有制改革，部分机场已引入社会资本；多数机场的建设由机场、航空公司、航管、油料分别投资特定项目，这在客观上造成机场特许经营权的相对不完整性，但是，机场管理部门作为整个机场业主的定位并不应该受到任何影响。

以上特点决定我国机场在实施机场特许经营权时，需要根据自身情况分阶段推进。

对机场管理部门自身无争议的资源权利，可首先推进，如机场非航空性业务其他项目：航站楼商业、机场广告等。

对有小争议的资源权利，可先行协调后再予以实施，如基地航空公司在基地机场的旅客过夜用房，按照国家规定，只能接待航空公司自身的内部人员，如对外营业，必须首先获得机场管理部门的许可。

对有较大争议的资源权利，可结合民航体制改革步伐加以积极推进，如机场飞行区的航油供应管网由机场管理部门收购（该管网本应属于机场特有基础设施，如机场不能收购，也就保留对其实施特许经营管理的权利）、天然形成的基地航空公司在基地机场的特许经营等问题。

由机场管理部门筹资、开发建设的新机场，必须按一切机场资源归机场的原则进行管理，土地使用权完全归机场管理部门所有，机场管理部门拥有完整的机场经营权，对机场进行整体规划，各驻场单位，包括航空公司、油料公司、飞机维修公司等则向机场管理部门租赁土地、自行建设或租赁房屋，用于满足公司自身的需求。

四、实施步骤和要求

（一）确定机场特许经营权范围

凡是使用机场资源，需要机场进行统一管理，并且有可能形成竞争环境的经营项目都可以作为特许经营项目，主要包括机场地面服务代理、航空燃油、商业、银行、出租车、汽车租赁、机场广告、公共汽车、旅客班车、免税店、宾馆等一系列经营项目。而其他一些诸如货站、配餐等由各航空公司或其他经营者自己投资经营的项目，机场就没有特许经营的权力了。

对航空公司来说，经营航空客货运输业务，必然要在机场区域内对自己的飞机、旅客、货物进行保障，开展各种航空服务业务，这是航空公司运输服务价值链上的一个环节。因此，航空公司在自身的服务价值链上开展各项航空服务业务是不以盈利为目的的，不在机场特许经营范围内。

（二）机场特许经营的招投标

机场特许经营权的法律性质属于民事权利的转让，在转让方式上应采取公开招标的方式，招标要按照《中华人民共和国招标投标法》规定的程序进行。机场特许经营权由机场资源的法定代表实施授予，法定代表一般为机场管理部门。机场管理部门对运营商的选取通过市场化的招标方式来进行，整个招标过程完全公开透明。

机场实施特许经营的一个基本前提是，机场管理部门不参与任何直接经营活动，与具体业务经营单位彻底脱钩，不存在任何股权或直接利益关系。

机场管理部门通过公开招标，按业务选择具体的经营单位。首先由承运人和运营商向机场管理部门提出申请，机场管理部门根据经营准入标准及规则对申请人的资质进行审核，对于符合经营准入标准及规则的申请人，机场管理部门与其签订特许经营合同并发放许可证，申请人即获得了某项机场业务的特许经营权。受许人必须按限定的业务范围在规定期限内从事特许经营活动，并向特许人交纳特许经营费。

（三）谈判及合同订立

在机场特许经营合同签订之前，双方的洽商、谈判尤为重要。一旦选定运营商后，机场特许经营的授予方和受许方将会就具体经营事宜进行谈判。在谈判中，双方需要涉及以后的合作方向、利润分配、权益保护、管理权限、合作时长、合同签订、合约解除等众多问题。尤其在机场专营权项目的谈判上，因涉及工程较大，历时将较长。

航空发达国家和地区的机场特许经营是依靠正式合同来维系的。这就要求双方强调法制，依法对特许经营合同加以规范。在订立各种特许经营合同前，双方会对各种管理模式进行深入研究，并指出如何管理、如何立法。在合同订立上，机场管理部门拥有主动权，机场的特许经营合同的条款基本上是由特许人制定的，运营商必须服从特许经营合同的约定，同时可以在谈判中强调对一些合同条款的要求。

（四）机场特许经营的管控

机场特许经营的管控包括两个方面：一是价格；二是质量。

1. 价格管控模式

对商品和服务的价格管控是机场特许经营管理的重要内容之一，其主要模式包括以下几种。

（1）在机场特许经营的管理中，对于某些业务，机场管理部门会实行价格控制，采取由机场管理部门定价，或机场管理部门与运营商共同制定价格等方式来实现机场的价格管理。

（2）在机场特许经营的管理中，通过引入竞争机制来实现价格管控的手段很常见。对于某项业务，机场管理部门选择两个以上运营商同时提供服务，并采取措施鼓励竞争，以防止价格垄断。

（3）机场管理部门还可以通过成立旅客投诉机构来处理旅客与运营商之间的矛盾，也便于对运营商的服务质量及价格进行监管。

2. 质量管控模式

综观航空发达国家和地区的机场对特许经营运营商的服务管理，一般是通过机场管理部门在运营商招募和经营管理中制定统一的服务标准，由机场管理部门充当服务设计者来实现的。

同时，航空发达国家和地区的机场都会成立旅客投诉机构，以处理旅客与运营商的矛盾，也便于对运营商的服务质量进行监督。

（五）机场特许经营的收费

特许经营收费是机场收入的重要组成部分，国际民航组织在机场收费体系中认为：机场应当在机场设施内尽可能地开发非航空性商业活动，以取得特许经营收入和租金。

但是，机场特许经营收费的目的不是仅仅为机场管理部门带来高额收入。根据《机场经济手册》所述：在试图通过提高特许经营费来增加机场收入时，建议要谨慎行事，以避免特许权受让人的零售价过高。因此，特许经营并非机场公司为获取不合理的高额收入所增设的收费项目，其数额仍需要根据市场规律合理地确定。降低特许经营费有利于提高机场的竞争能力并吸引更多的航空公司。因此，国际机场有降低特许经营费的趋向。

在机场特许经营收费中，普遍流行收益共享机制。特许经营费的收取通常采取最低保障费额与按营业收入的一定比例计费相结合的形式，目的是使机场管理部门与特许经营商在一定程度上实现风险共担、收益共享，共同做大做强机场的市场。

第四节　非航空性业务

一、非航空性业务收入打造完美机场

（一）机场非航空性业务的发展趋势

非航收入相比于航空性收入来源更为丰富，能给机场提供更多元的收入渠道，利润率也更高，可以在机场业务量波动时起到稳定收入的作用。目前全球机场非航收入主要来自特许经营（如机场停车场、零售、银行、广告、租车等）、房屋不动产、土地租赁收入以及为第三方提供服务获得的收入。

依据 2023 年行业调研报告对机场非航空收入趋势调研显示，2022 年全球机场非航空收入市场规模为 3 223.35 亿元（人民币），中国机场非航空收入市场规模达到 265.93 亿元，预计到 2028 年全球机场非航空收入市场规模将达到 4 766.26 亿元，预测区间 CAGR（年均增长率）为 6.74%。

从非航收入结构来看，全球机场零售特许经营占据了最大份额，为 28.8%；其次是停车场收入和不动产收入，分别占到 20.5% 和 15%。近年来非航收入中增速最快的是餐饮收入，年均增速超过 10%；零售和停车收入年均增速约在 5%～6%。

（二）我国机场紧跟世界潮流

我国机场非航空性业务占比不断提高，且与航空性业务相比，非航空性业务具有更强的盈利能力。未来 5～10 年，在国内机场市场化加速的背景下，随着各机场新航站楼紧锣密鼓地建设，非航空性业务将得到更大的释放，以零售、餐饮、广告、便利业务为主的商业收入，将成为非航空性业务的核心和主要增长点。

2019 年，我国机场营业收入 1 371.6 亿元，自 2015 年以来年均增速 12.3%，几乎是全球平均增速的 2 倍。旅客人均收入 101.6 元/人次，低于全球平均水平。航空性收入 450 亿元，占营业收入的 32.8%；旅客服务收入、起降收入、安检收入是航空性收入的主要构成，分别占比 53%、27%、13.6%，与全球航空性收入结构相似。非航收入 708.6 亿元，占比 51.7%，较 2015 年提高 4.5%；特许经营收入、飞机地面服务收入、航站楼场地出租收入、商品销售收入、广告业务收入是非航收入的主要构成，分别占比 18.3%、14.2%、12.1%、6.9% 和 4.3%。与全球非航收入相比，我国机场停车、不动产、租车及餐饮收入占比较低。

与国际机场相比，国内机场在非航空业务上的收入仍有提升空间，但部分枢纽机场（如上海、深圳）已接近国际水平。目前，国际上主要大型机场的平均非航空业务收入占总收入比例高达 60%～70%，非航空业务收益率能够达到 20%～50%。如新加坡樟宜机场、美国丹佛机场，非航空性收入占比都超过 60%，丹佛机场更是高达 78%。机场规模越大，对航空性收入的依赖就越小，非航空性收入占据主导地位。在新加坡机场的非航空性业务收入中，机场的特许经营费所占比例最大，共有超过 7 万平方米的特许经营面积，300 多家零售商店，出售从生活必需品到世界顶级名牌的多种商品；100 多个餐饮商店，提供新加坡当地或者亚洲，甚至世界各国的菜肴。国内机场非航空性业务发展水平整体较低。

随着未来几年国内机场业的高速发展，机场运营者对机场非航空业务的不断重视和研究的深入，机场企业应逐渐减少对航空业务的依赖，大力挖掘非航业务，对非航板块实行精细化管理。例如学习国际大型枢纽机场先进的盈利模式，将机场打造为以航空运输业为核心的大型商业活动中心，开展多元化经营，不断挖掘商业潜力，拓展潜在服务对象，开辟新业务，寻找新的利润增长点。在全球化浪潮中，成熟的机场企业还可以组建合作联盟，通过强强联手，构建商业合作伙伴关系，互通有无，共享资源，提升综合商业盈利能力。

（三）旅客至上，非航空性业务收入打造完美机场

发展非航空性业务，关键在于牢固树立资源开发科学化和资源管理精细化的理念，统筹加强非航空性业务资源规划、开发和综合管理，走相关多元化发展道路，使有限的宝贵资源切实得到科学有效地利用。发掘非航空性业务资源价值，提升收益贡献，营造出行综合体验，提升客户满意度，大力促进机场建设。通过大数据利用，挖掘进出港旅客的价值，充分利用现有资源延伸产业链，发展新的非航空性业务，提升资源利用效率和价值，充分利用特色资源和优势，拓展非航空性产业发展空间，努力培育新的利润增长点。

要让旅客感觉到机场不仅是等候飞机的地方，还是一个有趣的场所，在这里可以吃、喝、玩、乐，也可以闲逛。史基浦机场（即阿姆斯特丹国际机场）首先提出了 Airport City（机场城市）的概念，其关注的焦点是：让旅客在机场拥有最舒适的体验。到过史基浦机场的旅客，往往印象深刻，可是这么多服务都免费供应，那机场如何增加航空之外的收入呢？史基浦机场的营销目标是：希望史基浦机场成为人们偏爱的欧洲机场。机场提供了友好的环境，为的是吸引旅客能拜访商业区，并且希望旅客能消费，从而增加机场的非航空性业务收入。史基浦机场的理念是："我们不认为机场只是飞机起降的地方，我们更把它看成一个城市，为旅行者提供任何真正城市所提供的服务，而且是全天 24 小时的。"

为了实现机场零售的收入最大化,史基浦机场通过调研对航站楼的空侧和陆侧分别应设立多大的商业区、设在哪儿、需要包括哪些商品、如何布置、商业区需要产生多少营业额和收入、乘客流量和机场建筑要怎样调整等提出详细方案。让旅客花更多钱的方法之一,就是更好地理解旅客,提供他们更需要的商品和服务,旅客的消费趋势就是价值所在。

案例 7-1 广州白云国际机场挖掘非航空性业务潜力,打造多元空港商城

推行精细化管理,"非航空性业务意识"不断深化,我们向国际先进机场看齐,与欧洲知名机场商业经营管理公司史基浦合作,并对非航空性业务的商业布局、业态结构进行调整,提出了走规模化、连锁化、专业化、品牌化的经营道路。

以下从商业、广告、停车三个非航空性业务收入最大项目展开讨论。

二、商业

(一)规划

随着机场地区"港、产、城"一体化综合开发模式的引进,大型航站楼综合商业区的设计更加引人注目,要大幅提高航站楼的商业特许经营收入,最重要的就是要对航站楼的商业进行整体规划。在进行航站楼商业规划时,需要把握以下四项基本原则。

(1)与航站楼整体规划相适应的原则。作为航站楼规划的一部分,在开始建设时就要将商业规划纳入其中,这也是对航站楼规划整体性的完善。作为机场非航空性业务收入中最重要的一部分,商业对完善机场功能、提升机场形象、增加机场收入、体现所在地的城市特色上发挥着重要的作用。通过科学的、整体的商业规划,可以引导航站楼内的商业网点向分布合理、规模适度、功能齐全、竞争有序、便利旅客的方向发展。这样,既可以避免重复施工造成的浪费,又为意向商家进场装修节省了时间。

在机场规划上,还应改变传统观念,即在安检之后才让旅客有购物休闲的地点。其实在安检之前,完全可以设置商业设施。史基浦机场的购物区域包括两个部分,分别是"史基浦广场购物中心"和"史基浦世界大道"。前者位于边检之前,面积为 5 300 m²;后者在边检之后,面积为 11 000 m²。二者共拥有 121 家零售店。

(2)以人为本的原则。这个原则体现了商业的服务功能。满足不同旅客的不同需求是规划的出发点和最终目标。旅客在航站楼里最希望买到什么东西?要解决这个问题,必须做大量的调查研究工作。通过大数据云计算对旅客调研的统计,我们可以知道各类商业业态在航站楼整体商业中所占的比例。在商业招商时保持适当的结构比例,既可以避免商品同质化的倾向,又能够让各类商业业态在充分的竞争中得到发展。

机场的客源并不是单一的。根据到机场的目的,可以将机场人群划分为航空旅客、机场员工以及接机送机者;从交通方式划分,有坐飞机来机场转机的旅客,有乘公共交通设施来到机场登机的旅客,还有坐出租车来机场的旅客。另外,如根据不同国籍以及在机场不同的逗留时间,又可以划分出不同的顾客群。这些不同的划分方式形成了多种多样的顾客群，他们各有不同的产品需求。机场在开展零售业务之前，要充分考虑这些因素。

（3）优化结构的原则。航站楼的商业布局首先必须服从于航空运输和航空安全，而不能本末倒置。因此，商业布局就受到了物业条件的制约。在旅客主要的人行通道上和安全疏散口，不能够随意设置商业网点；而在人流动线的两边，则是商业布局的最佳场地。我们可以学习新加坡樟宜国际机场的商业布局方法，在核心地段，也就是商业资源价值比较高的区域，摒弃传统的带状单面临街的商业布局，采用岛式商业团聚的布局形态，集中设置能够提升机场形象和收益的品牌商品；对功能性的服务项目，则分散设置在人流动线的两边，以满足旅客即时购买和随性购物的需要。而对一些能够吸引旅客的主力业态商品和旅客指牌销售的商品，则可以设置在人流动线的终点，这样能够起到引导人流、带动沿线商铺商品销售的目的。

（4）适度超前的原则。任何一个新航站楼的设计与建设，本身都是为了满足未来一段时间内旅客吞吐容量的扩张，因此商业规划必须预留足够的空间位置，以适应将来发展的需要。现在，消费者越来越重视购物体验。纯粹购物将会带来视觉的疲劳，因此购物环境的营造越来越受重视。航站楼内的光线、声音、颜色、气味、温度、湿度，甚至一定空间中的人群密度，都会给旅客带来不同的心境，从而影响其购物决策。在新加坡樟宜国际机场 T3 航站楼内，机场管理部门着力营造一种东南亚热带雨林式氛围，航站楼内有蝴蝶园、胡姬园等五大园区，有设计别致的瀑布景观等四大景观区域，这在视觉、触觉和嗅觉上很好地改善了候机旅客的购物体验。

当然，国内枢纽机场在规划的过程中还可以考虑一些大型公司的商务需求，如设置会议中心、商业办公中心和商务型酒店，因为一些跨国公司的总裁为了节省成本和时间，往往喜欢把会议放在机场进行。在亚特兰大国际机场的执行会议中心，跨国公司的领导齐聚于此是一件很平常的事情，有几千个跨国企业曾在这里召开会议，有时甚至还把新闻发布会也搬到了机场，这样总裁们开完会后，就可以直接登机飞往下一个目的地。

案例 7-2　　广州白云国际机场调整经营理念构建机场综合体

（二）营销策略

1. 机场零售是给人们带来欢乐的业务

现如今，国际上一些著名机场，如新加坡樟宜国际机场、澳大利亚悉尼机场、香港国际机场等，它们的非航空性业务收入已经占到了总收入的 50% 以上。它们的成功秘诀之一就是——照顾到旅客的点滴感受，努力为旅客提供优质服务。机场的零售业务是给人们带来欢乐的业务。

香港国际机场的零售理念，非常重视提高旅客的体验。"如果能够给旅客带来欢乐，旅客就愿意在你的机场登机，那么机场收入也就无忧了。"

在荷兰，史基浦机场已经不是单纯的登机场所，而成了荷兰百姓周末放松休闲的地方。就当地人而言，平常也喜欢在机场逛一逛，坐一坐，可能一点东西也不购买，但机场温暖愉悦的气氛，会让人感到放松。中国的许多机场，旅客感受不到温暖愉悦的氛围，这也许是国内机场零售业务一直不能前行的主要原因。

迪拜免税店自 1983 年开始成立，就始终坚持两大理念：一是为旅客提供一流的服务；二是让旅客喜欢迪拜和迪拜国际机场。自 1984 年起，对比旅客吞吐量每年保持 9.87% 的平均增长率，免税店的销售收入每年保持在 17.66% 的高增长率。机场尽量为旅客提供轻松的购物环境，为在迪拜国际机场免税区购买的商品提供退换货服务——不管旅客飞到了世界任何角落，如果旅客对购买的商品不满意，机场会派一家快递公司为其提供上门服务。快递公司把商品送回迪拜国际机场后，再根据顾客的需要更换或退货。这项服务的费用由迪拜国际机场免税区承担。顾客非常喜欢这项服务，而这也鼓励了他们在此购物。此外，机场还在出发区雇用了两名会多国语言的员工，他们除了销售商品，还为乘客解答所有问题，机场相信如果乘客感觉轻松自在就能消费更多。

2. 让零售业务充分暴露在旅客眼皮底下

如果你有机会走进香港国际机场、新加坡樟宜国际机场、迪拜国际机场或者荷兰史基浦机场，你立即就会感受到热烈而温暖的气氛，在这种氛围中，你会不知不觉地消费。

要做好机场零售，一定要善于优化购物环境，营造购物氛围。迪拜国际机场基本上没有购物"死角"，每一个零售区域都充分暴露在旅客眼皮底下。在迪拜国际机场的 1 号和 2 号航站楼，旅客只有走过零售区域，才能最终登机。

在迪拜国际机场的电子产品主题购物区域中，用蓝色的光点缀着整个区域，旅客一进入这一主题区，立即就有被这个区域包围的感觉，而应接不暇的促销产品充分调动了旅客的消费欲望。对于烟酒、食品以及甜品——这些旅客喜欢在机场购买的产品，则被设在离结账台最近的位置，方便旅客购买。化妆品和香水产品占到了免税品总收入的 18%，因此机场非常注重对化妆品和香水区域的装修设计，注重灯光、柜台以及产品的整体搭配。另外，迪拜国际机场还特地辟出了一块区域，供零售商进行主题促销以及新产品的宣传，几乎一年 365 天，旅客都能赶上零售商的促销活动。

旅客只有在舒服的环境下，才会增加消费欲望，因此，零售区域一定要与整体布局相协调。在香港国际机场，整个机场被设计成一个大型购物商场。

虽然这些机场非常注重机场零售区域的开发，但不等于它们不给旅客提供免费休息的场所。在香港国际机场租金最高的一块地，已经被设计成免费休息的区域。其原因就是，只有让男性乘客在这个区域放松地等待、看报，他们的太太才可以放心地消费购物。而史基浦机场的中转区域放置了许多舒适的躺椅，供中转旅客使用。

3. 转变"餐饮价格过高"，经营理念势在必行

国内机场里的商铺，相对国外机场来说，在数量和种类上确实少了些，经营规模也不大，而且商品价格偏高，有的商品价格比市面价格不只高出一点点，而是高出一大截，甚至高出一两倍。而在韩国首尔国际机场、日本东京成田国际机场以及大阪的关西国际机场购买的"万宝路"香烟、"大福抹茶"和"小町饼黏食"，却比在市内商场购买便宜一些，加上免去的税款，一共便宜约 10%。

在国内机场候机环境评价中，旅客的抱怨主要集中在餐饮上。旅客对餐饮的满意度比较低，这几年消费者针对机场餐饮物价高的抱怨不绝于耳。国内很多机场，如乌鲁木齐地

窝堡国际机场、西安咸阳国际机场、济南遥墙国际机场、襄阳刘集机场等也都被旅客抱怨过。因此，针对旅客和网友认为的"机场餐饮价格高"这项"机场之罪"，国内机场很有必要深刻反思。当然，在此期间，一些机场为了平抑机场餐饮高价格采取过多种手段。解决价格过高的问题，关键是改变机场经营观念。北京大兴机场引入"同城同质同价"政策，星巴克、麦当劳等品牌与市区价格持平。

在新加坡樟宜国际机场，机场针对餐饮场所，如酒吧、咖啡厅、快餐等，都是按照水电费的多少来确定租金高低的。水电费用得多，机场租金就收得多。但机场最贵的一杯咖啡也才 1.1 新加坡元，折合人民币 6 元，机场员工买一杯咖啡是 0.5 新加坡元。所以，国内所有机场，不要在咖啡和面条上赚钱，旅客吃一碗面条很贵，就会认为机场所有的东西都是贵的，这样就不会在机场买东西了。如果机场能够做到一碗面条卖 15 元钱，那么这个机场的商业就有救了。

"薄利多销"自古以来就是一种非常智慧的经商之道。虽然每件商品可能获利不多，但若是卖得多了，经济效益自然就大了。同时，商铺的声誉还会产生"滚雪球"的效应，当商铺以"物美价廉"和"薄利多销"而闻名时，名声会越传越远，人们自会慕名而来，商家自然顾客盈门。商铺以质劣价高而受人诟病之后，恶名也会越传越远，结果必然是门可罗雀。这就面临着是良性循环还是恶性循环的问题了。

由此看来，机场商铺生意的盈亏，表面上看是物价高低的问题，而实质上是商家的经营理念问题。懂得薄利多销、明白要赢得市场必须首先赢得人心和声誉的经营者，才能在激烈的市场竞争中稳操胜券，才能吸引更多的顾客。

4. 打造数字化精准零售商业模式

随着电子商务的发展，各个行业都在进行数字化转型。新一轮科技革命和产业变革正在全方位重塑民航业生态格局。中国民航在新的民航业发展态势下，开始大力推动国内智慧机场的建设。过去国内很多机场依托于人工方式来对航站楼不同的商铺经营状况进行统计分析，这就需要投入大量的人力资本来对机场进行商业化管理，但这种人工模式很难及时全面地获取有关机场商业信息数据。

机场巨大的人流量决定了机场本身就是一个大数据库，机场旅客产生的各类信息要远远超过普通的城市商业场所。通过旅客的飞行数据可以准确地识别客户，从而可以精准规划机场商业业态，并为旅客提供精准的商业信息，将旅客转变为消费者。机场可采用移动互联网、人工智能、物联网等新兴技术对机场商业进行提前布局，采取线下零售数字化商业模式，这样机场就能够利用数字化来开展线下零售，提高整个机场的商业运行效率，为机场创造更多的非航空性业务收入。机场利用现代化信息技术来对各个零售店铺进行数字化经营，就能够实现线下精准零售，将机场巨大的客流转化为更高的消费能力。

机场旅客能够利用 App、LED 屏幕等及时浏览机场各类航班动态，了解机场的商业区域划分，同时动态掌握跟踪值机、安检等情况。机场还可以打造专门的 App 来为旅客提供航站楼导航服务，同时为旅客推荐各类商品，根据旅客对商品的查询，为旅客精准推送商品信息；根据旅客的购物行为，调整航站楼的商业布局和消费路线。借助国家数字化基建建设的契机，实现机场航站楼数字化，推进数字化零售，有效地将旅客转化为机场商业的消费者。

互联网经济的发展会不断引起机场商业模式的调整变革。机场在商业服务创造价值的过程中将越来越重视旅客的服务体验和需求，协调开发更多资源来建立空港经济圈，从而为机场商业服务的发展增添更多活力。

三、广告

广告业务也是机场非航空性业务的重要组成部分。机场管理部门需要对整个航站楼的广告资源进行统一规划、统一经营、统一管理。通过媒体改造，淘汰陈旧媒体，实现"三增三减"，即"减陈旧形式、减遮挡、减空置媒体""增新媒体、增高端品牌媒体、增特色媒体"。在提升媒体价值的同时，美化了机场整体形象，还原了机场原有的视觉亮点。机场根据新兴技术不断推出创新媒体，提升航站楼核心媒体的价值，并且创新地将广告与机场服务功能相结合，增加功能性广告媒体，为旅客提供功能性服务。

（一）机场广告的优势

随着社会经济的发展，未来选择航空方式出行的人将会越来越多，机场户外媒体的覆盖人群也将由此增多。聪明的广告主们也希望自己的产品和服务能在一流的环境内展示。机场的客户群和展示环境让众多广告客户及品牌趋之若鹜，他们一定会更加看重机场这一投放渠道。

一般而言，民用机场客流层次较高且含金量较高。从商业价值角度分析，可归类为：财政金融决策层、名贵商品消费层、旅游度假休闲层、各级政府领导层、各界名流社交层、时尚趋势倡导层、高新科技使用层等。在一些被调查的机场中，一大部分旅行者是频繁的商业"飞人"。其中，32%是女性，68%是男性，年龄段在 25～65 岁。他们是富有且有影响力的人；40%的人在一年中旅行超过 9 次。大部分人在机场花费至少两小时，这就是户外广告商的良机。

此外，机场广告媒体的覆盖率、重复率、触及率、毛感点、累积视听人数、连续性、针对性、效益效果都远远高于其他广告媒体，对于企业决策、时尚潮流的导向、名贵品牌的消费等方面都具有相当的影响力。其特点主要表现在以下几方面。

（1）效用优势，也叫效率优势。机场广告媒体之所以能成为最具效用、最有价值的媒体，是因为庞大的客流量、高层次的消费群体、广告高频率的曝光机会等，这些都有利于迅速增强品牌知名度，可在短期内提升品牌形象。大部分旅客反对诸如电视广告、广播等媒体的广告，认为越少越好。然而，当涉及机场时，广告却成了这个美丽空间的一部分。专家认为：尽管机场有一个特殊的功能，即需要凡事有效率，但缺少了广告的色彩和动态性也会变得很呆板。人们看广告是机场体验的一部分，飞行的一个关键部分就是接触新文化和新体验。机场是达到这个目的的通道，并且提供了一个完美的机会和可接受的观众交流。

（2）价格优势，也叫效益优势。机场广告具有最大的价格优势。据统计资料显示，机场人流量的巨大潜力在于传播数量与媒体投放折算的千人成本的性价比很高，使得机场广告具有价格优势。

（3）空间优势，也叫场地优势和网络优势。机场广告具有较大的空间优势。从单个机场来看，户内广告的覆盖区域、累积视听人数、连续性、针对性较高，户外广告的受众角度、媒体角度、高度、尺寸、能见角度、材质、高度指数、能见指数、材质指数同样较高。这些很容易满足广告媒体选择时的要求，具有明显的空间优势。从整个机场行业来看，民用机场布局具有得天独厚的优势，具有典型的网状辐射特征，非常有利于商品形象在全国推广。

（4）时间优势，也叫长时或重复优势。由于旅客在机场逗留时间较长，机场广告的长时效能使其重复率、触及率、敏感点高，容易引起消费者对于品牌的认知兴趣，可以培养客户对品牌的忠诚度。

（二）机场广告迎来移动互联网时代新机遇

移动互联网正在改变中国甚至全球广告产业的格局。随着消费者在移动终端上花费的时间越来越长，媒介消费越来越碎片化，内容丰富、形式灵活的移动广告应运而生。对比传统广告行业，移动广告虽然发展时间较短，但是移动终端技术发展一日千里，且以极具颠覆性的表现方式，给大众以及整个营销界带来非常多的惊喜，成为我国广告行业变革发展的推动力，也为机场广告的发展带来了新的机遇。

移动互联网的飞速发展重新定义了广告产业链之间的关系，广告主发起、广告公司策划制作、媒体部门发布的单线传播模式，被多维度交互式的传播所替代。在这种背景下，机场广告面临着挑战。

随着移动互联网技术的迅速发展，传统媒体风光不再，移动互联网的传播时效远远超过传统媒体。在广告媒体投放方面，互联网广告也有赶超电视媒体的趋势。

网络技术的发展带来了传播时代的进步，手机等移动终端设备的普及以及移动互联网的快速发展，使机场广告受众的注意力不再集中于广告媒体，而是向移动终端设备转移。旅客注意力分流，越来越多的人成为"低头一族"。随着"低头一族"的不断壮大，机场广告受众逐渐流失，严重影响了机场广告的传播效果。

科技的发展使机场广告朝着数字化、网络化方向发展。越来越多的机场广告牌已经被电子屏幕所取代，客户能远程遥控更换屏幕上的内容，随时随地让广告宣传配合企业的销售活动。消费者可以通过手机与广告进行互动，具有娱乐性的广告会更加吸引受众的注意力。

机场广告将更加注重机场整体体验的统一。在移动互联网时代，机场广告不再单纯只是广告，而是要向多功能终端发展，要更加注重旅客整体消费体验的统一。未来的机场广告将更多地与服务设施相结合，网络与服务终端合而为一，在进行广告宣传的同时，提高旅客在机场候机时的愉悦感，给旅客留下更美好的旅行体验。

机场广告将更加精准。在移动互联网环境下，广告主的广告投放从追求高覆盖率向追求高精准性转移。移动网络与传统媒体相结合，广告效果将得以有效监控，而监测数据也使广告信息传播更具针对性。移动互联技术的发展推动了精准营销的发展。未来的机场广告可以通过大数据营销提高线下广告投放的精准性，增强同客户的议价能力，从而带动媒体价值的提升。

四、停车管理

对于机场来说，机场停车收入是机场收入一个非常关键的组成部分。目前在各机场，停车收入已经占了机场整体收入相当大的比重，占 2014 年全球机场非航空性业务收入中的 22%。在过去的几十年中，技术的进步使机场的停车收费管理发生了很大的变化。不断增长的旅客需求，互联网日渐深入个人生活，不断加强的航空安保要求，机场非航空性业务收入增长的必要性，这些因素都使机场停车管理成为一个复杂而又充满竞争的行业。

（一）停车场的作用

机场运输是一个综合体系，由航空运输和地面运输两大部分组成，航空运输需要地面运输的接驳才能构成一个完整的机场运输体系。一直以来，国内机场地面旅客运输形式单一，主要依靠汽车接驳一种方式。随着我国机场业的发展，地面运输方式发生了较大变化，火车、轨道交通、自驾车、出租车、公交车、机场巴士、旅游巴士、酒店接送车等各种接驳车辆相继出现，尤其是私家车呈现井喷式发展，接驳方式的多样化并没有改变国内机场地面旅客运输以汽车为主的现状，出租车、自驾车依然占据着 65%～85% 的旅客份额，是机场空陆运输对接的主要运输工具，而且增加了机场地面交通管理的难度。

停车场是机场空运与陆运连接的交汇点，也是连接航站楼与联外交通运输系统不可缺少的节点。停车场作为地面交通流程的核心部分，是进出机场车流和客流接驳的中枢。停车场是疏导机场交通的有效渠道。由于机场航站区内道路交通容量有限，面对大量接送机车辆的涌入，如果没有得到及时有效的疏导，必然会导致航站楼区域交通堵塞；而停车场功能和作用的完全发挥，将有效疏导航站区地面交通，从根本上解决航站区地面停车乱、停车难及交通拥堵等问题。汽车接驳方式，要求机场管理部门高度重视和发挥停车场的功能和作用，高效有序地调度和引导进出机场的接驳车辆，简化机场地面交通流程，从而有效地提升机场空地对接的效率。

（二）合理规划地面接驳流程

目前国内机场联外交通接驳方式还是以汽车为主，停车场流程实际上成为机场空运与陆运对接的枢纽。停车场是疏导机场交通的有效渠道。

机场停车场除了要方便停车外，更重要的在于要方便旅客从停车场到航站楼或从航站楼到停车场。因此，停车不是机场停车场最主要的用途和目的，机场停车场在规划建设及运营管理上必须重点关注停车后的流程，即旅客停车后前往航站楼出发或接送旅客的流程，这个流程的连接性越强，就越能发挥机场停车场的功能和作用。机场停车场重点关注接送旅客以及出行旅客的流程，因此对便捷性要求很高，其方便程度将直接决定旅客是否愿意将车辆驶入停车场，而车辆是否进入停车场，又将直接影响机场交通流程的疏导效果和顺畅程度。西安咸阳国际机场进出停车场流程图如图 7-1 所示。

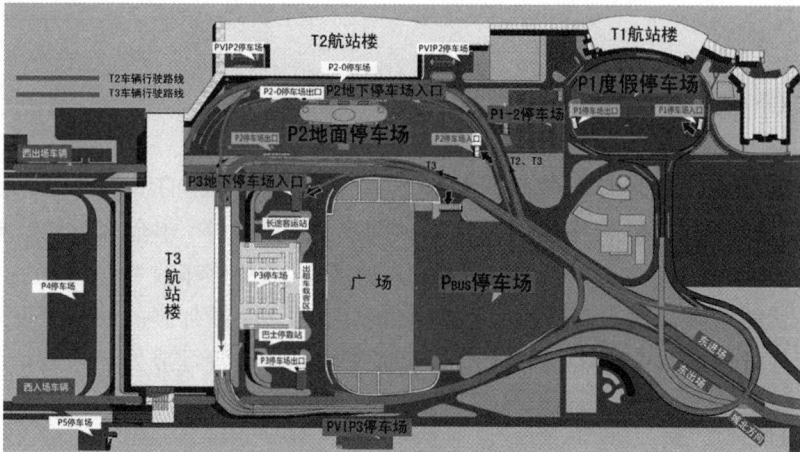

图 7-1 西安咸阳国际机场进出停车场流程图

（三）推行特许经营模式，实现机场停车资源价值最大化

停车场是机场的重要资源，更是优质资源。从国际主流机场停车场经营模式来看，推行特许经营模式不但有利于机场停车场的运营管理，也是实现机场停车资源价值最大化的重要途径。全球大部分机场钟情于特许经营外包机场停车管理服务。向外承包机场的停车管理服务，是因为承包停车管理服务的是专业供应商，他们在这方面是专家，有利于提高效率、减少成本支出。国外机场的操作表明，停车场收入可以使机场总收入大幅提升，国外大型机场停车场收入一般占机场总收入的 10%。而国内各大停车场收入远远达不到这个水平，如 2017 年客流量最大的北京首都国际机场停车收入占总收入的比例仅 1.6%（占非航空性业务收入的 4.3%）。此外，特许经营模式的推行，将全面整合机场范围内的停车场资源，引入更加专业的停车场运营商：一方面，可以有效地减少国内大型机场停车场资源多头管理和停车场资源流失的现象，有利于实现机场停车场资源收益的最大化；另一方面，专业运营商的加入也减少了在自然垄断的情况下机场自行经营的种种弊端，有利于降低机场停车场的运营成本，提升机场停车场运营管理的专业化、市场化操作水平，减少因停车场管理问题所导致的影响机场社会效益的问题。

思 考 题

1. 为什么说大型枢纽机场由经营型向管理型转变是机场发展的必由之路？
2. 机场如何成为一个公共航空平台？
3. 民用机场的社会公益目标是什么？如何评价？
4. 民用机场企业的经营目标是什么？如何评价？
5. 机场经营性业务范围有哪些？
6. 机场拥有哪些核心资源？
7. 机场指标体系由哪三个主体指标组成？

8. 机场社会公益目标可以从哪几方面指标进行评价？

9. 经济运行指标体系包括哪些方面？

10. 什么是航空性业务？包括哪些项目？

11. 什么是非航空性业务？包括哪些重要收费项目？

12. 机场成本有哪些特点？

13. 机场特许经营权的定义是什么？

14. 机场特许经营权包括哪些项目？具有哪些特点？

15. 机场特许经营应遵循哪些原则？

16. 简述非航空性业务的发展趋势。

17. 机场商业项目如何规划？

18. 简述机场广告优势。

19. 停车场的作用有哪些？

第八章　民用机场服务管理

通过本章的学习，您将了解以下知识点：

1. 机场服务与服务质量；
2. 民航服务质量的指导意见；
3. 建设人文机场要求；
4. 真情服务的内涵；
5. 航班延误旅客服务；
6. 服务质量评价与监督。

提高服务质量是为了更好地满足广大人民群众的需求。建设人文机场是四型机场建设的重要组成内容，就是为了增强人民在民航高质量服务中的获得感、幸福感和安全感，是推进民用机场高质量发展和民航强国建设的核心举措。真情服务是民航作为服务行业的本质要求，是全心全意为人民服务的宗旨的根本体现。航班正常性是民航运输质量的集中体现，更事关人民大众的切身利益，我们要不遗余力地补齐"服务品质"这块短板。通过服务质量评价体系与监督机制，进一步提升民航服务质量，推动民航高质量发展，为民航强国建设提供有力支撑和坚强保障。

第一节　机场服务质量

2015年，习近平总书记对民航工作作出重要批示："民航业是重要的战略产业，要始终坚持安全第一，严格行业管理，强化科技支撑，着力提升运输质量和国际竞争力，更好服务国家发展战略，更好满足广大人民群众需求。"这既是对多年来中国民航努力实施大众化战略的肯定和鼓舞，也是对中国民航要进一步提升服务质量提出了殷切期望和巨大鞭策。我们要以习近平总书记对民航工作重要指示批示作为基本原则，始终把真情服务作为底线要求，始终把航班正常率作为服务品质的重要标志，始终把提高服务质量作为更好满足广大人民群众需求的出发点和落脚点。

一、概述

服务是指为他人做事，并使他人从中受益的一种有偿或无偿的活动。其不以实物形式而以提供劳动的形式满足他人某种特殊需要。

国际标准化组织把服务定义为：为满足顾客的需要，供方和顾客之间接触的活动以及供方内部活动所产生的结果。

机场服务是整个民航运输服务链中的一个环节。民航运输服务质量包含了机场服务质量的内容。民航运输服务质量是指提供民航运输产品（服务）满足顾客需求能力的特征和特性的总体反映。

由于民航运输产品的生产和消费的特殊性，其产品质量的衡量标准和指标与其他有形物质产品不同。属于服务产品的质量，一般指提供能够满足顾客需求所具备的服务内容、服务态度、服务技能、服务效果、服务的周到和及时程度以及价格等特性。衡量这类产品的质量，不仅取决于提供的服务本身具备的要求和特性，而且由于这类产品质量的标准是一些不可以完全量化的指标，因此很大程度上还取决于大多数顾客的满意程度。

机场服务可分成两大类服务：一是基础服务；二是创新服务。基础服务包括安全和正常，是满足旅客的理性需求，解决旅客出行的基本需求。创新服务包括便捷和舒适，是满足旅客的感性需求，是优化旅客出行体验。

（一）机场服务是一种商品

民航作为第三产业、服务性行业，其本质属性、最终产品就是服务。民航运输和其他运输方式一样，它并不生产具有实物形态的物质产品，而是提供一种使旅客和货物在一定时间内发生空间位移的服务。提供这种服务的过程就是民航运输生产产品的过程，也就是顾客的消费过程。在乘客到达终点站并提取了行李或货主提取了货物之后，这种服务（或生产或产品的消费）过程也就随之结束。因此，航空运输产品是无形的，既不能储存，也不能转让，是一个过程。这个过程是从顾客咨询、订座、购票开始，到最终到达目的机场并离开机场的全过程。

在市场经济的条件下，服务是产品，也是商品。机场的服务与旅客的关系也是一种商品交换的关系。服务的市场价格是由所有向旅客提供的服务产品的环境、场所、工具、资金以及劳动力价格所决定的，这些构成了服务产品的成本。通过服务取得合理的利润，是企业采取这一行为的动力，也是市场经济条件下企业核心竞争力的重要因素。

然而，服务又不是简单的商品。机场的服务还是社会道德的承载者。服务是一种为他人提供方便的行为，不管它的性质是不是商品，都在一定程度上反映了社会道德积极和谐的方面。因此，用"给多少钱干多少活"的观点对待服务工作是不对的，也是做不好服务工作的。机场服务的核心是真情服务，是社会道德。而服务产品的商品性质，则是真情服务与社会道德在市场条件下的载体，它所提供的范围并不是真情服务与社会道德的全部范围。在可能和需要的情况下，真情服务与社会道德所规范的行为，是可以远超出服务产品的范围的。这种真情服务，不仅要表现在提供服务的个体，更要表现在提供服务的整体。从这个意义上说，真情服务是做好机场服务工作的原动力。

（二）机场服务是一种体验

飞行是一种航空产品，更是一种服务体验。机场作为航空旅行中重要的体验环节，机场的服务体验也至关重要。在此，笔者由衷地希望在旅客出行极为便利、航空票价更为低廉的今天，机场的服务也能摒弃程序化、烦琐化的旧模式，更为人性化、独立化，找出自身的亮点，树立自身的形象和品牌。现在世界级机场都用自身的服务亮出招牌，包装自己、展示自己、营销自己，让旅客在计划行程时永远把机场作为其中的一站，真正打造"机场之家"的感觉，用更快速、简便、舒适的服务，让自己为国人、世界所称赞！

（三）机场服务趋向多元化、个性化

随着国内航空消费结构的不断改变，以及国家对外开放的不断扩大，我国航空市场的消费需求也日趋多元化，个性化需求快速增长。而服务本身，则开始贯穿于企业创造价值的全部过程。服务的本质在于为旅客创造体验，而体验的核心在于传递愉悦感。不同年龄、不同国籍的旅客，消费习惯各异，消费需求五花八门，对服务的要求也越来越高。作为一个大型国际航空枢纽，只有及时转变服务理念，不断创新服务内容和手段，在细节上下足功夫，才能给旅客留下难忘的旅途体验，才能提高旅客的满意度、忠诚度。

二、机场服务质量概况

（一）坚持"以人民为中心"的发展理念

从周恩来总理最早提出的"保证安全第一，改善服务工作，争取飞行正常"的重要指示至今，历届中央领导都对民航工作给予高度重视，对民航安全和民航服务给予殷切期望。习近平总书记在对民航工作的重要批示中明确指出，民航业要"更好地满足广大人民群众需求"。民航局提出要坚持"飞行安全、廉政安全、真情服务"三条底线，努力做好各项工作。真情服务是民航作为服务行业的本质要求，是全心全意为人民服务宗旨的根本体现，是坚持飞行安全、廉政安全的出发点和终极目标。这既是在民航发展新阶段落实"人民航空为人民"的需要，更是民航全行业各单位"全心全意为人民服务"的具体体现。民航只有不遗余力地补齐"服务品质"这块短板，才能实现社会满意、人民满意的民航行业发展目标，才能更好地服务国家发展战略，更好地满足广大人民群众的需求。

2023年5月民航局召开"2023年民航航班正常和服务质量工作会"。全行业认真学习贯彻落实党的二十大精神，始终坚持"以人民为中心"的发展理念，践行"真情服务"工

作要求，不断提升航班正常和服务质量管理能力，搭建了"通程航班服务管理平台""民航中转旅客服务平台""全国流量管理系统"等大平台，打造了联程运输工作、行李全流程跟踪等大流程，形成了抓安全、促正常、强服务的大氛围，航班正常稳定在较高水平，连续 5 年超过 80%，服务品质不断提升，人民群众对民航服务有了更多安全感、获得感和幸福感。

（二）民航服务与世界仍有较大差距

尽管如此，新形势下航班正常和服务工作还面临着诸多困难，主要体现在航空安全对航班正常和服务工作提出了新挑战、学习贯彻习近平新时代中国特色社会主义思想主题教育对航班正常和服务工作作出了新部署、行业恢复对航班正常和服务工作提出了新要求、人民群众对航班正常和服务工作充满着新期待四个方面。全行业要保持清醒头脑，始终坚持高质量发展理念，围绕中心、服务大局，切实增强航班正常和服务工作的紧迫感。

同时，我们也要看到民航服务的许多不足。随着经济社会的发展，旅客对航空运输的需求呈现出多元化、差异化的特点，民航还不能完全满足不同地域不同旅客的多种航空需求；民航的航班正常保障能力有待进一步增强，航班延误后的服务保障和快速处置能力还不尽如人意，距离旅客、公众和社会的要求还有较大的差距。我们要头脑清醒，认识明确，对服务工作绝不能掉以轻心，更不可盲目乐观。要深刻领会中央领导同志的重要批示精神，切实严格管理，对症下药，进一步提升行业服务质量水平。

尽管"航空式服务"一直是高水平服务的代名词，民航服务也一直是各行各业学习的榜样和标杆，但我们还是应该清醒地认识到，自身在服务方面仍存在"短板"，如延误后服务、票务问题和行李运输问题等一直是社会诟病的焦点。我们还可以从以下三个不同机构对机场的评选结果看出我们与世界之间的差距。

1. 2023 年中国民航旅客满意度评价结果

中国民航服务旅客满意度评价通过 12326、航旅纵横、OTA 平台向广大旅客发放问卷。该调查方式实现了对旅客满意度数据的多元引入和旅客身份信息及行程信息的双验证，保证了调查数据的全面性和客观性。2023 年度报告调查结果统计时间段为 2023 年 1 月 1 日至 2023 年 12 月 31 日，采用 10 分制计分法。

据《2023 年中国民航服务质量报告》，全国 252 家机场参与评价，占全部机场的 98%。机场服务满意度测评得分为 8.86 分，同比下降 0.10 分。其中，值机与安检服务为 9.02 分，高于总体满意度 0.16 分；航班正常及延误后服务 8.64 分，低于总体满意度 0.22 分，是"短板"服务，需重点关注。如图 8-1A 所示。

在六大模块 13 个分项中，旅客满意度最高三项分别是值机服务、引导服务、出港交通服务。旅客满意度最低三项分别是延误后服务、到港行李服务和餐饮与商业。如图 8-1B 所示。

2. 2023 年世界著名航空咨询机构 Skytrax 最佳机场评选结果

世界著名航空咨询机构 Skytrax 从 1999 年开始进行机场问卷调查，"世界机场奖"由乘客对全球 550 多个机场的机场服务和设施质量标准进行评价并投票选出，每年都会有超过 60 个不同国家的乘客参与投票。2023 年 3 月 21 日 Skytrax 公布了 2023 年全球 100 家最佳机场排名结果，前 10 位分别为新加坡樟宜机场、卡塔尔多哈哈马德机场、东京羽田机场、首尔仁川机场、巴黎戴高乐机场、伊斯坦布尔机场、慕尼黑机场、苏黎世机场、东京成田机场、马德里巴拉哈斯机场，如图 8-2 所示。

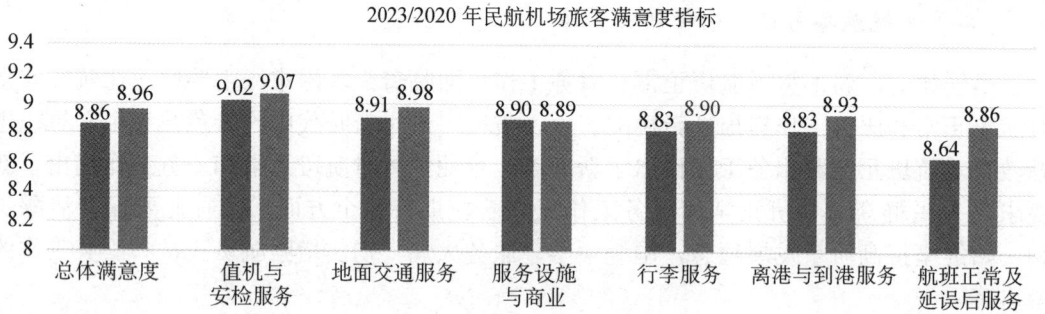

图 8-1A 2023 年民用机场服务满意度评价结果

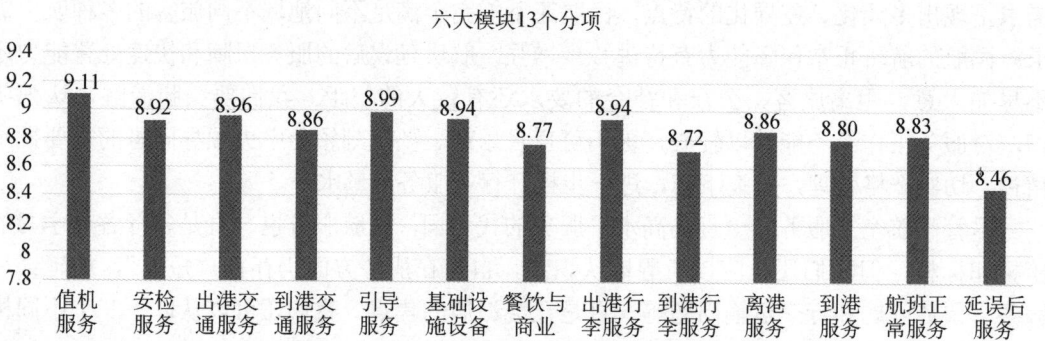

图 8-1B 2023 年民用机场服务满意度评价结果

1 新加坡樟宜机场
2 卡塔尔多哈哈马德机场
3 东京羽田机场
4 首尔仁川机场
5 巴黎戴高乐机场
6 伊斯坦布尔机场
7 慕尼黑机场
8 苏黎世机场
9 东京成田机场
10 马德里巴拉哈斯机场

图 8-2 2023 年 Skytrax 最佳机场评选结果

新加坡樟宜国际机场摘得 Skytrax "2023 世界机场奖"——全球最佳机场桂冠，这是樟宜机场第十二次获此殊荣，刷新了自 1999 年该奖项设立以来获奖最多次数的记录。同时，樟宜机场还获得了全球最佳机场餐饮、全球最佳机场休闲设施、亚洲最佳机场奖。2024 年 Skytrax 排名中，新加坡樟宜国际机场连续 13 次蝉联全球最佳机场。

2023 年，在世界最佳机场前 100 强中，中国（包括港澳台）共有 9 家机场上榜，其中内地 7 家。广州白云国际机场排名 24，海口美兰国际机场排名 28，深圳宝安国际机场排名 31，香港国际机场排名 33，上海虹桥国际机场排名 50，成都天府国际机场排名 59，西安咸阳国际机场排名 72，台湾桃园国际机场排名 82，长沙黄花国际机场排名 97。北京大兴机场 2024 年首次进入 Skytrax 全球前 50，体现国内新建枢纽的竞争力。

3. 国际机场协会（ACI）公布 2023 年机场服务品质调查结果

自 2006 年起，国际机场协会（ACI）开始进行全球机场服务质量（ASQ）评比，以 42 种语言，在全球 109 个国家、地区的 400 多座机场进行了旅客满意度调查，其中全球最大的 100 座机场几乎全部参与其中，年度总计执行超过 61 万份问卷，是全球唯一在旅行当日调查的评比计划。

ACI 全球机场旅客满意度测评项目按季度开展，测评问卷分为交通往来、办理登机手续、护照/身份证检查、安检、方向指示、机场服务/设施、机场环境和入境服务 8 个大类，往来机场的地面交通工具和停车设施是否方便充足、停车场收费是否物有所值、手推行李车是否方便充足、办票排队的等候时间、办票人员的工作效率、办票人员是否有礼貌和乐于助人、护照/身份证检查的等候时间、检查人员是否有礼貌和乐于助人、安检人员是否有礼貌和乐于助人、安检是否彻底、安检的等候时间、是否感到安全和安心等 34 项指标。

2023 年 3 月，国际机场协会（ACI）公布 2023 年机场服务质量调查（ASQ）结果，评选出全球最佳机场各个奖项，亚太地区印度、中国多家机场榜上有名，排名位居前列。其中 4 000 万级以上机场中，有印度孟买贾特拉帕蒂·希瓦吉·马哈拉吉国际机场、中国广州白云国际机场、韩国仁川国际机场、印度德里英迪拉·甘地国际机场、中国深圳宝安国际机场、新加坡樟宜机场。

三、提升民航服务质量的指导意见

在总结把握近几年民航服务工作提升的工作基础上，2018 年 1 月一个重要的政策性文件《关于进一步提升民航服务质量的指导意见》正式发布。2023 年民航局发布《智慧民航建设行动纲要》，要求通过数字化转型提升航班正常率和旅客体验。

民航强国建设的本质是推动高质量发展。服务质量是民航高质量发展的集中体现，提升服务质量是民航高质量发展的必然要求。近年来，民航秉承"真情服务"理念，持续改善服务质量，不断提升服务水平。但是随着人民生活水平的提高，人民群众对民航服务种类、服务范围、服务能力和服务水平的要求也越来越高，民航服务供给不平衡、不充分问题逐渐凸显。特别是航班正常、延误处置、行李运输、票务服务、餐饮服务等方面存在诸多短板，民航服务的传统优势和品牌影响力正在减弱。

（一）提升民航服务质量的指导思想

为深入贯彻党的二十大精神，进一步提升民航服务质量，推动民航高质量发展，更好地满足人民群众日益增长的航空运输需求，大力践行当代民航精神，聚焦人民群众需求和关切点，抓重点、补短板、促创新，不断提升服务质量，增强人民群众对民航服务的满意度和获得感，为民航强国建设提供有力支撑和坚强保障。

（二）提升民航服务质量的基本原则

1. 坚持高质量发展方向

要正确处理安全与服务的关系；要正确处理发展与服务的关系；要始终把服务质量、航班正常等因素作为衡量民航发展质量的关键指标，使行业沿着高质量发展轨道前行。

2. 坚持以人民为中心

民航服务的根本目的是满足人民群众的航空运输需求。要把广大人民群众的满意度和获得感作为评价民航服务的主要标准。

3. 坚持运行单位为主体

航空公司、机场、空管、服务保障企业等运行单位是提升民航服务质量的主体。要充分激发各运行单位提升服务质量的内生动力；要不断加强民航服务的系统性建设，共同打造优质高效、衔接顺畅的民航服务供应链。

4. 坚持改革创新为动力

改革创新是提升民航服务质量的动力源。要从人民群众最关注、行业发展最迫切的问题入手，以新技术、新理念、新业态带动各种创新要素向服务供给端集聚，推进民航服务质量快速提升。

（三）提升民航服务质量的主要目标

第一阶段，提质增效阶段。重点解决人民群众不断增长的航空运输服务需求和民航服务能力不足之间的矛盾。到2020年，初步建成系统完善的航班正常保障体系，航班正常水平稳步提升，全行业航班正常率达到80%以上，机场始发航班正常率达到85%以上；民航服务主体的服务质量管控能力和创新能力显著加强；旅客投诉率、行李运输差错率明显下降，旅客满意度明显提升；具有系统完善的民航服务质量法规标准及监管体系；服务基础设施建设力度不断加大；全行业服务从业人员服务意识和综合素质显著提升。截至2023年，中国民航航班正常率连续5年超80%，2023年达到83%。

第二阶段，超越跨越阶段。到2035年，民航服务要全方位满足人民日益增长的航空服务需求，涌现出一批服务质量国际领先，能够代表中国服务品牌的民航企业，中国民航服务进入世界民航服务先进行列。

第三阶段，国际领先阶段。至21世纪中叶，形成高效、便捷、舒适、绿色、和谐的民航服务供给体系，中国民航的服务产品、服务标准、服务理念得到国际普遍认可，中国民航服务水平全面进入国际前列。

第二节 建设人文机场

一、人文机场的内涵

（一）定义

人文机场是秉持以人为本，富有文化底蕴，体现时代精神和当代民航精神，弘扬社会主义核心价值观的机场。

2020 年，民航局发布《中国民航四型机场建设行动纲要（2020—2035 年）》（以下简称《纲要》），明确提出在四型机场的核心要素中，平安是基本要求，绿色是基本特征，智慧是基本品质，人文是基本功能。人文机场是四型机场建设的重要组成内容，是增强人民在民航高质量服务中的获得感、幸福感和安全感，推进民用机场高质量发展和民航强国建设的核心举措。

人文机场建设与平安、绿色、智慧机场建设联系密切。人文与平安的关系，在于人文注重体现"珍爱人的生命"，保障客户、用户与员工安全是人文与平安共通的关键内容；人文与绿色的关系，在于人文注重体现"保障人的权益"，倡导"与自然和谐相处"，并是国家文明程度和人文精神的重要体现；人文与智慧的关系，在于人文注重体现"方便人的出行"，科技进步可以变革机场出行方式、提高出行效率，依靠大数据和智慧解决方案，将服务模式升级为实时动态调整的运营管理和个性定制、敏捷响应的服务提供。

2023 年修订版《纲要》新增"推动智慧技术与人文服务深度融合"，要求通过 AI、大数据优化旅客体验。

（二）建设人文机场的主要内涵

随着经济社会的发展，旅客对于出行交通工具的需求更多关注出行流程的便捷性和出行服务的舒适性，品质化的服务体验成为提升机场品牌价值和旅客满意度的有效途径，服务软实力也成为机场日益重视的战略要素，而人文机场建设正是提升机场软实力的一个较新的概念和方式。

在四型机场建设中，人文是基本功能。机场建设必须回归到重视人、尊重人、关心人、爱护人的本质上。机场应始终坚持以人为本，践行真情服务理念，从文化彰显和人文关怀两个层面，聚焦理念、形象、空间和服务四个系统建设，在机场全用户活动范围内，突出人文体验，弘扬中国精神，彰显特色文化，体现人本关怀，实现机场与社会不同群体的和谐发展。人文机场建设要紧扣"人文关怀"和"文化彰显"两条主线，围绕"功能规划、空间环境、服务行为、服务设施、服务产品、主题理念、文化表达"七个建设要点展开。

建设人文机场的主要内容包括四个方面：一是旅客服务质量有效提升；二是旅客乘机流程优化，出行便捷；三是环境与空间设计富有文化品位；四是机场管理注重员工关爱。

（三）人文机场建设目标

坚持以人为本，践行真情服务，满足机场公共交通属性和基本功能需求，并以"人文关怀"和"文化彰显"为建设主线，致力于在机场全领域、全流程和全周期发展中持续提升客户、用户与员工的人文体验；全面推进人文机场建设，以弘扬时代精神和行业文化为己任，努力打造具有鲜明主题与人文气息的乘机环境与工作环境，更好地满足人民对美好生活的需求，不断提升民航运输对民众出行的吸引力，推动民航高质量发展。

二、建设人文机场，实现和谐发展

（一）树立"中国服务"品牌

"中国服务"品牌是坚持"以人民为中心"，践行真情服务理念，健全机场服务质量标准及监管体系，加强服务主体的服务质量管控能力和创新能力，努力补齐机场服务短板，持续提升全行业服务品质，提升人民群众民航出行的获得感。

机场建设以人本理念指导规划设计，注重旅客、货主、员工等使用者的需求和感受，实现功能性、艺术性、便捷性、经济性有机统一。将品牌工程建设与运行服务密切结合，将人文关怀贯穿始终，使机场成为有温度、有活力的温馨港湾。

（二）实施机场服务品质工程

持续完善以运行控制、机场保障、流量管理和考核机制为核心的航班正常管理体系，使航班正常率稳步提升。完善航班信息发布制度，确保旅客及时准确获取信息。健全旅客投诉监督机制，增强旅客投诉集中受理平台功能，提高旅客投诉处理的效率和质量，保障旅客合法权益。

从需求出发，向旅客和货主提供全流程、多元化、高效率和高品质的服务产品，尊重和满足特殊群体的差异化需求。密切关注新技术对出行方式、出行需求的影响，持续优化和提升服务产品供给能力。以融合共享理念指导无障碍建设，为旅客提供安全自如、便捷舒心、连贯畅行的无障碍服务。

机场管理机构要在确保高品质核心运输服务的前提下，准确把握民航运输发展态势，将机场服务范围拓展到从"家门"到"舱门"，从单一的运输服务到基于运输服务的多元化业务，实现从机场运营者到航空城市经营者的转变。

（三）实施机场服务便捷工程

合理优化、简化旅客流程，减少重复验证环节，着重解决旅客集中反映的不畅、不通问题。积极探索人工智能、互联网+、生物特征识别等新技术应用，加快推进"无纸化出行"、全流程自助等新模式，提高旅客出行效率。提高中转服务水平，缩短旅客中转衔接时间，减少中间环节，加快推进中转旅客跨航司行李直挂等服务，改善中转旅客体验。

不断提高后台业务处理能力和工作效率，实现"信息多跑路、旅客最便捷"。增加近机位有效供给，切实提高近机位使用效率。利用新技术实现旅客对行李的全流程跟踪。开展"行李门到门"服务试点。推进航站楼协同管理，实现对楼内旅客态势及服务资源的分析预测。

（四）打造特色鲜明文化载体

提升航站楼等主体建筑和相关设施的人文内涵，充分体现行业文化、地域特色，不忘本来、吸收外来、面向未来，彰显信仰之美、崇高之美、和谐之美，充分展现文化自信。

合理规划利用航站楼、卫星厅内部空间资源，在功能优先的前提下，通过主题展示、文化交流等方式，弘扬中华优秀传统文化，展现当代中国风貌，将机场打造成为传播中华文化艺术、增进世界文化交流的舞台。

三、建设人文机场要求

在理顺人文与平安、绿色、智慧机场内在关系的基础上，明确人文机场建设工作围绕"人文关怀"和"文化彰显"两条主线展开。机场坚持以人为本的服务理念，注重功能优先，在满足旅客出行、货物流转、航空器运行、用户运营及员工使用等需求的基础上，通过流程、服务和设施设备等人性化设计，空间体验、主题展示和品牌活动等多样化表达，春风化雨、润物无声，将人文关怀渗透到服务的全过程中，实现功能性、普适性、主题性、参与性及经济性的有机统一，持续提升客户、用户与员工体验。

（一）坚持以人为本

人文机场建设应始终坚持以人为本，以旅客、驻场单位、员工、政府管理部门等需求为出发点，践行真情服务，弘扬人文精神，彰显文化自信，塑造品牌形象，坚持和传递社会正能量，培育和弘扬核心价值观，使机场成为中华优秀传统文化和社会主义核心价值观的承载者和传播者。

（二）建设四个系统

人文机场建设应围绕"文化彰显"和"人文关怀"两个层面，着力于理念、形象、空间、服务四个系统的建设。

理念系统是机场文化彰显的核心，强调其统一性，对于人文机场建设具有导向和规范作用。

形象系统是理念系统在文化层面的视觉化表现形式，强调其特色性。

空间系统是人本关怀在空间体验和功能设施的具体表现形式，强调其舒适性和便捷性。

服务系统是人文机场建设的重中之重，是人本关怀在服务行为、服务设施、服务产品上的表现形式，强调其规范化、人本化和多样化。

各机场可结合实际，从主题理念、文化表达、空间环境、功能规划、服务行为、服务设施、服务产品七个方面开展人文机场建设，基本框架如图8-3所示。

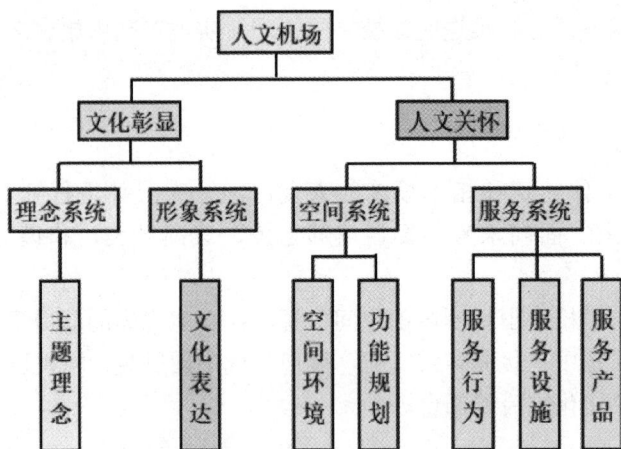

图 8-3　人文机场内涵

第三节　真　情　服　务

真情服务，重在真，意在情。所谓"真"，就是求真务实的工作态度；所谓"情"，就是以人民的利益为出发点。"用真情"是民航服务的底线。

一、真情服务的本质要求

民航真情服务的内涵是：用民航服务的真情，创造旅客优悦体验的实感。同时，其外延丰富，具体是：民航工作应在立足"安全第一"的同时，用真情把优悦服务传递给民航旅客和民航员工，积极践行"人民航空为人民"的行业宗旨，努力将民航打造成交通运输业真情服务标杆和旗帜。从文化角度看，真情服务反映的是民航人大力弘扬中华民族传统美德，为人真诚、待人用心、做事实在、讲究情感、遵守规则、注重协作的工作状态，以及自觉奉献、敢打硬仗、关键时刻挺身而出的优秀品格。从行业角度看，真情服务作为民航工作的内在要求，既强调了民航作为服务性行业的共性，又凸显了真情在民航优质服务中的核心作用。

（一）真情服务宗旨——"人民航空为人民"

民航服务品质直接关系到民生，影响到民心。建机场"为了谁"，归根结底，是为了广大人民群众出行方便快捷，因此我们要牢固树立"发展为了人民"的理念。中国民航是交通运输行业的重要组成部分，它服务于人民大众最基础的生活所需，属于"衣食住行"中必不可少的"行"的范畴。民航也是一座城市、一个地区和一个国家对外联络和交流的重要窗口，人们通过一个地方的民航发展、民航形象和民航服务能够初步判断当地的经济社会发展水平和人文素养，所以民航又是服务社会和人民群众的、具有鲜明服务特征的窗口行业。民航服务品质直接关系到民生，影响到民心。

机场的基本工作就是服务旅客，服务社会大众。民航机场要继续落实中央精神，不忘初心、牢记使命，大力倡导和践行"人民航空为人民"的真情服务理念。机场要结合自身情况，秉承"真心、热心、用心"的服务原则，为广大人民群众提供优质的航空服务，把党的"全心全意为人民服务"的根本宗旨真正落到实处。

（二）真情服务是促进民航业发展的本质要求

当前我们在国际、国内两个市场上面临的压力还是非常大的。应对国际、国内竞争，最主要的是提高民航竞争力，而民航服务水平正是民航竞争力的根本体现。只有开展真情服务，不断提高服务品质，才能有效应对纷繁复杂的竞争，才能逐步实现由民航大国向民航强国迈进。

真情服务就是着眼于民航应当担当的政治责任，着眼于民航行业的本质要求，着眼于民航行业的持续健康发展，具有现实而长远的重大意义，当前和今后一个时期，民航业仍处于快速发展的战略机遇期，但同时民航服务供给与人民群众需求还有较大矛盾，服务品质不高已经成为行业发展的短板。在这种形势下，真情服务的提出具有十分重大的意义。

（三）真情服务就是要满足广大人民群众需求

民航作为第三产业、服务型行业，其本质属性、最终产品就是服务。向社会提供安全、优质和高效的航空运输服务，是机场存在的本质要求和内在价值；为广大旅客提供满意度高的服务，是全行业践行"全心全意为人民服务"宗旨意识的具体体现。机场讲真情服务，就是把真心放在旅客身上，设身处地为旅客着想，为他们提供细致周到的服务。

真情服务要把满足广大旅客和航空公司的需求作为工作的落脚点。机场通过优化资源配置、提高服务功能、提高管理水平，保障广大旅客与航空公司享受基本服务；通过协调各方、沟通信息、组织管理和提高运行效率，保障各项工作到位。机场要把广大旅客和航空公司是否满意作为衡量机场服务水平的基本标准。

真情服务就是真诚、真实、真心地尊重、关注旅客的需求。机场讲真情服务，就是把真心放在旅客身上，设身处地为旅客着想，不把"特殊情况"当理由，不把"有困难"当借口，时刻把旅客的利益放在心中，把旅客的满意作为工作的标准，把旅客的冷暖挂在心上，主动把方便留给旅客，把困难留给自己，真诚服务旅客，换来旅客的真心理解；真情对待旅客，赢得旅客的谅解和认同。

二、以先进服务理念引领真情服务

先进的理念是真情服务的灵魂。首先，理念是意识层面的东西，是经过深入思考，具有系统性、全面性和深刻性的意识；其次，理念也是一种观念，一种精神，它不仅仅是对现实问题的思考，更重要的是面向未来，对将来有所展望，要具有一定的预见性和前瞻性。所以，理念是一种对未来深入思考、系统谋划、科学预见的理性思维，而不仅仅是一种思想或一种意识。真情服务要求树立先进理念，不断加强共同价值追求，强化服务意识，用真诚的态度和贴心的温度诠释真情服务精髓，赢得广大旅客对机场服务的口碑。

（一）坚持真情服务底线的理念

无论在发展中遇到什么问题，需要解决什么问题，民航都要坚持"飞行安全、廉政安全、真情服务"三条底线，努力做好各项工作，更好地服务国家发展战略，更好满足广大人民群众需求。坚持真情服务底线，以旅客利益为出发点，始终把旅客满意作为服务标准，是民航工作不懈的追求。什么是底线？底线就是不可逾越的红线。

民航局党组提出了要"坚持真情服务底线"，要想得到旅客的认可，就必须尽力满足旅客的不同要求，切实改进服务工作，提升旅客服务体验。"真情服务"不是一句空泛的口号，必须落到实处，经得起严格的检验。

坚持真情服务底线，要求我们必须内化于心、外化于行。真情服务，体现在一个"真"字上。虚情假意往往让人排斥，只有真心付出，真诚以待，才能收获真心的感谢与回报。要想提升旅客满意度，获得旅客的好评，我们就必须真心付出。在服务态度和细节上，要发自内心地为旅客服务，让旅客感受到民航服务的真心诚意。没有感情，再灿烂的微笑也难免虚假；没有感情，再高的服务技巧也难免冷漠。只有将"真情服务"内化于心，才能外化于行。真情是驱使机场主动服务的原动力。

坚持真情服务底线，要求我们必须换位思考，将心比心。换位思考就是站在对方的角度来考虑问题，把对方的事当成自己的事。在服务过程中，应站在旅客的角度想问题，仔细考虑自己作为旅客出行时，需要民航提供哪些周到而便捷的服务，这样就会积极主动起来。

（二）坚持平等服务的理念

平等服务即向所有旅客、航空公司提供平等的基本服务。机场高效运转需要建立系统完整、协调联动的服务体系。我们把服务好航空公司及各驻场单位作为己任，共同打造资源共享、风险共担、合作共赢的发展共同体。机场通过优化资源配置，完善服务功能，提高管理水平，着力保障广大旅客与航空公司普遍均等地享受机场的基本服务；通过协调各方，主动沟通，加强机制建设，提升机场运行效率，全力做好各种复杂情况下的航班服务和保障工作。

平等服务从来不排斥特色服务。直面旅客，一切以旅客为根本出发点，把旅客当成自己的亲人来服务。发挥民航"精尊细美"的服务特色，坚持六勤（脑勤、嘴勤、腿勤、手勤、眼勤、耳勤）、五心（真心、诚心、热心、细心、耐心）、四美（心灵美、语言美、行为美、形象美）、三不怕（不怕脏、不怕累、不怕烦）的服务标准。无论是白天或晚上、高端或普通、正常或不正常、领导交代或不交代，服务品质要完全一样，对所有旅客要一视同仁。这才是平等服务的最高境界。

平等服务从来不排斥特殊关照服务。在民航服务工作中，工作人员会有重点地关照特殊旅客。特殊关照那些由于其身体和精神状况需要被特殊照料的旅客，如婴儿、儿童、孕妇、残障旅客和老年旅客等。针对残疾人，必须保证他们享受正常人一样的平等服务；针对行动不便的老人、怀抱婴儿的旅客、残障人士和孕妇等特殊旅客，提供免费轮椅、无障碍车位、免费行李搬运、进出港免费陪送等特殊服务。

（三）崇尚人文关怀服务的理念

强化机场服务的人文关怀。让广大旅客感受到航空出行的便利和温馨是机场工作人员的心愿。我国机场致力于建设一支诚信、友善、专业的服务团队，为旅客提供安全、便捷、顺畅的机场服务。根据地域特点、风俗习惯、气候变化，以及各类旅客群体，特别是根据老、幼、病、孕、伤残旅客的不同需求，优化出行流程，细化服务项目，做到把方便留给旅客，把困难留给自己，让广大旅客享有舒心、放心、安心的出行体验。

"老吾老以及人之老，幼吾幼以及人之幼"，机场秉承"以诚为本，以客为尊"的服务文化理念，把旅客当亲人，当无人陪伴儿童的好阿姨，做老年旅客的好儿女，当病残旅客的好护理，打造"微笑、优雅、专业、自信"的服务职业形象，用实际行动为旅客提供真情服务。

人文关怀强调的是尊重生命、敬畏生命。北京首都国际机场曾经发生过的"急救门"事件，使我们懂得生命高于一切。面对不同困难等级的事件，在场救助人员的态度也要从"用心服务"升级到"全力以赴"。在遭遇突发事件、危及生命的时刻，任何原因都不能成为我们不尽全力抢救的借口。2015年10月人体器官转运绿色通道受阻事件，促使我们再次向社会承诺打通人体器官转运绿色通道是民航义不容辞的责任。民航是速度最快的交通运输方式，在保障时效性高的运输中不可替代。人体器官捐献与移植是一场生命与时间的赛跑，对运输时效要求极高，航空运输是最佳方式。2016年2月25日，中国民用航空局印发《关于进一步做好特殊航空运输服务工作的通知》指出："人体捐献器官航空运输是民航业履行社会责任的重要体现。民航各单位要充分认识人体捐献器官航空运输的重要性，在保证航空安全的前提下，提供便捷、顺畅、高效的运输服务。"

案例 8-1 　**开通绿色通道，吉祥航空积极参与完成
"空空中转"器官运输紧急任务**

三、创新是真情服务的生命力

创新是服务的生命力。十几年来，全国各机场服务充分调动员工的积极性，在服务举措上不断推陈出新。不同机场的服务看似同质化，仔细观察后又会发现其各有特色，各有千秋。在创新的过程中，全国机场的服务水平整体上了一个新台阶，进入了良性循环的通道。而对机场来说，服务工作已经是一项需要不断创新、不断超越的工作。

（一）从航空运输上下游连接点上拓展服务产品

机场是航空运输的节点，旅客旅行从机场开始，到机场结束，这种旧思路已被"中国服务"的布局所打破，机场是综合交通的枢纽，航空运输仅仅是旅客整个交通组成中的一部分。开拓创新思路应从大交通、大旅游、大服务层面上拓展服务产品。

2024年1月1日至6月26日，上海浦东机场国际和港澳台地区进港航班49 031架次，日均275架次，同比增长91.5%，国际和港澳台地区进港旅客706.3万人次，日均约4万人次，同比增长180.2%。入境国际旅客数量快速增长，对相关服务提出更高要求。

2024年6月29日，上海浦东国际机场T2航站楼的外籍人员一站式综合服务中心建成投入试运营。启用后的服务中心以"欢迎你，帮助你"为定位，按照支付、文旅、通信、交通四大模块功能，方便外籍人员更好地了解上海、融入上海，向全世界讲好"上海故事"。

外籍人员一站式综合服务中心为入境国际旅客提供入境服务指南、《外籍人员在沪服务手册》、旅游地图、Wi-Fi设备租赁、手机SIM卡销售、交通卡销售、外币兑换、零钱包兑换、移动支付及人工咨询等综合性全天候贴心、便利服务，与上海国际服务门户多语种网站形成线上线下一体化服务网络。

智慧金融支付方面，支付服务窗口配备ATM和外币兑换机等自助设备，可支持5种主流国际银行卡取款和20种外币现钞兑换自助服务，同时为抵沪的境外来宾第一时间提供支付服务咨询、移动支付协助下载以及人工窗口外币兑换引导等多元服务。这也是上海首个建成启动的重点场所支付服务示范项目。

特色文旅服务方面，文旅服务窗口提供上海本地最新活动资讯、旅行路线推荐、酒店餐厅等服务指南，助力外籍人员"玩转上海"。

快速网络通信方面，旅客在通信服务窗口，可凭护照等证件办理7天、15天或30天的中国电信短期卡，满足旅客短期逗留期间打电话、上网或是使用打车、外卖等应用软件的需求。城市公共服务"Hello老友"电话亭可提供免费国内通话3分钟、免费充电等普惠便民服务。

便捷本地交通方面，交通服务窗口不仅提供便捷的出行咨询服务，还充分考虑外籍人员消费习惯，提供不记名Shanghai Pass卡的销售、充值、退卡服务。Shanghai Pass打通交通出行、文旅场馆、商超购物等各类消费场景，进一步优化了入境支付服务，让外籍人员一下飞机便能充分体验"上海出行+游购娱"一站式服务。

（二）用智能化技术代替现有的服务手段

长期以来，北京首都国际机场致力于打造具有影响力的"中国服务"品牌，秉承"愉悦服务、愉悦体验"的服务理念，紧紧抓住"手机+机场"的发展趋势，努力开发贴心便利的服务产品，搭建旅客互动平台，为机场商业、机场广告、机场餐饮、便利类服务等提供新的服务渠道。机场陆续推出了预订休息室、预订特殊旅客陪伴、预订电瓶车接送服务等线上预订线下服务，让原有线下服务更广泛地同旅客接触；此外，北京首都国际机场还搭建了客户关系平台，通过手机App实现了客户实时交互，并运用大数据策略，着手研发旅客在接受安检、等待出租车等环节上排队等候时间展示功能，满足旅客个性化服务需求。

现在各大国际机场为了提高礼宾服务水平，均为一线服务人员配备了iPad，以便为旅客提供个性化服务。iPad的搜索系统可以为旅客提供精确的信息服务。一线工作人员可以通过数据分析，协助找寻在航站楼里走失的儿童。所有服务人员无论身处何地都可以浏览信息。一旦发生紧急情况，有关信息也会同时发送到所有平板电脑上。

（三）从差异化、个性化上深挖服务潜力

个性化体验是旅客对于机场的新要求。每位旅客都是不同的，对服务的需求也是不一样的。我们要把每一位消费者看作独特的个人，进而满足他们的个性化需要。现在要求机场运营方更深入地了解消费者的需求和期望，并且更进一步来提供有针对性的产品和服务。

在提供更好的服务体验方面，越来越多的机场正在变得富有想象力，强调服务的重要性，开发独特的产品和服务，使乘客的旅途更加轻松和愉快。

实际上，在很多专家和旅客看来，机场提升旅客体验应该从三方面来做：服务流程科学合理、服务设施安全可靠、服务环境舒适宜人。

例如，荷兰阿姆斯特丹国际机场就展示了如何让体验和机场运营一起发挥作用，通过在安保方面的创新减少旅客压力和环境的压迫感。新的设计支持消费者提前准备安检，加快排队速度，还包括一个旅客休整区，让旅客能够更加方便地整理通过安检的行李。

四、民航员工是真情服务的主体

（一）打造一支高素质的民航员工队伍

民航服务质量提升的最终目标是：在确保旅客安全运输的前提下，推进旅客乘机出行体验的全面提升。旅客出行体验提升的关键源自为旅客提供各项服务的民航员工高超的业务能力和优越的职业表现。业务能力可以满足旅客出行的基本要求，而职业表现可以创造旅客出行的优越体验。优越的职业表现源于员工的主人翁责任感和爱岗敬业精神。以人为本，给民航员工创造一个愉悦的外部和内部工作环境，是提升其职业表现的主要动力源。民航服务主体的特征已经改变，这群年轻人更加追求个性，更加重视认同和肯定。我们要从民航员工的视角去思考服务质量提升的路径，首先应帮助员工深刻地理解真情服务的重要性、紧迫性，使机场的最终目标转化为每一位员工自觉实践的工作目标；进一步提升民航服务质量，不能再依仗"冷冰冰"的处罚或扣钱，服务标准和考核方式应转向坚持以人为本，要有奖惩分明的激励机制；要尽可能地为员工解除后顾之忧，如工作生活中各种困难矛盾的处理、职业生涯的设计等；要加强员工之间思想和情感上的沟通，重视并努力创造公平、和谐的机场内部工作学习及成长环境。至高的服务标准也需要一个个普通人来将其呈现在服务对象面前，使其切实转化为服务对象的完美消费体验。综上所述，人是关键，打造一支高素质的民航员工队伍，是坚持真情服务底线的人才基础。

（二）为机场员工提供优质服务

服务是一项将心比心的工作，没有满意的员工就没有满意的旅客。我们要广泛建立职工服务机构，配套相关设施和措施，做到"领导为员工服务、机关为一线服务、全员为旅客服务"，树立起浓厚的内部服务文化。

作为机场的领导者，在一定意义上说，领导也是服务。在提高服务质量的整个工作链条中，领导为员工服务是重要的一环。新加坡、中国香港、韩国仁川等国家和地区先进机场的服务质量之所以做得好，能够持久，就是因为领导层能够善待员工，在关心员工的过

程中培养他们对企业的归属感和自豪感，使员工以积极主动的工作态度和乐观向上的精神面貌投入工作。因此，当机场的员工面向旅客和航空公司辛勤地提供优质服务的同时，机场领导既要考虑提高效率，又要想到可持续发展与队伍的稳定，想方设法做好为员工队伍，特别是一线员工的服务，帮助他们排忧解难，为他们的生产生活提供各种方便，增强企业的向心力和凝聚力，使员工真正感受到企业大家庭的温暖，把做好服务工作当成自己的事，身心愉快地投入工作，真心地为提高企业的服务质量贡献自己的才华与力量。

（三）标准化管理是培养员工成才的最佳捷径

员工服务理念、规范服务质量的培养是一个由表及里、长短期结合的艰巨过程。在服务提升的初级阶段，应从提升外在服务形象入手，面对旅客抱怨和服务短板，以解决问题为导向来推动服务提升，全面细化机场所有服务岗位规范，建立标准，随后建立长效机制固化成果，形成完整的服务管理制度体系和服务标准体系。

航空公司规范精准的服务管理，一直是我们机场学习的榜样。1997年，厦航颁发《营运总册》，首创了国内民航业的手册管理模式，得到了民航局的高度认可，后来也成为各航空公司的基础管理模式。如今，厦航各级各类规范化管理手册共有83种，约1300万字，形成了公司全面管理的基础体系。2011年，厦航率先在业内发布《服务标准汇编》，约两万字，涵盖"空、地"全流程760余条标准，详细规定了每个流程、每项服务的标准，甚至连水果都有"厦航切法"，所有水果的形状、尺寸、摆放都"依册操作"。2014年，厦航推出100条空中微服务、78条精细的地面服务标准等，使"精心之处见真情，细微之处有感动"。在长期的规范化管理下，厦航建立了"真诚服务、微笑服务、一体式服务"等十大服务体系。例如，规范服务体系要求乘务员在机舱中要"3米之内有微笑，1米之内送问候，与旅客交流超过3句采用蹲式服务"等。2015年，厦航又投入上百万元建设行业领先的服务质量管理系统，运用科技手段，推进"顾客调查—趋势预判—服务预警—实时监控—动态改进"闭环管理，建立了"自我发现、自我评价、自我改进、自我完善"的全流程服务质量管理体系。

通过全员培训、日常检查、及时奖惩、绩效考核等标准化管理工作，促进员工养成良好的职业习惯，秉持"客户至上"的理念，以专业的形象、专业的技能和专业的态度，用心对待每一位客户，培养出一大批真情服务、值得骄傲的优秀员工。

第四节　航班不正常处置

真情服务的核心是航班正常。航班正常是对真情服务最基本的诠释。践行真情服务，首要问题是把航班正常性抓好。

一、概念

"航班正常"是指航空公司按照运输合同约定的时间将旅客运抵目的地。"航班延误"

是指航空公司未能按照运输合同约定的时间将旅客运抵目的地。旅客所关心的是哪些航班属于不正常航班，关键是如何界定概念中的"约定的时间"。

（一）定义

根据交通运输部 2016 年 3 月颁布的《航班正常管理规定》，对航班不正常有以下几种不同的定义界定。

（1）符合下列条件之一的航班判定为正常航班。

① 在计划离港时间后 15 分钟（含，下同）之内离港，不发生滑回及起飞后不发生返航、备降等特殊情况。

② 不晚于计划到港时间后 15 分钟到港。

航班正常不再以航班的起飞、落地时间作为航班正常的判定标准，而是以航班的挡/撤轮挡时间作为判定标准。

（2）"航班延误"是指航班实际到港挡轮挡时间晚于计划到港时间超过 15 分钟的情况。

（3）"航班出港延误"是指航班实际出港撤轮挡时间晚于计划出港时间超过 15 分钟的情况。

（4）"航班取消"是指因预计航班延误而停止飞行计划或者因延误而导致停止飞行计划的情况。

（5）"机上延误"是指航班飞机关舱门后至起飞前或者降落后至开舱门前，旅客在航空器内等待超过机场规定的地面滑行时间的情况。

（6）"大面积航班延误"是指机场在某一时段内一定数量的进、出港航班延误或者取消，导致大量旅客滞留的情况。某一机场的大面积航班延误由机场管理机构根据航班量、机场保障能力等因素确定。

（二）治理航班延误必须走法治化道路

过去，航班延误始终是困扰民航工作的一大问题。民航局自 2008 年起多次开展航班延误治理活动，制定了一系列治理航班延误的政策措施，收到了一定成效。但要建立航班正常工作的长效机制，必须走法制化的道路，通过立法将治理航班延误的政策措施转化为法规规章。

《航班正常管理规定》正式发布，并于 2017 年 1 月 1 日起正式实施。这是民航局第一部规范航班正常工作的经济类规章。《航班正常管理规定》是以《中华人民共和国民用航空法》《中华人民共和国消费者权益保护法》《民用机场管理条例》为主要依据的，同时借鉴了美国、欧盟相关民航法规规章，这有利于我国航班正常工作规定与国际先进做法保持一致，促进我国航班正常管理水平的提高。另外，规章的适用范围包括了在国内运行的外航和港澳台地区航空公司，因此，规章设定的义务性规范严格遵守了 1999 年《蒙特利尔公约》的要求。

《航班正常管理规定》从航班正常保障、延误处置、旅客投诉管理、监督管理、法律责任等各个方面，进一步明确了航空公司、机场、空管等航空运行主体的责任，为维护乘客的合法权益、保障正常航空运输秩序提供了法律依据。

《航班正常管理规定》用单行法规的形式为航班正常工作提供了最系统、最权威的法律依据，对有效减少航班延误，提高航班正常率，提升我国民航服务质量，维护消费者合法权益，保障航空运输秩序，提供了切实可行的法律保障。

（三）航班正常是行业战略发展的必然要求

航班延误是一个老大难问题。航班正常性是民航运输质量的集中体现。随着我国民航业的高速发展，航班延误问题变得越来越突出，它不仅影响民航的国际竞争力的提升，也影响民航与其他交通运输方式的竞争力，滞缓了中国民航向民航强国迈进的脚步，更事关民航乘客的切身利益。领导同志指出："航班正常工作既事关广大消费者的切身利益，也事关行业运行品质的提升、市场竞争力的优劣、社会形象评价的好坏。"此番表述从消费者权益的角度和行业发展的高度阐释了航班正常工作的重要性。航班正常表象是服务问题，实质是行业发展质量问题，必须站在行业发展战略的高度认识航班正常工作，着力系统谋划、精细管控、严格治理。

航班正常是一项长期复杂的系统性工作，必须树立系统思维，从民航发展的战略全局出发，系统谋划，综合施策，在系统管理上下功夫。要处理好安全、发展与正常的关系，实现安全、发展与正常相统一。始终在坚持安全第一的基础上，在生产高速发展的同时，不断提高航班正常率，提升行业运行品质；要处理好增长与质量的关系，实现增长与质量相协调。转变增长方式，提高资源利用效率，提高行业运行品质，增强企业竞争力；要处理好扩大规模与提升能力的关系，实现规模与能力相匹配。在航空运输规模持续扩大的新形势下，注重保障能力建设，使发展规模、航空安全与航班正常保障能力相匹配。同时，强化空中与地面、软件与硬件、人和物、局部和整体等相关因素的协同配合，把握关键环节，掌握决定因素，整体推进航班正常工作。

航班正常是真情服务工作的核心，是行业运行品质的集中体现，是民航应对竞争和外来挑战的核心竞争力。要秉承"发展为了人民"的理念，认真贯彻民航局"真情服务底线"的工作要求，不断增强做好民航服务质量和航班正常工作的紧迫感和责任感，努力提高航班运行效率和服务品质，为人民群众提供更加优质便捷的服务。当前行业快速发展和资源保障能力不足的矛盾更加突出，极端天气和军事活动对航班正常的影响不断增加，外部竞争更加激烈，航班正常和服务的痛点、短板仍然存在，人民群众对航班正常和服务的期待非常强烈。在严峻的形势和挑战面前要保持清醒认识，绝不能满足于已取得的成绩，更不能裹足不前，要用踏石留印、抓铁有痕的精神持续抓好航班正常和服务工作。必须抓住航班正常性这个"牛鼻子"，提升民航行业整体管理水平，更好地服务国家战略，发挥民航对经济社会发展的驱动作用；必须抓住提高思想认识这个"总开关"，站在行业发展的战略高度看清服务问题，必须把好顶层设计这个"方向盘"，继续围绕"资源能力是基础，信息畅通是核心，协同联动是根本，快速处置是关键"这四个关键环节开展工作，继续按照"系统谋划、精细管控、严格治理"的工作思路，深化改革，创新制度，补齐短板；必须开动各运行保障主体的"发动机"，激发各运行保障主体的内生动力，切实履行起主体责任，主动采取措施，不断优化，不断提高。

二、现状

运输服务质量的两个最基本的指标就是安全与效率。其中，效率指标最直接的反映就是我们所说的航班正常率，这关系到飞行安全和中国民航的整体运行品质，关系到社会的和谐稳定。我们要用踏石留印、抓铁有痕的精神继续抓好航班正常工作，使民航更好地服务国家战略，更好地满足广大民众出行需求。

航班正常一直是近年来中国民航狠抓不懈的一项工作。民航局每年要召开一次民航服务质量和航班正常工作会。"十三五"期间，正式实施的《航班正常管理规定》是民航局首部航班正常管理方面的规章，明确了各航空运行主体的责任，使保障航班正常、维护旅客权益有法可依、有据可查。随着运管委工作机制进一步落实，38个千万级机场建设A-CDM（机场协同决策）系统，积极开展航班时刻动态调整，严格落实航班正常考核和调控措施，通过完善治理体系、增强治理能力来提升航班正常率。以深圳机场为例，其航班放行正常率由2015年运管委成立前的72%逐步提升至2019年的87.8%。

民航局提出"控总量、调结构"决策部署，目前已初步形成精准调控、动态调控、分类调控的体系机制，扭转了近10年来航班增长速度高于综合保障能力提升速度的局面，实现了保障能力与航班总量总体平衡匹配，航班正点率提升，平均延误时间减少，运行抗干扰能力增强。

2023年全国保障各类飞行555.8万班次，日均15 227班次，同比2022年（302万班次）增加84.31%，较2019年（598万班次）降低7.08%。国内客运航班正常率87.80%，同比2022年（94.98%）降低7.17个百分点，较2019年（81.65%）增长6.15个百分点。民航局运行监控中心依据预先飞行计划和实际运行情况，从交通量、航班正常性、航班保障流程和航班长时间提前到港情况四方面对2023年民航航班运行整体情况作了统计。

据"飞常准"大数据统计，2023年中国境内千万级机场的出港放行正常率中，上海虹桥国际机场96.74%、北京大兴国际机场96.28%和成都双流国际机场94.96%位列前三名。按实际出港航班量前三名，广州白云国际机场达91.66%，上海浦东国际机场达93.39%，北京首都国际机场达94.23%，如表8-1所示。2023年境内机场出港航班555.8万班次，同比增加84.31%，其中38个千万级机场实际出港航班量为375.32万班次，占国内机场出港航班总量的67.5%。

表8-1　2023年中国境内38家千万级机场出港准点率

三字码	机场	实际出港航班量/万班次	实际出港运力/万座	出港动力相比2019年变化	出港航线/条	放行正常率	出港平均延误时长/分钟
CAN	广州白云	22.79	4 164.04	−0.99%	239	91.66%	26.97
PVG	上海浦东	19.22	3 504.65	−23.09%	262	93.39%	25.73
PEK	北京首都	17.95	3 716.44	−37.98%	214	94.23%	19.82
SZX	深圳宝安	17.84	3 259.55	5.17%	167	93.78%	29.29
CKG	重庆江北	17.83	3 023.49	19.29%	156	94.14%	18.3

三字码	机场	实际出港航班量/万班次	实际出港运力/万座	出港动力相比2019年变化	出港航线/条	放行正常率	出港平均延误时长/分钟
TFU	成都天府	16.35	2 755.50	inf	202	92.94%	20.63
KMG	昆明长水	15.67	2 543.64	−10.55%	153	93.28%	18.9
XIY	西安咸阳	15.24	2 446.53	−10.66%	162	94.51%	20.03
PKX	北京大兴	14.46	2 543.14	1317.70%	188	96.28%	18.94
HSH	杭州萧山	13.65	2 427.96	7.66%	143	86.00%	25.68
SHA	上海虹桥	13.11	2 776.06	3.78%	89	96.71%	22.31
CTU	成都双流	11.56	2 186.20	−32.17%	104	94.96%	19.28
CSX	长沙黄花	11.39	1 858.97	19.71%	108	92.06%	19.73
NKG	南京禄口	10.26	1 654.10	−8.52%	115	89.15%	25.58
WUH	武汉天河	10.10	1 600.56	0.97%	103	92.88%	16.48
CGO	郑州新郑	10.07	1 605.33	−2.84%	91	92.34%	17.44
URC	乌鲁木齐地窝堡	8.75	1 432.96	6.31%	106	91.43%	20.32
XMN	厦门高崎	8.66	1 492.84	−7.43%	117	89.92%	23.2
HAK	海口美兰	8.51	1 445.77	6.56%	123	92.03%	17.05
TAO	青岛胶东	8.12	1 340.55	−12.40%	102	91.91%	19.38
SHE	沈阳桃仙	7.38	1 203.52	5.44%	87	91.40%	17.54
HRB	哈尔滨太平	7.27	1 194.81	2.71%	95	91.95%	16.74
KWE	贵阳龙洞堡	7.12	1 123.97	−9.17%	98	92.10%	18.74
DLC	大连周水子	7.00	1 094.38	−6.47%	88	91.29%	21.56
TSN	天津滨海	6.90	1 133.67	−15.98%	96	92.09%	19.88
SYX	三亚凤凰	6.72	1 254.26	13.58%	78	90.97%	23.06
TNA	济南遥墙	6.64	1 085.19	4.58%	74	90.56%	19.59
CGQ	长春龙嘉	6.07	979.25	26.25%	72	93.35%	15.32
LHW	兰州中川	5.84	960.07	2.92%	83	89.75%	19.86
FOC	福州长乐	5.30	891.03	−1.70%	83	89.97%	21.2
NNG	南宁吴圩	5.11	821.48	−8.26%	85	92.18%	18.35
HET	呼和浩特白塔	5.06	708.48	−8.75%	84	89.57%	18.24
TYN	太原武宿	4.97	813.54	−4.86%	66	92.10%	18.08
NGB	宁波栎社	4.75	787.99	10.13%	80	88.72%	24.63

续表

三字码	机场	实际出港航班量/万班次	实际出港运力/万座	出港动力相比2019年变化	出港航线/条	放行正常率	出港平均延误时长/分钟
HFE	合肥新桥	4.69	753.15	−1.48%	61	89.72%	22.96
WNZ	温州龙湾	4.47	731.92	1.57%	84	88.89%	21.42
ZUH	珠海金湾	4.28	676.50	−1.10%	73	93.03%	20.31
KHN	南昌昌北	4.22	660.34	−22.91%	67	92.52%	16.39

摘自"飞常准"2023年境内机场发展报告

2023年中国大陆地区十大主要客运航空公司到港准点率最高的是中国国际航空集团有限公司，航班正常率87.81%，以下依次是春秋航空股份有限公司（87.44%）、山东航空有限责任公司（86.41%），如表8-2所示。

表8-2　2023年中国境内十大主要航空公司航班准点率

二字码	航空公司	实际执飞航班量/万班次	投入总运力/百万座	运力同比2019年	航线总数变化/条	航班正常率	飞机利用率/%
MU	东方航空	76.69	126.40	0.41%	351	84.75%	6.73
CZ	南方航空	75.84	118.21	13.39%	292	85.35%	7.08
CA	中国国际航空	54.02	100.18	21.05%	117	87.81%	6.8
HU	海南航空	24.64	45.76	2.14%	164	84.03%	7.26
ZH	深圳航空	24.38	40.14	−0.22%	68	78.45%	7.1
3U	四川航空	23.11	39.76	8.84%	116	85.68%	7.28
MF	厦门航空	21.43	37.95	5.01%	107	82.52%	7.73
SC	山东航空	18.36	30.27	−5.71%	103	86.41%	7.18
9C	春秋航空	15.04	28.20	11.34%	47	87.44%	7.46
HO	吉祥航空	12.85	23.46	24.09%	65	84.03%	7.88
GS	天津航空	11.12	15.92	−1.23%	125	85.42%	5.65
FM	上海航空	10.32	18.15	7.27%	61	84.20%	5.99
G5	华夏航空	9.18	10.53	−8.01%	147	85.88%	5.36

摘自"飞常准"2023年境内航司发展报告

从统计数据分析我国千万级机场和主要航空公司，疫情后的2023年与2019年相比均有提升，初见成效，但与全球准点率前十名的主要机场和航空公司相比还存在很大差距，如表8-3、表8-4所示。

根据CIRIUM 2023年航空业准点绩效评估报告，航空业已走出大流行的阴影，显示出强劲复苏和韧性的迹象。当我们回顾2023年并展望2024年时，很明显该行业不仅存活下来，而且在许多方面都蓬勃发展。2023年全球航班准点率最高的20家机场准点率达到了78.16%。

表 8-3　2023 年全球航班准点率最高的 20 家机场

排名	机场	离港准点率	飞行跟踪率	航班量/班次	平均离港延误时间/分钟	航线/条
1	明尼阿波利斯-圣保罗国际机场（MSP）	84.44%	96.70%	289 817	63	157
2	拉吉夫甘地国际机场（HYD）	84.42%	93.51%	168 426	53	82
3	肯佩戈达国际机场（BLR）	84.08%	90.38%	237 461	54	93
4	埃尔多拉多国际机场（BOG）	84.01%	87.74%	292 486	53	101
5	盐湖城国际机场（SLC）	83.99%	99.85%	226 705	66	100
6	底特律大都会韦恩县机场（DTW）	83.09%	99.76%	276 049	68	123
7	西雅图-塔科马国际机场（SEA）	82.97%	99.49%	399 583	54	126
8	费城国际机场（PHL）	82.75%	97.98%	246 152	75	122
9	哈马德国际机场（DOH）	82.04%	99.40%	223 952	41	191
10	羽田机场（HND）	80.51%	99.08%	455 001	32	103
11	夏洛特道格拉斯国际机场（CLT）	80.36%	98.62%	484 056	69	185
12	圣地亚哥国际机场（SAN）	80.32%	99.04%	189 479	59	82
13	华盛顿杜勒斯国际机场（IAD）	80.26%	95.53%	212 599	71	140
14	奥斯陆机场（OSL）	80.08%	97.41%	197 307	39	144
15	洛杉矶国际机场（LAX）	79.76%	96.59%	503 851	63	194
16	奥黑尔国际机场（ORD）	79.67%	97.97%	679 614	68	247
17	凤凰城天港国际机场（PHX）	79.59%	98.00%	386 189	61	148
18	贝尼托华雷斯国际机场（MEX）	79.42%	96.27%	333 349	54	104
19	纳什维尔国际机场（BNA）	79.30%	95.78%	203 893	62	110
20	哈茨菲尔德-杰克逊亚特兰大国际机场（ATL）	79.89%	99.04%	742 965	58	225
	总计	总准点率78.16%	总飞行跟踪率96.91%	总航班量6 748 934	总运力/百万座1 082.56M	总航线2 777

摘自 Cirium：2023 年航空业准点绩效评估报告

表 8-4　2023 年全球航班准点率最高的 10 家大型航空公司

排名	航空公司	国家	航班数量/班次	准点率
1	达美航空（Delta Air Lines）	美国	1 635 526	83.21%
2	拉美航空（LATAM Airlines Group）	智利	513 172	82.74%
3	蔚蓝航空（Azul Airlines）	巴西	306 992	82.39%
4	靛蓝航空（Indi Go）	印度	661 818	82.17%
5	全日空（All Nippon Airways）	日本	374 321	81.63%
6	日本航空（Japan Airlines）	日本	309 328	81.38%
7	阿拉斯加航空（Alaska Airlines）	美国	405 337	81.04%

续表

排名	航空公司	国家	航班数量/班次	准点率
8	美国航空（American Airlines）	美国	1 998 376	79.11%
9	美联航（United Airlines）	美国	1 503 635	78.67%
10	墨西哥航空（Aeromexico）	墨西哥	201 627	76.61%

摘自 OAG：2023 年全球航空公司全年航班准点率报告

注：CIRIUM 和 OAG 航班准点率搜集方式、统计方法与国内有所不同，数据仅供参考。

OAG 发布 2023 年全球航空公司全年航班准点率数据。在全球大型航空公司中，美国达美航空准点率排名第一，全年 163 万多次航班的准点率为 83.21%。OAG 的"准点"定义为航班到达和离开时间在航班时刻的 15 分钟之内。

三、航班不正常的原因

为了巩固航班正常工作成果，进一步提高航班正常水平，民航局于 2018 年 3 月 30 日实施新版《民航航班正常性统计办法》。

值得关注的是，新版航班正常统计办法中，民航局首次将航班统计范围从客货运的正常班、加班和包机扩大到客货运的定期航班和不定期航班，首次将不定期航班纳入航班正常性统计范围；新办法又把原来的航空器开关舱时间变更为航空器收松刹车时间，并根据机场跑道数量以及旅客吞吐量修订了机场地面滑行时间以及机型最小过站时间；此外，新办法还对早出港航班正常性统计时间、正常性统计表格等进行了明确、完善。

新版航班正常统计办法以航班的落地时间作为航班正常的判定标准，实际到港时间以航班入位后机组收起停留刹车时航空器自动拍发 ACARS 电报报告的时间为准。

不正常原因方面，新版航班正常统计办法把各类航班不正常原因分为天气、航空公司、流量、航班时刻安排、军事活动、空管、机场、联检、油料、离港系统、旅客、公共安全共 12 大类。具体内容规定如下。

（一）天气

① 天气条件低于机型最低飞行标准；② 天气条件低于机型最低运行标准；③ 天气条件低于机场最低运行标准；④ 因天气临时增减燃油或装卸货物；⑤ 因天气造成机场或航路通信导航设施损坏；⑥ 因天气导致跑道积水、积雪、积冰；⑦ 因天气改变航路；⑧ 因高空逆风造成实际运行时间超过标准航段运行时间；⑨ 航空器进行除冰、除雪或等待除冰、除雪；⑩ 因天气原因造成航班合并、取消、返航、备降；⑪ 因天气原因（发展、生成、消散等阶段）造成空管或机场保障能力下降，导致流量控制；⑫ 其他天气原因。

（二）航空公司

① 公司计划；② 运行保障；③ 空勤组；④ 工程机务；⑤ 公司销售；⑥ 地面服务；⑦ 食品供应；⑧ 货物运输；⑨ 后勤保障；⑩ 代理机构；⑪ 擅自更改预先飞行计划；⑫ 计划过站时间小于《民航航班正常统计办法》中的附件 2（见表 8-5）中规定的机

型最少过站时间；⑬ 其他航空公司原因。

表 8-5　机型最少过站时间　　　　（单位：分钟）

座 位 数	代 表 机 型	机　场	
		两条及以上跑道或年旅客 吞吐量超过 2 000 万	其 他 机 场
60 座以下	EMB145、ATR72、CRJ200 等	40	30
61～150 座	CRJ700、E190、A319、B737（700 型以下）等	55	40
151～ 250 座	B737（700 型含以上）、B757-200、A310、A320、 A321 等	65	45
251～ 500 座	B747、B777、A300、A330、A340、MD11 等	75	65
500 位以上	A380	120	120

（三）流量

① 在非天气、非军事活动等外界因素影响下，实际飞行量超过区域或终端区扇区保障能力；② 实际飞行量超过机场跑道、滑行道或停机坪保障能力；③ 通信、导航或监视设备校验造成保障能力下降。

（四）航班时刻安排

航班时刻安排超出民航局规定的机场航班时刻容量标准。

（五）军事活动

① 军航训练、转场、演习、科研项目等限制或禁止航班飞行，造成保障能力下降；②军方专机禁航；③ 军事活动导致流量控制；④ 其他军事活动原因。

（六）空管

① 空管人为原因；② 空管系统所属设施设备故障；③ 气象服务未及时提供；④ 航行情报服务未及时提供或有误；⑤ 擅自降低保障能力；⑥ 其他空管原因。

（七）机场

① 机场跑道、滑行道等道面损坏；② 机场活动区有异物；③ 人、动物、车辆进入跑道或滑行道；④ 发生在飞机起飞阶段高度 100 m（含）以下或者进近阶段高度 60 m（含）以下，或与机组确认为机场责任范围内发生的鸟害；⑤ 机场所属设施、设备故障；⑥ 等待停机位或登机口分配；⑦ 机场原因导致飞机、保障车辆等待；⑧ 候机区秩序；⑨ 机场运行信息发布不及时；⑩ 未及时开放、增开安检通道或安检设备故障；⑪ 机场施工造成保障能力下降；⑫ 机场净空条件不良造成保障能力下降；⑬ 机场或跑道宵禁造成保障能力下降；⑭ 机场所属拖车等保障设备到位不及时；⑮ 跑道查验；⑯ 其他机场原因。

（八）联检

① 因联检单位（边防、海关、检验检疫）原因未及时为旅客办理手续，造成旅客晚登机；② 其他联检原因。

（九）油料

① 未按计划供油；② 油品质量不符合规定要求；③ 加油设施设备故障；④ 加油时损坏飞机；⑤ 其他油料原因。

（十）离港系统

① 因离港系统故障不能办理旅客登机手续，或因离港系统运行效率降低造成旅客办理乘机手续时间延长；② 其他离港系统原因。

（十一）旅客

① 旅客晚到；② 登机手续不符合规定；③ 旅客突发疾病；④ 旅客丢失登机牌，重新办理手续；⑤ 旅客登机后要求下机，重新进行客舱及行李舱安全检查；⑥ 旅客拒绝登机或前段航班旅客霸占飞机；⑦ 其他旅客原因。

（十二）公共安全

① 突发情况占用空域、跑道或滑行道，造成保障能力下降；② 因举办大型活动或发生突发事件，造成保障能力下降或安检时间延长；③ 航班遭到劫持、爆炸威胁；④ 发生可能影响飞行安全的事件，如机场周边燃放烟花导致能见度下降，发现不明飞行物、气球、风筝等；⑤ 地震、海啸等自然灾害；⑥ 公共卫生事件；⑦ 其他公共安全原因。

为了厘清航班不正常原因，使处于航班运行各保障环节的单位根据自身掌握的信息充分表达意见，提高民航航班正常统计原始资料的公正性、客观性和准确性，建立航班正常统计核对机制和裁定机制。

航空公司、空管部门和机场要遵照统计办法，严格统计标准，加强沟通协调，合理判定原因。在规定的时限内上报各类统计报表，对于虚报、瞒报、拒报、迟报以及伪造、篡改统计资料的行为，一经查实要立即上报，并按照相关规定给予处罚。

根据民航局《民航航班正常统计办法》对 2023 年全年航班不正常进行统计，如表 8-6、8-7 所示。

表 8-6　2023 年客运航班不正常原因分析

指　　标	占全部比例/%	与2022年同比增减/%	与2019年同比增减/%
全部航空公司航班不正常原因	100.00	0.00	0.00
其中：天气原因	60.41	−6.73	15.50
军事活动原因	23.78	6.58	−15.69
航空公司原因	14.67	3.63	5.32
其他	1.14	−3.48	−5.13

表 8-7　2023 年全国机场放行不正常原因分析

指　　标	占全部比例/%	与2022年同比增减/%	与2019年同比增减/%
全部航空公司航班不正常原因	100.00	0.00	0.00
其中：天气原因	59.74	0.97	14.83
军事活动原因	29.56	9.54	−9.91
航空公司原因	9.08	−2.75	−0.28
其他	1.62	−7.76	−4.64

　　从表 8-6、8-7 统计数据中看到，2023 年天气原因成为影响航空公司不正常航班和机场放行正常的主要原因，各占比 60.41%和 59.74%；军事活动原因占比重将近 1/4 和 3/1，航空公司自身原因占不正常航班比例有所降低。

　　造成延误的原因包括天气原因、军事原因、航空公司原因及其他原因。这些原因中天气是很难把握的，我们现在能够把握、改进的是要在空管的管理和航空运营顺畅上下功夫，要在提高航空公司的运营能力上下功夫。

　　目前航班量快速增长与空域资源、地面保障资源不足的矛盾依然突出，极端天气等影响航班正常运行的客观因素也在不断加剧，航班正常工作的外部环境没有得到根本改善，要通过深化改革、创新制度、补齐短板，挖掘潜力，进一步巩固和扩大航班延误治理成果。航空公司要切实肩负起航班正常第一责任人的职责，处理好航班正常与生产、效益的关系，转变发展方式，摆脱盲目追求飞机利用率的情结，在正常与效益、速度与质量之间寻求平衡点。机场管理机构要摆脱不切实际的客货吞吐量崇拜，处理好增加吞吐量与提高保障能力的关系，增加吞吐量，一定要以提高保障能力和航班运行效率为前提，加大投资力度，使发展规模与保障水平相匹配。空管部门要强化服务意识，强化责任担当，主动作为，深挖内部潜力，把有限的空域用足、用好、用活。民航各地区管理局、监管局要正确把握定位，坚持三条底线，把确保飞行安全、维护消费者权益和促进健康发展作为工作的立足点和出发点，改进管理方式，切实提高监管能力，推动各项政策措施落实。

四、加大力度整治航班延误

　　近几年来，民航局认真回应社会公众对航班正常工作的强烈关切，持续采取行之有效的措施整治航班延误。2014 年提出"资源能力是基础、信息畅通是核心、协同联动是根本、快速处置是关键"的总体要求；2015 年提出"系统谋划、精细管控、严格治理"的工作思路，达成了行业共识；2016 年提出"唱响真情服务，提升民航服务和航班正常水平"的工作要求，遏制住了航班正常率不断下滑的趋势。要坚持真情服务底线，进一步增强做好民航服务和航班正常工作的责任感，巩固和扩大航班延误治理成果，着力打造民航服务质量新优势，促进民航服务和航班正常工作再上新台阶。

（一）系统谋划形成整体合力

　　疫情前，民航一直保持快速发展的态势，关键资源不足依然是民航航班正常工作的瓶颈。在严峻的现实面前，航班正常工作只能眼睛向内、努力挖潜，着力系统谋划，加强空中与地面、软件与硬件、人和物、局部和整体的协同配合，形成整体合力。

（1）要加强空中和地面的协同配合。空地一体化是航班运行的特点。提高航班运行效率和航班正常率，拓展空域、优化空域结构、盘活空域存量非常重要，但是增加航站楼、跑道、滑行道、联络道、机坪、廊桥等地面保障资源也不可或缺，否则就会出现"跛脚"现象，影响航班运行效率。

（2）要加强硬件和软件的协同配合。航行新技术和信息化技术的应用、先进设备的使用在航班正常工作中的积极作用已显而易见，但还须完善相应的规章、标准，实施流程再造、机构重组、制度创新，做到软硬件协同配合，让软件的功能最大化。

（3）要加强人和物的协同配合。航班正常工作最终要落实到岗位责任，保障航班正常工作的各项措施及设施设备的应用也要靠人实现，要重视人文管理，建立激励约束机制，营造良好的航班正常文化氛围，调动人的主观能动性，让外因通过内因充分发挥作用。

（4）要加强局部和整体的协同配合。航班正常工作链条长，运行责任主体多，涉及环节多，各链条之间的关联度高，必须建立大局观。从空域结构调整、基础设施建设，到航线网络布局、航班计划安排，都要加强局部与整体的协同配合，形成整体合力。

（二）精细管控提升处置水平

航班量快速增长和资源能力短缺的矛盾在短期内难以根本解决，在这种状况下做好航班正常工作，挑战极大，必须摒弃粗放的管理模式，着力航班运行的精细管控，向精细管控要空间、要效率、要正常，做到"数据分析、全程跟踪、持续改进、不断完善"。

（1）航空公司要不断优化航班运行链条，切实提升航班运行管控和航班延误处置水平。航空公司作为航班运行的组织者、实施者，应该切实履行航班正常工作主体责任。

① 要科学编排航班计划，定期优化调整航班编排，做到始发顺畅、过站充裕、航段从容、到站有保障，这是航班正常的基础。航空公司编排航班，不能只考虑飞机利用率，而不考虑地面保障、机组、维修等资源能力，影响航班正常率。

② 要优化航线网络，兼顾增强市场辐射力和航班正常率，流向要均衡，流量要匹配，衔接要紧密。从总体上看，"城市对"航线、直达航线有利于提高航班正常率，应尽量避免长距离跨区域的甩辫子航线以及经停点过多的航线。"轮辐式"航线网络虽然能够扩大市场覆盖面，但枢纽机场如遇恶劣天气，"航班波"带来的大量航班、旅客，也易给航班延误处置加大难度。因此，要在科学分析的基础上决定"航班波"的数量和时间段分布。

③ 要全程监控航班运行，做到监控到位、重点突出、协作紧密、决策权威。航空公司要有大运控意识，将飞行、维修、地面保障、旅客服务等工作与运行控制有效衔接，做到所有运行航班监控的全覆盖，对外及时协调空管、机场、航油供应等单位，对内统一调配分子公司、外站、飞行、乘务、机务和地服等运行资源，切实提升航班运行管控能力。

④ 要切实提高不正常航班的处置能力，做到预案完备，预警持续，措施果断。近几年，各航空公司、机场在航班延误处置上做了很多努力，但也有一些单位责任心不强，甚至是对付式的，结果把旅客对付急了，把自己对付累了，把处置效果对付差了。服务不能

"随性"，必须按规定把工作做细做实。

⑤ 要预留备份运力，做到应急有备，应对有序。备份运力是国外航空公司应对航班延误的普遍做法。美国达美航空公司在主要枢纽机场留有 20 架左右的备份运力，约占机队规模的 2.6%。欧洲低成本航空公司瑞安航空公司，旺季在主要机场备份 10 架飞机，占机队规模的 3.3%，并且常年备份 1 架飞机专门作运送飞机配件之用。2014 年达美航空公司航班正常率为 83.7%，瑞安航空航班正常率有些年份达到 90% 以上，它们的做法非常值得国内航空公司借鉴。国内航空公司应该用高标准要求自己，自觉落实民航局关于备份运力的要求。

（2）机场管理机构要不断优化机场保障链条，积极提升航班运行保障能力。机场是航班运行环境和资源的提供者，要摒弃旁观者思想，切实向运行管理者、组织协调者、便利提供者的角色转变，通过不断优化航站区、飞行区的相关保障条件，持续提升航班运行保障能力，为航班正常运行提供有力支持。在航班正常性工作中，机场必须有为，而且大有可为。

① 要改进机场设施设备，创造优质运行环境。有些机场放行正常率偏低，低于60%，主要原因之一就是保障设施设备严重不足。如果一门心思地只想增加航班，在增强保障能力方面没有积极作为，不但航班增加不上去，还会严重影响机场的形象和声誉。2015 年民航局出台了《民用机场航班运行保障设施设备配置指南》，各机场应该按要求增加机坪、拖车、客梯车、摆渡车、电源车、除冰雪车及通信设施等。旅客吞吐量 1 000 万人次以上的机场应该尽快推进二、三类盲降系统建设。需要特别强调的是，机场配备设施设备，不但要能够保证日常航班运行的需要，更要能够满足处置大面积航班延误的需要。

② 要优化机坪管理，提升运行效率。随着航空运输快速发展，机场规模不断扩大、布局更加复杂，多跑道、多滑行道、多航站楼、多机坪的机场众多，大型机场地面交通流量大、密度高已呈常态化。机坪管理，特别是大型机场的机坪管理直接关系到航班正常，也体现着机场的管理水平。要积极推进航空器机坪运行管理移交工作，提高大型运输机场的运行效率。要最大限度地利用靠廊桥的停机位，提高飞机靠桥率，有效缩短地面保障时间。

③ 要细化应急预案，维护运行秩序。目前各大机场都制定了大面积航班延误应急预案，但一遇到大面积延误，处置仍显无序，说明应急预案的可操作性还需进一步增强，需要持续优化。应急预案要做到关键环节全覆盖，明确责任主体和工作流程，使每一项工作都有具体的承担单位、执行部门、人员、实施程序和执行标准。每经历一次大面积航班延误，都应该及时分析查找预案的漏洞和薄弱环节，对预案做出调整。

（3）空管部门要不断优化空管保障链条，主动提高气象预报水平、加速空中流量、精心组织协同放行。空管是航班运行的神经中枢，是提高整体航班运行效率的关键环节。

① 要继续优化空域环境。要制定全国统一的航路建设规划、终端区的结构调整方案，明确路线图和时间表。要加大与军方的协调力度，更多释放临时空域。要对现有空域结构，特别是繁忙空域进行调整，大力推进航路单向运行、大通道建设，千方百计地增加飞行容量。

② 要提高气象预报的及时性和准确性。极端天气预警对航班正常工作非常重要。空

管部门应该加强与中国气象局在卫星资料、数值预报产品、雷达资料利用等方面的合作，组织力量开展技术攻关，解决预报提前量不够、预报不准确问题。

③ 要尽最大努力加速空中流量。保证安全并提高管制指挥效率，是衡量空管工作水平高低的一把尺子。民航局出台的《优化空中交通管制运行规范的暂行规定》对缩小航空器尾流间隔、提高地面滑行速度、减少航空器占用跑道时间、缩减航空器进近雷达管制间隔和起飞落地最小间隔等提出了明确要求，在加速空中流量、保障航班正常工作中发挥了重要作用。空管部门应该加强培训，建立合理的激励约束机制，在确保安全的前提下，进一步把这个规定落到实处，把有限的空域用足、用好、用活。

④ 要进一步完善航班协同放行机制。要总结推广 CDM（Collaborative Decision-Making，协同决策）系统运行成功经验，尽快实施协同决策全国一体化，降低跳变率，充分发挥大面积航班延误时的协同放行作用。

（三）严格治理确保监管到位

民航政府管理部门既是航班正常管理政策法规的制定者、航班运行秩序的监督者，也是消费者权益的保护者。

（1）要像监管安全那样监管航班正常。各地区管理局、监管局必须像监管安全那样监管航班正常，必须突出针对性，提高督查效果。

① 要检查时刻执行情况。既要加强对航班时刻批复的督查和违规追责力度，又要加大对航空公司时刻执行情况的监督管理力度。

② 要检查机上长时间延误处置情况。机上长时间延误是旅客反映最强烈的问题，要加大检查和处罚力度。

③ 要检查大面积航班延误处置情况。重点检查运行信息共享机制、协同放行机制、旅客服务协调机制运行情况、人员到位等情况。

④ 要检查公安执法情况。

（2）加大处罚力度，切实纠正违规行为。航班正常监管工作，最怕失之于软、失之于宽、失之于松。2013 年民航局关于《做好航班正常工作若干规定》《关于做好 2014 年航班正常工作的措施》和《关于做好 2015 年航班正常工作的措施》均明确了处罚条款，关键是处罚要落地。

一分部署，九分落实，一次处罚，胜过九次督导。民航行政管理部门加大了航班正常管理力度，采取行政约见、专项督查、通报批评、限制增量、取消航权时刻等手段，督促各单位落实民航局各项要求，提高航班正常率。对一些航班正常水平较低、航班延误处置工作不力的机场和航空公司采取了暂停加班、包机和新增航线航班申请，通报批评并责令限期整改等处罚，同时向社会公示，起到了很强的警示作用，也有效地推进了整改工作。

今后要多措并举，继续通过严格处罚，把各项规定落到实处，决不能让法规成为"稻草人"和"纸老虎"。除了取消时刻、罚款、限制增加航班、削减飞行小时等措施，还要完善航班正常信息公开制度，接受社会监督，形成倒逼机制。

保证航班正常是一项复杂的系统工程，做好航班正常工作，必须处理好安全、发展与正常的关系，处理好增长与质量的关系，处理好扩大规模与提升能力的关系，把握关键环节，采取有力措施，整体推进，持之以恒，一抓到底。

五、航班延误后旅客服务

中国消费者协会、中国民用航空局运输司曾经联合做过一次调查，有 49.5% 的旅客对航班延误后的服务不满意。航班延误后，机场往往成为旅客发泄不满的主要场所，容易出现殴打机场地面勤务工作人员、砸值机设备、罢乘、占机、拦跑道等过激行为。

一旦航班延误，不仅航空公司需要做好航班延误服务，机场同样需要投入精力做好航班延误服务。民航局明确规定机场管理机构在大面积航班延误处置中承担的主体责任，应当统一协调运输机场的生产运营，认为机场有必要在完善工作预案、健全设施设备、提高服务水平、加强人员培训等方面把工作做得更加扎实。

（一）协同联动是根本

运输机场最基本的功能就是为旅客提供良好的进出港服务。航班的正常运行是加快运输机场吞吐速度、提高机场运行效率的重要前提。民航航班运行存在着运行链条长、辐射面广、工作环环相扣等特点，可谓牵一发而动全身。在航班延误时，航空公司、机场和空管能否提前预警，快速处置，内外协同，形成合力，对于减少连环延误起着关键作用。当一个航班有了预计起飞时刻后，航空公司能否快速组织旅客登机、机场的各种保障资源能否迅速到位，都直接影响着航班运行效率。如果各个流程都快速、高效，就有利于充分利用有限的时刻资源。而一旦个别环节出现了问题，就可能导致一系列连锁反应。因此，机场管理机构、航空运输企业及其他驻场单位应当采取有效措施加强协调和配合，共同保证航班正常运行。

机场联合驻场单位应共同组建机场协调机制。机场、航空公司、空管、保障等各民航单位参与机场大面积航班应急协调指挥机制，尽可能提前对预计大面积航班延误有比较科学的预判，提前向公众发布大面积航班延误的预警信息，建立各参与单位可提前采取相应措施的制度。北京首都国际机场建立了大面积航班延误服务协调会商机制。在特殊天气或者重大保障活动时，华北空管局和北京首都国际机场、各航空公司会启动运管委应急会商机制和 CDM 非常态机制，统一协调各单位做好航班保障和旅客服务工作。在运管委应急会商现场，北京首都国际机场运管委各成员单位根据航班运行保障情况，协调长时间延误航班优先起飞。在 CDM 系统为起飞离港的航班提供运行次序后，各航空公司依据 CDM 系统时刻安排旅客登机，减少旅客机上等待时间，并减少飞机在机场活动区和机动区的延误，提高安全运行水平。

由华东局牵头启动了航班运行协同决策系统 CDM。目前，华东地区 42 座机场都已经实施了 CDM 协同放行。可以说，CDM 放行在航班时刻预发布与减少航班滑行时间方面效果显著，航班放行延误 1 小时以上的情况大大减少，旅客群体性事件减少趋势明显，机坪资源利用率有效提升，节能减排成效显著。

广州白云国际机场成立了"运行协调管理委员会"，制定《白云机场运行协调管理委员会工作方案》，明确工作宗旨、工作目标、组织架构、运作模式、工作机制等，将航空公司、空管、航油、海关、边检以及各地面服务保障单位的力量整合起来。由于机场加强了与航空公司的互动，服务保障及时，对缓解旅客不满情绪起到了积极的作用。

（二）信息畅通是核心

综观各机场发生的旅客打砸事件，大部分是由于航班信息通报滞后导致旅客不满而引发的。每当遭遇大面积航班延误时，客服电话打不通，网络信息查不到，柜台工作人员"一问三不知"，是旅客与机场和航空公司发生冲突越来越多的原因，甚至还多次发生地服人员被旅客殴打的极端事件。

然而，暴力并不是解决问题的有效途径。长时间的等待，无法及时得到确切的航班动态以及不及时的延误后续服务，让滞留的旅客大为恼火，并且让身处一线的工作人员承受着巨大的压力，甚至是人身安全威胁。

其实，几乎所有的闹剧都与"能不能飞""什么时候飞"这些问题有关。这些看似简单的问题的答案，不仅普通旅客想知道，而且是机场和航空公司很多部门最想知道并希望迅速传播的。北京首都国际机场曾进行过一次航班延误服务调查，调查显示，有66%的旅客认为航班变更及后续处置信息通知不及时。

在航班延误期间，旅客需要在短时间内做出行决策：是改签航班还是退票，是在机场等待还是选择去酒店休息。这时，相关信息的告知是否正确、及时、充分就显得尤为重要。随着科技的发展和互联网的普及，通过媒体、微博、微信等公共平台向旅客传递信息成为一种高效、及时的方式，为传统的电话或短信通知方式做出了有效补充。但这种传播方式并不能覆盖至每一位旅客，依然会有旅客没能及时收到信息。即便是在机场内，也不是所有旅客都能在第一时间获得退改签信息、天气信息、酒店信息等。

当发生航班延误时，旅客最怕的不是延误时间长，而是身处"信息孤岛"的茫然与慌张。由此可见，信息的透明、及时、准确决定了旅客能否逃离"孤岛"。机场、航空公司、空管看似是相对独立的单位，但在航班延误面前更要比平时团结协作。目前，在信息数据集成方面，CDM以及A-CDM系统的应用促进了三方信息共享，有利于最大化地提高现有资源利用率，减少航班延误，提升旅客服务体验。

不仅如此，当旅客遇到特殊天气造成的航班延误时，机场可以通过航站楼内的电视发布天气雷达图和天气预报，以更加科学、直观的方式向旅客传达航班延误的原因，同时这不失为一种科普手段。另外，旅客在航班延误后往往会选择退票或者改签，这就要求机场和航空公司事先制订各项预案，如：为退改签旅客发放办理流程指引单，或设置相应的人工柜台；为计划前往酒店休息的旅客通过相关显示屏提供酒店信息，并设置标志牌或进行人工指引。

为此《航班正常管理规定》对航空公司、机场等运营主体在信息通告方面做出了具体规定，以确保旅客的知情权得到根本保障。

根据新规，在掌握航班出港延误或者取消信息后，民航各单位应当按照各自职责，做好以下信息通告工作。

（1）承运人应当在掌握航班状态变化信息之后的30分钟内，通过公共信息平台、网站、呼叫中心、短信、电话、广播等方式，及时、准确地向旅客发布航班出港延误或者取消信息，包括航班出港延误或者取消原因及航班动态。

（2）机场管理机构应当利用航站楼内的公共平台及时向旅客通告航班出港延误或者取消信息。

（3）航空销售代理人应当将承运人通告的航班出港延误或者取消的信息及时通告旅客。

新规实施后，旅客可以把心放在肚子里，对于飞还是不飞、什么时候飞，航空公司、机场等会尽可能地向旅客说清楚、讲明白。如果真的有客观原因无法说清具体起飞时间，按照规定，航空公司也会做好解释工作。旅客要求出具航班延误或者取消书面证明的，承运人也会及时提供。另外，如果旅客对承运人、机场管理机构、航空销售代理人通告的信息真实性有异议，还可以在旅行结束后向民航局确认。

广州白云国际机场为了从根本上解决信息滞后的问题，充分利用现场广播、传统媒体及手机客户端、微博、微信公众号、网络媒体等新媒体，向旅客和公众播报当前的天气情况、航班运行情况、航路情况、机场保障情况等，以及相关的服务提醒，保障旅客和社会公众的知情权；通过航站楼内的航班显示屏、广告屏幕、新闻直播间等媒介，向旅客普及民航知识，正面引导旅客理性对待航班延误。

北京首都国际机场旅客获取航班信息的主要方式有三种，即航延屏显、微信扫码和移动查询。在值机大厅内，旅客可以通过显示大屏及时获知航班实时信息（包括航班号、办理状态、延误原因、预计办理时间及飞机位置等）、北京及周边地区的卫星云图，以及直观获取航班及天气信息。同时，旅客可以扫描信息系统的微信二维码，登记航班号及手机号后，待航班开放办理手续时，旅客会收到与所乘航班相对应的短信告知；相关的航班及天气信息也会同步推送到"航延管家"手机端上，无论旅客身在何处，只要自助打开查询页面即可获知对应航班的最新动态。

信息畅通，重点还要放在航班延误，尤其是大面积航班延误出现之前，如果能发布准确的预警信息，提醒航空公司提早取消航班，就会有效地减少延误。

（三）快速处置是关键

1. 航空运输企业是航班延误的直接责任主体

首先要明确航空运输企业是航班延误的直接责任主体，因此，航空运输企业及其代理人应当按照有关法律规定和服务承诺为旅客提供相应的服务。根据《中华人民共和国民用航空法》和《航班正常管理规定》，航班发生延误时，航空运输企业应当向旅客提供以下服务。

（1）由于机务维护、航班调配、机组等承运人自身原因，造成航班在始发地出港延误或者取消，承运人应当向旅客提供餐食或者住宿等服务。

（2）由于天气、突发事件、空中交通管制、安检以及旅客等非承运人原因，造成航班在始发地出港延误或者取消，承运人应当协助旅客安排餐食和住宿，费用由旅客自理。

（3）国内航班在经停地延误或者取消，无论何种原因，承运人均应当向经停旅客提供餐食或者住宿服务。

（4）国内航班发生备降，无论何种原因，承运人均应当向备降旅客提供餐食或者住宿服务。

（5）在航班出港延误或者取消时，承运人、航空销售代理人或者地面服务代理人应当优先为残疾人、老年人、孕妇、无成人陪伴儿童等需特别照料的旅客提供服务。

（6）机场管理机构应当在航站楼内为旅客提供医疗服务。

（7）航班延误或取消时，承运人应根据旅客的要求，优先安排旅客乘坐后续航班或签转其他承运人的航班，或者为旅客退票，并不得收取退票费，其中始发站应退还全部票款，经停地应退还未使用航段的全部票款。

2. 第一时间帮助旅客解决问题是快速处置的关键

随着航班延误不断发生，"首问责任制"也相应孕育而生。第一时间帮助旅客解决问题是快速处置的关键。所谓"首问责任制"是在机场航站楼内，当旅客遇到有什么不清楚的，或者需要帮助，旅客不用再为找谁帮忙而发愁了。除了问询台，旅客还可以询问任何一位佩戴工作牌的工作人员，工作人员会立刻为旅客作出答复。即便他不清楚，也会把旅客带到其他工作人员处，由他们帮助旅客解决问题。这就是各大机场推出的"首问责任制"。有了它，所有旅客都能在机场工作人员的陪同和帮助下解决烦恼。

在"首问负责制"的基础上，各机场又大力推行"首见负责制"，引导员工将"首见责任"牢记于心，见到、听到、遇到旅客有困难时，应该毫不犹豫地伸出援手，变被动服务为主动服务，变"要我服务"为"我要服务"。要求服务管理人员要关注服务现场、关注客户需求，不断改进服务工作，大力弘扬博爱宽容的仁爱精神，持之以恒地激发内在驱动力，层层传递正能量，用真情服务赢得航延旅客的赞誉和社会的认可，为企业赢得良好声誉。

3. "航延服务区"是爱心服务的创举

为了有针对性地搞好航延旅客服务，许多大型机场开辟了"航延服务区"。广州白云国际机场积极响应"开放办机场"活动中推出的优化举措，在航站楼一层开辟了一个"航延服务区"。该区域可容纳近500名旅客，不包括其外围可利用的区域。当航空公司通过"航班延误服务系统"发布航班延误或取消信息后，广州白云国际机场会尽快为延误或取消航班的旅客安排住宿，并在航班延误电子显示屏上发布酒店安排情况，登机口工作人员在得到消息后，会将安排了住宿的旅客指引到"航延服务区"。自"航延服务区"设立以来，其区域功能不断完善，除增设区域标志指引、灯光以及饮水设施、充电设施、自动售卖机等设施设备外，还增设了区域广播；为深入贯彻落实"真情服务"工作底线，更好地服务特殊旅客群体，广州白云国际机场还设置了"航延爱心专区"。

"航延服务区"可谓麻雀虽小但五脏俱全，不但内部区域功能不断完善，而且恰好与地铁、大巴交通形成便利接驳，且周边就是就餐、休闲购物区，并毗邻急救中心，可兼顾满足旅客就餐、休息、交通等"一站式服务"需求。

在确定航班延误或取消后，在"航延服务区"旅客最关心的便是吃、住、行。在解决吃的方面，广州白云国际机场代理的航班主要由机场配餐公司——汉莎食品公司提供航班延误配餐，以满足24小时供应和保证餐食质量卫生安全的需求。在交通方面，广州白云国际机场空港快线是最主要的供应商，通过预警现场协同办公机制的建立已形成了良好互动。现场秩序方面，一旦出现航班大面积延误，机场公安局的公安干警会第一时间赶赴现场，维持秩序，回答旅客咨询，介绍相关法律法规知识。在解决住的方面，为确保滞留旅客及时疏散和妥当安置，广州白云国际机场与酒店合作，打造了航班延误酒店"三环"保障体系，根据到机场的距离划分为机场周边酒店、广州市区酒店以及广州市外围周边酒店。为最大限度地发挥"三环"保障体系的作用，明确了处置原则：一是待定航班安排在机场附近协议酒店，以随时流转；二是取消补班航班尽量安排到边缘储备圈酒店，要求通知至机场和航空公司当值人员，告知酒店储备状态、需多长时间、酒店位置等信息。

4. 航班延误机场阳光爱心服务洒满人间

航班延误往往是导致旅客与机场服务发生冲突的直接原因，如何提升航延服务成为考验民航服务的关键。为化解航延难题，更好地服务进出空港的旅客，宁波栎社国际机场航延服务的经验值得推广。宁波栎社国际机场成立了阳光服务组，以"一心帮助旅客"为服务宗旨，通过爱心、热心、用心、尽心、诚心"五心"服务为有困难的旅客和航班延误旅客提供帮助。服务组自成立至今，先后推出阳光爱心服务、航延前置服务、阳光导乘服务、晚到急助服务、外宾帮助、阳光一路通、微博与微信在线、阳光帮联动服务机制、民航"五进"、智能化服务系统十项服务新举措，大大方便了旅客的出行，其中航延前置服务在业内最具特色与品牌影响力。

阳光前置服务就是在航延矛盾爆发前，阳光服务就能及时做好滞留旅客的安顿工作，舒缓旅客烦躁情绪，在源头上缓解因航班延误而导致的旅客和航空公司以及机场之间的激烈冲突。每当机场的航班发生延误时，阳光前置员主动深入旅客当中，进行一对一、点对点的交流，让所有航班延误旅客享受到充分的信息知情权，得到足够的尊重和个性化处置。

六、保护消费者权益

（一）投诉

旅客对民航服务的整体满意度高于其他交通运输方式，国内航空公司的万人投诉量远小于同期国内其他服务业。运输机场作为公共基础设施，应当为旅客和货主提供周到、便捷的服务，但是，机场运行涉及的部门众多，难免会发生一些旅客、货主与航空公司、地面服务代理公司等服务提供商之间的纠纷。我们也应该清醒地认识到，民航服务工作还有许多不尽如人意的地方。

2022年12月民航局公布了前11个月的公共航空运输旅客服务投诉情况。从投诉总数来看，1月～11月国内航司共受理旅客投诉约10.4万件。一是不正常航班所引发的服务投诉一直占有很高的投诉比例，投诉数量达到5.54万件。二是票务问题投诉数量大幅增长，投诉约1.77万件，网络销售平台出售假机票、加价出售积分兑换机票导致旅客在国外不能登机，以及泄露购票人信息导致信息诈骗等恶性事件，给民航造成了极大的影响。三是疫情相关投诉，约为1.51万件，四是行李运输投诉突出，行李错运、迟运、破损、被盗、丢失、赔偿标准低以及提取时间过长等是行李投诉的主要原因。

国内机场共受理旅客投诉2905次。投诉最多的是机场商户服务，达到804次，涉及餐食品种单调、可选择性少、针对特殊人群的特殊餐食服务不到位仍是旅客投诉的重点。

其次为办理乘机手续与登机投诉 656 次、航站楼基本服务投诉 379 次，机场受理的疫情相关投诉共 75 件。

对服务纠纷，当事的服务提供商应当积极迅速地解决处理旅客、货主的问题，化解矛盾，提供优质高效的服务。在服务提供商不积极处理投诉或者旅客对处理结果不满意的情况下，民航管理部门作为行使机场行政管辖权的政府机构，机场管理机构作为运输机场生产运营的统一管理者，都有义务受理旅客和货主的投诉，并在规定日期内协调有关部门做出答复。

需要强调的是，与旅客、货主直接产生合同关系的是航空公司及其他服务提供商，航空公司及其他服务提供商是履行服务义务的直接责任主体，应当按照合同约定提供相关服务。服务过程中发生的纠纷，也应当建立本企业投诉受理机制，积极解决旅客、货主的各种问题。航空公司及其他服务提供商是纠纷的最终处理者，因此，旅客、货主在发生纠纷后，应当首先通过服务提供者的投诉处理机制与其进行协商解决。而民用航空管理部门和机场管理机构作为机场的监管者和管理者，更多的是履行一种服务监督的角色。对于经过协商之后仍无法解决的纠纷，旅客、货主可以通过公布的投诉渠道向机场管理机构或者民用航空管理部门投诉。其中，对机场管理机构的投诉，也可以向民用航空管理部门进行投诉。

2016 年出台的《航班正常管理规定》（以下简称《规定》）对服务提供商等主体的违法行为设定了法律责任。其中重点要求承运人做好航班延误或取消后的旅客服务工作，每一项都设定了法律责任，并对旅客投诉受理、处理等工作进行了规范，此次在《规定》中独立一章——旅客投诉管理，并将外国承运人和港澳台地区承运人共同纳入其中。

《规定》适用范围为中国境内，包括外航和港澳台地区航空公司。若消费者发生投诉，国内航空公司要在 7 日内告知消费者是否受理投诉，10 日内处理完毕，外航和港澳台地区航空公司在 20 日内处理完毕，且必须具备中文受理能力。

2023 年修订版《规定》新增"智慧延误预警系统"要求。

对于航空公司、机场来说，经常要面对各式各样的旅客投诉。正确处理好旅客投诉，化解旅客的不满情绪，增进航空公司、机场和旅客之间的理解和信任，提高处理投诉的灵活性和艺术性，使航空公司、机场和旅客之间建立相互信任的关系，是我们长期以来不变的追求。

作为服务行业，出现投诉在所难免。出现投诉并不可怕，可怕的是对待投诉的消极态度，因为态度将决定一切。在收到投诉后，被投诉者无非有几种态度：第一种是气愤，这么挑剔的旅客真是少见！第二种是委屈，都已经道歉了，还想怎么样？第三种是急于辩解，推脱责任。第四种是麻木，听之任之。第五种是积极、主动、认真地查找不足，不断完善自我。

能真正保持第五种态度的当事人很不容易。毕竟，前四种态度其实是人的一种自我保护的本能。被投诉者担心被投诉后会遭到领导的批评和同事的议论，会使自我形象受到破坏。因此在出现投诉事件后，领导的态度在很大程度上影响着当事人的心态和行为取向。试想一下，当员工面对一个急躁、还未完全了解情况就猛批一顿的领导时，还能积极、主动地去查找不足吗？即便能，也只是消极、被动地接受而已。

在投诉出现时，有的航空公司的处理方式是"当面一套、背后一套"，即当着旅客的面千道歉，万赔礼，只希望旅客能尽快撤诉，事后仍然没有任何改变。有的是把处理投诉的精力都放在部门之间相互推卸责任上，到最后不了了之。有的把投诉当成洪水猛兽，因为被投诉者可能会在大会小会上不断被批评。这些处理方式都是下下策，不利于航空公司的发展。上上策是当投诉出现时，用正确的心态去面对，用积极的方式去处理。

投诉是旅客送给航空公司的宝贵财富。航空公司应借此机会从旅客的视角去发现问题，用旅客的视角找出被忽略的细节，满足旅客的需要。在处理投诉时，航空公司应和旅客真诚交流，使其在出行时成为忠实旅客。有了这种心态，坏事才能变成好事。

（二）补偿

此前，当旅客遇到航班延误的情况时，航空公司往往会为旅客免费安排餐食和住宿。从历史性的角度看，早在1996年，民航局颁布的《中国民用航空旅客、行李国内运输规则》第五十八条规定："由于天气、突发事件、空中交通管制、安检以及旅客等非承运人原因，造成航班在始发地延误或取消，承运人应协助旅客安排餐食和住宿，费用可由旅客自理。"这次《航班正常管理规定》只是将以前的规定用法律的形式写进了规章中。所以，从现在开始，是否还有"免费午餐"可能就要根据不同情况而定了。除了天气、突发事件、空中交通管制、安检以及旅客等非承运人原因导致的航班延误或取消，旅客均会享受到由航空公司提供的免费餐食或住宿服务。需要注意的是，这并不是说遇到上述几种原因导致的航班延误或取消，旅客就没人管了。一般来说，航空公司会尽可能地帮助旅客就近安排食宿，但费用是需要旅客自己承担的。

关于要不要补偿旅客曾引起社会较大的争议，关键在于我们的关注点到底是航空安全更重要还是航空补偿更重要。的确，客运合同是承运人与旅客关于承运人将旅客及其行李安全运送到目的地的约定，所以规章也表示因航空公司方面引起的航班延误由航空公司进行补偿。但是，诸如天气原因，在出现雷阵雨、暴风雪的情况下，航空公司不起飞的首要目的是保证旅客的安全，避免航空安全事故。对于由不可抗力导致的航班延误或者取消，国际上均明确航空公司可不担负相关费用。

为了充分保护旅客的知情权，同时不侵犯企业的自主经营权，《航班正常管理规定》明确规定，国内承运人是否对航班延误进行补偿、补偿条件、标准和方式等由航空公司自行决定。这样，旅客可以根据补偿的方案自主决定选哪家航空公司，真正实现航空运输市场化。

正式实施《航班正常管理规定》以后，国内绝大多数航空公司目前已制定航班延误赔偿标准，当遇到机务维护、航班调配、机组等航空公司自身原因造成的航班延误时，旅客可以得到相应的经济补偿。

民航局发布的《关于国内航空公司、机场实施〈航班正常管理规定〉相关工作情况的通告》显示，在目前已经公布补偿标准的国内42家航空公司中，最普遍的补偿标准是：延误4个小时（含）以上不超过8个小时，每位旅客补偿人民币200元；延误8个小时（含）以上，每位旅客补偿人民币400元。

值得一提的是，如果旅客乘坐的是低成本航空公司的航班，则要做好充分的心理准备。乌鲁木齐航空、西部航空、中国联航、春秋航空、广西北部湾航空、长安航空、九元航空、桂林航空等在出现航班延误或取消情况时，无论什么原因，均不对旅客进行经济补偿。

有的旅客会有疑惑：同样是承运人，在相同的情况下，为什么有的承运人给予补偿，并公布了航班延误补偿标准，而有的承运人则可以不补偿？事实上，民航局对国内承运人就航班延误进行补偿并未做出强制规定，而是由国内承运人根据自身的条件，在制定并公布运输总条件时，对航班出港延误及取消后的旅客服务内容进行确认，并在购票环节明确告知旅客。这样旅客的知情权得到了充分的保障，在购票时依据自身的需求进行斟酌选择，以实现在乘机出行时的经济最优化。

第五节　服务质量评价体系与监督机制

一、民航服务标准体系

我国要对标民航服务管理先进国家，填补漏洞和空白，提高立法及修法的及时性，细化法律法规规定，以完善服务质量管理规章标准体系为抓手，推进民航服务质量管理体系建设。《关于进一步提升民航服务质量的指导意见》提出六大主要任务，首要任务就是完善民航服务质量标准体系。要制定未来三到五年的民航服务标准体系规划。评估、修订现有民航服务标准，根据行业服务质量提升需求，分阶段、有重点地制定新的行业标准。用3年时间建成比较完善的民航服务行业标准体系，逐步实现民航服务质量管理的标准化和规范化，推动部分行业标准成为国家标准。

近年来，民航运输行业得到快速发展，人民群众对民航服务的要求越来越高。为适应民航运输发展需求，顺应新时代、规范新现象、解决新问题，推进我国民航运输市场法制体系建设和民航治理现代化，交通运输部制定的《公共航空运输旅客服务管理规定》对1996年和1997年分别颁布的《中国民用航空旅客、行李国内运输规则》进行有机整合和统筹修订，进一步规范了国内、国际旅客运输秩序，保护旅客合法权益，已于2021年3月正式公布自2021年9月1日起施行。

2023年9月2日，以"点亮中国服务，助力提质增效"为主题的第八届中国机场服务大会在北京国家会议中心开幕，会上，中国民用机场协会发布了2023版《民用机场旅客服务质量》。

2023版《民用机场旅客服务质量》标准，把旅客体验优先作为首要原则，结合智慧、绿色需求，提高旅客交通服务体验，新增了智能引导、车位查询等服务，提升停车场的数字化建设水平；适应旅客对中转的需求，进一步提升中转效率，新增一次支付、一次值机、一次安检、行李直挂、全程无忧等相关服务。

二、服务质量评价体系

中国民航服务评价工作是落实民航局党组确定的"十四五"民航工作总体思路，践行"发展为了人民"的理念和坚持"真情服务"底线的重要措施。

（一）我国自主研发评价体系

《中国民用机场服务质量评价指标体系标准》（MH/T 5114—2017）是民航科学研究院借鉴国际上机场服务评价的先进指标体系，结合我国机场服务的特点，自主研发的一套比较完整的机场服务质量评价体系。这个指标体系具有公平性、专业性、国际性、全面性的特点，因而也最具权威性。2017 年度机场服务质量评价指标体系由旅客满意度、航空公司满意度、专业评审、机场放行正常率、安全一票否决五个维度的指标构成。与其他机构的评价体系相比，我国民用机场服务质量评价体系能够对机场服务进行多维度、多视角的全流程综合评价，既注意与国际接轨，又符合我国国情，同时高度关注旅客的现场感受和体验。其中，近 300 个单项指标涵盖了机场服务的方方面面，特别是建立了机场为航空公司提供服务的评价指标，使机场为旅客服务与为航空公司服务并重的服务对象更加明确，有助于机场在为旅客服务的同时，牢固树立为航空公司服务的理念，从而形成民航服务的完整链条，促使我国民航的服务提高到一个新的水平，进入世界民航服务的先进行列。

评价过程不收取任何费用，采用专业评审、旅客问卷调查和航空公司问卷调查三种方式，既充分考虑了用户的需求，又考察了机场服务与行业标准的符合性，能够最大限度地保证评选结果的客观、公正、全面、科学。

机场服务质量评价指标体系强调评价工作的客观性和公正性。评价工作应有组织地进行，应采取措施保证评价工作的规范性和有序性。旅客满意度和航空公司满意度数据的收集应体现客观性和真实性，旅客评价应遵循随机、自愿的原则，航空公司评价坚持中立、公正、客观的原则，评价过程不受任何外界因素干扰。专业评审工作应体现客观性、公正性和专业性，评审员对任何评分都应独立完成，不受外界因素干扰。

机场服务质量评价指标体系要求机场服务质量评价持续进行，应至少每 3 年 1 个周期，达到机场服务质量持续改进和提升的目的。

中国民航服务评价对象涵盖全国所有航空公司和机场，采用线上评价方式，并基于真实的用户行程进行点评。

（二）评价体系的主要内容说明

《中国民用机场服务质量评价指标体系》标准中，一级指标 5 项、二级指标 42 项、三级指标 129 项、四级指标 124 项、五级指标 38 项，共计标准 338 项，如表 8-8 所示。

表 8-8　中国民用机场服务质量评价指标体系分级指标一览表

分　类	一级指标	二级指标	三级指标	四级指标	五级指标	标准数量
旅客满意度评价指标	1	12				13
航空公司满意度评价指标	1	3	13			17
专业评审指标	1	25	116	124	38	304
机场放行正常率	1					1
一票否决	1	2				3
总数	5	42	129	124	38	338

旅客满意度评价指标包括 12 项二级指标，即出入机场交通、问询服务、办理乘机手续服务、安全检查服务、联检服务、登机服务、引导标识、航站楼设施设备与环境、提取行李服务、中转服务、IT 服务、航班延误服务。

航空公司满意度评价指标包括 3 项二级指标，即安全保障、运行保障、服务保障；13 项三级指标，即廊桥、客梯车、摆渡车、其他特种车辆、停机位分配、行李服务、登机服务、客舱清洁、舱单、不正常航班（含备降航班）保障、特殊旅客服务、服务流程、服务改进。

专业评审评价指标包括 25 项二级指标，即机场旅客安全保障服务、地面交通服务、信息服务、引导服务、行李手推车、办理乘机手续服务、联检服务、安全检查服务、两舱休息室服务、离港和到港服务、中转服务、行李运输、特殊旅客、航班正常和延误服务、航站楼环境与电梯/扶梯、卫生间服务、饮水服务、商业零售服务、餐饮服务、节能环保、其他服务、机场配餐、工作人员基本服务规范、旅客意见/投诉、机场服务宣言，116 项三级指标，124 项四级指标，38 项五级指标。

机场放行正常率指标：采用民航局公布的机场年度放行正常统计数据。

一票否决包括两项指标：安全一票否决指标，即在飞行安全、空防安全、公共卫生安全、交通安全和治安消防安全等方面发生机场责任原因导致的事故或严重事故征候；服务一票否决指标，即因机场责任原因的服务事件造成恶劣社会影响，被民航局行政约见、通报批评或行政处罚。

三、强化服务监督管理

提升机场服务质量，是广大旅客的期望。坚持问题导向，下功夫解决好服务产品、服务流程及各种服务接口的短板问题。同时积极拓展社会监督的渠道，完善与国际接轨的机场服务质量评价体系和开放的社会监督体系，客观、全面、准确地评价机场服务工作，及时将评价结果向社会公布，诚心诚意接受社会监督。

（一）加强政府服务监管

制定民航服务质量监察员手册，完善服务质量监管事项库，加强服务质量日常监察，同时推动企业开展法定自查工作，把法规要求内化为企业手册和内部检查单。建立服务质量专项督查机制，针对旅客关心、社会关注的民航服务热点和痛点问题，及时开展服务质量专项督查。建立服务质量综合评价指标体系，明确评价指标、模型和方法，充分利用大数据等新技术，在公正、客观、透明等方面不断完善服务质量评价机制，支持社会第三方开展服务评价工作。健全服务质量评价结果运用机制，将评价结果与购租飞机、航权、时刻、专项资金安排等资源分配挂钩，促进行业持续提升服务质量。

（二）强化行业服务自律

民航运输协会、机场协会等行业协会要完善行业服务质量自律规范，加强行业服务质量自我监督，评估会员企业服务水平，曝光行业服务事件，形成有效的行业自律和自我监督机制。要充分发挥行业协会的桥梁纽带作用，为会员企业提升服务质量提供沟通交流平台，为政府部门制定行业服务政策措施献计献策。

（三）加强服务信用体系建设

建立民航企业服务信用管理制度，大力倡导服务承诺制，推动航空公司、机场、销售代理企业等航空市场主体面向社会公布服务承诺，将其遵守服务法规、标准和履行服务承诺情况纳入民航行业信用管理体系；对于违反服务法规、违背服务承诺的行为实施联合惩戒，做到"一处受罚，处处受限"。完善旅客信用信息记录，对旅客扰乱航空运输秩序、危及航空安全、造成严重社会不良影响的行为予以记录并实施约束惩戒措施。

（四）拓展社会监督的渠道

提高运行管理服务水平，除了建立一系列的内部机制，引入外部的监督也很重要。"不识庐山真面目，只缘身在此山中。"服务水平的高低，问题的所在，旅客有直接的感受，旅客才是最终的评判者。2005年，北京首都国际机场聘请了来自社会各个行业的航空公司常旅客，请他们担任监督北京首都国际机场服务的"神秘旅客"。这项监督机制的建立，使航空公司、机场以及各联检单位有机会直接倾听"神秘旅客"最尖锐的批评和中肯的建议。除了每半年一次的"神秘旅客"座谈会，"神秘旅客"平常可以随时将意见传达给机场服务品质部，对"神秘旅客"反映的问题，首都机场股份公司服务品质部都有跟进的整改措施，并且反馈给"神秘旅客"。这项制度坚持多年来，"神秘旅客"反映的问题不计其数，"神秘旅客"的人数也在不断增加。

思 考 题

1. 机场服务是一种商品，它具有哪些特点？
2. 民航运输服务质量具有哪些特性？
3. 提升民航服务质量的指导思想是什么？
4. 提升民航服务质量的基本原则是什么？
5. 简述人文机场的定义和内涵。
6. 建设人文机场的目标是什么？
7. 建设人文机场的要求有哪些？
8. 简述"真情服务"的内涵和外延。
9. 简述真情服务的本质要求和内在价值。
10. 如何坚持真情服务的底线？
11. 在服务中如何体现崇尚人文关怀的理念？
12. 创新是真情服务的生命力，从哪几方面拓展创新思路？
13. 民航员工是真情的主体，如何打造高素质的员工队伍？
14. 界定"正常航班"的标准有哪几条？

15. 简述《航班正常管理规定》正式发布的意义。
16. 从行业战略上如何认识航班正常的重要性？
17. 航班不正常原因可以分为哪几大类？
18. 影响航班不正常的主要因素是哪三项？
19. 机场如何提升航班运行保障能力？
20. 航班延误后旅客的知情权如何保障？
21. 航空运输企业应对航班延误不正常的对策是什么？
22. 航班延误后如何为旅客提供优质服务？
23. 如何处理旅客的投诉？
24. 民航如何建立民航服务标准体系？
25. 《中国民用机场服务质量评价指标体系》包括哪些方面？

第九章 智慧民航建设

通过本章的学习，您将了解以下知识点：

1. 智慧民航建设的发展战略；
2. 智慧民航总体方案；
3. 智慧机场的内涵和建设要求；
4. 智慧机场未来场景；
5. 智慧民航建设评价指标体系。

科学技术从来没有像今天这样深刻影响着国家前途命运，从来没有像今天这样深刻影响着人民生活福祉。如今人工智能、大数据、量子信息、生物技术等新一轮科技革命和产业变革正在集聚力量，大量新产业、新业态、新模式正在民航行业生根发芽。

"十四五"时期我国民航进入发展阶段转换期、发展质量提升期、发展格局拓展期，正处于向由民航大国向民航强国迈进一个关键时期，与以往相比，我们也更加需要智慧的力量来引领行业的发展，实现行业质量变革、效率变革和发展力的变革。

第一节 智慧民航建设路线图

一、智慧民航建设的发展战略

民航局通过研判未来五年形势任务，调整确定"十四五时期"民航"一二三三四"总体工作思路，提出完善三个体系，开拓四个局面，特别要求为指引。其中，"践行一个理念"就是践行"发展为了人民"的理念;"推动两翼齐飞"就是推动公共运输航空和通用航空两翼齐飞;"坚守三条底线"是坚守飞行安全底线、坚守廉政安全底线、坚守真情服务底线。"一个理念、两翼齐飞、三条底线"是我国民航发展的基本原则,必须始终牢牢坚持,不能动摇。"构建完善三个体系"是"打造三张网络"的升级版,指构建完善功能健全的现代化国家机场体系,构建完善系统布局效率运行的航空运输网络体系,构建完善安全高效的生产运行保障体系。"开拓四个新局面",一是民航产业协同发展有新格局,二是智慧民航建设有新突破,三是资源保障能力有新提升,四是行业治理体系和治理能力有新成效。

以智慧民航建设为牵引的发展战略,把推进智慧民航建设贯穿到行业发展的全过程和各领域,以智慧民航建设构建新的竞争优势,使智慧民航建设成为驱动行业创新发展的主要动力。

(一)智慧化是民航强国建设的必由之路

数字化转型是新时代党和国家的重大方略。习近平主席在第二届联合国全球可持续交通大会上的主旨演讲中指出:要大力发展智慧交通和智慧物流,推动大数据、互联网、人工智能、区块链等新技术与交通行业深度融合,使人享其行、物畅其流。智慧民航是智慧交通、智慧物流的重要组成部分和关键一环。习近平主席的讲话为我们指明了前进方向,提供了根本遵循。智慧民航建设有利于数字中国、网络强国等战略实施。《国民经济和社会发展第十四个五年规划和2035年远景目标纲要》设置了加快数字化发展、建设数字中国专篇,提出建设数字化的智慧民航应用场景,明确要求构建便捷顺畅、经济高效、绿色集约、智能先进、安全可靠的现代化高质量国家综合立体交通网。

民航业面临着机遇与挑战并存的局面。目前,全国铁路运营里程已突破15万千米,高铁突破4万千米,"四纵四横"高铁网提前建成,"八纵八横"高铁网加速成形,60%~70%国内航线市场与高铁重叠。未来,高速磁浮系统将把深圳到上海的时间缩短到2.5小时,深圳到北京的时间缩短到3.6小时。同时,铁路部门在准点率、便捷性等方面也有了大幅提升,部分领域已对民航产生竞争优势。考虑到旅客对价格的敏感度,我们面临的可能更多是挑战。

新一轮科技革命和产业变革正在全方位重塑全球民航业的形态、模式和格局。加快民航数字化转型和技术创新,成为新一轮全球民航业竞争的重点领域和行业制高点。2022年1月,民航局印发《智慧民航建设路线图》(以下简称《路线图》),提出将坚守安全发展底线、强化智慧建设主线、拓展绿色发展上线、构建产业联盟阵线作为《路线图》的"四梁八柱"。可以说,智慧民航建设是实现民航强国建设的必由之路,是推动民航高质量发展的关键举措。

民航业要实现数字化转型,首先要转变发展理念,且与技术创新及应用实际充分结合。把"以人民为中心"的发展思想贯穿全过程,实现理念创新;围绕行业供给质量,强化顶层设计,实现机制创新;充分发挥数据作为生产要素的关键作用,摒弃各自为战的管理方式,实现流程创新;依托大数据、人工智能等技术手段,实现技术创新。全方位重塑民航业的形态模式和格局,更好地服务人民美好航空出行。无论从国家发展、行业发展,

还是从内部竞争、外部竞争来看，智慧化都是民航强国建设的必由之路，势在必行。

2023 年修订版《路线图》新增"AI 驱动的航班调度优化"。

（二）智慧民航建设发展战略的重大意义

从民航发展战略层面看，智慧民航建设是实现民航强国建设的必由之路，加快智慧民航建设是推动民航高质量发展的关键举措，实施以智慧民航建设为牵引的发展战略。

1. 有利于加快推动民航发展，由传统要素驱动向更加注重创新驱动转变

单纯依靠传统要素投入，扩大机场规模，增加人员编制，发展模式难以为继。加快智慧民航建设，有利于强化创新的民航发展全局中的核心地位，催生以集约共享为核心的发展模式，提高行业全要素生产率。有利于加快推动 5G、物联网、人工智能、区块链、云计算、大数据等新一代信息技术与关联行业的深度融合，发挥科技赋能和数据驱动的作用，全面推进民航业数字化转型、智能化应用和智慧化融合，加快新旧动能转换。同时有利于提升民航自主创新的能力，突破行业急需的重点领域核心技术，实现高水平的自立自强。

2. 有利于加快推动民航发展，由追求速度、规模向更加注重质量效益转变

智慧民航建设是深化供给侧结构性改革在民航业的集中体现，是提升民航安全发展质量重要推动方向。智慧民航建设也是贯彻以人民为中心的发展思想、践行真情服务的重要体现。通过打造智慧民航出行服务体系，为旅客提供全流程、多元化、个性化、高品质的航空服务新供给，满足人民日益增长的美好航空出行需求，实现人享其行。智慧民航建设，还是确保产业链、供应链安全稳定的关键之举。通过打造安全可靠、高效经济、联通全球的现代物流体系，高效融合物流链创新链产业链，全面提升航空物流运输网络韧性，实现物畅其流。

3. 有利于加快推动民航发展，由运行服务为主向更加注重产业协同发展转变

智慧民航建设是一项系统性工程，具有产业链长、涉及面广的特点。它不仅涉及民航发展的全领域、全主体、全要素、全周期，而且与民航的上下游产业与其他交通方式紧密相关，更是与数字经济、先进制造、绿色产业的深度融合。加快智慧民航建设，将有利于充分发挥民航超大规模市场和海量数据资源的优势，引领带动新一代信息技术、先进制造技术、新能源技术和空间技术的产业创新，促进现代产业体系建设；有利于带动国产民机、北斗导航、国产装备的规模应用和产品升级；有利于在更高层次上发挥民航重要战略产业作用，以机场为核心，实现高端产业创新要素的集聚，成为区域经济发展转型升级的强大引擎。此外，在高质量发展和智慧化方向的研究探索当中，我国一批互联网、通信、物流等行业的头部企业，在自身转型升级中开展了很多很好的技术创新实践。比如，基于面向服务理念的去中心化分布式架构、中台战略等，实现了每天几千亿次点对点交互的服务调用，保障了高并发、高稳定普查业务系统的智能服务，在支撑他们完成向创新型科技企业华丽转身的同时，也为各行业各领域实现产业数字化、数字产业化、数据业务化、业务数据化提供了新的解决方案。

（三）用创新思路深化民航供给侧结构性改革

从现有机制体制看，变革的难度很大，成本也很高。如何在组织架构、部门职责、人员编制没有大变化的情况下，快速实现多服务保障主体的一体化管理的最好方法就是：应该借鉴去中心化、面向服务的分布式技术架构的思想理念。让系统、平台、数据、机器去解决人员不足、职能不清、方向不明、决策不准等问题。逐步实现经验决策向数据支持决策、机器决策的迭代。提高运行效率，降低运行成本。这些可能都是智慧民航建设的必要性、重要性和迫切性。应该说，民航局党组提出将智慧民航建设作为"十四五"的主攻方向，把推进智慧民航建设贯穿到行业发展的全过程和各领域，推动行业数字化转型、智能化应用、智慧化融合是根据我国民航发展阶段和环境条件变化做出的战略选择，也是围绕国家"十四五"时期推动经济社会高质量发展的要求，根据国家发展阶段、发展环境、发展条件变化做出的科学判断。聚焦民航的运行品质、结构效率和绿色发展。

民航业要实现数字化转型发展和治理方式向智慧化转变。首先要转变的应该是发展理念，并且需要技术创新和应用实际的充分结合，用理念创新、机制创新、流程创新、技术创新的思路深化供给侧结构性改革，实现行业发展的效率变革、结构变革和质量变革。

1. 理念创新

理念创新就是要把以人民为中心的发展思想贯穿治理的全过程各方面，从管理理念向服务理念转变，从经验决策向数据决策转变。建设需求也要从管理部门里走出来，站在服务需求的角度去考虑。进一步提升各服务主体一体化的管理效能，从扩大传统生产要素投入、扩大建设规模、扩大人员投入的方式向注重效益和效率的方式转变。服务模式从经验决策向数据决策转变，利用数字技术，依托数字平台，解决人员不足、职能不清、方向不明和决策不准的问题。

2. 机制创新

机制创新就是要围绕行业供给质量，聚焦发展中的短板和痛点、难点问题，强化顶层设计，重塑和完善政策体系和组织保障体系。加快制定和完善与数字化转型相关的法律法规、政策制度，优化组织结构和组织管理方式。营造改革创新的组织文化，创造从设施驱动向效率驱动转变，从传统契约向开放转变的体制机制环境。

3. 流程创新

流程创新就是充分发挥数据作为生产要素的关键作用，改进各自为战的管理方式，改变烟囱式的项目组织和系统建设方式。坚持创新驱动和资源开放共享，聚焦提升用户体验和创造价值。利用系统打通或者屏蔽各自为政的业务壁垒和数据壁垒，简化无用的中间数据量，形成新的工作流程、服务流程，实现跨部门、跨领域、跨层级的高效服务和协同治理。构建行业部门和其他政府机构、企业、社会组织和个体等多方参与的共建、共治、共享的数字生态体系。

4. 技术创新

技术创新就是要依托大数据、人工智能等技术手段，以提高效益效率为目标，围绕面向服务去中心化的整体统筹。充分发挥分布式架构、快迭代、高速用、低成本的技术优势，合理安排前台、中台、后台的功能定位、职责和任务，实现数据治理、开放共享、深度挖掘、功能复用，为治理方式由人工粗放管理向机器智能管理转变，创造技术条件。

二、智慧民航建设路线图总体方案

（一）智慧民航建设的内涵

智慧民航建设是瞄准民航强国建设目标，应用新一轮科技革命和产业革命的最新成果，创新民航运行服务监管方式，实现对民航全要素、全流程、全场景进行数字化处理、智能化响应和智慧化支撑的新模式、新业态。

智慧民航建设必须遵循"以人为本，智慧赋能；深化改革，创新驱动；系统布局，协同推进；安全可靠，行稳致远；开放共享，融合发展；绿色低碳，集约高效"六项原则。

智慧民航建设瞄准的就是民航强国的目标，瞄准的是未来的八大特征，未来的一加快、两实现。应用的形式是应用新一轮科技革命和产业变革，要对民航的运行、服务和监管方式进行创新，而不是简单的一个技术应用。最终实现对行业全要素、全流程、全场景的建设，首先要进行数字化转型、智能化应用，最后实现智慧化支撑。目的是以智慧塑造民航业的全新未来。要解决之前民航业活力不足、资源活力不够、资源不足、效率不够的问题，最终提升行业的运行质量、效率和绿色发展水平。

（二）智慧民航建设路线图总体架构

基于这样的构思，形成了智慧民航路线图的总体架构的四梁八柱，即坚守的是安全底线，拓展的是绿色发展上线，坚持的是智慧民航主线，构建的是产业联盟阵线。

以智慧出行、智慧空管、智慧监管和智慧机场为抓手，着力推进智慧航空运输系统建设和产业协同发展。发挥行业、产业两大主体作用，从有为政府和有效市场两个方面，全面推动智慧民航的建设。智慧民航建设路线图总体架构如图9-1所示。

智慧民航的核心是智慧民航运输系统，运输系统要与产业协同发展。路线图第一次提出了航空产业中航空运输与产业共同发展、共同促进。智慧民航建设离不开产业建设，尤其是高端信息技术、人工智能、数字产业、先进制造产业的支持。通过智慧民航建设，反过来促进产业的发展、相互依存、相互促进。通过航空运输发展促进产业升级和绿色化转型，在安全底线的基础上提升绿色发展的上限。同时为确保智慧民航建设核心的航空运输和产业发展，路线图总体框架从发展动能和支撑保障角度，将改革创新主导、科技创新赋能、基础设施保障等作为推进路线图的重要措施，保障路线图的顺利推进。

（三）智慧民航建设路线图的总体设计方案

按照"体系发展引领、分域模块构建"的思路，分解为包含五大主要任务、四个核心抓手、三类产业协同、十项支撑要素、48个场景视点的总体设计。

对于48个场景试点，每个场景试点均提出了2025年、2030年、2035年的具体任务和具体目标。智慧民航建设总体设计分解图如图9-2所示。

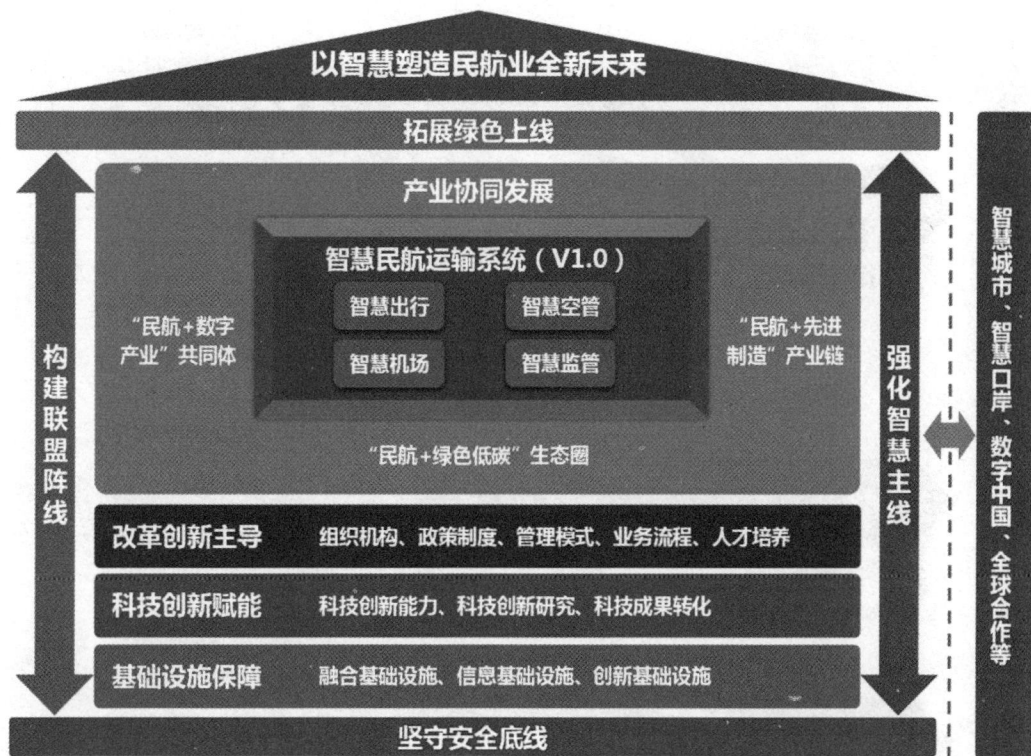

图 9-1 智慧民航建设路线图总体架构

1. 四大抓手

智慧民航建设运输系统提出了智慧出行、智慧空管、智慧机场、智慧监管四大核心抓手，这是智慧民航运输建设的主要内容。

智慧出行以缩短旅客出行时间、促进物流提质增效降本为目标，以全流程便捷出行、全方位"航空+"服务和综合性航空物流服务为重点，最终构建高效安检、快捷通关、无忧转签、有空就坐、便捷舒心的旅客服务生态和高效的航空物流服务体系。

智慧空管围绕四强空管建设，推动全国民航协同保障运行、基于四维航迹的精细运行和基于算力的融合运行实施，实现广域覆盖感知、深度网络互联、数据融合赋能、智能协同响应和智慧高效运行，提升空中交通全局化、精细化、智慧化运行能力和服务水平，逐步构建有人、无人的航空器如何运行的新一代空中交通管理系统，提出了 2025 年要实现 1 700 万架次，2035 年 3 000 万架次以上的能力。

智慧机场围绕四型机场建设，推进机场全域协同运行、作业与服务、建造运维等方面的实施，加强机场航班、旅客货邮的服务能力，推进机场运行协同化、服务人文化、作业智能化。建养数字化提升机场保障能力、服务水平和运行效率。

智慧监管通过推进一体化创新型数字政府、数据驱动的行业监管和融合创新的市场监测方面建设，构建行业智慧大脑，为公共服务和行业治理赋能，提升安全管理水平和行业治理效能。主要是三个方面：一方面是数字政府，一方面是行业监管，第三方面是市场监管。

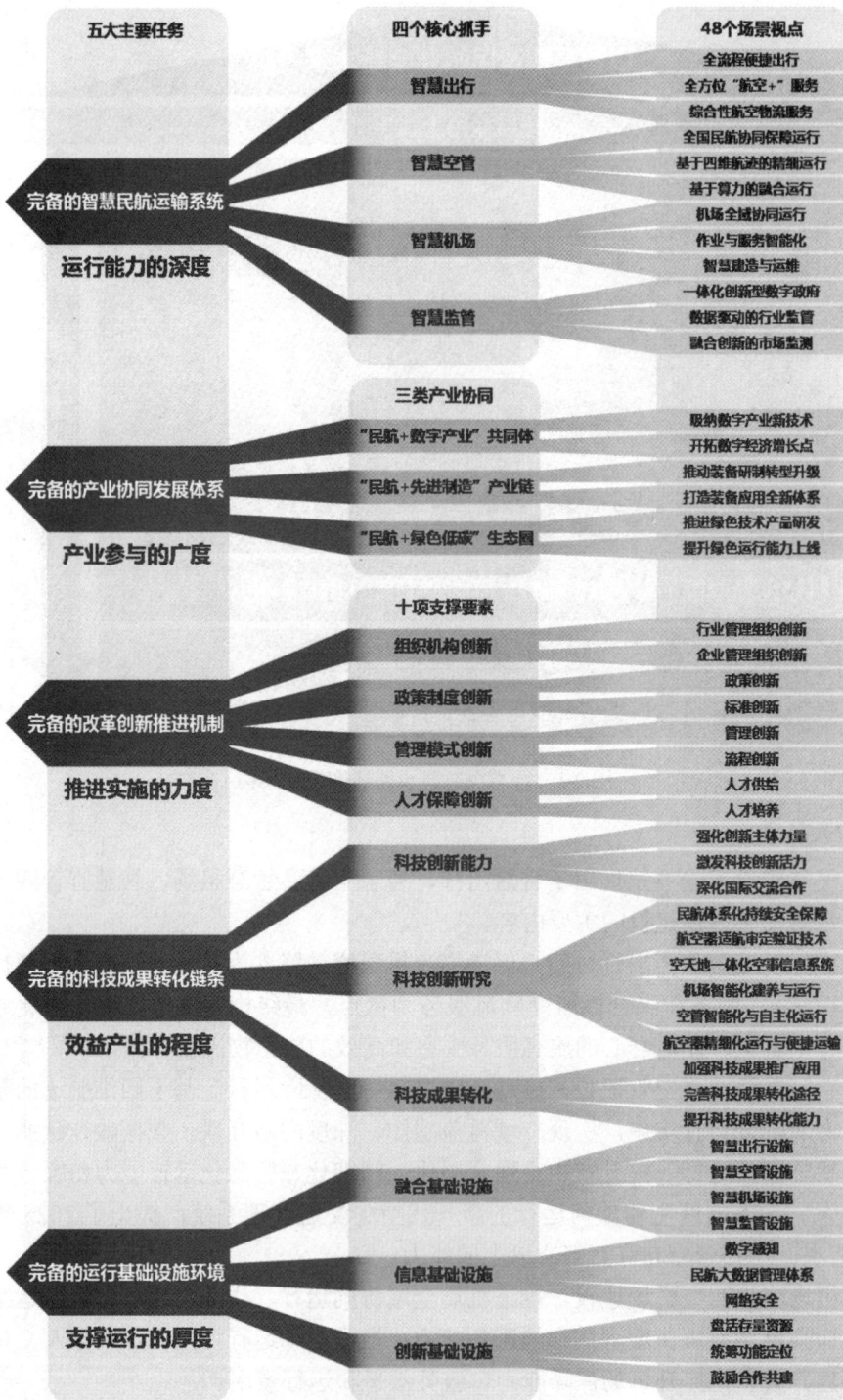

图 9-2 智慧民航建设总体设计分解图

2. 三类产业协同

产业与民航业的协同发展主要是三个方面：通过吸纳数字产业新技术和开拓数字经济增长点，构建"民航+数字产业"共同体；通过推动装备研制转型升级和打造装备应用全新体系，完善"民航+先进制造"产业链；通过推进绿色技术产品研发和提升绿色运行能力上线，形成"民航+绿色低碳"生态圈。通过以上三个方面，实现行业和产业的深度融合，加快民航装备智能化进程，壮大民航绿色产业规模，赋能行业的高质量发展。

3. 十大支撑要素

最重要的是以改革创新为主导，改革创新聚焦现代治理体系建设，更好地发挥政府作用。从组织机构创新、政策制度创新、管理模式创新和人才保障创新四个方面提出需要智慧民航建设的改革支撑要素，以科技创新能力、科技创新赋能，聚焦高水平科技自立、自强，发挥科技第一生产力的作用。从科技创新能力、科技创新研究、科技成果转化三方面，提出智慧民航建设的科技支撑要素，技术设施保障，聚焦传统与新型基础设施建设融合发展，发挥新基建赋能作用，从融合基础设施、信息技术创新、基础设施三方面提出智慧民航建设的支撑要素。

4. 五大保障措施

为强化路线图组织实施。路线图从加强组织领导、加强落实执行、加强投入保障、加强协同合作、加强风险防控五个方面提出了保障措施。同时，聚焦"十四五"智慧民航建设堵点、难点、痛点，智慧民航建设路线图提出了安全智慧强基工程、智慧民航运输系统工程、大数据体系建设工程、未来科技引领工程、产业协同工程、路线图推进等八大工程作为实施的具体举措。

三、智慧民航建设路线图目标和实施

我国确定把智慧民航建设作为民航行业"十四五"时期发展的主线，建成透彻感知、泛在互联、智能协同、开放共享的智慧民航体系。民航发展方式实现深刻变革，安全基础更加稳固，运行保障更加高效，运输服务更加便捷，治理体系更加完善。智慧民航成为智慧交通建设的先行示范、数字中国建设的先导产业，为全球民航创新发展贡献中国方案，有力支撑新时代民航强国建设。

（一）智慧民航要瞄准民航强国建设目标

《路线图》提出，"智慧民航是瞄准民航强国建设目标，应用新一轮科技革命和产业变革的最新成果，创新民航运行、服务、监管方式，实现对民航全要素、全流程、全场景进行数字化处理、智能化响应和智慧化支撑的新模式新形态"。需要注意的是，智慧民航建设瞄准的是民航强国建设目标，是未来的八大特征，是"一加快，两实现"；采用的方法是应用新一轮科技革命和产业变革的最新成果对民航运行、服务、监管方式进行创新，而不是简单应用；其目的是以智慧塑造民航业的全新未来，以解决民航业之前面临的容量不足、活力不够、能力不强、效率不高的问题，最终提升行业的运行质量、效率以及绿色发展水平。

（二）三个阶段目标

路线图的制定，充分考虑智慧民航的现状，按照远近结合、尽力而为、量力而行相关的工作任务和工作目标可量化、可考核的原则，以智慧出行、智慧空管、智慧机场、智慧监管为核心抓手，确定了 2025 年、2030 年、2035 年三个阶段目标——到 2025 年初步实现"出行一张脸、监管一平台"，行业数字化转型，智能装备规模应用，出行体验改善，运行效率提升，治理能力高效；到 2030 年基本实现"五个一"（出行一张脸、物流一张单、通关一次检、运行一张网、监管一平台），新基建全面融合，向数据决策转变，智能化应用取得关键性突破；到 2035 年全面实现"五个一"，民航"两数两精"（数字感知、数字决策，精益管理、精心服务水平）大幅提升，发展水平处于世界前列，全要素、全流程、全场景进行数字化处理、智能化响应和智慧化支撑。

民航的两数两精，也就是数字感知、数据决策、精益管理、精心服务的能力大幅提升。特别需要说明的是 2025 年的目标更为具体，同时还提出了基本建成民航大数据管理体系，基本实现民航数据顺畅流转和应用如何创新，过检效率较 2020 年提高 30%，航班正常率达 80%以上，枢纽机场、机车场道设施协同，基本实现单位周转量、航空碳排放下降 5%等具体的可考核的成果和目标。

（三）2025 年智慧民航建设目标

1. 数字化转型有力推进

基本实现民航运行、服务、监管关键流程数字化，初步建成民航大数据管理体系，基本实现民航内外部数据顺畅流转和应用融合创新。

2. 智能装备规模应用

自助设备、生物识别、无人驾驶航空器/设备、北斗导航、新一代航空宽带通信、航空物流自动化设备、航行新技术等先进智能技术装备在枢纽机场和航空公司等实现规模化应用。

3. 出行体验显著改善

出行体验便捷舒心，行李服务全程无忧，空中互联全面推广，便捷中转全面实现，过检效率较 2020 年提高 30%，航班正常率保持 80%以上；航空物流数字化、差异化便捷服务推广应用，保障产业链、供应链安全稳定畅通的能力明显提高。

4. 运行效率大幅提升

开展基于四维航迹的航班运行示范应用，在全国机场实施航空器尾流重新分类管制运行，枢纽机场的机车场道设施协同基本实现，具备保障年起降 1 700 万架的能力，可持续发展能力明显提升，单位周转量航空碳排放下降 6%。

5. 治理能力更加高效

政务服务协同完善，深入推进"一网通办"，基本建成一站式航空运输市场监测体系，民航智慧监管服务能力明显提升，监管创新成效逐步显现，运输飞行百万小时重大及以上事故率低于 0.11。

（四）八项重点工程

《路线图》从加强组织领导、加强落实执行、加强投入保障、加强协同合作、加强风险防范等方面强化路线图的组织实施。同时，聚焦"十四五"智慧民航建设的堵点、痛点和难点，《路线图》设置了民航安全智慧强基工程、智慧民航运输系统工程、民航大数据体系建设工程、民航未来科技引领工程、智慧民航产业协同工程、智慧民航政策制度领航工程、科技赋能绿色转型工程、智慧民航建设路线图推进工程八项重点工程，作为推进《路线图》实施的具体落实。

（五）组织实施

1. 加强组织领导

智慧民航建设领导小组统筹智慧民航建设工作，定期召开智慧民航建设专题会议，研究推进重点工作，协调解决重大问题。各专项组负责推进各自领域智慧民航建设工作。民航各单位要加强组织领导，提高政治站位，积极推进本单位数字化转型和智慧民航建设工作。

2. 加强落实执行

强化路线图落地实施机制，明确责任分工，制定工作清单、任务书和时间表，加强督察督办。各专项组研究制定重大工程的分阶段推进计划，纳入智慧民航建设年度工作计划，加强推进。创新工作机制，针对跨部门、跨领域、跨行业事项，组建工作专班协同推进。民航各单位应围绕本路线图，结合各自实际和发展能力，科学系统制定本单位智慧民航建设工作计划，积极推进实施。鼓励和引导有条件的企事业单位和地方政府面向重点场景开展试点示范。做好路线图实施跟踪工作，定期开展评估总结。根据技术演进和市场变化，视情修订本路线图。

3. 加强投入保障

发挥政府投资的支持引导作用，落实好民航新基建、安全能力、新技术推广等方面的财经支持政策，引导民航各单位加大投入。统筹民航信息系统规划建设，创新运维和升级保障机制，广泛吸引社会资本投资建设运营智慧民航，构建利益共享机制，完善政府购买服务机制。

4. 加强协同合作

在现有智慧民航科技创新论坛、科教创新成果展等基础上，鼓励产业联盟、科教联盟组织多种形式的论坛、研讨会，加强行业各主体间、各交通方式间、上下游产业链、创新链间的协同合作，扩大智慧民航建设"朋友圈"，营造共商共建共享的工作氛围。加强与关检单位协调，强化与地方政府的合作，做好对外交流与全球合作，形成多方参与、合作共赢的协同发展新格局。

5. 加强风险防范

各专项组在推进各自领域智慧民航建设过程中，聚焦安全可控、网络安全、数据安全、技术伦理、技术迭代等潜在风险，充分把握科技发展规律，大力推动智慧民航科技自主创新，做好风险防范和应对措施。加强项目研究论证和投入产出核算，按需有序推进智慧民航建设，加强资源共享，优先利用已有资源，避免重复性建设。

四、建设智慧机场

（一）智慧机场内涵

1. 定义

智慧机场指生产要素全面物联、数据共享、协同高效、智能运行的机场。

智慧机场与周边环境、自然和谐发展，智慧机场是依靠科技创新，实现生产要素全方位数字化、网络化、智能化和协同化的机场。

2. 建设智慧机场发展目标

"出行一张脸、物流一张单、通关一次检、运行一张网、监管一平台"是智慧民航的发展目标，也是智慧机场发展总目标，每一项目标均与智慧机场休戚相关，必须通过机场主体实践来实现。到 2025 年，数字化转型取得阶段性成果，初步实现"出行一张脸、监管一平台"；到 2030 年，智能化应用取得关键性突破，基本实现"五个一"；到 2035 年，智慧化融合实现全要素、全流程、全场景覆盖，全面实现"五个一"。

3. 智慧机场主要内涵

当前，平安、绿色、智慧、人文的四型机场全新理念，推动着机场由基础的航空运输服务功能向集航空生产服务、旅客生活服务、商业运营服务等多功能于一体的综合服务平台转变，促进机场服务自助化、机场运营社区化、机场功能多元化发展。其中，智慧机场建设是四型机场发展的重要技术支撑和基础保障。

在四型机场建设中，"智慧"是基本品质。智慧机场建设，业务是本源。一切新技术都是为机场业务活动的高效便捷服务的，机场应聚焦生产运行、安全安保、旅客服务、智能商业、综合交通、能源管理、航空物流等业务节点，创新业务模式。

智慧机场建设要最终实现"六化"：
实现网联化，关键在于全面互联、数据集成、实时交互。
实现可视化，关键在于信息可视、场面可视、流程可视。
实现协同化，关键在于信息共享、资源统筹、协作高效。
实现智能化，关键在于态势感知、分析预判、辅助决策。
实现个性化，关键在于按需配置、定制服务、注重体验。
实现精细化，关键在于管控细致、过程透明、效率最优。

另外需要注意的是，智慧机场建设不仅需要强有力的硬科技支撑，还需要先进的管理理念等软实力相匹配。

建设智慧机场的主要内容包括四个方面：一是信息技术与机场各生产要素全面融合；二是业务流程合理优化与科学重构；三是机场生产数据高度感知、交互与共享；四是智能科技充分服务旅客出行。

（二）建设智慧机场，推动转型升级

1. 加快信息基础设施建设，实现数字化

统筹规划全行业信息基础设施建设，合理预留扩容空间，确保投入合理，不过度超

前，可迭代、易升级、能兼容。需求导向，科学有序规划建设信息系统，切实提高使用效能。注重对现有信息基础设施的改造利用，合理管控资金投入。推动信息基础设施与机场建设工程一体化实施。

加快推进新一代移动通信系统建设及多网融合，提供广覆盖、低时延、高可靠、大带宽的网络通信服务。加快北斗导航在机场自动化作业、精准定位等领域的应用。逐步推进各项设施全面物联，使状态可感知、数据可获取，为实现网络协同、智慧运行创造条件。实现重大交通基础设施工程的全生命周期性能监测，推广应用基于物联网的工程质量控制技术。

大型机场要立足实际，近远期结合，统筹规划信息基础设施建设，全面实现数字化。中小机场要因地制宜，合理评估投入产出，规划建设必要的信息基础设施，将有限的资源集中在业务端，充分利用行业共享资源，部署低成本、模块化的信息基础设施，有效降低升级改造和运维成本。机场集团可统筹推进集团化的信息基础设施建设，先大后小，以大带小。

2. 推进数据共享与协同，实现网络化

自上而下，加强民航信息系统整体规划，避免重复和盲目建设。明确民航管理部门、机场、航空公司、保障单位等对不同数据资源的管理权、使用权和共享义务，打破"信息孤岛"。建立系统对接标准，逐步实现不同信息系统的互联互通；统一数据定义及信息交互格式标准，实现不同系统数据的交互共享。

机场要统筹内部各信息系统，实现全场一张网，数据全贯通。整合线上和线下资源，实现线上和线下无缝衔接、顺畅切换。

民航管理部门要加大对行业监管、运行监控信息系统的建设与投入力度，加强关键运行信息统一集中管控。统筹推进机场协同决策机制，实现机场和航空公司、空管、运行保障及监管等单位间核心数据的互联共享，建立高效的空地协同决策和运行控制系统，形成基础全域协同及智能决策能力。逐步建立以机场运行为核心的大数据信息平台，覆盖旅客出行全流程、货物运输全链条、运行监控全系统、机场管理全领域。

3. 推进数据融合应用，实现智能化

综合运用大数据、云计算、人工智能、区块链等新技术，收集、融合、统计和分析各类数据，实现辅助决策、资源调配、预测预警、优化控制等功能，支撑工作协同、精确分析、精准管控、精细管理和精心服务，最终实现机场智慧化运行。在此基础上，进一步推动管理创新、业务创新和科技创新。

推进载运工具、设施设备智能化。鼓励应用具备多维感知、高精度定位、智能网联功能的终端设备，在智能运行监控、少人机坪、机坪自主驾驶、自助智能服务设备、智能化行李系统、智能仓储、自动化物流、智慧能源管理、智能视频分析和节点时间数据自动化采集等领域取得突破，逐步向全行业推广。在高危工种、岗位试点机器人替代人工操作，在有人值守岗位逐步推行无人值守、远程监控等。

4. 切实保障信息安全

兼顾创新与安全，防范化解各种信息安全风险，提升信息安全保障能力，保障公共安全、国家利益和公众权益。加强信息基础设施网络安全防护，强化数据保护与信息安全，

落实关键信息基础设施防护责任，制定信息安全相关标准，构建自主可控、安全可信的行业信息化基础设施体系。充分考虑系统安全风险和冗余度，做好备份计划，制定应急预案，确保系统安全、稳定、可靠。

案例 9-1　　　　　　　　　武汉天河智慧机场建设

（三）建设智慧机场要求

1. 智慧机场建设基于先进管理理念

智慧机场不但强调前沿新技术的应用，还需要匹配先进的管理理念和运行模式。

智慧机场建设应基于先进管理理念，充分利用前沿新技术，优化生产运营，提高机场容量与运行效率，提升旅客体验和服务品质，构建信息枢纽，实现全场业务网联化、可视化、协同化、智能化、个性化、精细化。

网联化需注重全面互联、数据集成、实时交互；可视化需注重信息可视、场面可视、流程可视；协同化需注重信息共享、资源统筹、协作高效；智能化需注重态势感知、分析预判、辅助决策；个性化需注重按需配置、定制服务、多元体验；精细化需注重管控细致、过程透明、效率最优。

2. 健全信息安全保障体系

智慧机场信息安全保障工作，既需要满足现有国家行业法律法规和部门规章的信息安全保护要求，也需要积极应用信息技术对可能产生的信息安全漏洞进行主动防御。

智慧机场建设应做好信息安全保障工作，建立健全信息安全保障体系，通过访问控制、安全漏洞检查、加密传输、数据备份等安全防护措施，加强关键业务系统的硬件、软件和数据保护，防止系统受到攻击和数据泄露，确保信息系统连续、可靠、稳定运行。

3. 为四型机场建设提供技术支持

智慧机场建设应在具体业务设计中，充分考虑平安、绿色、人文机场建设需求，提供技术支持，搭建技术平台。

智慧机场对平安机场的技术支持，应侧重于前端信息采集、后台分析预警和多方信息协同。通过引入智能感知设备丰富安全数据采集，通过视频分析、光电监测、生物识别等加强安全事件预警与追踪，通过网络通信安全、数据交互与分析提高安全等级，实现多方协同的联动安保模式和态势感知的主动安防模式。

智慧机场对绿色机场的技术支持，应主要聚焦于能源管控和环境监测，通过物联网、大数据、智能分析等技术进行数据采集和数据综合分析判断，做到最优化能源调配和环境数据监测，实现能源业务的精细管理和环境质量的实时感知。

智慧机场对人文机场的技术支持，应侧重于旅客服务设备设施的便捷自助、个性交互和人文风貌展示方式的丰富多样，提升旅客服务品质，通过应用自助设施设备、智能服务终端、区块链、5G、生物识别、虚拟现实（VR）、增强现实（AR）等新技术与设备，为旅客提供便捷化、智慧化、个性化、多元化的服务体验和人文展示。

4. 机场信息化建设标准体系

智慧机场建设可围绕机场信息化建设标准体系、IT 服务管理体系和基础设施层、数字平台层、业务管理层、生产运行层、用户体验层等方面展开，搭建开放、共享、融合、互通的信息化基础平台。其中，信息化建设标准体系和 IT 服务管理体系明确标准规范和执行依据，基础设施层构建基础技术资源，数字平台层建立信息化技术应用的服务环境，业务管理层形成业务流与数据流的双向融合，生产运行层提供基础系统运行和数据服务，用户体验层搭建丰富便捷、界面友好的交互接口。各机场可在此基础上进行多方位、各层级的拓展和延伸，智慧机场全量化建设参考基本框架如图 9-3 所示。智慧机场总体架构需注重机场信息化建设的开放、共享、融合、互通和可拓展性。

针对运行航班架次、航站楼运行体量、旅客吞吐量等不同指标界定的大中小型机场，其所参考的智慧机场建设框架应该有所区别：大型机场强调智慧机场的全业务、全流程、全方位实现，在满足基本运行需求的基础上，追求品质化发展；中小型机场强调智慧机场的基础需要和因时因场施策，以满足基本运行为主，结合自身需求，追求特色化发展。

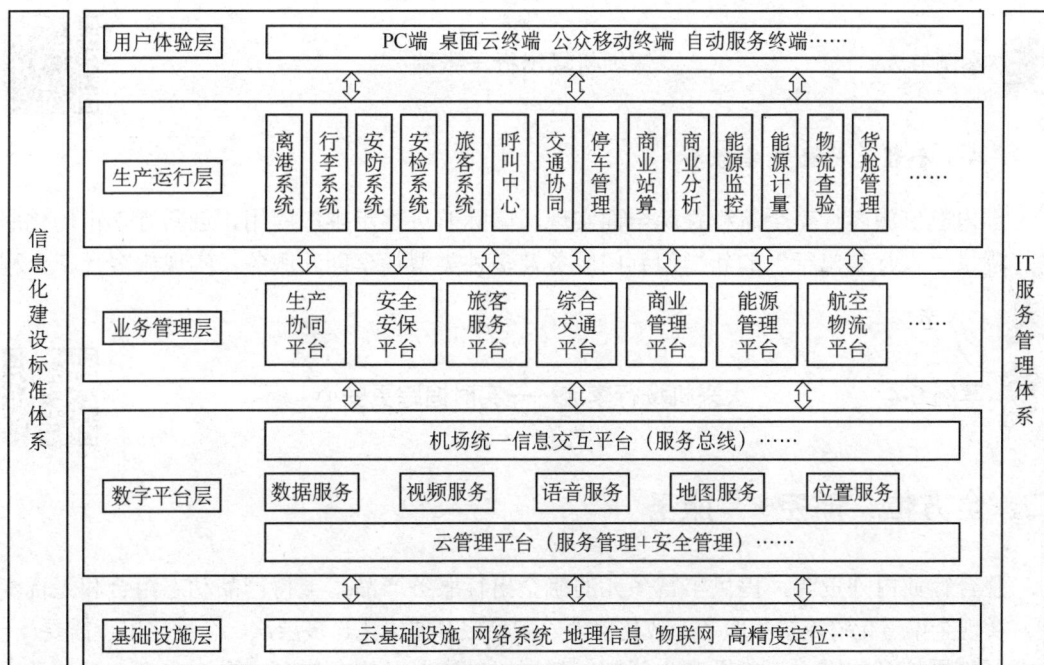

图 9-3 智慧机场全量化建设框架图

第二节 智慧机场未来场景

一、全流程便捷出行

聚焦无感安检、快速通关、便捷签转、行李服务、机上服务等领域，优化流程、精简环节，实现旅客便捷、无忧、舒心出行。

（一）便捷舒心的出行体验

深化无纸化、生物识别、电子身份证等应用，让旅客享受无感安检和联程联运一次安检的便捷体验、随需而变有空就坐的行程变更服务、快捷的防疫健康核验服务，加强与海关、边检的信息联通和业务协同，实现国内国际旅客全流程通关效率全面提升，通过线上线下融合的旅客综合服务体系，方便快捷获得丰富的出行全流程服务，让旅客尽享便捷舒心出行。

国内机场全面支持旅客电子身份证出行使用和差异化安检；千万级机场核心出行环节全面普及应用生物识别技术，生物识别全流程通关解决方案全面试点；千万级机场和重点航司全面实现隔离区改签；建立快捷的防疫健康核验服务体系；联程联运安检互认在部分枢纽机场开展试点。

案例 9-2　　　　　　　大兴机场无纸化出行

案例 9-3　　　　　　　深圳机场出行一张脸

（二）全程无忧的行李服务

国内航班旅客行李全流程跟踪全面实现，国际航班逐步推广应用，创新行李市场化服务，提供"零行李出行"的新型门到门服务及多种类型行李创新服务，实现旅客行李全程无忧。

案例 9-4　　　　　大兴机场行李流——实时追踪更安心

二、全方位"航空+"服务

整合行业内外资源，提供丰富多元的航空出行服务产品，支持产品动态组合和无忧变更，实现全渠道无缝连接和服务一致化落地，满足旅客便捷化、多层次、个性化出行需要。

紧密围绕商旅圈、工作圈和生活圈，拓展民航产品及服务链条，融合出行上下游及周边资源，构建运输航空、通用航空、综合交通、商贸和娱乐服务等一票到底的全流程产品体系，打造多元化、全方位、高品质的航空服务产品新供给，满足旅客综合出行需求。

丰富航空出行产品展示维度，打造贴近感知的航空产品展现方式，支持航空服务产品精准推送、一键触达，实现购买体验简捷直观、服务适需、全龄友好，满足旅客服务需求。

案例 9-5　　　　大兴国际机场丰富多彩的"航空+"贴心服务

三、综合性航空物流服务

整合承运人、机场、货运代理人、物流企业等多方资源，提升航空物流数字化、智能化水平，推广无人驾驶航空器物流配送，推进机型大型化和服务商业化，提供便捷化、多层次、个性化的航空物流运输服务。

案例 9-6 物流一张单

四、智慧协同

（一）全国民航协同保障运行

精准研判民航运输需求，科学规划行业整体运行保障能力，合理部署行业关键保障资源，建设面向全行业的民航协同运行平台，加强运行全流程态势监控、多主体协同联动和一体化指挥调度，推进实现航空器全流程精细化管理。

长期以来，民航各单位运行信息归属自己，运行数据难以共享；各大机场驻场各运行单位的运行数据同样不能共享。在运行保障方面，航空公司、机场、空管三大运行主体各自为政，使用电话、传真等传统手段传递运行信息，造成信息共享不及时、不充分、不准确，"信息烟囱"林立。由于信息传递效率低、准确性不高，三大运行主体对运行现状感受不一致，对堵点症结、发展趋势无法作出有效判断或者判断不一致，而各自决策、各行其是，则导致整体运行保障效率低下。

一个航班正常运行，不仅一个机场各驻场单位需要信息共享、协同决策，更重要的是，民航航班是跨区域运行的，地空协同、区域间机场的协同运行同样需要共享的信息平台作为支撑。为进一步提升运行协同决策水平，加强对航班地面运行保障的进程管控，不断强化运管委协同决策的信息技术支撑，2017 年，民航局开始在千万级（含）以上机场建设 A-CDM 系统。数据共享、协同合作理念催生的 A-CDM 系统，让民航各驻场单位的协同决策、空地一体化、区域一体化成为现实，技术变革正在给民航带来工作程序、运作模式、管理方式的巨大转变。

以一架飞机正常运行为例，空管聚焦"空中"，根据空中通行能力和地面保障能力，进行放行时隙分配，向 A-CDM 系统提供计算起飞时间（CTOT）；A-CDM 系统则聚焦"地面"，统一调配地面资源和评估保障能力，向空管反馈目标撤轮挡时间（TOBT），逐步建立了以机场为主体的 TOBT 统一管理运行模式。航空公司参照 A-CDM 系统中的TOBT，完成地面保障，参与放行排序。而如果其中某个环节出现问题，在 A-CDM 系统中，各方都可以看到，从而在后续环节及时进行调整。随着"共商、共建、共享"理念的深入，民航各运行主体协同联动、主动配合意识明显增强。

案例 9-7 大兴机场 A-CDM 系统

未来，民航局还将继续在 A-CDM 建设上发力，推动建设一个跨区域甚至全行业的全国民航协同运行系统。大平台，成就大未来。相信有了全国民航协同运行系统的助力，中国民航的运行效率和运行品质将有质的飞跃。

（二）机场全域协同运行

以提升机场安全运行能力为导向，推进机场全领域、全要素运行态势感知、精准监控与准确预测。加强航空器、车辆、场道、设施间智能互联和调度，提升停机位分配、路径规划、避障驾驶、滑行引导等智能水平，推进机场运行流程再造，实现各保障主体高效协同，提高突发应急事件敏捷响应能力。

案例 9-8　　　　　首都机场生产运行智能管理系统

五、智慧作业与维运

（一）作业智能化

积极应用人工智能、大数据、物联网、智能机器人等技术，推进飞行区保障无人化作业，提升航站楼服务智能化水平，实现航空物流关键设备的自动化。

在新一代航空宽带通信技术的不同应用场景中，机场空侧场景是覆盖各类元素最全、支持扩展应用最丰富、最具有民航特色的，同时是与航空安全运行关系最密切的。作为机场空侧场景采用的核心技术，5G AeroMACS（航空 5G 机场场面宽带移动通信系统）可以通过数字化采集、传输、存储的方式，实现业务运行数据在飞机驾驶舱、塔台、场面车辆及航空公司、机场运行控制部门等不同终端用户间安全、准确、快速、有效传输，传输内容包括机场高精度数字地图，跑道、滑行道、廊桥、停机位占用情况，飞机、车辆实时位置，塔台发布的滑行路径等。安全底线之上是 5G 带来的机场运行效率提升。数据显示，4G 技术可以在每平方千米内管理大约 1 万台设备，而 5G 技术在每平方千米内预计将可管理多达 100 万台设备。想象一下，在 5G 技术的支撑下，物联网能够自如连接、追踪和获取行李、包裹、托盘、集装箱等机场库存信息。这意味着互联信息与共享指令将把机场运行效率提升到前所未有的高度。

案例 9-9　　　　　重庆国际机场机坪运行监管智能大平台

（二）航空货运自动化

推进智能仓储机器人、机器人调度系统以及智能仓储管理系统应用，推进自动化安检、货物集中判图及 AI 判图应用，实现货运保障全过程自动化操作、信息化管控，提升航空货运保障水平。

案例 9-10　　　　　　　　鄂州机场建设无人货舱

（三）智慧建造与运维

GIS 即地理信息系统（Geographic Information System），是一种用于采集、存储、管理、分析、显示和描述地理数据的计算机系统。BIM 即建筑信息模型（Building Information Modeling），是一种利用数字技术来模拟和优化建筑、工程和施工过程的方法。BIM 技术通过创建一个三维数字模型，将建筑工程项目的各项相关信息集成到一个统一的模型中。

综合运用 GIS、BIM、仿真模拟等手段，提升机场选址、规划设计、施工建设、运营维护的智能化、绿色化水平。形成基于数字孪生的规划建设运营一体化模式，推进机场设施状态透彻感知、安全智能预警、养护智慧决策。全面推行现代工程管理，打造民用机场品质工程。研究机场低碳节能高效运行模式，推动航站楼能耗智能管控，提升机场运行电动化、能源清洁化水平。建立机场环境监测治理机制，实现机场与周边环境和谐友好。

案例 9-11　　　　　　　鄂州机场 BIM 技术应用

第三节　智慧民航建设评价指标体系

为全面落实"十四五"民航发展规划，加强智慧民航建设的系统性和实效性，促进民航高质量发展，2023 年 6 月民航局印发了《智慧民航建设评价指标体系（试行）》（以下简称《指标体系》）。通过《指标体系》的发布、实施，科学评估智慧民航建设进展和成效，引导加快建成透彻感知、泛在互联、智能协同、开放共享的智慧民航体系，为高质量推进交通强国民航新篇章建设提供有力支撑。

一、《指标体系》的发布对加快推进民航高质量发展具有重要意义

（一）加强指引，树立标尺

2022 年 1 月，民航局印发的《智慧民航建设路线图》提出，要加快构建智慧民航建设评价指标体系，以指标评价为抓手引导智慧民航高质量建设。编制发布《指标体系》，就是要发挥指标体的指挥棒和校准镜作用，全面科学客观评价智慧民航建设进展和成效，通过以评促建、以评提质、以评促经验共享，引导各主体更加注重智慧民航建设的系统性和实效性，推动《智慧民航建设路线图》各项任务措施落实落地。

（二）科学评估，注重实效

围绕《路线图》的总体架构和场景视点，按照分级分类原则，《指标体系》构建形成

了由 9 个一级指标、24 个评价要素、38 个评价指标组成的"9+24+38"指标体系。

"各项指标的选择非常注重系统性、代表性。"民航局发展计划司相关负责人表示。《指标体系》的 9 个一级指标分别为智慧出行、智慧空管、智慧机场、智慧监管、产业协同、改革创新、科技创新、基础保障及综合成效，各项指标涵盖了《路线图》确定的五大主要任务、四个核心抓手、三类产业协同、十项支撑要素、48 个场景视点。具体指标重点遴选"牵一发而动全身"的典型指标，既能综合反映智慧民航建设进展，又兼具代表性。

此外，《指标体系》还突出可操作性、可比性。《指标体系》将《路线图》确立的目标任务转化为可量化、可评价的指标，并详细阐释了各项指标的含义、适用范围、计算方法、指标类型和数据来源，构建了应用于行业整体和千万级机场的评价方法。其中，行业整体评价侧重于纵向比较，体现发展进程，千万级机场评价既可纵向比较，也鼓励各单位与同等量级机场进行横向比较，形成"比学赶超"的氛围。

（三）多方协同，推进实施

推进《指标体系》的应用实施是一项系统工程，需要各方协调配合、共同推进。

民航局将重点从以下几个方面着手推进智慧民航建设评价指标体系的应用实施：一是稳步推进指标体系评价工作，依据《指标体系》推进实施行业整体评价工作，构建智慧民航建设定期评价机制，鼓励民航各地区管理局、各参评单位围绕指标体系开展自评价工作，创新数据采集方式方法，充分利用大数据等先进技术，夯实数据获取能力，拓展数据来源渠道。

二是强化评价结果运用，加强指标体系的宣贯，鼓励民航有关单位和部门结合指标体系制订年度目标任务和工作计划，加强历史纵向对比和主体间横向比较，通过以评促建、以评提质，推动《智慧民航建设路线图》各项任务措施落实落地。

三是总结提炼优秀成果案例，以评价工作为抓手，促进智慧民航建设经验的共享和推广，及时发现各地区、各领域智慧民航建设的优秀案例、实践经验和共性问题，总结提炼一批创新性强、示范性好、可复制可推广的优秀成果，为民航各单位高质量推进智慧民航建设提供借鉴参考。

四是构建指标动态调整机制，在评价实施过程中，鼓励各单位及时反馈经验意见，根据新形势新要求，视情调整完善指标体系和评价方法，保持引领性、适应性和可操作性，更好适应智慧民航建设需要。

二、智慧民航建设评价指标体系构成

《智慧民航建设评价指标体系》与《智慧民航建设路线图》一脉相承、衔接贯通，围绕路线图总体架构和场景视点，构建形成由 9 个一级指标、24 个评价要素、38 个评价指标组成的指标体系（详见附件 1、附件 2）。具体指标设置与"十四五"民用航空发展规划及专项规划、《中国民航高质量发展指标框架体系（试行）》的相关指标进行了衔接继承。

其中，一级指标聚焦智慧出行、智慧空管、智慧机场、智慧监管四个抓手，注重产业协同，强化改革创新、科技创新、基础保障三大支撑，突出理念创新、机制创新、流程创新、技术创新带来的综合成效，设置智慧出行、智慧空管、智慧机场、智慧监管、产业协同、改革创新、科技创新、基础保障及综合成效9个一级指标。每个一级指标围绕对应的场景视点，划分若干评价要素，每个评价要素设置若干评价指标。

智慧出行旨在通过构建便捷舒心的旅客服务生态和高效的航空物流服务体系，有效缩短旅客综合出行时间，促进物流提质增效降本，按照便捷出行、高效物流、综合运输3个评价要素设置7个评价指标。

智慧空管旨在通过构建现代化空中交通管理体系，实现广域覆盖感知、深度网络互联、数据融合赋能、智能协同响应和智慧高效运行，按照智能管制、协同高效2个评价要素设置4个评价指标。

智慧机场旨在通过先进技术设备应用、运行保障流程创新，实现机场运行协同化、服务人文化、作业智能化、建养数字化发展，按照智能保障、协同运行、建设运营3个评价要素设置8个评价指标。

智慧监管旨在通过推进数字政府建设，打造数据驱动的行业监管和融合创新的市场运行监测体系，实现行业安全监管水平和治理效能的提升，按照数字政府、行业监管、市场监测3个评价要素设置4个评价指标。

产业协同旨在衡量智慧民航建设与数字技术、先进制造、绿色产业的联动互动水平，按照产业互动、绿色发展2个评价要素设置3个评价指标。

改革创新旨在衡量智慧民航建设体制机制、政策制度体系完备程度对智慧民航建设的支撑能力，按照组织创新、制度创新2个评价要素设置2个评价指标。

科技创新旨在衡量科技创新对智慧民航建设的驱动赋能作用，按照科技投入、自主可控2个评价要素设置2个评价指标。

基础保障旨在衡量新型基础设施建设、数据治理、网络安全和数据安全保护对智慧民航建设的支撑能力，按照信息基础设施、数据治理、安全保障3个评价要素设置3个评价指标。

综合成效侧重衡量智慧民航建设各领域协同推进形成的效果，按照安全水平、服务品质、生产效率、保障容量4个评价要素设置5个评价指标。智慧民航建设评价指标体系及指标权重如图9-4所示。

三、智慧民航建设指标体系评价方法

遵循科学、公开、公平、公正的评价原则，依据智慧民航建设评价指标体系对行业整体和千万级机场进行综合评价。

评价指标计算依据各指标的计算方法进行计算。各项指标计算涉及的时期数据，均以年为单位，为评价上一年实际发生数；涉及的时点数据，为评价上一年年末数。对于部分指标，若受疫情等不可抗拒因素影响，指标值波动较大，已无法表征智慧民航建设进展和成效，可暂取最近正常年度值。

智慧民航建设评价流程图如图9-5所示。

序号	类别	评价要素	评价指标	权重（%）
1	智慧出行	便捷出行	国内航班无纸化便捷出行服务水平	2
2			行李全流程跟踪服务水平	2
3			易安检服务上线率	2
4			具备空中接入互联网能力的运输飞机占比	2
5		高效物流	电子运单使用率	2
6			货邮全流程跟踪服务水平	2
7		综合运输	旅客空铁联程运输发展水平	2
8	智慧空管	智能管制	四维航迹发展水平	5
9			北斗卫星导航系统应用水平	3
10		协同高效	空域资源利用水平	3
11			流量管理协同化水平	2
12	智慧机场	智能保障	机场航班保障数字化水平	4
13			机场保障资源智能分配水平	3
14			近机位周转利用水平	2
15		协同运行	航班平均载机时间	2
16			航班平均过站时间	2
17			航班平均滑行时间	2
18		建设运营	智能建造技术应用水平	4
19			机场运营管理智能化水平	4
20	智慧监管	数字政府	一网通办率	3
21			行政许可证照电子化率	2
22		行业监管	数据驱动的行业监管发展水平	3
23		市场监测	市场监测自动化水平	3
24	产业协同	产业互动	信息化投入强度	2
25		绿色发展	运输航空吨公里二氧化碳排放量	3
26			机场绿色低碳运行水平	2
27	改革创新	组织创新	智慧民航组织机构创新程度	1
28		制度创新	智慧民航政策制度创新程度	4
29	科技创新	科技投入	科技研发投入水平	3
30		自主可控	空管系统新增主要装备国产化率	2
31	基础保障	信息基础设施	航空宽带通信应用水平	3
32		数据治理	数据资源开放共享程度	3
33		安全保障	网络安全和数据安全水平	4
34	综合成效	安全水平	运输航空责任征候万时率	4
35		服务品质	航班正常水平	2
36			航班临时取消率	1
37		生产效率	全员劳动生产率	3
38		保障容量	时刻主协调机场小时容量	2

图 9-4　智慧民航建设评价指标体系及指标权重

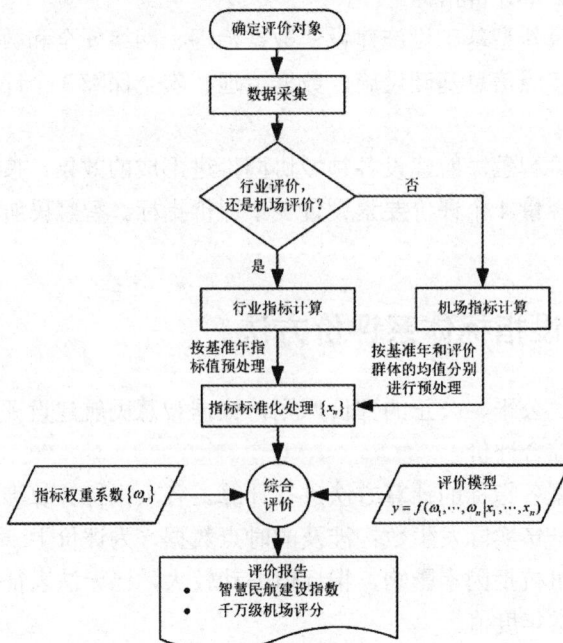

图 9-5　智慧民航建设评价流程图

思 考 题

1. 为什么要实施智慧民航建设的发展战略？
2. 简述智慧民航建设发展战略的重大意义。
3. 简述深化民航供给侧结构性改革的创新思路。
4. 智慧民航建设路线图总体架构的四梁八柱是指什么？
5. 简述智慧民航的内涵。
6. 简述智慧民航建设 2025 年目标。
7. 简述智慧机场的定义和内涵。
8. 简述建设智慧机场的要求。
9. 分析深圳机场"出行一张脸"（One ID）在各应用场景的展示特点。
10. 大兴机场如何应用 RFID（无线射频识别技术）实现行李精准识别？
11. A-CDM 系统如何保障航班精准化管理？
12. 重庆国际机场机坪运行监管智能大平台有哪些功能？
13. 什么是 GIS、BIM 技术，如何应用？
14. 简述智慧民航建设指标体系评价方法。

第十章　绿色机场建设

通过本章的学习，您将了解以下知识点：

1. 民航业绿色高质量发展现状和问题；
2. "十四五"民航绿色发展专项规划内涵、目标要求；
3. 建设绿色机场实现持续发展；
4. 绿色机场建设的重点和具体措施；
5. 绿色机场评价体系。

党的二十大报告提出"推动绿色发展，促进人与自然和谐共生"，坚持绿色发展、推动生态文明建设已成为中国式现代化的内在要求。"十四五"时期，民航绿色发展内外部环境发生巨大变化，绿色民航进入由大到强转型的关键期和攻坚期。绿色机场建设要在机场全生命周期内，突出节能减排和可持续发展，提供舒适、环保的航空旅行环境和安全、高效的生产运行环境，实现与区域环境的协同相容。

第一节　民航绿色发展规划

一、民航业绿色高质量发展现状

长期以来，党中央、国务院始终高度重视生态文明建设，把节约资源和保护环境确立为基本国策，把可持续发展确立为国家战略。特别是党的十八大以来，我国将生态文明建设摆在全局工作的突出位置，历史性地写入党章、宪法，坚定走生产发展、生活富裕、生

态良好的文明发展道路，推动建设人与自然和谐共生的现代化；再到党的二十大报告提出
"推动绿色发展，促进人与自然和谐共生"，坚持绿色发展、推动生态文明建设已成为中国
式现代化的内在要求。

民航业已成为国家重要战略产业和构建高质量现代化经济体系的重要支撑。同时，民
航业积极贯彻落实党中央、国务院有关生态文明建设的决策部署，始终把绿色发展摆在突
出位置，民航局先后印发了《关于加快推进行业节能减排工作的指导意见》《民航节能减
排"十三五"规划》《关于深入推进民航绿色发展的实施意见》《新时代民航强国建设行动
纲要》等文件，着力解决制约民航绿色发展的突出问题，不断完善政策制度体系，实施蓝
天保卫战、塑料污染治理等专项行动，使民航业走在绿色发展的前列，取得了显著成果。
2019年，运输机队燃效实现了历史最优的0.285千克/吨公里；2022年年底，场内车辆电
动化水平超过24%，机场光伏项目年发电量超过6 000万千瓦时；自2018年打响蓝天保
卫战以来，节省航油88.3万吨，二氧化碳减排量达278.2万吨，空气污染物减排量达1.1
万吨。

二、国内机场高质量发展面临的绿色问题

随着民航运输规模的扩大和城市的发展，民航业在绿色发展方面仍任重道远。总体来
看，现阶段存在绿色发展面临基础薄弱、转型动力不足、制度体系不完善三重挑战。机场
作为推动地区和全球经济发展的关键民航基础设施，布局规模不断扩大、数量日益增
加，绿色亦是其实现高质量发展的本质要求。国内机场在推动绿色发展工作时普遍存在
以下问题：

（一）全新生态文明制度体系基本形成，政策标准要求日趋严格

随着党中央将生态文明建设写入党章和宪法，并推动构建生态文明制度的"四梁八
柱"，形成了以《环境保护法》为统领，包括源头治理、过程管控、后果惩处等全链条，
涵盖水、气、声、渣等各要素和山水林田湖草沙等各自然生态系统的生态环境保护基本制
度体系，现行有效的生态环保类法律30余部、行政法规100多部、地方性法规1 000余
部，我国生态环境法律和制度建设已进入立法力度最大、制度出台最密集、监管执法最严
格的时期。据统计，2013—2021年以污染环境罪定罪的案件年均2 000余件，是2013年
前的20多倍。自2015年新《环境保护法》实施以来，按日连续处罚、查封扣押、限产停
产、移送行政拘留和涉嫌环境污染犯罪等五类案件达17万多件。

（二）资源环境瓶颈愈发凸显，资源利用效率亟待提升

数据表明，我国民航恢复态势良好。2024年春运期间（1月26日—3月5日），全国
民航累计运输旅客8 345万人次，日均超过208.6万人次，较2023年春运增长51.1%，较
2019年增长14.5%，旅客运输量创历史新高；累计保障航班68.3万班，日均保障超过1.7
万班，较2023年春运增长27.4%，较2019年增长2.7%。随着后疫情时代航空业务量快
速恢复以及建设规模不断扩大，机场作为航空业发展的重要保障，需要投入更多能源、水

资源、土地资源以保障高要求的运营，随之而来的业务发展与生态环境保护之间的矛盾将更加突出。机场在发展过程中普遍面临的资源环境约束愈发明显，同周边城市和谐发展的压力越来越大，亟须找到更加有效的方法来突破资源环境瓶颈。

（三）基础设施短板亟须补齐，管理水平亟须提高

大部分运营机场普遍存在"建成较早，部分环境基础设施欠佳，在环境保护和能源管理方面更为精细化的手段和设备尚显不足"的问题。比如，随着蓝天保卫战相关政策逐步深化，机场新能源车辆的大力引进和 APU 替代设施的大力推广导致机场用电量不断增加，而传统的节能技改项目基本能改尽改，导致既有设施的节能空间不足，而且随着服务品质要求不断提高，机场的节能空间将进一步被压缩。又如，大部分机场尚未配置环境空气质量、噪声、污水等在线监测设备，对环境因素的管理还停留在人工检测的粗放式阶段，无法满足日趋严格的国家节能环保形势要求，更加无法满足绿色发展的要求。

三、"十四五"民航绿色发展形势

习近平总书记曾指出，"十四五"时期，我国生态文明建设进入以降碳为重点战略方向，推动减污降碳协同增效，促进经济社会发展全面绿色转型，实现生态环境质量改善由量变到质变的关键时期。"十四五"时期，民航绿色发展内外部环境发生巨大变化，绿色民航进入由大到强转型的关键期和攻坚期。

从外部形势看，全球脱碳进程进入加速期。世界正经历百年未有之大变局，新冠肺炎疫情影响广泛深远，各国围绕脱碳技术标准和产品装备的博弈更加激烈，强化绿色复苏、提升中长期减排力度成为重塑国际竞争格局的着力点。我国人民群众对生态环境质量的期望值越来越高，对生态环境问题的容忍度越来越低；生态环保领域法律、政策和标准体系更加健全有力。从行业发展趋势看，民航绿色转型结构性矛盾日益突出。短期内，以航空煤油为主的民航能源结构无法得到根本性改变，先进适用的民航深度脱碳技术无法实现规模化应用。长远看，我国作为人口大国，民航运输市场需求潜力巨大，能源消费和排放将刚性增长，实现全面绿色转型挑战重重、压力巨大、矛盾突出。

"十四五"时期，绿色低碳成为行业增强生存力、竞争力、发展力、持续力的重要内容。我国民航必须完整准确全面贯彻新发展理念，保持战略定力，站在人与自然和谐共生的高度谋划民航高质量发展，注重把握历史延续性和发展阶段性，全力推进民航绿色低碳循环发展，努力构建民航运输与生态环境和谐共生的新格局。为深入贯彻习近平生态文明思想，全面落实党中央、国务院决策部署，民航局编制了《"十四五"民航绿色发展专项规划》（以下简称《专项规划》），以衔接落实《"十四五"民用航空发展规划》任务要求，指导民航绿色低碳循环发展。

四、《"十四五"民航绿色发展专项规划》

（一）《"十四五"民航绿色发展专项规划》内涵和外延更加丰富

《"十四五"民航绿色发展专项规划》（以下简称《专项规划》）是民航历史上第一部以"绿色发展"命名的规划，内容涉及从节能减排到绿色发展，内涵和外延更加丰富。

一是更加突出绿色民航的战略意义。《专项规划》基于国家碳达峰碳中和战略目标和行业总体规划坚持安全底线和智慧主线的发展思路，提出提升民航发展绿色上限的战略考虑，强调绿色低碳关乎行业生存与发展的重大意义，即在全球迈向碳中和的大背景下，减污降碳能力将成为行业提升竞争力、拓展民航发展空间的关键要素。

二是更加注重把握行业发展阶段性特征。相较于航空碳排放已进入峰值平台期的发达国家，我国民航仍处于集中建设和快速发展阶段，未来一个时期能耗和排放还将刚性增长。《专项规划》坚持从基本国情和行业发展实际出发，努力把握行业减污降碳的时度效，坚持先立后破、稳扎稳打，注重方向引领和行动可行相统一。

三是更加注重提高绿色民航的系统性。《专项规划》在实施主体上，不仅强调行业各方协同联动，也更加注重产业融合发展；在治理领域上，不仅对民航碳排放和大气污染治理做出部署，还首次就噪声防治、高效用水、固废治理、生态改善等提出要求；在治理手段上，不仅持续推进新技术应用、运行管理优化等举措，还首次就清洁能源应用、基于市场机制建设等措施做出明确安排，强调市场手段与非市场手段相统筹。

（二）"十四五"时期民航绿色发展的基本原则

《专项规划》提出，"十四五"时期民航绿色发展要坚持全面系统、创新驱动、效率优先和开放融合四项原则。

坚持全面系统就是要强化顶层设计，确保与国家战略及行业总体规划方向一致、力度衔接，处理好发展和减排、整体和局部、短期和中长期、政府和市场等多方面多维度关系，科学有序推进民航减污降碳。

坚持创新驱动就是要深入推进体制机制改革，强化科技创新，增强绿色发展动力和活力。

坚持效率优先就是要强化源头管控，推进行业能源资源结构优化、精准配置、全面节约、循环利用，推动行业能源资源利用效率提升和碳排放强度下降。

坚持开放融合就是要积极构建行业与相关产业融合发展新局面，统筹做好航空减排对外斗争与合作，为构建全球民航命运共同体贡献更多中国智慧和实践。

（三）《专项规划》提出的主要目标

《专项规划》提出，到2025年民航发展绿色转型取得阶段性成果，减污降碳协同增效基础更加巩固，措施机制更加完善，科技支撑更加有力，产业融合发展成效显现，行业碳排放强度持续下降，低碳能源消费占比不断提升，民航资源利用效率稳步提高，为全球民航低碳发展贡献更多中国实践。以此为指引，《专项规划》确定了8个定量预期指标，以更好发挥目标的引领作用。

同时，依据国家碳达峰碳中和工作总体部署及新时代民航强国建设阶段性目标，《专项规划》提出了 2035 年民航绿色发展愿景目标，包括绿色低碳循环发展体系趋于完善、运输航空实现碳中性增长，机场二氧化碳排放逐步进入峰值平台期，绿色民航成为行业对外交往靓丽名片，我国成为全球民航可持续发展重要引领者。

📖 **专栏 10-1　　　　　"十四五"时期民航绿色发展主要指标**

（四）民航绿色发展四个方面 16 项重点任务以及十项重点行动

与目标指标相呼应，《专项规划》提出"十四五"时期民航绿色发展四个方面 16 项重点任务。

一是加快完善绿色民航治理体系，提出健全政策监管体系、健全标准体系、健全企业主体责任体系、健全绿色民航供给体系以及提升参与全球民航环境治理能力五项任务。

二是深入实施低碳发展战略，提出加快推广绿色低碳技术、提升运营管理效能、强化空管支撑保障、建立基于市场的民航减排机制四项任务。

三是深入开展民航污染防治，提出深入开展大气污染防治、加强航空器噪声污染防治、深入实施节水行动、系统开展固废治理、促进生态系统质量改善五项任务。

四是提升绿色民航科技创新能力，提出建设绿色科研创新平台、完善人才培养体系二项任务。

此外，《专项规划》还设置专栏，提出十项重点行动，对以上任务进一步细化实化。十大重点行动是政策标准体系建设、打造绿色民航企业标杆、积极参与全球航空排放治理、强化低碳民航顶层设计、市场机制建设与实施、可再生能源替代与新技术应用、蓝天保卫战行动、碧水保卫战行动、科创平台建设行动、绿色民航人才培养行动。

第二节　绿色机场建设

一、绿色机场概述

（一）建设绿色机场内涵

绿色机场是在全生命周期内实现资源集约节约、低碳运行、环境友好的机场。

推进绿色发展，加快生态文明体制改革、建设美丽中国是中国特色社会主义进入新时代的发展要求。民航高度重视绿色发展，在四型机场建设中，绿色是基本特征，与其他三个要素相辅相成，共同构成四型机场的完整内涵。机场应秉持绿色发展理念，全生命周期践行绿色措施，科学规划设计，绿色施工建设，系统运行实践。

机场应重点围绕资源节约、低碳减排、环境友好、运行高效等内容开展。其中，资源节约聚焦土地集约、节能、节水、节材，强调减少资源消耗量，提高资源利用率；低碳减排聚焦低碳建设和管理，强调优化能源结构和配置新能源设施，提升碳排放管理水平；环境友好聚焦环境治理和优化，强调在实现基本环境治理的基础上，重点优化环境；运行高效聚焦航空器和地面交通运行，强调减少机场运行对环境的影响。

建设绿色机场的主要内容包括四个方面：一是能源结构优化，使用清洁和循环资源；二是资源使用效率提升，精细高效管理能源；三是机场与周边环境、自然和谐发展；四是机场运行高效，航空器地面碳排量降低。

（二）建设绿色机场，实现持续发展

1. 坚持集约节约使用资源

建立科学合理的绿色绩效管理和评估机制，以全生命周期理念综合评估绿色建设的综合效益。在航站楼建设中推行绿色建筑标准，尤其是大型机场航站楼。规划先行，集约利用土地、市政设施等资源，客（货）平均资源占有率或消耗量显著降低。避免大拆大建，加强老旧设施更新利用，新型节能材料、工艺、技术、设备广泛应用，推广废旧材料再生和综合利用。机场施工管理水平大幅提高，推广应用绿色环保建筑材料，大幅节约建筑材料，降低水、电等能源消耗，减少工程施工中产生的灰尘、噪声、有毒有害废弃物等污染。

优化机场能源供给结构，可再生能源、新能源、清洁能源逐步取代传统能源。鼓励建设机场能源管理系统，能源管控更加智能、精细、高效，能耗评价科学合理，兼顾节能与旅客舒适性。

2. 确保机场低碳高效运行

利用空地一体化、模拟仿真等技术手段，提高跑滑系统规划设计水平，航空器及车辆、设备等地面运行效率持续提高，碳排放大幅减少，达到世界领先水平。

在确保安全的前提下，通过提高管理水平、改进运行模式、优化保障流程等切实提高机场尤其是大型机场运行保障效率。推进设备、车辆、人员等地面保障资源共享、统一调配，利用新技术实现地面服务各环节各工种无缝衔接、高效协作。充分利用技术手段提高机坪运行管制能力，推进大型机场机坪管制移交。加强对全国机场机位的信息管理，出台政策措施推进机位资源的优化配置，实现过夜机位资源的总体平衡。持续推进机场保障车辆和设施设备"油改电"，提升机场运行电动化、清洁化水平。创造条件引导旅客利用公共交通抵离机场。

3. 实现机场与周边环境和谐友好

推进"多规合一"，加强机场总体规划与周边区域规划的协调对接。以保护机场及周边环境质量、生态安全为目标，全面评估环境影响，提升机场总体规划方案的环境合理性。在城市空间结构、基础设施（供电、供水、排水、热力、燃气、通信、交通等）规划中充分考虑机场发展需求，预留空间。机场选址尽可能避开生态环境敏感区。

加强机场环境监测、管控和治理，有效管控机场运行与野生动物活动的相互影响，降低飞机噪声对机场周边区域的影响，减少污染物排放。明确职责，加强对机场及周边净空、电磁环境的保护。

（三）建设绿色机场要求

1.秉持绿色发展理念

绿色机场建设应秉持绿色发展理念，科学规划设计，绿色施工建设，系统运行实践；节约利用资源，加强综合管控，提高资源利用率；优化能源结构，提升运行效率，减少机场碳排放；加大环境治理，注重环境优化，强化机场与区域环境相容性；增强机场绿色发展的内生动力，最终实现机场与区域可持续协同发展。

2.绿色机场建设重点

绿色机场建设应重点围绕资源节约、低碳减排、环境友好、运行高效等内容开展。其中，资源节约聚焦土地集约、节能、节水、节材，强调减少资源消耗量，提高资源利用率；低碳减排聚焦低碳建设和管理，强调优化能源结构和配置新能源设施，提升碳排放管理水平；环境友好聚焦环境治理和优化，强调在实现基本环境治理的基础上，重点优化环境；运行高效聚焦航空器和地面交通运行，强调减少机场运行对环境的影响。各机场可从专业类别、功能区域、过程阶段等维度采取相应的具体措施，开展绿色机场实践。绿色机场建设参考基本框架，如图10-1所示。

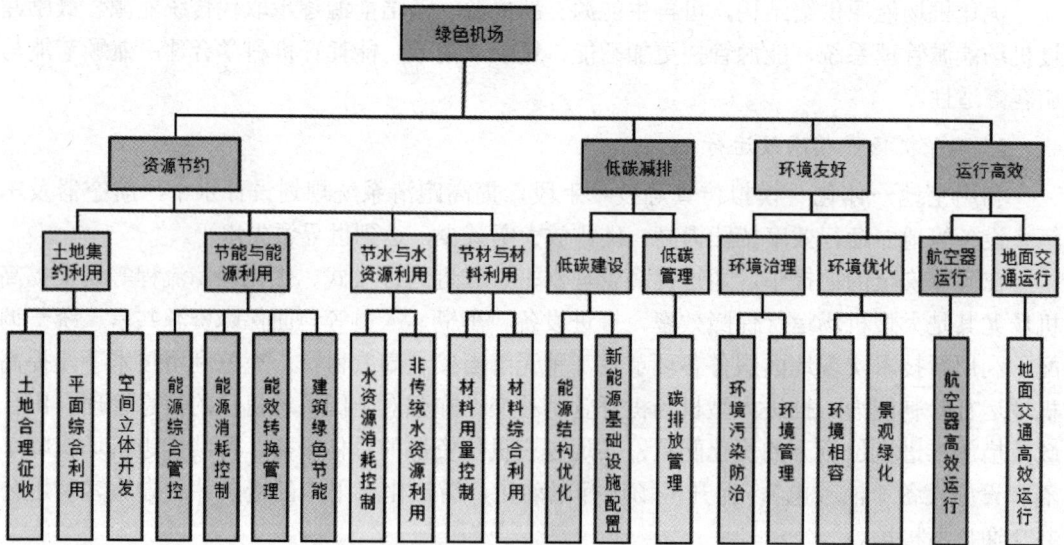

图 10-1　建设绿色机场架构图

二、资源节约

资源节约包括四个方面：土地集约利用、节能与能源利用、节水与水资源利用和节材与材料利用。

（一）土地集约利用

土地集约利用包括土地合理征收、平面综合利用、空间立体开发等。

1. 土地合理征收

土地合理征收，机场应结合发展需要，综合分析土地利用规模、土地利用结构、土地利用强度及土地利用效益，科学合理规划土地利用范围。

2. 平面综合利用

平面综合利用，机场应在土地红线范围内，注重土地集约利用，从平面规划、建筑构型、功能设施集合等方面实施控制。

3. 空间立体开发

空间立体开发，机场应注重地上空间的利用、地下空间的开发，从竖向设计、建筑空间利用等方面实施控制。

4. 新建机场土地集约规划设计

新建机场土地集约利用首先从规划入手，提升规划设计水平，因地制宜，分类实施。遵循工程建设规律，把握机场个体差异，因场施策、适度超前，强化大型综合交通枢纽、复杂地形地质条件、高高原等中国机场建设特色品牌塑造。

（1）强化前期方案论证。深化场址比选论证，加强空地联动，推广应用数字化手段，提升复杂情况下机场选址质量。找准机场建设项目定位，提高航空业务量预测准确性，充分考虑综合交通、临空经济、通用航空、军民融合发展需要。考虑工程全生命周期综合效益最大化，立项可研阶段合理核定项目建设内容、建设规模、投资估算等，避免盲目高成本和高投入。

（2）注重规划可持续性。增强机场总体规划稳定性，强化机场总体规划与国土空间规划协调衔接，充分考虑机场规划与周边净空、噪声、交通等相互作用与影响。统筹谋划近期建设与远期发展，根据不同阶段发展需求规划机场飞行区、航站区和工作区建设规模与时序。统筹谋划生产、生活和管理用地需求，确保各地块土地使用功能合理、集约高效。

（3）精细创作设计革新。鼓励设计革新，促进合格标准向优质标准转变；坚持价值工程理念，科学比选方案、完善计算模型，优化关键参数、精益求精细节。推进建筑信息模型技术应用。积极采用仿真模拟技术，对总平面规划方案、空域和飞行程序方案、航站楼流程及陆侧交通进行综合分析评估。倡导设计创作，鼓励将地域特色、文化特点与机场设计融合。

案例 10-1　　　　　　　　　**建在山顶上的广西河池金城江机场**

（二）节能与能源利用

节能与能源利用包括能源综合管控、能源消耗控制、能效转换管理、建筑绿色节能等。

1. 能源综合管控

能源综合管控，机场应注重能源供给端的综合供配，宜建设智慧能源管控平台，保证机场能源系统与生产运行系统联调联动，实现多能互补、能源合理供给和"源、网、荷、储"平衡配置。

2. 能源消耗控制

能源消耗控制，机场应明确各区域能源消耗控制目标，完善计量系统，提倡实现分项计量，建立绿色绩效管理机制。

3. 能效转换管理

能效转换管理，机场应提高能效转换效率，应用节能高效的空调供暖设备系统、电力供应设备系统、机电设备系统、生活热水设备系统等。能效转换管理重点是采用能效比高的用能设备和系统。

4. 建筑绿色节能

建筑绿色节能，机场新建建筑应符合绿色建筑及绿色航站楼相关标准，提倡对老旧建筑进行绿色节能改造，实现建筑节能低碳。

案例 10-2   北京大兴国际机场实现绿色低碳、节能环保

（三）节水与水资源利用

节水与水资源利用包括水资源消耗控制、非传统水资源利用等。

1. 水资源消耗控制

水资源消耗控制，机场应采取有效措施，合理降低水资源消耗量，从人均日生活用水量、管网漏损防控和节水设施设备应用等多维度实施控制。

2. 非传统水资源利用

非传统水资源利用（非传统水资源是指雨水、中水等），机场应加大非传统水资源在景观、绿化、洗车、冲厕等非生产性和非饮用性用途中的利用比例，可因地制宜选择中水、雨水等。

案例 10-3   北京大兴国际机场建设海绵机场

（四）节材与材料利用

节材与材料利用包括材料用量控制、材料综合利用等。

1. 材料用量控制

材料用量控制，机场应在设计、施工、运营等环节中，通过科学设计，合理采用新材料、新工艺、新技术等方法节约材料用量。

2. 材料综合利用

材料综合利用，机场应重点加大装配式建筑及建材应用，推广废旧材料再生和综合利用，提高建筑垃圾再利用水平等。

案例 10-4 　　　　北京首都国际机场绿色装配式建筑

三、低碳减排

低碳减排包括两个方面：低碳建设和低碳管理。

（一）低碳建设

低碳建设包括能源结构优化、新能源基础设施配置等。

1. 能源结构优化

能源结构优化，机场应着力推动能源消费结构优化升级，提高能源利用效率，鼓励使用太阳能、地热能等清洁能源，积极购买消费"绿电"，搭建清洁低碳、安全高效的现代能源结构。

案例 10-5 　　　　青岛胶东机场绿色照明示范工程

2. 新能源基础设施配置

新能源基础设施配置，机场应完善基础设施建设，提升机场终端用能清洁化水平，持续推进机场运行保障设施设备"油改电"，推广使用飞机辅助动力装置（APU）替代设备、新能源车，因地制宜地开展机场区域分布式能源、微电网设施建设，以及优先使用低能耗产品等。

案例 10-6 　　成都双流国际机场民航地面车辆"油改电"项目

（二）低碳管理

机场应采取碳排放清单编制、碳排放核算/核查、开展碳排放审计等措施，摸清机场碳排放设施设备和结构，以此制定分阶段碳减排目标和实施计划，实现碳排放的有效管控。

案例 10-7 　　　　长沙黄花机场智慧能源管理平台

四、环境友好

环境友好包括两个方面：环境治理和环境优化。

（一）环境治理

1. 环境污染防治

环境污染防治，机场应充分考虑环保要求，在废气、废水、噪声、固体废弃物治理等方面，应用环保工艺流程，优先选用环保材料，设置相应的处理设施设备，着力实施污水处理、油污分离、除冰液收集与无害化处理、垃圾分类与无害化处理等方面的措施，严格落实环保标准要求，减少污染物排放。

2. 环境管理

环境管理，机场应重视环境影响评价工作，围绕环境保护目标，建立环境管控体系，通过环境监测与反馈平台，加大对污染排放物和噪声的监测，对机场环境现状及存在问题进行动态管理，并实施科学合理的改善措施。

案例 10-8　　　　　　　浦东国际机场智慧环境系统

（二）环境优化

环境优化包括环境相容、景观绿化等。

1. 环境相容

环境相容，机场应结合所在地区的气候、资源、生态环境、社会发展水平以及净空环境、电磁环境、噪声影响等，因地制宜开展机场环境相容性规划和实施工作。

2. 景观绿化

景观绿化，机场应优先选择本土、适生植物，结合机场鸟防要求，优化植物搭配方式，提高场区绿化面积，结合海绵城市建设理念，因地制宜采取雨水收集利用等措施，改善区域环境质量，提升机场区域内景观绿化价值。

案例 10-9　　　　　　　天府机场山水交融花园规划

五、运行高效

运行高效包括两个方面：航空器运行和地面交通运行。

航空器运行高效和地面交通运行高效，强调通过运行高效减少机场运行对环境的影响。

（一）航空器运行

机场应在规划建设阶段，结合空地运行环境，科学选择跑滑构型，优化航空器滑行路线，系统规划航站楼及站坪布局，合理确定塔台选址，为航空器提供高效运行的基础设施条件。

机场应会同各方大力推进协同系统的建设及应用，发挥机场协同决策机制作用，协调释放空域容量，优化飞行程序和系统流程，合理配置地面保障资源，提升服务保障能力，特别是复杂天气保障水平，提高航班正常率，保证航空器高效运行。

案例 10-10　　　白云机场优化航空器机坪运行

（二）地面交通运行

机场应合理规划地面保障车辆交通路线，减少车辆行驶距离，提高运行效率。统筹做好场内交通衔接，利用快捷运输方式，实现多航站楼间及航站楼与停车设施间的高效互通。

机场应会同政府管理部门科学规划建设综合货运枢纽及集疏运交通体系，提高机场公共交通服务能力，实现进离场交通与市内交通的运行高效、有效衔接和便捷换乘，合理构建便捷环保、经济适用的绿色交通体系。

案例 10-11　　　成都天府国际机场综合交通规划

第三节　绿色机场评价体系

为贯彻落实绿色发展理念，促进机场降低资源消耗、减少碳排放、保护生态环境、提高运行效率、保障舒适卫生，引领绿色机场建设、运行与发展，推动机场高质量发展，在深入开展绿色机场评价方法研究、绿色评价指标体系研究以及典型机场绿色试评价等工作基础上，借鉴国内外绿色建筑、绿色城区等评价经验，2023 年 7 月 1 日中国民用航空局制定并公布实施了《绿色机场评价导则》（简称导则）。

一、《绿色机场评价导则》的内涵

《绿色机场评价导则》是指为了评估和指导机场在环境、经济、社会各方面实现可持续发展而制定的一系列准则和标准。其内涵主要包括以下几个方面。

1. 环境保护与生态平衡

《绿色机场评价导则》应确保机场在运营过程中尽可能降低环境污染、减少资源消耗，保护周边生态环境。这包括减排控制、废弃物处理、节能减排等措施的落实。

2. 社会责任与健康安全

《绿色机场评价导则》应考虑机场对当地社区的影响，确保航空运输过程中不给周边居民带来负面影响。同时，导则还应涵盖机场对员工与用户的健康与安全的保护。

3. 经济效益与可持续发展

《绿色机场评价导则》应鼓励机场以经济合理的方式运营，推动航空企业实现盈利。考虑到长期发展的需要，导则还应关注机场的可持续性经济效益。

二、《绿色机场评价导则》对机场可持续发展的推动作用

《绿色机场评价导则》对机场的可持续发展具有重要的推动作用。以下是导则对机场可持续发展的几个方面的具体影响。

1. 提升机场形象与竞争力

《绿色机场评价导则》的实施可以提升机场的形象与竞争力。积极关注环境保护与社会责任的机场能够赢得公众的好评，并吸引更多旅客选择使用其服务。

2. 节约资源与能源成本

通过《绿色机场评价导则》的执行，机场可以节约资源与能源成本。有效的能源管理和资源利用策略可以减少运营成本，提高机场的经济效益。

3. 规范运营管理

《绿色机场评价导则》要求机场从制定环保管理制度、加强飞行手段监管等方面规范运营管理。这有利于提升机场的运营效率与管理水平。

4. 保护生态环境与社区协调发展

《绿色机场评价导则》的实施可以保护机场周边生态环境，减少噪声和废物对社区居民的负面影响。同时，机场可参与社区建设与协调发展，增进与周边社区的良好关系。

综上所述，《绿色机场评价导则》在机场实现可持续发展方面起着至关重要的作用。在未来的发展中，机场应加强《绿色机场评价导则》的实施，通过科学合理的评估与改进，推动机场向更高的可持续性发展。

三、《绿色机场评价导则》主要指标评价要求

绿色机场评价应遵循因地制宜的原则，结合机场规模及所在地域的气候、环境、资源等条件，在实现机场功能的前提下，对机场选址与规划、生态与环境、绿色建筑、资源与碳排放、高效运行、舒适卫生六方面进行综合评价。

（一）机场选址与规划评价要求

项目1：机场场址

（1）机场选址应符合机场所在地的国土空间规划，满足"安全第一、资源节约、环境友好、效率优先"的要求，场址条件满足机场近远期发展的需要。

在前期阶段，研究机场选址与周边地区自然生态环境、土地使用、地面交通、噪声污染、能源结构、资源节约、未来开发等的关联和影响。在满足机场运行要求前提下，综合考虑机场建设、运行、发展对周边环境的影响，优先选择资源节约、环境友好的场址，保

障机场高效运行,为机场可持续发展创造条件。

(2)机场选址中涉及农田林地保护、生态环境保护、大气污染防治、噪声污染防治等方面,应符合国家、民航和地方有关法律、法规、标准等要求。

"保护环境"和"十分珍惜、合理利用土地和切实保护耕地"是中国的两项基本国策。党的十八大以来,我国生态文明建设取得了历史性成就,陆续修订了《中华人民共和国环境保护法》《中华人民共和国大气污染防治法》《中华人民共和国噪声污染防治法》等法律法规,行业和地方也出台了相应的法规、标准等。

项目2:机场规划

(1)机场规划应与国土空间规划、生态环境保护规划相协调,保护自然山水格局,传承历史文脉,彰显城市文化,塑造风貌特色,提升机场环境品质。

机场是城市重要的标志性建筑与名片。根据住房和城乡建设部、国家发展改革委印发的《关于进一步加强城市与建筑风貌管理的通知》,要求设计建造符合文化传承、功能优先、融合环境、环保节能等要求的建筑产品,坚定文化自信、延续城市文脉。

(2)机场功能区规划应遵循"功能分区明确、运行安全高效、客货流程便捷"的原则,相互协调,提高机场运行效率,实现整体功能最优。

(3)机场应因地制宜制定机场生态环境保护规划,规划应包括内部环境规划、规划环境影响评价、外部环境要求。

内部环境规划包括机场自身的绿地规划、鸟类活动防治、噪声控制、污水、废水、垃圾、大气污染防治要求等。

规划环境影响评价包括环境现状调查分析、环境影响预测、环境影响评价、环境影响减缓措施等。

机场总体规划应对当地政府提出外部环境要求,包括机场净空障碍物限制、土地使用相容性、电磁环境保护、鸟类活动控制、光污染控制、烟尘控制等要求。

项目3:土地利用

机场内建筑设施报批手续应齐全并获得有关部门审批。

对机场内建筑设施合法合规性进行规范。

(二)生态与环境评价要求

项目1:自然生态

机场建设、运营时,应满足以下生态保护要求:

① 落实生态保护红线管控要求,满足相关自然保护地、饮用水水源保护区、文物古迹、特殊种质资源以及重点保护野生动植物、古树名木等管理要求。

② 严格管控填海、高填方等可能危害生态功能区、自然保护地以及各类海域保护线的民航运输及相关建设活动。机场对其造成的生态扰动和影响采取有效的生态修复措施。依法编制水土保持方案的机场建设项目,应组织开展水土保持设施验收工作,完成报备并取得报备回执。

③ 机场建设、运营中均应严格执行国家关于生态保护的主要法律法规,如《中华人民共和国水土保持法》《中华人民共和国渔业法》《中共中央办公厅 国务院办公厅关于划

定并严守生态保护红线的若干意见》《中共中央办公厅　国务院办公厅关于建立以国家公园为主体的自然保护地体系的指导意见》《水产种质资源保护区管理暂行办法》等。

项目 2：环境质量

（1）机场应满足以下环境管理规定：

① 机场在编制运输机场总体规划时，同步开展规划环境影响评价工作，编制规划环境影响报告书或篇章。

② 机场履行相关环保手续。在新建、迁建机场或改扩建机场过程中，通过环境影响评价审批，建设完成后机场各项环境保护设施能够正常稳定运行，并通过竣工环境保护验收。

③ 机场无公众有效环保投诉或举报，或投诉和举报问题已得到妥善解决。

（2）机场的污水排放口、废气排放口、固定噪声污染源和固体废物贮存（处置）场所的设置应符合国家和地方有关污染源排放口规范化管理的要求。

依据《排污口规范化整治技术要求（试行）》、现行国家标准《环境保护图形标志——排放口（源）》及《环境保护图形标志固体废物贮存（处置）场》的有关规定，便于对污染源的现场监督和管理。

项目 3：环境控制

机场应向地方政府有关部门报告机场建设发展对净空、电磁、噪声等周边环境的控制要求，并协调配合相关部门进行日常管理。

参考《运输机场运行安全管理规定》第七章、现行行业标准《四型机场建设导则》相关内容，机场向当地政府有关部门报告的内容包括机场障碍物限制图、电磁环境保护区域，以及其他必要的事项。

（三）绿色建筑评价要求

项目 1：航站楼

新建航站楼应符合现行国家标准《绿色建筑评价标准》和现行行业标准《绿色航站楼标准》的规定，既有建筑应符合现行国家标准《绿色建筑评价标准》或《既有建筑绿色改造评价标准》，达到绿色建筑基本级及以上标准。

项目 2：其他建筑

机场应依据上位规划，制定绿色建筑专项规划，明确机场绿色建筑的发展目标、主要任务、具体方案及保障措施。

新建民用建筑按照现行国家标准《绿色建筑评价标准》的规定全部达到绿色建筑基本级及以上标准，且除小型机场外，其民用建筑达到绿色建筑一星级及以上标准的建筑面积比例应不低于 30%。

项目 3：绿色施工

机场项目建设施工按照现行国家标准《建筑工程绿色施工评价标准》规定执行，并达到合格。

（四）资源与碳排放评价要求

项目1：能源

（1）机场应结合当地的能源供给条件、环境保护规定以及限制条件等因素，依据机场规模和用能需求，合理制定能源利用方案，统筹利用各种能源。

在进行建设前，要充分了解项目所在区域的市政条件、能源状况、气候特点等实际情况，通过全面的分析研究，制订能源利用方案，提高能源利用率，提升电气化水平，降低传统能源使用比例。

能源利用方案需包含下列内容：

——当地政府规定的节能要求、地区能源状况、气象资料以及市政设施情况等。

——项目概况。机场项目包含多种建筑类型，如航站楼、停车楼、旅客过夜用房等，可统筹考虑项目内能源的综合利用。

——节能的规划设计方案介绍。

——采用的高效节能设备、系统的相关说明。

——提升电气化水平的相关设计和说明。

——可再生能源利用方案。对太阳能、地热能、风能以及生物质能等利用的技术经济可行性进行分析和研究，确定利用方法、规范、工艺流程等。

（2）机场应依据能源需求预测，合理规划供电、供气和供热、供冷站的容量，并靠近负荷中心布置。

供电、供气和供热、供冷站的选择关系整个系统的初次投资、运行费用、运行能耗以及对环境的影响，应进行专项的分析预测。一方面，机场区域内单位面积上的负荷越大，越有利于发挥能源站区域供能的规模优势；另一方面，随着供能区域半径的加大，管道、管线相应加长，埋管布线投资费用、供暖空调系统的冷热水输配过程中的输送泵耗、供冷过程中的冷水升温越大。因此机场的供电、供气和供热、供冷站与负荷中心输送距离不宜过大。根据实际调研，建议能源站的输送距离控制在500 m以内，应不超过1000 m。

项目2：水资源

机场设计阶段应制定机场水资源综合利用规划，运行阶段应制定用水现状调研、评估和发展规划报告，统筹、综合利用各种水资源。

水资源综合利用规划主要包括供水、海绵机场建设、节水技术措施、污水处理与排放、再生水回用、雨水回用等。

项目3：建筑材料

机场建设过程所使用的建筑材料中，500 km以内生产的建筑材料重量，占建筑材料总重量的比例应大于60%。

建材本地化是减少建材运输过程资源和能源消耗、降低环境污染的重要手段之一。500 km是指建筑材料的最后一个生产工厂或场地到施工现场的运输距离。

项目4：碳排放

机场应开展碳核算并提交详尽合理的碳排放核算与分析报告，制定分阶段的减排目标和实施方案。

碳排放的实际数据是机场碳减排目标和实施方案的基础，机场只有在切实把握自身碳排放数据的基础上，进行详尽合理的碳排放核算分析，才能根据行业总体的减排目标，制定机场切实可行的减排目标和减排策略。

（五）高效运行评价要求

项目1：陆侧交通

机场应针对降低交通碳排放、提高绿色交通出行，制定机场综合交通系统规划，并提出指导性措施和总体控制指标。

参考现行国家标准《绿色生态城区评价标准》，机场综合交通系统规划包括机场内部交通系统规划和机场与外部交通系统规划。

机场应根据场内交通量预测，制定机场内部交通规划，合理确定场内路网规划和道路等级。

项目2：旅客服务

既有机场无障碍设施配置应符合现行国家标准《无障碍设计规范》要求，新建及改扩建机场应符合现行国家标准《建筑与市政工程无障碍通用规范》、现行行业标准《绿色航站楼标准》和《民用机场旅客航站楼无障碍设施设备配置》要求。

机场作为高品质的交通运输设施，有义务积极响应国家号召，贯彻绿色机场"以人为本"的服务理念，使对无障碍设施存在特殊需求的消费群体同等享受便利安全放心的乘机环境，更好地融入社会。中华人民共和国住房和城乡建设部于2021年发布了《建筑与市政工程无障碍通用规范》，该标准被定为强制性工程建设规范，并于2022年4月1日起实施。

项目3：空侧运行

机场每月航班放行正常率应达到行政主管部门考核要求。

民航局《航班正常考核指标和调控措施》对机场航班放行率有详细规定并每月通报考核情况。申请评价的机场，需满足过去一年各月机场航班放行正常率达到民航局考核要求，无民航局通报批评的条件。

（六）舒适卫生评价要求

项目1：室内环境

（1）采用集中供暖空调系统的航站楼，主要功能区域的温度、湿度、气流速度设计参数应满足人体热舒适性的要求。

航站楼各功能区人员活动的差异，会造成人员的代谢率、对室内热环境的需求存在差异。

（2）航站楼暖通空调系统应具备应对重大突发公共卫生事件的功能，并符合以下要求：

——空调系统新风口及周围环境必须清洁，确保新风不被污染；

——新风口、排风口、加压送风口、排烟口设置与距离必须满足卫生要求；

——空调通风系统的常规清洗消毒应符合《公共场所集中空调通风系统清洗消毒规范》的要求；

——应急状态下应具有加强室内外空气流通的措施保障。

2020 年新冠肺炎疫情暴发后，暖通空调系统是否具备应对重大突发公共卫生事件的应急能力成为舒适室内环境营造关注的重点。当重大突发公共卫生事件出现时，如果建筑室内暖通空调系统设计不当、气流组织设计不合理、系统不能及时调控，就会导致疾病进一步蔓延，尤其在人员密集的公共场所，这种情况会更为严重。因此，建筑内暖通空调系统既要能保障室内人员热舒适，又要能应对重大突发公共卫生事件，保障人民健康。

加强室内外空气流通的措施包括：以循环回风为主，新风、排风为辅的全空气空调系统，在疫情期内，原则上应采用全新风运行，以防止交叉感染；采用新风、排风热回收器进行换气通风的空调系统，应按最大新风量运行，且新风量不得低于卫生标准，达不到标准者，在确保航空安全的情况下应通过合理开启门窗加强通风换气，以获取足额新风量；在疫情期内，全空气空调系统与水－空气空调系统宜在每天启用前或关停后让新风机和排风机多运行 1 h，以改善空调房间室内外空气流通。

项目 2：公共卫生

（1）未出现机场责任原因导致的公共卫生安全事故或严重事故征候。

突发公共卫生事件，是指突然发生，造成或者可能造成社会公众健康严重损害的重大传染病疫情、群体性不明原因疾病、重大食物和职业中毒以及其他严重影响公众健康的事件。根据突发公共卫生事件性质、危害程度、涉及范围，突发公共卫生事件可划分为特别重大（Ⅰ级）、重大（Ⅱ级）、较大（Ⅲ级）和一般（Ⅳ级）4 级。

疫情等公共卫生突发事件对机场等公共场所的应急处置能力提出了更高的要求。机场应加强应对突发公共卫生事件的应急能力，针对不同类型、不同级别突发公共卫生事件，拥有完善的应急处置体系，满足机场突发公共卫生事件处置工作需要。

（2）机场急救服务应满足现行国家标准《民用运输机场应急救护设施设备配备》要求，覆盖最早和最晚航班旅客。确保旅客突发伤病时能够得到及时有效的医疗救治。

（3）机场为员工配备合格的个体防护装备，应满足现行国家标准《个体防护装备配备规范第 1 部分：总则》要求。

个体防护装备管理和配备是安全生产工作中的一个重要组成部分。当管理手段和技术措施不能完全消除生产中的危险和有害因素时，佩戴个体防护装备成为劳动者抵御事故、减轻伤害、保证个人生命安全健康的最后一道防线。机场为运行保障单位，岗位履职压力大、时间长，尤其是机场飞行区一线员工在户外工作面临职业健康伤害的风险，应重视个体防护装备的配置。

思 考 题

1. 国内机场高质量发展面临哪些绿色问题？

2.《"十四五"民航绿色发展专项规划》内涵有哪些特点？

3. "十四五"时期民航绿色发展必须坚持哪些基本原则？

4. 智慧民航建设路线图总体架构的四梁八柱是指什么？

5. 简述绿色机场的主要内涵。

6. 如何建设绿色机场实现持续发展？

7. 建设绿色机场的要求是什么？

8. 新建机场土地集约规划设计应注意哪些问题？

9. 北京大兴国际机场实现绿色低碳、节能环保有哪些经验？

10. 非传统水资源如何利用？

11. 新能源结构如何优化？

12. 成都天府国际机场信息助力绿色+智慧机场有哪些经验？

13. 航空器运行高效如何实现？

14. 成都天府国际机场综合交通规划有哪些特点？

15. 《绿色机场评价导则》对机场可持续发展有哪几方面具体影响？

16. 简述《绿色机场评价导则》操作步骤。

17. 机场建设、运营时，应满足什么生态保护要求？

参 考 文 献

[1] 高金华，王维. 机场工程[M]. 天津：天津科学技术出版社，2000.

[2] 刘得一. 民航概论[M]. 修订版. 北京：中国民航出版社，2005.

[3] 马少华. 机场卓越经营[M]. 北京：中国民航出版社，2005.

[4] 韦尔斯. 机场规划与管理[M]. 赵洪元，译. 北京：中国民航出版社，2004.

[5] 阿什弗德，斯坦顿，摩尔. 机场运行[M]. 高金华，译. 北京：中国民航出版社，2006.

[6] 纽弗威尔，欧都尼. 机场系统：规划、设计和管理[M]. 高金华，等译. 北京：中国民航出版社，2006.